우리가 사랑할 때 이야기하지 않는 것들

THE STATE OF AFFAIRS

: Rethinking Infidelity

에스터 페렐 지음, 김하현 옮김

우리가 사랑할 때
이야기하지 않는 것들

욕망과 결핍,
상처와 치유에 관한
불륜의 심리학

The State of Affairs

웅진 지식하우스

멋진 책이다! 에스터 페렐은 불륜에 대한 우리의 편견과 가정을 재검토하도록, 찬성하거나 비난하려 하는 우리의 반사적 반응을 잠시 유보하도록 해준다. 페렐은 무엇보다 왜 불륜이 발생하는지, 그로 인해 실제로 무슨 일이 일어나는지 독자가 이해할 수 있기를 바란다. 이런 문제에 관해서라면 이미 잘 알고 있다고 여기는 사람일수록 이 책을 펼쳐야 할 것이다. 문제의 복잡성을 받아들이고 이해하고 포용해 달라고 호소하는, 놀랍도록 지적인 탄원서다.
—알랭 드 보통 | 작가, 『왜 나는 너를 사랑하는가』 저자

관계의 탐험가이자 치료사인 에스터 페렐은 결혼의 역사만큼 오래된 불륜의 현실을 논쟁의 수면 위로 끌어올린다. 외도를 정당화하는 대신 재해석하고, 잘잘못을 추궁하는 대신 욕망의 역설을 재조명한다. 욕망과 사랑, 관계의 혼돈은 해결해야 할 문제가 아니라 다스려야 할 역설이다. 신속한 갈등 해소보다 충분한 살핌과 이해에서 관계는 힘을 얻고 건강하게 유지된다. 현대의 성과 사랑을 살아가는 우리에게 필요한 것은 좀 더 유연한 상상력과 긴밀한 소통이다.
—이서희 | 작가, 『관능적인 삶』『구체적 사랑』 저자

예리한 문화 관찰자이자 혁신적인 커플 상담사인 에스터 페렐이 내놓은 보물 같은 책! 술술 읽힐 뿐 아니라 영감을 불러일으키고 유용한 정보를 제공한다. 무엇보다 이 책은 우리 모두를 도발한다! 우선 첫 번째 페이지를 펼쳐라. 멈출 수 없을 것이다.
— 윌리엄 J. 도허티 | 미네소타 대학교 가족학 교수

페렐은 많은 이들이 엄두도 내지 못하는 지점을 향해 나아간다. 그녀는 윤리적·감정적 충돌이 가득한 여정으로 우리를 안내한다. 그러면서 시종 진실하고 공정한 태도를 잃지 않는다. 이 여정을 마친 독자는 자기 자신은 물론이고 자신이 맺고 있는 관계를 더욱 잘 이해하게 될 것이다.
— 사이먼 사이넥 | 『나는 왜 이 일을 하는가』『리더는 마지막에 먹는다』 저자

상담가로서 쌓아 온 깊이 있는 지식을 바탕으로 우리 시대에 가장 금기시되는 주제를 완벽하게 파헤쳤다. 페렐은 왜 행복한 커플조차 불륜을 일으키는지, 또 어떻게 하면 더 회복탄력성이 강한 관계를 맺을 수 있는지를 이야기한다.
— 애덤 그랜트 | 펜실베이니아 대학교 와튼스쿨 교수, 『오리지널스』 저자

오늘날 결혼의 문제는 사람들이 결혼을 한다는 사실이나 결혼 제도 자체가 아니라 우리가 결혼에 비현실적인 기대를 품는다는 것이다. 에스터 페렐은 통찰력과 연민, 균형감과 유머를 발휘해 우리가 스스로 들어간 궁지에서 나올 수 있게 도와준다.
— 댄 새비지 | 칼럼니스트, 『올 어바웃 섹스』 저자

사랑과 관계에 관해 에스터 페렐만큼 많은 것을 알려주는 사람은 없다. 놀랍고도 독창적인 통찰력과 인간미를 지닌 그녀는 관계를 맺고 있는 사람이라면 누구나 반드시 읽어야 할 책을 썼다.

—조애너 콜스 | 《허스트》 최고 콘텐츠 책임자

이 책을 펼치시라! 이 책은 감정적 옳고 그름의 문제를 뛰어넘어 인간의 마음과 우리가 살고 있는 문화를 깊이 들여다본다. 본격적이고 강렬하며 대담한 이 책은 커플 심리치료 분야를 재정립하는 데 기여할 것이다.

—다이애나 포샤 | 심리학자, 『감정의 치유력』 공저자

지혜와 연민으로 독자가 외도의 충격에서 잘 헤쳐 나오도록 돕는다. 외도가 고통과 비난이 빗발치는 급류라면, 페렐은 위로와 연민의 등불이다.

—엘리 J. 핀켈 | 노스웨스턴 대학교 심리학 교수, 『괜찮은 결혼』 저자

페렐은 솔직함과 용기로 외도 뒤에 숨은 이유를 직면하고 파헤치면 끝에 다다랐던 관계를 되돌릴 수 있으며, 어쩌면 에로틱한 재발견의 장소로 나아갈 수도 있다고 말한다.

—《에스콰이어》

이 책은 자신은 불륜에 위협당할 일이 전혀 없다고 믿는 사람들의 마음까지도 사로잡을 것이다. 불륜이란 거의 모든 사람의 인생에서 어느 순간에는 꼭 한 번 등장하는 인간 행동이기 때문이다.

—아마존 서점 독자평

내가 지난 30년간 사랑해 온 잭에게,

아울러
한 번이라도 누군가를 사랑해 본 이들에게
이 책을 바칩니다.

일러두기

이 책에서는 외도, 불륜, 바람(피우다)이라는 용어를 동일한 의미로 쓰고 있다. 외도의 사전적 정의는 "아내나 남편이 아닌 상대와 성관계를 가지는 일"이지만, 부부 사이에 한정하지 않고 연인 관계까지 또 성관계만이 아닌 넓은 의미의 배신까지 확장시키는 관용적 쓰임을 따랐다. 불륜은 배우자가 있는 사람(과)의 관계 및 정사를 지칭하는 것이 관용이지만, 여기서는 외도와 마찬가지로 포괄적으로 사용했다. 물론 한 가지 사전적 정의나 관용적 쓰임에 가둬 놓을 수 없는 뉘앙스가 수없이 존재한다. 이 책은 그 복잡성과 간극에 관해 새롭게 생각해 보는 기회를 제공한다.
　　_편집자 주

커플을 이룬 두 사람의 관계와 행복, 정체성을 한번에 빼앗을 수 있는 위반 행위가 있다. 바로 외도다. 하지만 사람들은 흔하디흔한 이 행위에 관해 아는 게 거의 없다.

심리치료사이자 작가, 트레이너, 강연자로서 나는 30년 가까이 커플들의 복잡한 사랑과 욕망을 들여다보았다. 첫 책 『왜 다른 사람과의 섹스를 꿈꾸는가』에서 오래된 커플의 성욕을 분석하며 한 장에서 불륜을 다루었는데, 이 책에 관해 강연이나 인터뷰를 할 때면 놀랍게도 전 세계 어디서든 사람들의 관심이 거기에 쏠렸다. 자연스럽게 나는 불륜이라는 주제에 몰두하게 되었다. 전작이 헌신을 약속한 사람들이 겪는 욕망의 딜레마를 다룬다면, 이 책은 욕망이 한눈을 팔 때의 궤적을 따라간다.

이 책은 외도에 단순하게 접근하지 않는다. 외도는 관계에 대해 많은 것을, 예를 들면 우리가 무엇을 기대하고, 무엇을 원한다고 생각하며, 어떤 자격이 있다고 느끼는지를 알려준다. 외도는 한 개인이나 문화가 사랑과 욕망, 연인 간의 책임을 어떻게 바라보는지를 보여주는 창문이다. 나는 금지된 사랑을 다채롭게 살펴봄으로써 다양한 현대적 관계를 들여다보는 솔직하고 유익하며 도발적인 탐구에 여러분을 초대하고자 한다. 여러분이 연인과 함께 신의와 충실, 욕망과 갈망, 질투와 소유욕, 고백과 용서 등에 관해 이야기하기를 바란다. 그리고 스스로에게 질문하고 말해지지 않은 것들을 말하며 성과 감정에 관한 옳고 그름의 문제에 용감히 도전하기를 권한다.

심리치료사로서 나의 역할은 사람들이 다양한 경험을 탐험할 수 있는 안전한 공간을 연민 속에서 마련하는 것이다. 작가로서도 같은 일을 하고 싶다. 그런 의미에서, 이 책은 외도의 위기를 극복하도록 도와주는 지침서가 아니다. 물론 독자 본인이나 상대가 바람을 피우는 중이며 현재 위기의 한복판에 있다면 이 책이 도움이 되길 바라지만 말이다. 이 책의 목표는 외도에 관해 더욱 건설적인 대화를 나눌 수 있도록 안내하는 것이다. 이런 대화는 관계를 더욱 진실하게 만들고 회복력을 키워, 결국 관계를 더 건강하게 만들어 줄 것이다.

대개 당사자를 비난하는 오늘날의 외도 담론은 근시안적이며 의견 대립을 일으킨다. 문화적으로 우리 사회는 그 어느때보다 섹스에 열려 있지만 외도는 여전히 수치와 비밀이라는 그림자 뒤에 감춰져 있다. 이 책이 그 침묵을 깨고, 오래전부터 존재한 삶의 방식을 새롭게 사고하고 이야기를 나누는 시작점이 되기를 바란다. 불륜을 예방하거나 불륜의 상처에서 회복하는 방법에 관한 이야기는 많다. 하지만 외도의 의미와 동기에 관한 이야기는 매우 적다. 외도에서 무엇을 배울 수 있는지, 그리고 외도가 관계에 어떤 영향을 미치고 변화를 가져오는지에 관한 이야기는 더더욱 적다.

어떤 사람들은 이런 이야기가 외도와 상관없다고 여기고 무시한다. 그리고 오직 외도라는 사실만이 중요하다고 말한다. 추락하는 비행기에서 생존자를 붙잡고 뛰어내리기만 하면 된다는 식이다. 하지만 도대체 무슨 일이 벌어졌는지, 왜 비행기가 추락했는지, 예방책은 없었는지 알고 싶어서 나를 찾아오는 사람이 점점 늘고 있다. 이들은 그 사고를 이해하고 거기서 무언가를 배워 다시 날고 싶어 한다. 나는 이들을 위해 평소 대화가 끊기곤 하던 지점에서 다시 이야기를 시작해 외도가 던지는 불편한 질문에 맞서고자 한다.

책의 앞부분에서는 외도의 여러 모습을 살피며 배신의 아픔과 파괴력뿐만 아니라 위반 행위에 내재한 스릴과 자아 발견의 기회에 관해서도 다룰 것이다. 바람피울 기회가 점점 많아지는 환경과 바람에 따라붙는 위험 사이의 갈등도 분석할 것이다. 한편으로는 더 큰 자유와 힘을 주고 한편으로는 관계를 충격에 빠뜨리는 외도의 두 얼굴을 어떻게 이해해야 할까?

나는 가족과 공동체, 문화처럼 더 넓은 차원에서도 외도를 다루고자 했다. 가장 사적인 관계에 대한 논의를 역사적·사회적인 맥락으로 넓힐 것이다.

사람들이 분노하는 주제에 관해 다른 관점에서 이야기하는 것이 얼마나 위험한지 잘 안다. 외도에 관한 비판적 신념은 우리의 문화 깊은 곳에 자리 잡고 있으므로 여기에 의문을 제기하면 누군가는 위험하고 무례하다고 여기거나 나의 도덕 기준을 의심할 것이다. 신중한 탐구를 위해 원색적인 비난은 피했지만, 나는 기만을 용인하거나 배신을 가볍게 여기지 않는다. 나는 매일 상담실에서 참혹한 상황을 마주한다. 이해와 정당화는 다르다. 그러나 극단적인 사례를 제외하면 심판자처럼 상황을 바라보는 건 아무런 도움이 안 된다.

이 책에 실린 정보를 어떻게 모았는지 조금 설명해야겠다. 내 정보는 증거가 있는 과학 조사에서 나온 것도 아니고, 바람피우는 사람들이 모이는 여러 웹사이트의 자료를 기반으로 한 사회학적 연구에서 나온 것도 아니다. 내 접근법은 인류학자나 탐험가의 방식에 더 가깝다. 나는 사람들과 대화하고 그들의 이야기를 듣는다. 이 책의 자료는 내가 진행한 상담과 교육, 전 세계에서 한 강연, 일상적인 대화, 내게 편지를 보내거나 내 웹사이트와 블로그, 테드 토크Ted Talks, 페이스북 등에 댓글을 남긴 수많은 사람들로부터 나왔다.

심리치료를 하며 지난 6년 동안 외도를 경험한 커플을 많이 만났고, 이들과 함께 외도라는 주제를 깊이 파헤쳤다. 커플을 각각 따로 만나기도 하고 함께 만나기도 했기 때문에 배신당한 사람의 고통뿐만 아니라 바람피운 쪽의 경험까지 들여다볼 수 있었다. 운 좋게도 전 세계 사람들과 함께하며 다양한 문화적 관점에서 이 문제를 바라볼 수 있었지만, 자발적으로 나를 찾아온 내담자들이 경제적·사회적 집단 모두를 대변하지는 않는다는 점을 잘 안다.

외도와 비밀은 떼려야 뗄 수 없기에 이 책은 많은 비밀을 담고 있다. 비밀을 누설하지 않고서 누군가에 관해 말하기란 불가능할 때가 많다. 이야기를 더욱 날카롭게 해 주는 바로 그 디테일이 비밀 유지를 위해 반드시 감춰야 하는 정보일 때도 있다. 익명성을 보호하기 위해 이 책에 등장하는 모든 인물을 신중하게 위장했지만 특정 단어나 이들이 느낀 감정은 정확히 전달하려 노력했다.

자료를 조사하고 책을 쓰면서 여러 사상가와 작가, 전문가에게 영감을 얻고 가르침을 받았다. 그중에서도 이 책의 영문 제목을 빚진 『불륜의 상태: 외도와 헌신에 관한 탐구The State of Affairs: Explorations in Infidelity and Commitment』에서 가장 많은 도움을 받았다. 외도를 사회학적 관점에서 바라본 이 책은 외도를 진지한 학문적 연구의 대상으로 올려 놓았다. 이 책의 깊이 있는 글들을 읽으면서, 외도라는 주제를 파헤치고 폭넓고 다층적으로 그 심리적 차원을 분석할 용기를 낼 수 있었다.

원하든 원치 않든 외도는 우리 곁에 있다. '외도 방지법'을 알려준다는 조언이 넘쳐나지만 한눈을 파는 남녀의 수는 줄지 않는다. 외도는 행복한 결혼 생활에서도, 불행한 결혼 생활에서도, 심지어 간통죄로 사형당할 수 있는 상황에서도 발생한다. 외도는 다른 사람과의 섹스에 관해 미리 신중하게 협상한 '열린 관계open relationship'에서도 발생한다. 관계를 끝내거나 이혼할 자유가 생겼어도 사람들은 여전히 바람을 피운다. 이 주제에 몰두한 이후 나는 격정과 배신이 뒤얽힌 이 시련을 설명해 줄 포괄적 분류 체계나 단 하나의 진실은 존재하지 않음을 이해하게 되었다. 내가 분명히 말할 수 있는 것은 앞으로의 이야기에 일말의 거짓도 없다는 사실뿐이다.

차례

Part 1

어디까지가 바람입니까

—

새로운 논의를 위한 준비

1장

불륜에 관한
새로운 대화

인간의 본성 속에는 모순되는 것들이 긴밀하게 맺어져 있기에 때때로 사랑이 배신이라는 절망적 형태를 띠는데, 그 이유를 설명하려면 매우 많은 시간이 걸릴 것이다. 아니, 어쩌면 설명이 불가능할지도 모른다.

–조지프 콘래드, 『몇 가지 추억』

지금 이 순간에도 세계 곳곳에 바람을 피우거나 연인에게 배신당한 사람, 바람을 피워 볼까 생각하는 사람, 불륜으로 고통받는 이에게 조언하는 사람, 또는 숨겨진 애인으로서 삼각관계를 완성하고 있는 사람이 있다. 커플의 삶에서 외도만큼 두려움과 가십, 매력을 불러일으키는 요소는 없다. 불륜은 결혼이 발명되었을 때부터 존재했고, 이에 관한 금기도 그만큼 오래되었다. 인류 역사가 시작된 후부터 불륜은 법으로 금지되었고 논란의 대상이었으며, 정치적 문제가 되거나 악마처럼 여겨졌다. 하지만 이렇게 널리 비난받으면서도 외도는 결혼 제도가 부러워할 수밖에 없을 정도로 끈질기게 명맥을 이어 왔다. 성경의 십계명에서 계율 두 개를 차지한(간음하지도 말고 음욕을 품지도 말라) 유일한 죄악이 바로 외도일 정도다.

사회와 대륙, 시대를 가릴 것 없이 어떤 불이익과 억제책이 존재하든 남녀는 결혼 제도 안으로 미끄러져 들어갔다. 거의 모든 곳에서 사람들은 결혼을 한다. 독점적 관계monogamy는 공식 규범이고, 외도는 은밀한 규범이다. 그렇다면 어디서나 금지되어 있지만 어디서나 일어나는 이 유서 깊은 금기를 어떻게 이해해야 할까?

지난 6년간 나는 이 질문의 답을 구했다. 세상과 격리된 상담실뿐만 아니라 비행기 안과 디너파티, 콘퍼런스, 네일숍, 그리고 소셜 미디어에서 대화를 나누었다. 내담자들뿐 아니라 동료, 심지어 케이블TV 설치 기사들과도 대화했다. 피츠버그와 부에노스아이레스, 델리와 파리 등 다양한 장소에서 오늘날의 외도를 내 방식대로 자유롭게 조사했다.

'불륜'이라는 단어를 언급하면 가차 없는 비난부터 체념한 듯한 수용, 신중한 연민, 전면적인 열광에 이르는 다양한 반응이 전 세계에서 나온다. 불가리아 여성들은 남편의 외도를 유감스럽지만 피할 수 없는 일로 본다. 파리에서 이 주제는 저녁 식사 자리에 즉시 전율을 일으킨다. 대화를 나누다 보면 정말 많은 파리 사람들이 불륜 이야기의 한 축을 담당하고 있음을 알게 된다. 멕시코 여성들은 바람피우는 여성의 수가 증가한 현실을 남성 우월주의 문화에 대한 일종의 사회적 저항으로 여기며 자랑스러워한다. 멕시코에서는 옛날부터 남성 우월주의하에서 남자가 "두 채의 집(하나는 가족이 사는 집, 하나는 정부가 사는 집)"을 가질 수 있었기 때문이다. 이처럼 외도는 어디에서나 발생하지만, 특정 시공간에 따라 외도에 부여하는 의미, 그러니까 외도에 대한 정의와 고통, 이야기하는 방식이 조금씩 달라진다.

질문을 하나 하겠다. 불륜 하면 무슨 단어나 이미지가 가장 먼저 떠오르는가? '연애 사건'이나 '로맨스'라는 말을 사용하면 다른 이미지가 떠오르는가? '밀회'나 '정사', '하룻밤', '섹스 파트너'는 어떤가? 당신의 반응은 못마땅한 쪽에 가까운가, 이해하는 쪽에 가까운가? 당신이 공감하는 쪽은 누구인가? 버려진 사람인가, 신의를 저버린 사람인가, 숨겨진 애인인가, 아니면 커플의 자녀인가? 직접 경험한 사건 때문에 외도에 대한 반응이 달라진 적이 있는가?

외도에 대한 신념은 우리의 문화 정서 깊은 곳에 자리 잡고 있다. 내가 거주하며 일하는 미국의 외도 담론은 대개 감정적이고 격앙되어 있으며 의견이 첨예하게 갈린다.

누군가는 이렇게 말한다. "바람? 그럼 끝나는 거야. 한번 바람피운 사람은 계속 그러거든."

누군가가 맞받아친다. "그건 아니지. 독점적 관계는 원래 자연스러운 게 아니라고."

제삼자가 응수한다. "그건 헛소리야! 우린 발정 난 고양이가 아니라 인간이야. 철 좀 들어."

미국 시장에서 불륜은 비난과 흥분이 뒤섞인 채 팔려 나간다. 잡지 표지는 외설을 퍼뜨리는 동시에 올바른 삶의 자세를 설파한다. 문화적으로 우리는 지나칠 정도로 성에 개방적이지만 가장 진보적인 사람조차 성적 정절에 관해서는 완고하다. 기이하게도 사람들은 끊임없이 외도에 반대하면서 외도가 얼마나 만연하고 있는지를 드러내지 않고 그 왕성한 기세를 억누른다. 외도가 발생하는 현실을 막지는 못하지만 바람을 피워서는 안 된다는 점에는 모두가 동의한다. 유권자들은 바람피운 정치 후보자에 관한 저속한 정보들을 탐독하면서 공식 사과를 요구한다. 상류 계급의 정치·군사 엘리트와 아랫동네의 평범한 사람 모두에게 외도는 나르시시즘과 이중성, 부도덕, 배신을 의미한다. 이러한 관점에서 볼 때 불륜은 절대로 단순한 위반 행위나 무의미한 정사 또는 진정한 사랑이 될 수 없다.

외도에 관한 현대의 담론은 다음과 같이 요약할 수 있다. 외도는 명백히 실패한 관계의 증상이다. 원하는 것을 가정에서 모두 얻을 수 있다면 다른 사람에게 한눈 팔 이유가 없다. 남자는 친밀한 관계에 대한 두려움과 지루함 때문에 바람피우고, 여자는 친밀한 관계에 대한 갈망과 외로움 때문에 바람을 피운다. 신의를 지키는 파트너는 성숙하고 상대에게 헌신하며 현실적이다. 바람을 피우는 파트너는 이기적이고 미성숙하며 자제를 모른다. 외도는 늘 관계에 해로우며, 절대 결혼 생활에 도움이 되거나 받아들여질 수 없다. 신뢰와 친밀함을 회복할 수 있는 유일한 방법은 진실을 말하고 죄를 뉘우치며 용서받는 것이다. 하지만 용서보다는 이혼이 자신을 더 존중하는 방법이다.

　이런 훈계조의 담론은 '문제'를 결함 있는 커플 또는 개인의 탓으로 돌리며, 더 중요한 질문을 회피한다. 불륜은 결혼에 관해 많은 것을 말해 준다. 개인의 결혼 생활뿐만 아니라 제도로서의 결혼에 관해서도 그렇다. 또한 자신의 특권을 당연시하는 오늘날의 자격 문화에 관해 다시 생각해 보게 한다. 정말로 사람들은 급증하는 외도를 상자 속의 상한 사과 몇 개쯤으로 치부할 수 있다고 생각하는 걸까? 연인에게 등을 돌린 수백만 명 모두에게 결함이 있다고 볼 수는 없다.

찬성합니까, 반대합니까?

불륜을 중립적으로 의미하는 단어는 거의 없다. 그동안 우리의 날뛰는 충동을 억누르는 데 사용된 주요 도구가 바로 비난이었기 때문에 비난하는 어조 없이 불륜을 의미하는 단어가 없는 것이다. 우리의 언어는 외도가 나타내는 금기와 낙인을 꼭 끌어안고 있다. 시인들은 바람피우는 사람을 사랑에 빠진 연인과 모험가로 묘사하지만, 사람들 대부분은 사기꾼, 거짓말쟁이, 배신자, 섹스 중독자, 바람둥이, 색정광, 호색가, 잡것 같은 단어를 선호한다. 악행을 가리키는 이 어휘들은 사람들이 외도를 어떻게 판단하는지를 드러내기도 하지만 한편으로는 판단을 부추긴다. '불륜adultery'이라는 단어는 타락을 뜻하는 라틴어에서 나왔다. 되도록 균형 잡힌 시각을 갖추려고 애쓰는 순간에도 나는 이 단어가 이미 손상되어 있음을 깨닫는다.

심리치료사들 사이에서도 편견 없이 균형 잡힌 대화를 나누는 경우가 드물다. 외도는 피해자의 측면에서 묘사되는 경우가 압도적으로 많으며, 심리치료사들은 주로 외도를 예방하거나 외도의 상처에서 회복하는 법에 초점을 맞춘다. 이들은 범죄를 처벌하는 법률의 언어를 빌려, 신의를 지킨 배우자는 '피해자'로, 배신한 쪽은 '가해자'로 이름 붙인다. 대개는 배신당한 쪽에 관심을 기울이며, 배신한 쪽에게는 파트너가 트라우마를 극복할 수 있도록 돕는 방법을 상세히 조언한다.

바람피운 사실이 드러나면 그 관계는 대부분 타격을 받는다. 그렇기에 사람들이 배신당한 사람 편을 들고 싶어 하는 것도 당연하다. 내가 외도에 관한 책을 쓰고 있다고 이야기하면 바로 "외도에 찬성하십니까, 반대하십니까?"라는 질문이 돌아온다. 마치 선택지가 2개뿐인 것처럼 말이다. 내 대답은 "그렇습니다"다. 이 아리송한 대답에는 외도와 그 딜레마를 비판하기보다는 더 섬세한 대화를 나누고 싶은 내 진심 어린 바람이 담겨 있다. 사랑과 욕망은 복잡하게 얽혀 있어서 좋음과 나쁨, 피해자와 범죄자로 단순하게 구분할 수 없다. 여기서 분명히 할 점은 비난하지 않는 것이 곧 눈감아 주는 것은 아니며, 이해와 정당화는 엄청나게 다르다는 것이다. 하지만 상황을 쉽게 재단해 버리면 우리에게는 어떤 대화도 남지 않는다.

그렇게 되면 벤저민 같은 사람들을 위한 공간도 남지 않을 것이다. 벤저민은 70대 초반의 온화한 신사로, 로스앤젤레스에서 한 강연이 끝나자 내게 다가와 이렇게 물었다. "아내가 이제 내 이름도 모르는데 이걸 바람이라고 할 수 있나요? 내

아내는 알츠하이머에 걸렸습니다." 벤저민이 말을 이었다. "아내는 지난 3년간 양로원에서 지냈고 저는 일주일에 두 번 아내를 만나러 갑니다. 저는 14개월 전부터 다른 여성을 만나고 있어요. 그녀의 남편이 제 아내와 같은 층에 있거든요. 우리는 서로에게서 큰 위안을 받아요." 벤저민은 내가 만나 본 '바람둥이' 중 가장 품위 있지만, 이런 사람이 그 하나인 건 아니다. 수많은 사람이 거짓말을 하는 와중에도 상대의 안위를 깊이 걱정한다. 수많은 사람이 자신에게 거짓말을 한 상대를 여전히 사랑하고 계속 함께할 방법을 찾고 싶어 하는 것처럼 말이다.

이 모든 사람들을 위해 나는 더 실질적이고 연민 어린 접근 방식을 찾으려 노력한다. 사람들은 대개 외도를 다시 과거로 돌아갈 수 없는 트라우마로 여긴다. 실제로 어떤 외도는 관계에 치명적 타격을 입힌다. 하지만 어떤 외도는 꼭 필요했던 변화를 불러올 수도 있다. 외도는 마음을 갈가리 찢어 놓지만 상처는 치유될 수 있다. 외도는 커플을 성장시키기도 한다.

나는 외도의 위기에 좋은 점이 있을 수 있다고 믿는다. 그래서인지 종종 이런 질문을 받는다. "그러면 당신은 문제가 있는 커플에게 외도를 추천합니까?" 내 대답은 무엇일까? 많은 사람이 치료가 어려운 질병을 겪으며 인생이 바뀌는 긍정적 경험을 한다. 그렇다고 내가 암에 걸리는 것을 추천하지 않듯, 외도 또한 추천하지 않는다.

드러내 놓고
말하지는 못하지만

이 주제에 처음 흥미를 느꼈을 때 나는 강연 자리에서, 불륜을 경험한 분이 있느냐고 묻곤 했다. 손 드는 사람은 아무도 없었다. 바람피운 적이 있거나 배신당한 적이 있다고 공개적으로 선언하는 사람은 드물다.

나는 이 점을 명심하고 "불륜에 삶이 영향받은 적 있는 분계신가요?"로 질문을 바꾸었다. 그러자 언제나 수많은 사람이 손을 들었다. 한 여성은 친구의 남편이 지하철에서 어느 아름다운 여성에게 키스하는 모습을 목격했다. 이제 이 사실을 말해야 하는지에 대한 고민이 친구와의 우정을 무겁게 짓누르고 있다. 한 10대 소녀는 자신이 태어날 때부터 아빠가 두 집 살림을 했다는 사실을 알게 되었다. 한 여자는 왜 자기 아들이 "그 헤픈 년"(며느리를 말했다)을 떠나지 않는지 이해할 수 없었고 더 이상 일요일 저녁 식사에서 아들 부부를 반기지 않았다. 비밀과 거짓말의 메아리는 세대를 가리지 않고 퍼져 나가며 짝사랑과 부서진 마음을 남긴다. 외도는 단순히 둘이나 셋 사이의 이야기가 아니다. 외도는 인간관계 전체를 옭아맨다.

바람을 피우는 사람들은 남들 앞에서 번쩍 손을 들지는 못하지만 조용한 곳에서 자기 이야기를 들려준다. 파티에서 나를 한쪽 구석으로 데리고 가거나 내 사무실을 찾아와 자신의 비밀과 잘못, 선을 넘은 욕망과 사랑을 털어놓는다.

대부분의 이야기는 헤드라인 뉴스보다 훨씬 시시하다. 아이 문제도, 성병도, 예전 애인을 따라다니며 돈을 요구하는 사람도 없다. (이런 사람들은 심리치료사가 아니라 변호사를 찾아가야 할 것이다.) 물론 나르시시스트와 난봉꾼, 경솔하거나 이기적이거나 복수심에 불타는 사람도 여럿 만났다. 새까맣게 모르고 살다가 어느 날 상대에게 다른 가족이나 비밀 계좌가 있고, 상대가 그동안 무분별한 성관계를 일삼았으며, 정교하게 계획하여 이중적으로 살았다는 사실을 알게 되어 큰 충격을 받는 극단적 사례도 봤다. 상담하는 내내 내 앞에서 뻔뻔하게 거짓말하는 사람들도 있다. 하지만 그런 사람들보다는 개인의 역사와 가치관(독점적 관계를 추구하는 것도 가치관에 포함된다)을 공유하고 서로에게 헌신해 온 커플을 훨씬 많이 만난다. 이들의 이야기는 특별할 것 없는 인간 삶의 궤도를 따라 펼쳐진다. 외로움, 섹스 없이 보낸 수년의 시간, 분노, 후회, 서로를 돌보지 않는 관계, 잃어버린 젊음, 관심받고 싶은 열망, 취소한 비행기 표, 폭음. 바로 이런 것들이 평범한 외도의 요소다. 많은 사람이 자신이 한 행동 때문에 깊이 갈등하고 나를 찾아와 도움을 구한다.

바람을 피우는 이유는 매우 다양하며, 외도에 대한 반응과 결과도 다양하다. 어떤 외도는 저항의 표현이다. 어떤 외도는 무엇에도 저항하지 않을 때 발생한다. 어떤 사람은 그저 한 번 즐기기 위해 선을 넘고, 어떤 사람은 아예 옮겨 갈 생각으로 선을 넘는다. 어떤 외도는 권태와 새로움을 향한 욕망, 자신이 여전히 매력적임을 확인하고 싶은 마음에서 비롯된 옹졸한 반항이다. 어떤 외도는 전에는 몰랐던 감정, 부정할 수 없도록 압도적인 사랑을 보여준다. 모순적이게도 많은 이가 결혼 생활을 지키기 위해 결혼 생활 밖으로 눈을 돌린다. 관계가 폭력적으로 변할 때 위반 행위는 변화의 동력이 될 수도 있다. 외도는 시급하게 관심을 기울여야 함을 알려주는 알람 기능을 할 수도 있고, 관계의 끝을 알리는 전조일 수도 있다. 외도는 배신인 동시에 갈망과 상실의 표현이기도 하다.

그러므로 나는 다양한 관점에서 외도에 접근한다. 양쪽의 시각, 그러니까 한쪽이 상대에게 무슨 짓을 했는지'뿐만 아니라' 그 행동의 의미를 모두 살펴보고 공감하려고 노력한다. 그리고 숨겨진 애인이나 자녀, 친구들 같은 다른 이해 당사자를 고려하고, 때로는 함께하기도 한다. 외도는 두 사람(또는 그 이상)이 전혀 다른 방식으로 경험하는 하나의 이야기다. 그렇기에 이 한 가지 이야기는 여러 이야기가 되므로, 서로 충돌하는 상반된 설명을 모두 담을 수 있는 틀이 필요하다. 이분법적인 담론으로는 그 어떤 이해도 화해도 할 수 없다. 외도를 피해의 측면에서만 바라보는 것은 환원주의적일 뿐만 아니라 아무런 도움이 안 된다. 다른 한편 외도가 끼친 피해를 무시하고 탐험을 추구하는 인간 성향을 미화하는 것도 환원주의적일뿐더러 아무런 도움이 안 된다. 대부분의 경우에는 양쪽을 모두 고려하는 접근법이 훨씬 적절하다. 우리에게는 가교 역할을 하며 외도라는 다면적 경험을 탐색할 수 있도록 돕는 이야기, 외도의 동기와 의미, 결과에 관한 이야기가 필요하다. 외도를 이해하려는 노력 자체가 그것에 필요 이상의 품위를 부여해 준다고 주장하는 사람도 있을 것이다. 하지만 그게 바로 심리치료사의 일이다.

평소와 다름없는 날이었다. 첫 번째 내담자는 아내를 따라 뉴욕으로 건너온 36세 남성 루퍼트다. 루퍼트는 아내가 바람을 피우고 있음을 알지만 따져 묻지 않기로 결정했다. 그는 이렇게 말한다. "지켜야 할 가족이 있습니다. 저는 우리에게 초점을 맞추고 싶어요. 아내가 다른 남자에게 빠졌다는 건 아닙니다. 제가 궁금한 건 아내가 다시 저를 사랑할 수 있느냐예요."

다음은 델리아와 러셀이다. 대학 시절 연인이었던 둘은 이미 오래전에 각자 가족을 꾸렸으나 링크드인LinkedIn(비즈니스 전문 소셜 네트워크 서비스–옮긴이)을 통해 다시 만났다. 델리아는 이렇게 말한다. "우리가 함께라면 어땠을지 궁금해하며 평생을 보낼 순 없어요." 둘은 해답을 찾았지만 그 답에는 도덕적 딜레마가 있었다. 러셀은 이렇게 말한다. "우리 둘 다 충분히 상담을 받았고 불륜이 오래 가지 않는다는 것도 압니다. 하지만 델리아와 저는 달라요. 이건 순간적인 감정이 아니에요. 좌절된 평생의 사랑 이야기죠. 절대 행복하지 않을 결혼생활을 지키기 위해 내 감정을 부정하며 인생의 사랑과 함께할 기회를 날려 버려야 할까요?"

30대 중반 레즈비언 커플인 파라와 주드는 사귄 지 6년째다. 주드는 열린 관계를 맺기로 '합의한 상태'에서 왜 파라가 몰래 바람을 피웠는지 이해해 보려고 노력 중이다. 주드는 이렇게 말했다. "우리는 서로에게 알리기만 하면 다른 여자와 자도 된다고 합의했어요. 관계를 열어 놓는 게 우리를 보호해 줄 거라고 생각했거든요. 하지만 결국 파라는 거짓말을 했어요. 더 이상 제가 뭘 할 수 있죠?" 열린 관계도 거짓말을 완벽히 막아 주진 못한다.

점심시간에는 내게 온 이메일을 읽는다. 미네소타에 사는 68세의 여성 바버라는 최근 남편을 여의었다. "한창 애도하다가 남편이 오래전부터 바람을 피웠다는 증거를 발견했습니다. 전에는 예상치 못한 문제에 맞닥뜨렸습니다. 예를 들면 '딸아이에게 말해야 하나?' 같은 것들입니다. 더 곤란한 문제는 남편이 지역에서 크게 존경받는 사람이었고, 남편을 기리는 자리에 제가 계속 초대받는다는 것입니다. 제 모든 친구들도 이 자리에 참석하고요. 정말 힘듭니다. 남편의 이름을 더럽히고 싶지 않은 마음도 있고, 못 견디게 진실을 밝히고 싶은 마음도 있습니다." 우리는 진실을 발견하는 것만으로도 인생 전체를 바라보는 시각이 바뀔 수 있다는 이야기를 이메일로 나눈다. 남편의 죽음과 배신으로 이중의 상실을 경험한 사람은 어떻게 자신의 삶과 정체성을 되찾을 수 있을까?

수지가 보낸 메시지는 아버지에 대한 분노로 가득 차 있다. "엄마는 아빠가 죽을 때까지 곁에 머문 성인군자예요. 아빠가 오랫동안 바람을 피웠는데도 말이죠." 나는 수지가 이 이야기를 다르게 이해해 본 적 있을지 궁금하다. 만약 그녀의 아버지가 다른 여성을 진심으로 사랑했으나 가족을 위해 자신을 희생하며 집에 남은 거라면?

젊은 심리치료사 애덤은 내 수업에 한 번 참여한 후 페이스북으로 메시지를 보냈다. "저는 늘 바람피우는 사람은 저질이라고 생각했어요. 상대에 대한 최소한의 예의는 상대 몰래 비열한 짓을 하지 않는 것이라고 생각했죠. 그런데 수업을 듣다가 갑자기 깨달은 점이 있어요. 강의실은 안전하고 편안했지만 저는 등받이 쿠션 안에서 석탄이 타오르는 것처럼 의자에 가만히 앉아 있질 못했어요. 그동안 저는 부모님이 서로를 처음 만났을 때 두 분 다 결혼한 상태였다는 사실을 모른 척하며 살았어요. 당시 어머니는 폭력적인 남편을 떠나려 하는 중이었고, 아버지는 그런 어머니에게 조언을 해 주셨죠. 저는 두 분의 외도 덕분에 태어날 수 있었어요. 34년 전 부모님은 남은 인생을 함께하고 싶은 사람을 불륜으로 찾으신 거였어요." 한 개인으로서, 또 심리치료사로서 애덤의 흑백논리적 사고가 흔들리기 시작했다.

오늘의 마지막 내담자는 37세의 광고대행사 직원 릴리다. 릴리는 10년 가까이 최후통첩을 미루며 애인이 아내와 이혼하기만 기다리고 있다. 애인은 릴리와 만난 후로도 아내와 아이 둘을 더 낳았고, 릴리는 자신의 생식 능력이 하루하루 줄어들고 있음을 느낀다. 릴리는 이렇게 털어놓는다. "지난달에 난자를 얼렸어요. 하지만 제가 할 수 있는 건 다 해 봐야 하는 상황이라는 걸 그이에게 말하고 싶진 않아요." 상담을 거듭할수록 릴리는 모순된 감정을 드러낸다. 어떤 주에는 그가 자신을 갖고 놀고 있다고 확신했고, 바로 다음 주에는 자신이 그의 진정한 사랑일 거라는 실낱같은 희망을 부여잡았다.

저녁 식사 중에 "긴급"이라고 쓰인 문자를 받는다. 잭슨의 멘탈이 무너지고 있고, 당장 대화를 나눌 사람이 필요하다. 비아그라가 너무 많이 줄어들었음을 아내가 발견하고는 그를 내쫓은 것이었다. 잭슨은 이렇게 말한다. "솔직히 나도 아내에게 거짓말하는 게 끔찍했어요. 하지만 내 성욕에 관해 말하려 할 때마다 아내의 얼굴에 역겨움이 번지는 걸 더 이상 참을 수 없었어요." 잭슨의 성적 판타지는 다채로웠지만 아내는 그 판타지에 전혀 관심이 없었고 반복해서 거절했다. 몇 년에 걸쳐 아내에게 거절당한 잭슨은 다른 곳에서 판타지를 충족하기 시작했다. "아내한테 솔직해야 했어요. 하지만 잃을 게 너무 많았어요. 내 성적 욕구가 중요하긴 했지만 매일 아침 아이들을 안 봐도 될 정도로 중요하지는 않았다고요."

이들의 이야기를 듣는 동안 나는 충격받기도 하고, 비난하고 싶어지기도 하고, 염려하기도 하고, 보호하려 들기도 하고, 호기심이 생기기도 하고, 관심이 생기기도 하고, 지루하기도 하고, 가끔은 한 시간 안에 이 모든 걸 다 경험하기도 한다. 그동안 함께 울었고 함께 희망과 절망을 느꼈으며, 이야기와 관련된 모든 사람에게 동질감을 느꼈다. 나는 외도가 얼마나 파괴적인지를 매일 목격하기 때문에, 현재의 외도 담론이 얼마나 부적절한지도 안다.

관계의 본질에 관한 질문들

외도는 관계에 대해 많은 것을 알려 준다. 닫힌 문을 열어 가치관과 인간의 본성, 에로스의 힘을 더 깊이 탐구할 수 있게 해 준다. 그리고 상당히 불편한 질문들을 붙잡고 씨름하게 만든다. 사람들은 무엇 때문에 그렇게 힘들게 그어 놓은 선 밖으로 걸어 나올까? 상대가 다른 사람과 섹스하는 것이 '왜 그토록' 가슴 아픈 일인가? 외도는 늘 이기적이고 나약한 행동일까? 어떤 경우에는 외도가 이해받고 용인될 수도 있을까? 어쩌면 대담하고 용기 있는 행동은 아닐까? 우리가 이 드라마를 경험해 봤든 아니든 간에, 외도가 주는 흥분에서 무언가를 배워 관계를 더욱 생기 있게 만들 수 있을까?

은밀한 사랑은 늘 폭로되어야 하는가? 열정에는 유통기한이 있을까? 외도에는 결혼이, 심지어 좋은 결혼이 절대 제공할 수 없는 어떤 성취감이 있는 걸까? 정서적 욕구와 성적 욕망 사이의 균형이라는 어려운 문제를 어떻게 풀어 갈 수 있을까? 일부일처제는 더 이상 효용이 없는가? 신의란 무엇일까? 동시에 둘 이상을 사랑할 수 있을까?

내게 이 질문들은 친밀한 관계인 성인들이 반드시 물어야 할 핵심 요소다. 하지만 안타깝게도 커플 대부분은 외도의 위기가 발생한 후에야 처음으로 이 문제에 관해 대화한다. 비극적 사건은 단숨에 우리를 문제의 본질로 밀어 넣는다. 나는 폭풍이 오기 전에 평온할 때 이 문제를 생각해 보기를 권하고 싶다. 무엇이 우리를 울타리 밖으로 끌어내는지에 관해, 외도에 뒤따르는 상실의 두려움에 관해 서로 신뢰하는 상태에서 이야기를 나누면 더욱 헌신적이고 친밀한 관계를 만들 수 있다. 우리의 욕망은, 심지어 금지된 욕망까지도, 모두 인간성의 일면이다.

외도를 섹스와 거짓말로만 보고 싶은 마음이 크겠지만, 나는 외도를 하나의 문으로 활용하고자 한다. 여러 관계의 복잡한 지형과, 우리가 관계를 유지하기 위해 긋는 어떤 경계선을 보여주는 문 말이다. 외도는 변덕스럽고 서로 대립하는 여러 격정적 힘 앞으로 우리를 데려간다. 매력, 욕정, 절박함, 사랑과 그 불가능성, 안도, 함정, 죄책감, 가슴 찢어지는 슬픔, 죄악, 감시, 광기 어린 의심, 복수하고 싶은 살인적 충동, 비극적 결말…. 미리 경고할 것이 있다. 이 문제를 살펴보려면 비이성적 힘이라는 미로에 기꺼이 빠져들 준비를 해야 한다. 사랑은 골치 아픈 문제다. 외도는 더욱 그렇다. 하지만 외도는 인간의 마음속 틈새를 그 무엇보다 선명하게 보여주는 창이기도 하다.

"이혼하지 않다니, 자존심도 없어?"

이혼. 온라인이든 오프라인이든, 불륜에 관해 뜨거운 논쟁이 벌어질 때마다 등장하는 단어다. 바람을 피울 생각이라면 이혼해라. 배우자에게 거짓말할 정도로 삶이 불행하다면 배우자를 떠나라. 파트너가 바람을 피운다면 당장 변호사를 불러라.

브루클린에 거주하며 두 살배기 아들을 둔 30대 초반의 여성 제시카는 4년 전 결혼한 남편 줄리언이 동료와 바람을 피우고 있다는 사실을 알고 난 지 일주일 후에 나를 찾아왔다. "남편이 그 여자와 메시지를 주고받는 비밀 페이스북 계정을 발견했어요." 디지털 세대인 제시카는 온라인에서 조언을 구했다. 제시카는 이렇게 말한다. "글을 읽을수록 기분이 나빠졌어요. 죄다 여성 잡지에 나오는 구린 조언 같았죠. '남편을 떠

나. 그리고 뒤돌아보지 마! 한번 바람피운 사람은 또 바람피울 거야! 그런 놈은 갖다 버려!'"

제시카는 말한다. "모든 사람이 제가 여전히 남편에게 강렬한 감정을 느낀다는 점을 고려하지 않더군요. 우리는 함께 인생을 계획했고, 그이는 제 아들의 아빠예요. 전 그이가 가족을 좋아하고, 그분들은 지난 일주일 동안 누구보다도 저를 지지해 줬어요. 그런데 제가 읽은 모든 글과 모든 작가가 제 남편은 쓰레기고 제가 그에게 느끼는 감정이 잘못됐다고 말해요. 제 부모님은 말할 것도 없고요. 심지어 아빠는 제가 스톡홀름 신드롬 상태라고 하더군요! 사람들이 절 쉽게 재단하는 것 같아요. 제가 바람피운 남편을 내버려 두는 '그런 부류의 여자들' 중 하나라고요."

가부장제하의 다른 많은 여성과 달리 제시카는 선택지가 있는, 즉 경제적으로 독립한 여성이다. 제시카에게 권리가 있다는 바로 그 사실 때문에, 우리 문화권은 그녀에게 권리를 행사하라고 요구한다. 제시카의 이야기를 듣는데, 최근에 모로코의 한 마을에서 온 여성들과 함께 진행한 워크숍이 떠올랐다. 오늘날 미국에서 제시카 같은 여성은 자리를 박차고 떠나라는 이야기를 듣는다고 설명하자 한 젊은 여성이 웃음을 터뜨렸다. "하지만 선생님, 다른 여자 치맛자락이나 쫓아다니는 남편을 모두 떠나야 한다면 모로코에는 이혼 안 한 부부가 없을 거예요!"

한때 이혼은 낙인을 남겼다. 하지만 요즘은 떠날 수 있는데도 곁에 남기로 선택하는 것이 새로운 수치다. 증거 1호는 힐러리 클린턴Hillary Clinton이다. 힐러리를 존경하는 많은 여성이, 그녀가 남편을 떠날 능력이 있는데도 떠나지 않았다는 사실을 받아들이지 못한다. "힐러리는 자존감이 없는 거야?"

분명 이혼을 피할 수 없는 경우도 있다. 이혼하는 게 현명하거나 관련된 사람 모두에게 가장 좋은 경우도 있다. 하지만 이혼이 유일하게 올바른 선택일까? 위험한 점은, 한창 상대의 외도로 고통과 모욕을 느끼고 있을 때는 외도에 대한 반응과 전반적인 관계에 대한 감정을 성급하게 합쳐 버릴 수 있다는 것이다. 역사는 다시 쓰이고, 둘 사이를 잇는 다리는 결혼사진과 함께 불태워지며, 아이들은 두 집 사이에서 삶이 분열된다.

제시카는 남편을 갖다 버릴 수 없었다. "사람은 실수를 하잖아요. 저는 성인군자가 아니에요. 다른 남자와 자고 다니지는 않지만 문제에 성숙하게 대처하진 못하죠. 저는 상황이 나빠지거나 스트레스를 받으면 마음의 문을 닫고 술을 마셔요. 우리가 파트너의 실수를 눈감아 주지 않는다면 우리 모두 비참해지고 홀로 남을 거예요." 제시카는 남편 줄리언에게 두 번째 기회를 주려 한다.

성급한 이혼은 실수와 인간의 연약함을 용납하지 않는다. 관계를 개선하고 회복하는 것도 고려하지 않는다. 제시카와 줄리언처럼 삶에 일어난 일을 통해 배우고 성장하고픈 사람들을 고려하지 않는다. 제시카와 줄리언은 이렇게 말한다. "저희둘 다 다시 잘해 보고 싶어요. 그 일이 있은 후로 어느 때보다 깊은 대화를 나눴어요. 속마음을 다 털어놓는 건설적인 대화,

지난 몇 년간 없었던 대화 말이에요." 하지만 둘은 곧 이렇게 묻는다. "이렇게 서로에게 진실해지기 위해 정말 외도를 경험해야 했을까요?" 나는 종종 이런 후회의 말을 듣는다. 하지만 그동안 아무도 말하지 않은 진실이 하나 있다. 많은 커플에게 외도만큼 파트너의 관심을 끌고 오래된 시스템을 흔들 수 있는 것은 없다.

감정적이고 억압적이며 비난조인 외도 담론의 문제는 더 깊이 있는 이해의 가능성을 배제하므로 희망과 치유의 가능성(둘 중 하나든, 둘 모두든 간에)도 배제한다는 것이다. 피해자화는 결혼을 더욱 깨지기 쉽게 만든다. 물론 제시카가 집에서 아들 기저귀를 갈고 있는 동안 줄리언이 바람을 피운 상황에서, 분노는 관계가 망가진 데 대한 적절한 반응이며 또한 제시카에게 도움이 될 수 있다. 하지만 외도의 영향을 받은 사람들(바람피운 사람과 배신당한 사람, 숨겨진 애인, 자녀들)과 이야기를 하면 할수록 비난을 멀리하는 인생관 및 사랑관이 필요하다는 생각이 강해진다. 복수심에 가득 차 다툼을 일으키는 쓰라린 감정을 키워 봐야 아무것도 얻지 못한다. 내가 만난 한 여성이 증거 1호다. 이 여성은 너무나도 분개한 나머지 다섯 살 난 아들에게 너희 아빠가 몇 년 동안 바람을 피웠다고 말했다. "엄마가 왜 우는지 아들도 알아야 하기 때문"이었다.

외도는 이혼의 주요 원인 중 하나지만 많은 커플이 외도를 겪은 후에도 헤어지지 않고 함께한다. 하지만 어떤 조건에서 얼마나 오래 함께 지낼 수 있을까? 이혼하지 않음으로써 더 단단한 관계를 맺을 기회가 생길까? 아니면 그 경험을 수치와 불신 아래 깊이 파묻게 될까? 이들의 관계와 삶이 어떤 미래를 맞이할지는 이들이 외도를 어떻게 소화하느냐에 따라 달라진다.

오늘날 서구 사회에서 우리 대부분은 진지하고 장기적인 관계나 결혼을 두세 번 정도 경험할 것이다. 어떤 사람은 단 한 사람과 이 모든 걸 경험할 것이다. 커플이 외도의 여파 속에서 찾아오면 나는 종종 이렇게 말한다. 당신들의 첫 번째 결혼은 끝났습니다. 이제 함께 두 번째 결혼을 만들어 볼까요?

2장

채팅도 바람일까
—정의와 경계

"그 여자와 성적인 관계는 맺지 않았습니다."

—빌 클린턴, 전 미국 대통령

모두가 알고 싶어 한다. '사람들 중 몇 퍼센트가 바람을 피울까?' 대답하기 어려운 질문이다. 대답을 하려면 먼저 '외도란 무엇인가?'라는 질문에 답해야 하기 때문이다. 외도의 정의는 고정되어 있지 않으며, 디지털 시대가 열리면서 금지된 만남의 가능성이 무한히 커졌다. 채팅은 외도일까? 섹스팅(성적인 문자 메시지나 사진, 동영상을 휴대폰으로 주고받는 것—옮긴이)이나 포르노 시청, 페티시 커뮤니티 가입, 데이팅 앱에서 탈퇴하지 않고 몰래 남아 있는 것, 성매매, 랩댄스(돈을 내고 댄서가 자신의 무릎 위에서 춤추게 하는 것—옮긴이), 해피엔딩이 있는 마사지(유사 성행위가 포함된 마사지—옮긴이) 받기, 이성애자 여성이 애인을 두고 다른 여성과 하룻밤을 보내는 것, 전 애인과 계속 연락하는 것은?

외도에 대한 보편적 합의가 없기 때문에 미국에서 바람피우는 사람의 비율을 추정한 값은 여성의 경우 26~70퍼센트, 남성의 경우 33~75퍼센트로 광범위하다.[1] 정확한 퍼센티지가 얼마든 간에 점점 많아지고 있다는 점에는 모두가 동의한다. 많은 사람이 그 책임을 여성에게 돌리는데, 최근 여성들이 빠르게 '외도 격차'를 줄이고 있기 때문이다(조사 결과에 따르면 현재 바람피우는 남성의 비율은 1990년과 크게 다르지 않은 반면 여성은 40퍼센트 증가했다).[2] 실제로 '성교'뿐만 아니라 로맨틱한 관계와 키스, 다른 성적 접촉까지 외도에 포함한다면 여대생은 남대생보다 훨씬 바람을 많이 피울 것이다.[3]

자료 수집을 방해하는 요인이 하나 더 있다. 사람들은 섹스에 관해 거짓말을 한다. 하지 말았어야 할 섹스에 관해서는 더욱 그렇다. 익명성을 보장해도 젠더에 대한 고정관념이 집요하게 이어진다. 남성은 자신의 성경험을 떠벌리고 과장하고 지나치게 내세우도록 사회화되는 반면, 여성은 축소하고 부정하고 되도록 드러내지 않도록 사회화된다(바람피운 여성이 사형당할 수 있는 국가가 여전히 9개나 된다는 점을 떠올려 보면 그리 놀랍지 않은 사실이다). 성경험을 얼마나 정직하게 드러내느냐는 성의 정치학과 따로 떼어놓을 수 없다.

게다가 우리는 모순적이다. 사람들 대부분은 파트너가 바람을 피우면서 거짓말을 하는 건 심각한 잘못이라고 말하면서, 자신이 바람을 피운다면 파트너에게 거짓말할 거라고 말한다. 뿐만 아니라 "절대 걸리지 않는다면 바람을 피우겠습니까?"라고 질문하면 그렇다고 대답하는 비율이 급격히 치솟는다. 결국 통계 자료가 아무리 많고 정확해도 외도의 복잡한 현실을 통찰력 있게 보여주지는 못한다. 그러므로 나는 숫자가 아닌 이야기에 초점을 둔다. 이야기는 갈망과 환멸, 헌신과 성적 자유라는 인간사를 더 깊이 이해하게 해 주기 때문이다. 모든 외도 이야기의 공통 주제는 한 사람이 다른 사람에게 배신당했다고 느끼는 것이다. 하지만 이 드라마를 더욱 설득력 있게 만드는 건 그 밖의 다른 요소들이다. 우리는 꼬리표를 붙이고 싶은 욕구에 휩쓸려 수많은 경험을 '외도'라는 한 가지 기표 아래 묶어 놓으려 한다.

단순할 수 없는 문제

"지난 12개월 동안 배우자가 아닌 사람과 성관계를 맺은 적이 있습니까?" 만약 외도에 대한 정의가 이 질문에 '네' 또는 '아니요'로 대답하는 것만큼 단순하다면 내 일은 지금보다 훨씬 쉬웠을 것이다. 여러 고통스러운 갈등을 접하다 보면 어떤 죄악은 정말 단순하지만 외도의 세계는 섹슈얼리티의 세계만큼이나 애매하다는 사실을 매일 깨닫게 된다.

일라이어스는 아내 린다에게 전문가와 상담하자고 제안했다. 둘은 외도를 해석하는 방식이 크게 다르다. 스트립 클럽의 단골손님인 일라이어스는 이렇게 자신을 변호한다. "저는 스트리퍼를 관람하고 이야기를 나누고 돈을 내긴 하지만 만지진 않습니다. 이게 어딜 봐서 바람피우는 건가요?" 그는 자신에게 아무 잘못도 없다고 생각한다. 하지만 린다는 생각이 달랐고, 일라이어스를 소파로 내쫓았다.

애슐리와 리사는 레즈비언 커플이다. 애슐리는 리사가 전 남자 친구 톰과 가끔씩 섹스를 즐긴다는 사실을 알게 되었다. "리사는 톰이 남자이기 때문에 바람피우는 게 아니라고 해요! 하지만 제 입장에서 그건 더 나빠요. 절 배신했을 뿐만 아니라 제가 줄 수 없는 걸 그 남자에게서 얻는다는 거잖아요. 리사에게 저는 일탈일 뿐일까요?"

섀넌은 남자 친구 코빈이 얼마 전 콘돔 한 상자를 산 것을 알고는 배신당했다고 느꼈다. 둘은 임신을 시도하고 있어서 콘돔이 필요 없기 때문이다. 코빈은 이렇게 항의한다. "난 아무 짓도 안 했어! 그냥 생각만 해 봤을 뿐이라고! 내 휴대폰 염탐하는 것도 모자라서 이젠 내 생각까지 감시하고 싶어?" 섀넌이 맞받아쳤다. "콘돔을 산 게 어떻게 그냥 생각이야!" 물론 그냥 생각은 아니다. 하지만 그게 외도일까?

그렇다면 포르노는 어떨까? 매트리스 밑에 숨겨 둔《플레이보이》한 부가 배신이 아니라는 데는 대부분 동의할 것이다. 하지만 종이가 스크린이 되는 순간 경계는 흐릿해진다. 많은 남성이 포르노 시청은 자위와 비슷하다고 생각한다. 심지어 몇몇은 포르노를 보기 때문에 바람을 피우지 않을 수 있다고 당당하게 주장한다. 여성은 그렇게 생각하는 경우가 더 적다. 하지만 바이올렛은 늘 자신이 포르노에 꽤 개방적이라고 생각했다. 그래서 남편 재러드의 서재에 들어갔을 때 그가 헐떡이는 금발 여성을 모니터로 보고 있는 광경을 보고는 그저 어깨를 으쓱하고 새 취미가 필요했냐고 농담을 했다. 하지만 그때 화면 속 여자가 "재러드 어디 갔어? 다 끝낸 거야?"라고 말했고, 그제야 재러드가 스카이프로 대화 중이었다는 사실을 깨달았다. 바이올렛은 이렇게 말한다. "최악은 재러드가 계속 바람피운 게 아니라고 주장한다는 거예요. 남편은 그게 '개인 맞춤식 포르노'라고 하더라고요."

모두가 쉽게 연결되는 세상에서는 외도의 가능성도 끝없이 커진다.[4] 오늘날 미국인의 68퍼센트가 스마트폰을 갖고 있다. 코미디언 아지즈 안사리Aziz Ansari의 말처럼 이는 "데이트 바date bar를 늘 주머니 속에 갖고 다니는 것"과 다름없다. 애슐리 매디슨닷컴(기혼자를 대상으로 하는 캐나다의 온라인 데이트 웹사이트-옮긴이)처럼 기혼자를 위한 공간도 있다. 인터넷은 민주적이다. 금지된 욕망을 실현할 수 있는 기회를 공평하게 제공한다.

심지어 바람피우기 위해 집에서 나올 필요도 없다. 침대에서 파트너 옆에 누운 채로도 바람을 피울 수 있다. 요아힘은 남편 딘을 뒤에서 꼭 끌어안고 있다가 그가 맨헌트(게이를 대상으로 하는 데이팅 앱-옮긴이)로 다른 남자에게 메시지 보내는 걸 봤다. 키트는 여자 친구 조디와 소파에 앉아 텔레비전을 보다가 그녀가 익숙한 손짓으로 아이폰 화면을 넘기고 있음을 깨달았다. 키트는 내게 이렇게 말한다. "조디는 그냥 궁금해서 해 봤다고, 이건 게임 같은 거지 절대 적극적으로 한 적은 없다고 하더군요. 하지만 서로에게 집중하기로 약속한다는 의미에서 틴더(데이팅 앱-옮긴이)를 삭제하기로 했단 말이에요!"

이제는 고인이 된 연구자 앨 쿠퍼Al Cooper가 지적했듯이 인터넷은 "익명으로 섹스에 쉽게 접근하고 이용할 수 있게" 만들었다.5 이 특징은 섹스뿐 아니라 외도에도 똑같이 적용되는데, 나는 한 가지를 덧붙이고 싶다. 바로 애매함이다. 키스가 아니라 각자의 성기 사진을 나눌 때, 모텔에서의 한 시간이 늦은 밤 스냅챗(사진이나 동영상을 주고받을 수 있는 모바일 메신저—옮긴이)에서의 대화가 될 때, 비밀스러운 점심 식사가 페이스북 비밀 계정으로 대체될 때 무엇이 외도인지를 우리가 어떻게 확신할 수 있겠는가? 이처럼 은밀한 행동의 범위가 급격하게 확장된 결과 디지털 시대에 우리가 외도를 어떻게 개념화하고 있는지를 신중하게 다시 생각할 필요가 생겼다.

선을 긋는 것은 누구인가

불륜을 정의하는 일은 매우 단순한 동시에 복잡하다. 오늘날 서구 사회에서는 더 이상 종교계의 권위자가 관계의 도덕 원칙을 지정하지 않는다. 이제 외도는 교황이 아니라 일반 사람들이 정의한다. 그 결과 자유뿐만 아니라 불확실성도 커졌다. 커플들은 관계의 조건을 직접 정해야 한다.

　누군가가 "나 바람피웠어"라고 말한다면 누구도 이 말의 뜻이 무엇인지 왈가왈부하지 않을 것이다. 파트너가 다른 사람과 침대에 누워 있는 모습을 본다면, 또는 다른 사람과 수년간 주고받은 이메일을 발견한다면 이 역시도 의미가 꽤 분명하다. 하지만 한쪽이 상대의 행동을 배신으로 받아들였으나 상대가 "당신이 생각하는 그런 게 아니야", "아무 의미도 없었어", "바람피운 건 아냐" 하고 나온다면 다소 모호한 영역에 들어서게 된다. 보통 어느 행동을 잘못으로 규정하고 그 심각성을 결정하는 일은 배신당한 사람의 몫이다. 그러나 상처받았다고 해서 행동의 의미를 정의할 자격이 있다고 주장할 수 있을까?

분명한 것은 현대사회에서 외도에 대한 정의는 두 개인 간의 계약 위반이라는 개념과 관련 있다는 것이다. 외도는 더 이상 신을 거역하는 행위도 아니고, 가족을 파괴하는 행위도 아니며, 혈통을 흐리는 행위도, 자원과 유산을 낭비하는 행위도 아니다. 오늘날 배신의 핵심에는 신뢰의 위반이 있다. 우리는 파트너가 함께 공유한 전제에 따라 행동하기를 바라며, 스스로도 그 전제에 따라 행동한다. 성적이고 감정적인 특정 행동이 늘 배신이 되는 것은 아니다. 그보다는 둘 사이의 합의를 벗어난 행동을 했다는 사실이 배신을 만든다. 여기까지는 공평해 보인다. 하지만 문제는, 대부분의 경우 오랜 시간을 들여 합의를 도출하는 일이 드물다는 것이다. 어쩌면 그것을 '합의'라고 부르는 것 자체가 과장일 수도 있다.

몇몇 커플은 머리를 맞대고 규칙을 정하지만 대부분은 시행착오를 거친다. 관계란 무언의 규칙과 역할로 이루어진 조각보 같은 것이며, 첫 번째 데이트부터 조각보 기우기가 시작된다. 커플은 그렇게 경계선의 초안을 그리기 시작하며, 무엇이 경계선 안에 있고 무엇이 바깥에 있는지를 정한다. 나, 너, 그리고 우리. 각자 외출해도 될까? 아니면 모든 것을 함께할까? 경제를 합칠까? 모든 가족 모임에 참여해야 할까?

이제는 서로가 있으므로 각자의 친구들을 검토하고, 그들이 어느 정도 중요한지를 결정한다. 전 애인을 정리한다. 서로의 전 애인을 알아야 할까? 그들에 관해 이야기하는 건 괜찮을까? 휴대폰에 그들의 사진을 저장하거나 여전히 페이스북 친구로 남겨 두어도 될까? 특히 이런 외부 관계의 문제에서는 서로 어디까지 참을 수 있는지를 알게 된다. "대학 때 알던 그 여자애랑 아직까지 연락한다고 나한테 말한 적 없잖아!" "우리 열 번이나 같이 잤는데 너 여전히 데이팅 앱에 가입해 있네." "걔가 너의 가장 친한 친구고 유치원 때부터 친했던 건 알겠는데, 걔한테 우리 일을 그렇게 시시콜콜 얘기해야겠어?"

이렇게 우리는 언제 함께하고 언제 각자 행동할지를 협상하며 관계의 계약서를 암묵적으로 작성해 나간다. 보통 한 사람이 마음속 캐비닛에 보관해 둔 계약서는 파트너의 계약서와 다를 때가 많다.

동성애자 커플은 이 규칙을 따르지 않기도 한다. 이들은 오랫동안 사회의 표준 규범 바깥에서 성적 자기 결정권을 위해 열심히 싸워 왔기 때문에 성생활을 구속하는 것의 대가를 잘 알고 있고, 스스로에게 족쇄를 채우기를 원치 않는다. 이들은 말없이 독점적 관계를 가정하는 대신 터놓고 관계의 조건을 협상하는 경우가 많다. 합의하에 '비독점적 관계nonmonogamy'를 실험하는 이성애 커플도 늘고 있는데 이들의 경계선은 더 융통성 있고 명확하다. 그렇다고 이들이 배신에 전혀 아파하지 않는 건 아니다. 그러나 적어도 이 커플들은 무엇이 배신인지에 대한 생각이 같을 가능성이 높다.

하지만 현대의 이상주의자들에게는 비독점적 관계에 관해 터놓고 이야기하는 행위 자체가 낭만적 사랑의 핵심인 특별함에 대한 부정일 수 있다. 우리는 '바로 그 사람'을 일단 찾으면 다른 사람을 필요로 하거나 욕망하거나 이끌려서는 안 된다고 믿는다. 그래서 새로운 사람을 만날 때보다 집을 구할 때 더 꼼꼼하게 계약서를 작성한다. 많은 커플에게 외도에 관한 논의는 다음 다섯 글자로 요약된다. "잡히면 죽어."

불륜의 3가지 요소

내가 보기에 외도는 다음 3가지 요소 중 하나 이상을 포함한다. 바로 비밀과 성적인 마력, 감정의 개입이다.[6] 더 설명하기에 앞서 이 3가지는 엄격한 기준이 아니며, 그보다는 여러분의 경험과 생각을 들여다볼 수 있는 3면 프리즘에 가깝다는 점을 분명히 하고 싶다. 하지만 외도의 정의를 확장한다고 해서 도덕적 상대주의에 빠지게 되는 건 아니다. 외도는 저마다 다르다. 결국 외도는 사적인 문제이며, 개인의 판단이 개입되는 문제. 내 목표는 논의의 틀을 제공해 독자가 자신이 처한 상황을 이해하고 사랑하는 사람과 더 깊은 대화를 나누도록 하는 것이다.

'**비밀**'은 외도를 구성하는 첫 번째 요소다. 외도는 늘 공식적인 관계의 그늘 아래 살면서 들키지 않으려고 노심초사한다. 바로 이 비밀이 에로틱한 긴장을 더욱 강렬하게 만들어 준다. 저널리스트 줄리아 켈러Julia Keller는 다음과 같이 말한다.

"섹스와 거짓말을 섞으면 달콤한 칵테일이 된다."7 우리 모두는 비밀을 감추고 유지하는 것이 얼마나 신나는 일인지를 어렸을 때부터 잘 알고 있다. 비밀은 강해진 느낌, 이제 나는 더이상 취약하지 않으며 더욱 자유로워졌다는 느낌을 준다. 하지만 성인이 되면 이 음침한 즐거움은 구박받기 시작한다. 빈틈없는 성격의 아일랜드계 미국인으로 변호사 보조원으로 일하고 있는 앤절라는 이렇게 말한다. "저는 늘 '보이는 게 전부'라고 생각하는 사람이었어요." 앤절라는 고객과 바람을 피우면서 자신이 비밀을 숨기는 걸 즐긴다는 사실을 깨달았다. "제가 오랫동안 추구해 온 가치를 완전히 저버릴 수 있음을 알게 되자 혼란스러우면서도 흥분됐어요. 한번은 여동생이 제 앞에서 바람피우는 사람들이 얼마나 나쁜지를 쉬지 않고 줄줄 말하더라고요. 그러는 내내 저는 제 비밀을 떠올리며 속으로 웃고 있었죠. 아마 동생은 자기가 '악마'의 얼굴을 보고 있었다는 걸 전혀 모를 거예요."

맥스는 죄책감과 즐거움이 뒤섞인 뜻밖의 감정을 설명하면서 이렇게 말한다. "스스로가 인간쓰레기 같다가도, 다시 한번 간절히 느끼고 싶었던 무언가의 본질에 가닿은 것 같기도 했어요." 다음 47세 남성은 다정다감한 세 아이의 아빠로, 아이 중 한 명은 뇌성마비다. 이 남성은 자신의 비밀을 털어놓지 않겠다는 마음이 확고하다. "과거에 다른 여성과의 관계가 저의 생명줄이었던 적이 있다는 이야기는 아내에게 절대 안 하려고 해요. 후회는 없어요. 비밀에 부치는 게 맞아요. 다른 방법이 없거든요! 불륜은 끝났지만 비밀은 여전히 생생하게 살아 있죠."

비밀의 강력한 특징은 자율성과 통제로 향하는 문의 기능을 한다는 것이다. 자율성은 주로 여성, 또는 이런저런 이유로 스스로 무력하다고 느끼는 남성이 내게 거듭 이야기하는 주제다. 티럴은 이렇게 설명한다. "학계라는 백인들의 세상에 속한 흑인 남성으로서 저는 규칙을 정확히 따릅니다. 저 같은 사람은 재량권이 별로 없지요." 자신에게 외도는 '스스로' 규칙을 정할 수 있는 공간이었다는 그의 말에 나는 그리 놀라지 않았다. "모두가 날 통제할 수 있는 건 아니야"는 티럴의 외도를 따라다니는 주문이었다.

외도에는 위험과 위반이 가진 저항의 에너지가 뒤섞여 있다. 다음 데이트를 할 수 있을지 불확실할 때 우리는 오히려 기대감에 부풀어 오른다. 금지된 사랑은 세상과 동떨어진 독립적 우주에 산다. 외도는 삶의 가장자리에서 꽃을 피우고, 한낮의 태양에 노출되지 않는 한 마법은 영원히 지속된다.

하지만 비밀을 지닌 사람에게 비밀이 늘 즐거운 게임인 것은 아니다. 외도의 핵심인 비밀은 거짓말과 부정, 기만을 불러온다. 이중성 뒤에 숨으면 삶이 고립되고, 그렇게 시간이 쌓이면 수치심과 자기혐오가 스스로를 좀먹는다. 멜라니에게 6년간 이어진 불륜을 끝내기로 결정한 이유를 묻자 그녀는 이렇게 말했다. "죄책감을 느낄 때는 나쁜 짓을 하고 있긴 하지만 저를 여전히 좋은 사람이라고 생각했어요. 하지만 어느 순간 죄책감조차 사라졌고, 더 이상 저 자신을 존중할 수 없게 됐어요. 이제 전 그냥 나쁜 사람이에요."

비밀이 드러나면 배신당한 사람은 엄청난 충격을 받는다. 특히 미국에서는 많은 이가 상대가 여태껏 사실을 숨겨 왔다는 사실에 가장 크게 상처받았다고 말한다. 나는 이런 말을 자주 듣는다. "문제는 그 사람이 바람을 피웠다는 게 아니에요. 그이가 거짓말을 했다는 게 문제죠." 이처럼 지구 한편에서는 사실을 숨기는 행동이 눈살을 찌푸리게 하는 반면, 다른 한편에서는 '신중함'으로 해석된다. 그곳에서는 외도에 거짓말이 딸려 오는 게 당연하다. 외도 사실을 제대로 숨기지 않는 것이야말로 굴욕적이고 가슴 찢어지는 일이다.

외도에 관해 대화할 때면 늘 비밀에 관해 생각해 보게 된다. 하지만 다음과 같은 질문도 스스로에게 해 봐야 한다. 그렇다면 사생활은 없는 걸까? 사생활이 끝나고 비밀이 시작되는 지점은 어디인가? 상대의 사생활을 염탐하는 행동은 외도를 예방하는 정당한 전략일까? 서로의 삶을 투명하게 공개해야만 친밀한 관계를 맺을 수 있을까?

'성적인 마력'은 빌 클린턴이 말한 것보다 더 포괄적으로 섹슈얼리티를 정의하기 위해 내가 '섹스' 대신 사용하기로 한 용어다. 이 용어는 성행위라는 좁은 레퍼토리를 넘어 에로틱한 생각, 신체, 에너지까지 전부 포함한다. 성적인 마력을 살펴봄으로써 불륜은 섹스를 수반할 수도, 하지 않을 수도 있지만 언제나 에로틱하다는 사실을 분명히 하고 싶다. 프랑스 작가 마르셀 프루스트Marcel Proust가 이해한 바처럼 사랑을 일으키는 것은 사랑하는 대상이 아니라 우리의 상상이다.[8] 상상 속에서의 키스가 몇 시간 동안의 실제 섹스만큼 강렬하고 흥분

될 수 있는 것, 이게 바로 에로티시즘이다. 다른 사람까지 웃게 하는 미소를 지닌 51세의 자메이카인 여성 샤메인이 떠오른다. 샤메인은 오래전부터 자기보다 어린 동료 로이와 점심을 함께 먹고 있다. 샤메인은 로이와의 관계가 결혼서약을 어긴 것은 절대 아니라고 주장한다. "엄밀히 말하면 우린 섹스를 안 했어요. 서로를 만진 적도 없고요. 그저 이야기를 나눴을 뿐이에요. 이게 어딜 봐서 불륜인가요?" 하지만 금욕이 첫 섹스만큼 에로틱할 수 있음을 우리 모두 알고 있다. 욕망은 결핍과 갈망에서 생겨난다. 내가 밀어붙이자 샤메인은 이렇게 시인했다. "여태까지 이만큼 달아올랐던 적이 없어요. 로이가 제게 손끝조차 대지 않은 채로 절 만지고 있는 것 같았어요." 이것이 성적인 마력이 아니면 무엇이겠는가? 아무 일도 없었던 한 번의 점심 식사라도 충분히 에로틱할 수 있다. 샤메인이 작가 셰릴 스트레이드Cheryl Strayed가 말한 것처럼 그저 "드라이 데이트(함께 식사하거나 영화를 보기는 하지만 성적인 교류는 없는 만남–옮긴이)"를 했더라도 말이다.9

"아무 일도 없었어!"는 섹스만이 성적인 것이라 믿는 사람들이 흔히 하는 변명이다. 직장 동료인 애비의 생일파티에서 술을 거나하게 마신 더스틴은 자고 가라는 애비의 말에 그녀의 집에서 하룻밤을 보냈다. 다음 날 여자 친구 레아가 지난 밤 일에 관해 묻자 더스틴은 고집스럽게 그 말만 반복했다. "그래 좋아, 네가 꼭 알아야겠다면 말할게. 애비와 한 침대에서 잤어. 하지만 진짜로 아무 일도 없었어." 그렇다면 그 "아무 일"이 일어나는 지점은 어디일까? 한편 레아는 이런저런 의문으로 골치가 아프다. 둘이 옷을 벗고 있었을까? 그 여자가 더스틴의 품 안에서 잠들었을까? 더스틴이 잠든 그 여자의 얼굴에 코를 비비진 않았을까? 더스틴이 발기했을까? 정말 이게 아무것도 아닌 일일까?

바로 여기에 중요한 지점이 있다. 외도는 섹스보다는 욕망에 관한 문제일 때가 많다. 누군가 날 욕망해 주기를, 자신이 특별한 존재처럼 느껴지기를, 다른 이의 시선을 받고 그 사람과 연결되기를, 주목의 대상이 되기를 바라는 욕망 말이다. 이 모든 욕망은 에로틱한 전율을 불러오고, 이런 전율은 살아 있는 느낌, 다시 태어난 듯한 느낌, 재충전된 느낌을 준다. 이건 행동이 아닌 에너지의 문제이며, 성행위가 아닌 황홀감의 문제다.

심지어 성행위에 관해서도 불륜의 방어 체제는 놀라울 정도로 재빨리 빠져나갈 구멍을 찾는다. 사람들은 최선을 다해 섹스에서 섹스의 의미를 제거하려 한다. 내 동료 프란체스카 장틸Francesca Gentille은 "그건 섹스가 아니었어, 왜냐면…"으로 시작하는 창의적인 문장들을 모아 다음과 같은 목록을 작성했다.[10]

"왜냐면 난 그 여자 이름을 몰라."

"왜냐면 아무도 오르가즘을 못 느꼈어."

"왜냐면 술에/약에 취해 있었어."

"왜냐면 즐겁지가 않았어."

"왜냐면 자세히 기억이 안 나."

"왜냐면 그 사람은 내가 평소에 섹스하는 젠더가 아니었어."

"왜냐면 아무도 못 봤거든."

"왜냐면 둘 다 옷을 입고 있었어."

"왜냐면 둘 다 옷을 전부 벗지는 않았어."

"왜냐면 한 발은 바닥에 디디고 있었어."

이 독특한 해석들은 물리적 세계와 관련 있다. 사이버공간에서는 문제가 더 복잡해진다. 가상의 섹스는 섹스일까? 화면으로 벗은 엉덩이를 보는 것은 상상이라는 안식처를 자유롭게 배회하고 있는 것뿐일까, 아니면 배신이라는 위험한 영역에 한 발을 내디딘 걸까? 많은 사람이 상호작용의 유무를 중요한 기준으로 여긴다. 예를 들면 포르노 배우가 웹캠 속의 살아 있는 여성이 될 때, 누드 사진이 익명의 텀블러 계정에 있는 게 아니라 실제 남자가 휴대폰으로 전송한 것일 때는 위험하다. 그렇다면 가상현실은 어떨까? 그건 현실일까, 상상일까? 이 질문들은 현재 우리 문화에서 고민하고 있는 중요한 문제이며, 명확한 답은 없다. 철학자 아론 벤지에브Aaron Ben-Ze'ev가 정확히 지적했듯이 "수동적인 상상현실imaginary reality에서 상호적인 사이버공간 속 가상현실virtual reality로의 이동은 사진에서 영화로의 이동보다 훨씬 급진적이다."[11] 무엇이 현실이고 무엇이 상상인지에 관해서는 논쟁할 수도 있겠지만 어쨌든 성적인 마력의 존재는 아무도 부정할 수 없을 것이다.

우리가 시야를 확대해서 다양한 성적 표현을 포함하는 데 동의한다 해도, 그러한 표현이 어떤 의미이고 누구의 것인지에 대해서는 여전히 의견이 분분할 수 있다. 결국 모든 논의는 성적 자유의 본질에 관한 골치 아픈 질문으로 이어질 수밖에 없다. 우리는 파트너의 성적 자아가 오직 자신에게 속하기만을 바라는가? 지금 나는 생각과 판타지, 꿈, 기억에 대해, 또한 성적 흥분과 끌림, 자위에 대해 말하고 있다. 섹슈얼리티의 이러한 측면들은 사적이며 독립된 자아에 속한다. 즉, 각자의 비밀 정원 안에 존재한다.

어떤 사람들은 성적인 것은 무엇이든 공유해야 한다고 생각한다. 이들이 볼 때 파트너가 자위를 하거나 전 애인에게 여전히 감정이 남아 있다면 그건 배신과 다름없다. 이런 시각에서 보면 (그것이 현실이든 상상이든) 독립적인 섹슈얼리티의 표현은 전부 규칙 위반이다.

하지만 다른 관점에서 보면 개인의 성적 자아에 어느 정도 공간을 마련해 줄 때 사생활과 자율성을 존중할 수 있으며, 성적인 존중은 그 자체로 친밀함의 표시이기도 하다. 나는 수십 년간 커플 심리치료를 해 오면서, 에로틱한 불꽃을 꺼뜨리지 않고 성공적으로 유지하는 커플은 상대방의 미스터리를 편안하게 받아들인다는 점을 발견했다. 이들은 독점적인 관계를 맺고 있어도 자신이 상대의 섹슈얼리티를 소유할 수는 없다는 사실을 잘 안다. 이들은 서로를 완벽하게 이해하지 못한다. 그리고 바로 그 이유 때문에 상대를 더 많이 알기 위해 다시 서로에게로 돌아온다.

모든 커플은 각자의 개별성과 둘의 관계에 관해 대화하면서 성적 독립성을 협상할 필요가 있다. 우리는 배신당하지 않기 위해 거리를 더욱 좁히려 하고, 상대를 통제하려 하며, 상대에게 투명할 것을 요구한다. 그리고 욕망을 살아 있게 하는 둘 사이의 공간을 자기도 모르게 없애 버리는 위험을 무릅쓴다. 하지만 불도 숨구멍이 있어야 타오른다.

외도를 구성하는 세 번째 요소는 '**감정의 개입**'이다. 정도는 다르지만 대부분의 외도에서 감정적 요소가 드러난다. 스펙트럼의 한쪽 끝에는 로맨틱한 외도가 있는데, 여기에는 반드시 열렬한 감정이 결부된다. "사랑이 뭔지 안다고 생각했는데, 이런 기분은 정말이지 처음이에요"가 흔히 반복되는 말이다. 이 상태에 빠진 사람들은 내게 사랑과 초월성, 각성, 운명, 신의 의지 같은 것을 이야기한다. 이런 것들은 너무나도 순수하기 때문에 그냥 지나칠 수 없는데, "이런 감정을 부정하는 것은 자기 배반"과도 같기 때문이다. 다시없을 사랑 이야기에 푹 빠진 사람들에게 '불륜'이라는 단어는 부적절하다. 이 단어는 그들이 경험하는 감정적 깊이를 담아 내지 못하기 때문이다. 루도는 이렇게 말한다. "이걸 불륜이라고 부르면 어딘가 상스러워져요. 아버지에게 학대당한 경험을 태어나서 처음으로 털어놓을 수 있었던 사람이 바로 맨디입니다. 맨디도 저와 비슷한 일을 겪었거든요. 우리가 섹스를 한 건 사실이에요. 하지만 우리 관계는 섹스 이상이라고요."

스펙트럼의 다른 한쪽 끝으로 갈수록 감정의 깊이가 다른 다양한 관계들이 나타난다. 그 극단에는 그저 유희를 위한, 익명성 뒤에 숨은, 가상의, 또는 돈을 지불한 잠깐의 정사가 있다. 많은 사람이 이 같은 자신의 행동에 감정은 없었다고 주장한다. 심지어 감정이 개입되지 않았기 때문에 배신이 아니라고 주장하는 사람도 있다. 가이는 이렇게 말한다. "그 여자는 돈을 주고 불렀고, 곧 떠나잖아요! 성매매의 핵심은 사랑에 빠지지 않는다는 겁니다. 그러니까 제 결혼 생활에는 전혀 위협이 안 되죠." 같은 맥락의 흔한 변명으로는 "아무 의미도 없었어!"가 있다. 하지만 섹스는 정말 그저 섹스일 뿐일까? 아무나하고 자고 다니는 데에는 정말 아무 감정이 없을 수 있다. 하지만 그런 일이 벌어졌다는 사실 그 자체에는 큰 의미가 있다.

가이 같은 사람은 자신의 죄를 줄이기 위해 감정이 없었다고 주장하는 반면("아무 의미도 없었어!"), 샤메인 같은 사람은 똑같이 자신의 죄를 줄이기 위해 관계의 감정적 측면을 강조한다는 점이("아무 일도 없었어!") 아이러니하다.

그동안 많은 글이 은밀한 사랑과 금지된 섹스 둘 중 무엇이 더 큰 죄인지를 규정하려고 애써 왔다. 하지만 어디에 더 민감하게 반응하는지는 개인마다 다르다. 어떤 사람은 파트너가 자기 몸만 잘 간수한다면 다른 사람에게 애착을 느껴도 상관없다고 생각한다. 어떤 사람은 섹스를 별문제로 여기지 않으며, 감정만 개입되지 않는다면 서로에게 즐길 수 있는 자유를 준다. 이들은 이런 관계를 '감정적 독점 관계'라고 부른다. 하지만 우리 대부분에게 섹스와 감정은 분리하기 어려운 문제다. 관계에 섹스와 감정이 다 얽혀 있을 수도 있고, 섹스만 또는 감정만 있을 수도 있다. 하지만 불륜이라는 장난감 박스에는 대개 2가지가 다 들어 있다.

'감정적 외도'의 등장

최근에는 새로운 범주가 생겨났다. 바로 '감정적 외도'다. 외도를 가리키는 어휘 목록에 새로 추가된 이 '인기' 용어는, 섹스는 하지 않으나 연인을 위해 비축해 두어야 할 친밀한 감정을 빼앗아 감으로써 연인 사이를 멀어지게 하는 관계를 뜻한다.

이 개념은 신중하게 분석해야 한다. 수많은 '감정적 외도'가 성기 접촉과는 상관없이 성적인 긴장감으로 가득 차 있다. 이런 관계에 새 이름을 붙여 주는 것은 내 눈에 성적 환원주의를 부추기는 것으로 보인다. 분명 외도는 페니스가 질에 들어가는 일 없이도 성적일 수 있으며, 이런 경우에는 이 사실을 정확하게 지적하는 편이 좋다.

하지만 성적인 여지가 전혀 없는 정신적인 관계인데 다른 사람이 보기에 '너무 가까운' 사이여서 '감정적 외도'라고 불리는 경우도 많다. 이런 인식은 현대의 이상적 커플상과 관련이 깊다. 오늘날 많은 사람에게 결혼은 '감정적 친밀함'과 '아무것도 감추지 않는 솔직함'이라는 개념과 밀접하게 엮여 있기 때문에 연인이 자신이 아닌 다른 사람에게 속마음을 털어놓는 것이 배신으로 느껴질 수 있다. 사람들은 사랑하는 연인이라면 서로가 서로에게 가장 친한 친구가 되어야 한다고 생각한다. 이들에게 연인은 마음속 가장 깊은 곳에 있는 소망과 후회, 걱정을 나누는 유일한 사람이다.

여기서부터는 미지의 영역이다. 이전 세대에는 '감정적' 측면을 외도로 간주하는 일이 없었다. 과거의 결혼에는 서로의 감정을 독차지한다는 개념이 없었고, 지금도 없는 국가가 많다. 이 개념은 오늘날 커플들에게 도움이 되고 있을까? 결혼은 배우자 외에 감정을 털어놓을 사람이 있거나 다양한 감정적 유대 관계를 맺을 수 있을 때 더욱 단단해지기 마련이다. 친밀해지고 싶은 욕구를 한 사람에게 전부 쏟아부으면 관계는 더 취약해진다.

물론 감정적 배신의 미묘한 속성을 분석하는 것은 상당히 복잡한 문제다. 마음이 연결된 사이일 뿐이라는 주장은 에로틱한 밀회를 감추려는 변명일 때가 많다. 자기 파트너가 새로 생긴 '친구'에게 푹 빠져 있다며(밤낮없이 스냅챗으로 대화를 나누고, 문자를 하고, 그 여성에게 보낼 음악을 선곡한다며) 불만을 표하는 여성을 만나면 나는 그녀가 느꼈을 좌절감에 깊이 공감하는 동시에 현재 마음이 불편한 이유는 그 둘이 감정적으로 친밀해서가 아니라 성적인 관계이기 때문임을 분명하게 짚고 넘어간다. 다른 한편 연인이 아닌 사람과 깊은 감정적 유대 관계를 맺는 것은 결혼 생활에서 해소되지 않는 감정과 욕구를 배출하는 정당한 방법이다. 나는 매 상담마다 아슬아슬한 줄타기를 한다. 감정적 외도의 영역이 이처럼 불안정하다는 점을 고려하면 많은 사람이 가장 좁은 의미의 외도, 즉 금지된 섹스에 집착하는 것도 이해가 간다.

그런 의미에서 자신에게 외도란 무엇인지, 자신이 외도를 어떻게 받아들이는지를 생각해 보고, 파트너가 생각하는 외도가 무엇인지도 터놓고 질문해 보기를 권한다.

역할이 바뀌면
이야기도 바뀐다

불륜을 정의하는 건 사람이다. 하지만 때로는 그것이 사람을 정의하기도 한다. 우리는 배신당한 사람과 바람피운 사람, 숨겨진 애인이라는 삼각관계 속의 역할을 고정된 것으로 여기고 싶어 한다. 하지만 현실에서는 많은 이가 여러 역할을 오가며, 역할이 바뀌면 외도를 바라보는 시각도 바뀐다.

　뉴욕에 사는 전문직 종사자로 임신 가능성이 점점 줄어들 나이인 헤더는 여전히 평생 가는 낭만적 사랑을 꿈꾼다. 몇 년 전 헤더는 약혼자였던 프레드와 헤어졌다. 프레드의 컴퓨터에서 성매매 여성에게 보낸 메시지로 가득 찬 폴더를 찾았기 때문인데, 메시지에는 온갖 변태 같은 요구들과 만남 일정이 들어 있었다. 헤더는 프레드가 자기 몰래 딴짓을 했다는 데 배신감을 느꼈다. 하지만 헤더를 더욱 화나게 한 건 프레드가 '자신'에게 관심을 껐다는 사실이었다. 헤더는 강렬하고 뜨거운 독점적 관계를 간절히 원했지만, 프레드는 테스토스테론을 다른 데 쏟아붓고는 냉담하고 축 처진 상태로 집에 돌아왔다. 당시 헤더의 심리치료사는 프레드가 더 성숙해질 수 있으며 4~5년 내에 훌륭한 파트너가 될 거라고 설득했다. 하지만 헤더는 이렇게 말한다. "비용과 이득을 분석해 봤을 때 그럴 가치가 없었어요. 서른일곱 살부터 마흔 살까지 뭘 하고 싶은지를 생각해 봤는데, 거기에 프레드를 성숙한 어른으로 키우는 일은 없더라고요."

지난 여름 헤더는 라이언이라는 새 남자를 만났다. 보스턴에서 뉴욕으로 오는 기차 안에서였다. 시선이 자꾸 마주쳤고, 둘은 그게 무슨 의미인지 잘 알았다. 라이언은 자신의 상황을 솔직하게 이야기했다. "결혼한 지 13년이 되었고 아이가 둘 있지만 서서히 멀어지는 중입니다." 라이언과 그의 아내 블레어는 결혼 생활이 끝났다는 데 동의했지만 이혼은 천천히 진행하기로 한 상태였다. 그리고 아이들이 가 있는 여름캠프에서 주말에 가족이 다 모였을 때 이혼 소식을 밝힐지, 아니면 아이들이 다시 학교로 돌아가는 가을에 밝힐지를 신중하게 결정하기로 했다.

그리 오래되지 않은 과거에 헤더가 배신당했다고 느낀 적이 있다는 사실이 떠올랐다. 헤더는 지금 자신이 유부남과 바람을 피우고 있음을 알까? 헤더는 이렇게 말한다. "그건 제가 가장 하고 싶지 않은 일이에요. 하지만 이건 진짜 불륜이 '아니에요.' 라이언이 법적으로 갈라선 건 아니지만 그 점만 빼면 확실히 갈라선 거거든요."

헤더를 조금 더 찔러 봤다. "하지만 라이언의 아내는 모르잖아요. 당신이 라이언에게 집에 가서 못 끝낸 일을 마저 끝나고 오라고 한 것도 아니고요."

헤더는 바로 방어적 태도를 보였다. "글쎄요, 결혼 생활이 진짜 끝나는 시점이 언제일까요? 각방을 쓸 때? 가족과 친구들에게 이혼한다고 공표할 때? 이혼 서류를 제출할 때? 이별은 긴 과정이고, 저는 제가 납득할 만한 시점이 언제인지를 모르겠어요." 나는 기쁨에 빛나는 헤더의 모습을 볼 수 있어서 좋았다. 그리고 헤더가 불륜의 삼각관계 속에서 다른 역할을 맡게 되자 외도에 대한 인식이 유연해졌다고 느꼈다.

몇 주 후 헤더의 얼굴에서 기쁨이 사라졌다. 헤더는 몇 달 간 조심스럽게 데이트를 한 후에야 드디어 주말 내내 라이언 과 함께할 수 있었고 그 주말이 인생에서 가장 행복한 시간 중 하나였다고 했다. 하지만 얼마 지나지 않아 헤더는 에덴동 산에서 쫓겨났다. 며칠 후 라이언이 전화해서, 아내가 둘의 관 계는 물론 헤더의 이름까지 알게 됐다고 이야기한 것이다. 라 이언이 침대 옆 탁자에 올려놓은 아이패드 때문이었다.

블레어는 천천히 이혼을 진행하기로 한 결정에 더 이상 관 심이 없었다. 아이들을 데리고 일주일간 집을 떠났고, 그동안 라이언에게 부모님과 친구들에게 모든 상황을 설명하라고 했 다. 그저 둘 사이에 막 싹트기 시작한 로맨스였던 것이 한순 간에 모든 것을 흩뜨려 놓기 시작했다. 모두가 이 문제의 관련 당사자였고, 모두의 운명이 새로운 국면을 맞이했다.

블레어에게는 둘이 만난 시점은 중요치 않았다. "우리 사이 가 멀어졌어"는 "라이언이 바람을 피웠어"가 되었다. 라이언에 게 "나는 떳떳하고 아무에게도 상처 주지 않으려고 노력하고 있어"는 "아이들과 부모님에게 이 일을 어떻게 설명하지?"가 되었다. 그리고 헤더는 이들에게 치명상을 안긴 장본인이 되었 다. 프레드에게 배신당한 헤더에게 상상하고 싶지 않은 최악 의 상황은 자신이 숨겨진 애인이 되는 것이었다. 헤더는 늘 바 람피운 기혼자들을 비난했고, 그들의 애인은 더더욱 비난했 다. 헤더는 남자를 채 가는 여자가 아니었다. 스스로를, 자매

애로 서로를 지지해 주는 여성 공동체의 자랑스러운 일원으로 생각했다. 이제 헤더는 자신이 경멸하던 위치에 서 있다. 라이언과 나눈 사랑 넘치는 대화를 블레어가 하나하나 전부 읽을 거라는 상상만으로도 피가 얼어붙는 듯했다.

역할이 뒤집히고 비난이 합리화로 바뀐 이야기는 이 밖에도 많다. 삶에서 일어나는 다른 모든 일처럼 외도에서도 인간은 사회심리학자들이 말하는 행위자-관찰자 편견을 드러낸다. 다른 사람이 바람을 피우면 그건 그 사람이 이기적이고 나약하고 믿을 수 없는 사람이기 때문이다. 하지만 내가 바람을 피우면 그건 내가 처한 상황 때문이다. 내가 바람을 피우면 죄를 가볍게 해 줄 요인에 주목하고, 다른 사람이 바람을 피우면 그 사람의 성격을 비난한다.

불륜에 대한 정의는 각자가 만들어 내는 이야기와 밀접하게 엮여 있으며, 이야기는 시간이 지날수록 달라진다. 막 시작된 사랑은 경계를 밀어내고 장애물을 피하기 위해 애쓰는 마음으로 이야기를 듣는다. 라이언이 헤더에게 더 이상 아내와 한 침대에서 자지 않는다고 말했을 때 헤더는 즉시 그를 기혼자가 아닌 이혼남으로 여겼고 자신에게는 아무 잘못이 없다고 생각했다. 무시당했다고 느끼는 사랑은 절대 용서하지 않겠다는 마음으로 이야기를 들으며, 모든 행동에서 나쁜 의도를 읽어 낸다. 이제 블레어는 애초에 라이언이 자신의 감정을 배려하지 않았으며 오래전부터 바람을 피웠을 수도 있다고 확신한다.

눈을 반짝반짝 빛나게 하던 헤더의 사랑은 큰 타격을 입었다. 라이언의 아이를 임신하고 그가 전 아내와의 사이에서 낳은 사랑스러운 아이들의 손을 잡은 채 모두 함께 그의 부모님 댁에 놀러가는 상상을 한 적도 있다. 이제 헤더는 정부라는 굴욕적인 역할로 모두를 만나야 할 것이다. 아이들에게는 영원히 아버지와 바람피우고 엄마를 배신하게 만든 여자가 될 것이다. 헤더에게 나쁜 의도는 전혀 없었지만 결국 오명을 얻고 말았다.

"갈 길이 멀지만 그래도 한번 해 보려고요." 헤더는 이렇게 말했다. 그리고 헤더의 고집이 결국 이겼다. 헤더는 라이언과 결혼했고, 그의 부모님, 그의 아이들과 좋은 관계를 맺고 있다. 내년 여름에는 둘 사이에서 첫 아이가 태어날 예정이다. 나는 궁금하다. 이제 헤더는 불륜을 어떻게 정의할까?

3장

요즘 불륜
─역사와 문화의 맥락

사랑은 이상이고 결혼은 현실이다.
현실과 이상을 혼동하면 반드시 벌을 받는다.

─요한 볼프강 폰 괴테

마리아는 남편 케네스의 군복 주머니에서 연애편지를 발견하자 그냥 편지를 버리고 남편에게 아무 말도 하지 않았다. 1964년이었다. "어떻게 해야 하지? 어디로 가야 하지? 누가 애 넷 딸린 여자를 데려가겠어?" 마리아는 어머니에게 이 사실을 털어놓았는데, 어머니의 생각은 확고했다. "아직 애들이 어리잖아. 결혼 생활은 길어. 자존심 세우느라 모든 걸 빼앗기지 말거라." 여기에 더해 마리아와 어머니는 남자들은 원래 다 바람을 피운다고 생각했다.

지금은 1984년이다. 이번엔 마리아의 첫째 딸 실비아가 남편의 불륜을 발견했다. 남편 클라크의 아메리칸익스프레스 카드 영수증에 여러 번 꽃을 구매한 이력이 찍혀 있었다. 꽃은 분명 실비아의 책상에 배달된 적이 없었다. 실비아는 어머니인 마리아에게 이 사실을 털어놓았다. 마리아는 딸의 슬픔에 공감했지만 딸은 자신이 참고 견뎌야 했던 운명에서 벗어날 수 있다는 사실에 안도했다. "남자는 안 변해. 넌 아이도 없고 '게다가' 일자리도 있잖니. 짐 싸서 나오거라."

그로부터 2년 뒤 실비아는 다시 사랑에 빠졌고 재혼했다. 그리고 결국 알맞은 때에 쌍둥이 미셸과 잭을 낳았다. 실비아가 경험한 자유, 그러니까 좋은 일자리를 갖고 (언제) 아이를 낳을지 스스로 결정하고 낙인찍히는 일 없이 이혼하고 다시 재혼하는 자유는 마리아의 세대에선 상상하기 힘든 일이었을 것이다. 현재에도 전 세계의 많은 여성이 이러한 자유를 경험하지 못한다. 대부분의 서구 국가에서는 지난 반세기 동안 결혼이 엄청난 변화를 겪었고, 현재도 계속 변화하고 있다. 실비아의 아들 잭은 성년이 되었을 때 원한다면 법적으로 동성 연인과 결혼할 수 있었다. 그런가 하면 잭이 애인의 딴짓을 눈치챈 경로라는 것도, 과거와 달리, 데이팅 앱인 그라인더에 몰래 올려놓은 프로필을 발견하면서다.

사람들은 종종 이렇게 묻는다. 왜 오늘날 외도는 그렇게 대단한 일이 되었나요? 외도에 왜 그리 상처받는 거죠? 어떻게 외도가 이혼의 가장 큰 원인이 되었을까요? 현대의 외도에 관해 제대로 대화하려면 잠시 과거로 돌아가 지난 수백 년 동안 사랑과 섹스, 결혼이 어떻게 변화했는지를 살펴봐야 한다. 역사와 문화는 늘 집안에서 벌어지는 드라마의 배경이 되었다.

특히 개인주의의 확산, 소비문화의 탄생, 행복해야 한다는 명령은 결혼과 외도라는 그림자를 다른 모습으로 바꾸어 놓았다. 불륜은 더 이상 과거의 불륜이 아니다. 결혼이 더 이상 과거의 결혼이 아니기 때문이다.

과거에 우리는

수천 년 동안 결혼은 두 개인의 결합이라기보다는 경제적 생존을 보장하고 사회 화합을 촉진하는 두 가족 간의 전략적 제휴에 가까웠다. 결혼은 실용적 합의였다. 아이 문제는 전혀 감상적으로 흐르지 않았고, 남편과 아내는 공존하며 서로에게 이익을 가져다주는 삶을 꿈꿨다. 사람들은 안정감과 소속감이라는 중요한 가치를 얻는 대가로 부부로서의 책임을 다했다.

사랑이 피어나는 경우도 있었지만 필수는 아니었다. 어떤 상황에서건 사랑은 결혼이라는 중대한 제도를 떠받치기엔 너무 얄팍한 감정이었다. 인간의 마음속에서 열정은 늘 피어오르기 마련이었지만 부부 관계와는 상관없이 발생했다.

역사가 스테파니 쿤츠Stephanie Coontz는 결혼이 주로 경제 연합체였던 시기에 때로는 불륜이 사랑을 위한 공간이 되어 주었다는 흥미로운 주장을 한다. 쿤츠는 이렇게 말한다. "대부분의 사회에는 성욕과 열정, 파트너에 대한 이상화가 합쳐진 낭만적 사랑 개념이 있다. 하지만 대개 이런 것들은 결혼과 어울리지 않는다고 여겨졌는데, 결혼은 정치적이고 경제적이며 이익을 따지는 사건이었기 때문이다. 많은 이가 진정으로 순수한 사랑은 결혼 밖에서만 가능하다고 믿었다."1

전통적인 결혼 생활에서는 명확한 젠더 역할과 노동 분업을 토대로 각자의 의무가 분명하게 정해져 있었다. 부부가 남녀의 의무를 잘 수행하는 한 둘은 서로에게 훌륭한 배필이었다. "그이는 열심히 일해요. 술도 안 마시고, 우리를 먹여 살리죠." "아내는 요리를 잘해요. 아이들을 많이 낳아 주었고, 집을 늘 깔끔하게 유지하죠." 결혼이라는 시스템 속에서 젠더 불평등은 법칙과도 같았고 문화의 DNA에 뿌리박혀 있었다. 여성은 결혼하는 순간 권리와 재산을 내놓았고, 스스로 다른 사람의 소유물이 되었다.

부부 간의 신의와 독점적 관계는 최근까지도 사랑과 아무 관련이 없었다는 사실을 기억할 필요가 있다. 이 2가지는 유산과 혈통을 안전하게 지키기 위해, 그러니까 어느 아이가 내 애고 내가 죽으면 누구에게 소를(또는 염소나 낙타를) 물려줄지를 확실히 알기 위해 여성에게 강요된 가부장제의 기둥이었다. 아이 어머니가 누구인지는 자명하다. 하지만 유일한 아들이자 후계자가 금발인데 가족 중에는 금발인 사람이 아무도 없으면 아이 아버지는 평생 고통받을 수 있다. 신부의 순결과 독점적 관계에 순응하는 아내는 남편의 자부심과 혈통을 보호하는 데 반드시 필요한 요소였다.

여성이 부부 관계 바깥으로 모험을 떠나는 데는 큰 위험이 따랐다. 결국 임신해 공개적으로 모욕을 당하거나 심지어 죽게 될 수도 있었다. 반면 대부분의 문화권에서 남자들은 결과를 두려워하지 않고 방랑할 자유를 암묵적으로 승인받았다.

여러 남성성에 관한 이론이 이를 뒷받침하며 다양하게 맛보기를 즐기는 남자들의 행태를 정당화했다. 이중 잣대의 역사는 외도의 역사만큼이나 길다.

"널 사랑해. 우리 결혼하자." 역사상 이 두 말은 함께 쓰인 적이 거의 없다. 하지만 낭만주의가 대두하면서 모든 것이 바뀌었다. 18세기 말과 19세기 초 산업혁명으로 사회가 급변하면서 결혼의 의미가 재정립되었다. 결혼은 경제 단위에서 동반자 관계로 서서히 진화했다. 이제 결혼은 책임과 의무가 아니라 사랑과 애정을 토대로 한 두 개인 간의 자유로운 계약이 되었다. 작은 마을에서 도시로 삶의 터전이 바뀌면서 우리는 더 자유로워졌지만 한편으로는 더욱 외로워지기도 했다. 개인주의가 서구 문명을 무자비하게 뒤덮었다. 현대의 삶에서 점점 커져 가는 외로움과 맞서 싸우기 위해 배우자 선택에 낭만적 염원이 스며들었다.

이러한 변화에도 불구하고 몇 가지 현실은 20세기 중반까지 굳건히 남아 있었다. 결혼은 여전히 평생 지속되어야 했다. 여성은 경제적으로도 법적으로도 남편에게 의존했다. 종교가 도덕을 정의했고 행동 규칙을 지시했다. 이혼은 흔치 않았고, 엄청난 수치와 배제를 불러왔다. 무엇보다도 정절은, 적어도 암컷 인류에게만큼은 여전히 필수 불가결한 요소였다.

1950년대를 살았던 마리아는 선택지가 얼마 없다는 사실을 잘 알았다. 마리아가 자란 세상에서는 고를 수 있는 시리얼이 4가지뿐이었고 텔레비전 채널은 3개, 아는 남자 중 남편감으로 괜찮은 사람은 겨우 두 명 정도였다. 그래도 남편을 선택할 때 마리아에게 발언권이 주어진 것은 꽤 큰 발전이었다. 오늘날에도 전 세계 결혼의 50퍼센트 이상이 중매결혼이다.[2]

마리아는 남편 케네스를 사랑했지만 섹스는 오로지 출산을 위한 행위였다. 마리아는 이렇게 말한다. "솔직히 말하면 6년 동안 네 아이를 낳은 이후로는 섹스를 하지 않았어요." 아내의 의무로 가끔 섹스를 할 때도 즐거움은 고려 대상이 아니었다. 마리아가 "착실하고 너그러운 남자"라고 칭한 케네스는 여성 몸의 미스터리에 관해 한 번도 배운 적이 없었고, 아무도 그에게 배워야 한다고 말하지 않았다. 하지만 열정 없는 성관계 혹은 케네스가 다른 데서 성욕을 채운다는 사실은 이혼 사유가 되지 않았다.

케네스 세대의 남자들은 바깥에서 얻는 즐거움으로 결혼 생활의 불만족을 달래는 것이 암묵적으로 허용되었지만, 마리아 같은 여자들은 결혼 생활 안에서 즐거움을 찾아야 했다. 당대 사람들처럼 마리아와 케네스에게도 결혼은 평생 이어지는 약속이었고, 거기서 벗어날 길은 없었다. 좋건 나쁘건 이들은 이미 결혼식을 올렸고 오직 죽음만이 둘을 갈라놓을 수 있었다. 불행한 결혼 생활을 한 사람들에게 다행이었던 점은, 당시에는 죽음이 오늘날보다 훨씬 일찍 찾아왔다는 것이다.

한 번에 한 사람만

실비아는 남편과 헤어지기 위해 죽음을 기다릴 필요가 없었다. 오늘날에는 사랑이 죽음을 맞이하면 결혼도 끝난다. 실비아는 샌프란시스코에서 자란 베이비부머 세대로, 부부의 관계가 급변한 문화의 전환기에 성년을 맞이했다. 페미니즘과 피임 도구, 낙태권으로 힘을 얻은 여성들은 자신의 삶과 사랑을 통제할 수 있었다. 1969년 캘리포니아에서 이혼의 책임을 묻지 않는 무과실 이혼법이 채택되고 이후 많은 주가 캘리포니아의 뒤를 따르자, 불행한 결혼에서 떠나는 것이 여성이 고를 수 있는 선택지 중 하나가 되었다. 한편 여성이 결혼 생활에서 '떠날 수 있게' 되자 남기로 결정할 경우에는 남아야 할 타당한 이유가 필요했다. 그때부터 결혼 생활의 질을 판단하는 기준이 크게 높아지기 시작했다.

이혼 후 실비아는 일에 집중하며 여전히 남성 중심적인 금융계에서 승진하기 위해 최선을 다했다. 남자 몇 명과 데이트하기도 했는데("지루한 은행가와 회계 담당자였어요. 첫 번째 남편하고 똑같더라고요") 바이올린 제작자이자 음악 선생님인 제이슨을 만난 순간 큐피드에게 한 번 더 기회를 줘도 되겠다는 확신이 들었다.

어느 날 나는 실비아에게 독점적 관계를 추구하느냐고 물었다. 실비아는 놀란 얼굴로 나를 쳐다보며 말했다. "그럼요, 당연하죠. 연애하거나 결혼했을 때 늘 독점적 관계였어요." 실비아는 자신이 아무렇지 않게 한 말에 내재된 문화의 변화를 느꼈을까?

본래 독점적 관계는 평생 한 명만 만나는 것을 의미했다. 이제 독점적 관계는 한 번에 한 사람만 만나는 것을 뜻한다.

실비아는 두 번째 남편에게 부엌에서든 침실에서든 평등을 요구했다. 실비아는 집 청소도 잘하고 자신의 욕구도 잘 파악하는 제이슨에게 푹 빠졌다. 둘은 젠더에 기반한 고유의 역할 대신 유연한 노동 분업과 개인의 성취, 상호 간의 성적 이끌림, 친밀감을 통해 애정을 표현했다.

맨 처음 우리는 결혼에 사랑을 끌어들였다. 그다음에는 사랑에 섹스를 끌어들였다. 마지막으로 부부 간의 행복을 성적인 만족과 연결 지었다. 출산을 위한 섹스는 유희를 위한 섹스에 길을 내줬다. 혼전 섹스가 표준이 되는 동안, 아내의 의무였던 부부 간의 섹스 역시 즐거움과 유대감을 향해 함께 걷는 길로 바뀌면서 나름의 작은 혁명을 거쳤다.

현대의 사랑

오늘날에는 사람들이 야심 찬 실험을 진행 중이다. 역사상 처음으로, 배우자와 섹스하려는 이유가 농장에서 일할 아이들 여섯 명이 필요해서도 아니고(사실 그러려면 여덟을 낳아야 한다. 두 명 정도는 일찍 죽을 수도 있으니까), 의무여서도 아닌 때가 도래했다. 우리는 섹스가 '하고 싶기' 때문에 하려고 한다. 현대의 섹스는 욕망에서 비롯되며, 자유로운 선택을 보여주는 최고의 표현 방식이자 자기 자신의 표현이다. 오늘날 우리는 '느낌이 왔기 때문에, 구미가 당겨서' 섹스를 한다. 이때 부부가 서로와, 가급적 동시에 하고 싶어 하면 좋다. 그리고 이 열정이 사라지지 않고 수십 년간 이어지면 가장 좋다.

『현대사회의 성 사랑 에로티시즘The Transformation of Intimacy』

에서 앤서니 기든스Anthony Giddens는 섹스가 생식과 분리된 후 생물학적 기능이 아니라 정체성을 나타내는 지표가 되었다고 설명한다. 우리의 섹슈얼리티는 자연 세계를 떠나 사회화했고, 살아가면서 재정의를 거듭하는 "자아의 특성"이 되었다.[3] 섹스는 더 이상 우리가 '하는 것'이 아니다. 섹스는 우리 '자신'의 표현이다. 서구에서 섹스는 개성과 개인의 자유, 자아 실현과 결부된 인권이다. 우리는 마땅히 성적 행복을 누릴 수 있어야 한다고 믿는다. 섹스는 친밀함에 관한 새로운 개념을 떠받치는 기둥이 되었다.

현대의 결혼 생활에서 친밀함은 당연한 듯이 중심을 차지한다. 오래된 관계의 부산물이었던 친밀한 감정은 반드시 있어야 할 필수 요소가 되었다. 과거에 친밀함은 땅을 일구고 아이들을 키우고 상실과 질병, 고난을 견뎌 내면서 일상생활의 고락을 함께할 때 생겨나는 동지애를 뜻했다. 남녀 모두가 동성에게서 기댈 어깨와 우정을 찾았다. 남자들은 일과 맥주에 기댔고, 여자들은 아이들을 키우고 서로 밀가루를 빌리면서 관계를 맺었다.

현대 세계는 점점 더 빠르게 움직이며 변화하고 있다. 가족은 흩어지고, 형제자매는 여러 대륙에 떨어져 살며, 새 직업을 찾아 고향을 떠나는 일은 식물을 분갈이하는 것보다 더 쉽다. 온라인 '친구' 수백 명이 있지만 고양이 밥을 대신 줄 수 있느냐고 물어볼 수 있는 사람은 한 명도 없다. 우리는 우리의 조부모보다 훨씬 자유롭지만 그만큼 고립되어 있기도 하다. 안전한 항구를 절박하게 찾아다니는 사람들은 어디에 배를 대야 할까? 점점 더 원자화하는 삶 속에서 부부 간의 친밀함은 이 문제의 가장 좋은 해결책이 되었다.

친밀감intimacy은 곧 '내 안을 들여다봐into-me-see' 달라는 뜻이다. 내 사랑, 너에게 내 이야기를 들려줄게, 나의 가장 소중한 것을 너와 나눌게. 이제 가장 소중한 건 결혼 지참금도, 내 자궁에서 나올 아이들도 아니야. 가장 소중한 건 나의 희망과 소망, 나의 두려움, 나의 갈망, 나의 감정, 즉 나의 내면이야. 그리고 내 사랑, 당신은 나와 눈을 마주쳐 줄 거야. 내가 나의 속마음을 드러낼 땐 절대 눈을 굴리지 마. 난 당신의 공감과 인정이 필요해. 내 존재의 중요성은 당신에게 달려 있어.

결혼은 어떻게
'절대 반지'가 되었나

결혼에 기대하는 바가 이만큼 컸던 적은 없다. 우리는 과거에 가족이 제공했던 모든 것, 즉 안전과 자녀, 재산, 사회적 지위뿐만 아니라 나를 사랑하고 욕망하며 함께 있기를 '좋아하는' 파트너까지 원한다. 부부는 가장 친한 친구이자 신뢰하는 동료, 더 나아가 열정 넘치는 연인이어야 한다. 인간의 상상력은 새로운 올림포스를 그려 냈다. 이곳에서는 무조건적 사랑이 이어지고, 친밀함이 마음을 가득 채우며, 섹스는 늘 짜릿하다. 이 모든 것을 쭉 한 사람과 한다. 그리고 둘이 함께해야 할 시간은 점점 길어지고 있다.

작은 결혼반지에는 상당히 모순적인 꿈들이 담겨 있다. 우리는 내가 선택한 사람이 안정과 안전, 일관성, 믿음을 주길 바란다. 모두 정착과 관련된 경험이다. 한편 우리는 바로 그 사람이 경외와 미스터리, 모험과 위험도 주길 바란다. 내게 안락함과 강렬함을 줘. 내게 익숙함과 새로움을 줘. 내게 지속성과 놀라움을 줘. 오늘날 연인들은 아주 오랫동안 따로 떨어져 있던 욕망들을 한 지붕 아래 묶어 놓으려 애쓴다.

융 학파 연구자인 로버트 존슨Robert Johnson에 따르면, 종교적 의미가 사라진 사회에서 낭만적 사랑은 "서구 정신에서 가장 강력한 단 하나의 에너지 체제"가 되었다. "우리 문화에서는 낭만적 사랑이 종교를 대체했다. 이제 남녀는 낭만적 사랑이라는 영역 안에서 의미와 초월성, 완전무결함, 황홀함을 찾는다." 우리는 '소울메이트'를 찾으며 종교와 관계를 하나로 합쳐 버렸다. 마치 이 두 가지가 하나고 같은 것인 양 말이다. 우리가 연인과의 사랑에서 간절히 경험하길 원하는 완벽함은 본래 사람들이 신이라는 성스러운 영역에서 구하던 것이었다. 존슨은 이렇게 말한다. 우리가 파트너에게 신의 속성을 부여하고 파트너가 자신을 속세에서 숭고한 곳으로 끌어올려 주길 바랄 때, 우리는 "신성한 두 사랑으로 전혀 신성하지 않은 혼란"을 만들어 내고, 이 혼란 상태는 실망만을 가져올 뿐이다.[4]

이처럼 사람들은 연인에게 너무 많은 것을 요구한다. 하지만 무엇보다도, 우리는 행복해지길 원한다. 과거에 행복은 내세에서나 가능했다. 우리는 천국을 지구로 끌어내리고 모두의 손에 닿을 수 있는 것으로 만들었다. 이제 행복은 더 이상 추구의 대상이 아니라 명령이다. 우리는 한때 마을 전체가 나누어 제공하던 것 모두를 한 사람에게 얻기를 바라는데, 평균 수명은 거의 2배가 되었다. 두 연인에겐 너무 무리한 요구다.

결혼식장에서 신랑 신부는 꿈꾸는 듯이 눈을 반짝거리며 혼인 서약을 한다. 둘은 서로에게 소울메이트이자 연인이자 선생님이자 심리치료사, 아니 모든 것이 되어 주겠다고 약속한다. 신랑이 떨리는 목소리로 말한다. "당신의 1호 팬이자 강력한 라이벌, 공범자가 되겠다고, 당신이 실의에 빠졌을 때 당신의 위로가 되겠다고 약속합니다."

신부가 눈물을 흘리며 답한다. "믿을 수 있는 파트너가 되고 당신을 존경하겠으며, 계속해서 더 나은 사람이 되겠다고 약속합니다. 당신이 성공할 때 함께 기뻐하고, 당신이 실패할 때 당신을 더욱더 사랑하겠습니다." 그리고 미소 지으며 덧붙인다. "당신이 작다고 느끼지 않도록 절대 하이힐을 신지 않을 것을 다짐합니다." 이들의 선언은 헌신적인 사랑에서 나온 진심 어린 주문이다. 하지만 이 무슨 짜고 치는 거짓말인가. 신랑 신부의 약속이 쌓이면 쌓일수록 나는 이들이 약속한 목록을 하나도 어기지 않고 신혼여행이나 마칠 수 있을지 궁금해진다. (물론 오늘날 신혼부부들은 결혼이 얼마나 깨지기 쉬운지를 잘 알고 있으므로, 늘 꿈꾸던 결혼식에서 한 편의 시와 같은 혼인 서약을 하기에 앞서 딱딱한 혼전 계약서를 작성한다.)

우리는 과거에 사람들이 결혼 생활 바깥에서 구했던 모든 것을 결혼이란 개념 안으로 밀어 넣었다. 부부는 낭만적 사랑 속에서 달달한 눈빛으로 서로를 바라보고, 둘 다 무분별한 섹스를 포기하며, 자유와 헌신의 완벽한 균형을 추구한다. 둘의 관계가 이토록 행복하다면 왜 바람을 피우겠는가? 결혼이 서서히 진화하면서 우리는 바람피울 이유가 전부 사라졌으므로 불륜은 절대 있어서는 안 된다고 믿게 되었다.

하지만 불륜은 사라지지 않았다. 가망 없는 낭만주의자들은 인정하고 싶지 않겠지만, 매력과 사랑에 기반한 결혼은 물질적 동기에 기반한 결혼보다 훨씬 깨지기 쉽다. (그렇다고 오랫동안 변함없이 이어지는 결혼 생활이 더 행복하다는 것은 아니다.) 사랑에 기반한 결혼은 변덕스러운 인간 심리와 배신이 드리우는 그림자에 '더욱' 취약하다.

나와 상담하는 사람들은 그 어느 때보다도 사랑과 행복을 중요시한다. 하지만 잔인한 운명의 장난인지, 그 결과로 생겨난 의식이 원인이 되어 오늘날 외도와 이혼이 기하급수적으로 증가하고 있다. 과거에 사람들은 결혼이 사랑과 열정을 담보해 주지 않아서 바람을 피웠다. 오늘날 사람들은 결혼이 마땅히 주어야 할 사랑과 열정, 온전한 관심을 주지 못해서 바람을 피운다.

나는 매일 사무실에서 현대 결혼 관념의 소비자들을 만난다. 이들은 상품을 사서 집에 들고 온 다음 상품에 결함이 있음을 발견한다. 그래서 수리점에 찾아가 박스 겉면에 붙은 사진과 똑같이 만들어 달라고 요구한다. 이들은 관계에 대한 자신의 염원(관계에서 얻고 싶은 것과 마땅히 받아야 한다고 생각하는 것)을 당연한 것으로 여긴다. 그리고 낭만적 이상이 전혀 낭만적이지 않은 현실과 충돌하면 화를 낸다. 이 유토피아적 환상에서 깨어난 뒤 환멸을 느끼는 사람이 갈수록 늘어나는 것도 당연하다.

낭만 소비주의 시대

"욕구 충족이 안 되고 있어요.""이 결혼은 더 이상 저랑 안 맞아요.""전 이런 것에 합의한 적 없어요." 상담에서 주기적으로 등장하는 불만들이다. 심리학자이자 작가 빌 도허티Bill Doherty가 말했듯 이 발언들은 "개인의 이득과 저비용, 권리, 손해 보지 않으려는 태도" 같은 소비주의적 가치를 관계에 적용하고 있다. 도허티는 이렇게 말한다. "우리는 여전히 헌신적인 관계가 가능하다고 믿지만, 우리 내면과 바깥에서 들려오는 힘 있는 목소리는 결혼 생활에 필요하고 마땅히 누려야 한다고 생각하는 것보다 더 적은 것에 만족하는 사람은 바보라고 말한다."[5]

소비사회에서 가장 중요한 요소는 새로움이다. 애초부터 상품은 곧 한물간 구식이 되도록 제작되는데, 그래야 새 상품을 갖고 싶은 욕망이 생겨나기 때문이다. 커플도 이런 흐름에서 예외가 아니다. 우리는 더 좋고 더 새롭고 더 생기 넘치는 것을 약속하며 끊임없이 우리를 유혹하는 문화에 살고 있다. 그렇기에 사람들은 더 이상 불행하기 때문에 이혼하지 않는다. 사람들은 더 행복할 수 있기에 이혼한다.

이제 사람들은 즉각적인 만족과 무한한 다양함을 자신의 특권으로 인식한다. 이전 세대는 삶에 희생이 따른다고 배웠다. "원하는 걸 다 가질 순 없어"라는 말은 반세기 전에는 타당했지만 지금 35세 이하 인구 중 이 말에 공감하는 사람이 누가 있겠는가? 사람들은 좌절의 경험을 악착같이 거부한다. 당연히 독점적 관계에 따르는 구속은 패닉을 불러온다. 선택지가 끝없이 펼쳐진 세상에서 사람들은 포모FOMO로 괴로워한다. 포모FOMO는 밀레니얼 세대인 내 친구들이 사용하는 용어로, 좋은 것을 놓치는 것에 대한 두려움fear of missing out을 뜻한다. 이 두려움은 우리를 '쾌락의 쳇바퀴', 즉 더 좋은 것을 향한 끝없는 추구로 몰아넣는다. 원하는 것을 손에 넣는 순간 다시 기대와 욕망이 차오르고, 행복하지 않게 된다. 스와이핑 문화(스마트폰 화면을 손가락으로 넘겨 가며 데이팅 앱에서 상대를 고르는 문화−옮긴이)는 끝없는 가능성으로 우리를 유혹하지만 한편으로는 미묘한 횡포를 가한다. 즉시 다른 대안을 선택할 수 있으면 대상을 부정적으로 비교하고 책임감이 낮아지며 현재를 즐기지 못하게 된다.

서구 사회의 변화에 따라 인간관계 또한 생산 경제에서 경험의 경제로 바뀌었다. 철학자 알랭 드 보통Alain de Botton은 결혼이 "하나의 제도에서 감정을 바치는 행위로, 외부로부터 인정받는 통과의례에서 어떠한 감정 상태에 대한 내적 반응"으로 변화했다고 말한다.[6] 많은 사람에게 사랑은 더 이상 동사가 아니다. 사랑은 끝없는 열정과 심취, 욕망을 나타내는 명사다. 이제 관계의 질은 곧 경험의 질이다. 함께 있을 때 따분하다면 안정적인 가정과 높은 연봉, 말 잘 듣는 아이들이 다 무슨 소용인가? 사람들은 관계를 통해 영감을 얻고 변화할 수 있기를 바란다. 관계의 가치는, 즉 관계가 얼마나 오랫동안 지속되느냐는 관계가 경험에 대한 갈증을 얼마나 잘 채워 주느냐에 달렸다.

현대의 외도 이야기는 바로 이 자격 의식에 따라 움직인다. 오늘날 달라진 것은 사람들의 욕망이 아니라, 사람들이 그 욕망을 추구하는 게 마땅하다고(추구할 의무가 있다고) 생각하게 되었다는 사실이다. 우리의 가장 중요한 의무는 자기 자신을 위하는 것이다. 패멀라 드러커먼Pamela Druckerman은 다음과 같이 지적한다. "행복에 대한 기대치가 높으면 바람피울 확률이 더욱 높아진다. 외도가 성취의 대상이라면, 결국 우리는 바람피울 자격이 있는 것이 아닌가?"7 자기 자신과 감정이 중심이 되면 욕망에 대한 오래된 이야기에 외도를 합리화하는 새로운 방식이 하나 더 늘어난다.

요즘 세대는

이제 실비아의 쌍둥이 자녀 잭과 미셸을 살펴볼 차례다. 20대 후반인 잭과 미셸은 전형적인 밀레니얼 세대다. 이들이 경험하는 문화적 지형은 둘의 부모 세대가 제시한 가치(개인주의, 자아 실현, 평등주의)와 더불어 진정성과 투명성이라는 새로운 가치를 중심으로 형성돼 있다. 기술은 밀레니얼 세대가 하는 모든 활동의 중심이며, 이는 성적 다양성의 측면에서도 마찬가지다. 이들은 틴더와 그라인더, 힌지, 스냅챗, 인스타그램 같은 앱으로 리비도를 충족한다.

잭과 미셸은 둘 다 결혼하지 않았다. 다른 모든 친구들과 마찬가지로 교육을 마치고 여행하고 일하고 놀면서 20대를 보냈다. 이들은 여태껏 어느 세대도 경험하지 못한 활짝 열린 성적 지형 속에서 자라났다. 이런 문화에서는 기회가 많은 만큼 애매함도 크다. 제한이 없지만 지침도 적다. 게이인 잭은 여성과 결혼한 게이들이 모이는 지하 클럽에 몰래 들어가 본 적이 없다. 잭은 '커밍아웃'을 할 필요가 없었는데, 굳이 숨긴 적이 없기 때문이다. 영화에서 봤기 때문에 에이즈 위기에 관해 알고 있지만 주머니에 늘 예방약이 있으니 에이즈에 걸릴 위험은 없다. 결혼 제도가 진화하면서 마침내 동성 결혼이 합법화되자 잭은 남자 친구 테오와 함께 일하는 법률사무소 앞에서 한쪽 무릎을 꿇고 테오에게 프러포즈를 했다. 언젠가 둘이서 새로운 가족을 꾸릴 생각이다.

작은 가상현실 전문 회사를 운영하는 사업가 미셸은 집에서 전화벨이 울리기만을 기다리지 않는다. 누군가를 만나고 싶으면 바로 휴대폰을 집어 든다. 언젠가는 결혼하고 싶지만 조급하진 않다. 난자를 얼려 두었기 때문에 생체시계가 째깍째깍 흘러가는 데 초조해할 필요가 없고, 돈도 충분히 모아서 앞으로 누군가에게 의존할 일은 절대 없다. 미셸은 이렇게 말한다. "당장 내일 좋은 남자를 만나더라도 최소 5년 동안은 아이를 갖지 않을 거예요. 부모가 되기 전에 애인과 함께 살면서 커플의 삶을 즐기고 싶어요." 어떤 이들은 이런 동거 기간을 관계의 '베타 테스트'라고 부른다. 미셸이 덧붙인다. "만약 연인을 만나지 못하더라도 엄마가 되기 위해 남자가 필요하진 않을 거예요." 한때 섹스와 결혼, 부모 되기는 한 세트였다. 하지만 이제는 아니다. 베이비부머 세대는 결혼과 생식에서 섹스를 분리했다. 이들의 자식 세대는 섹스에서 생식을 분리하고 있다.

미셸 세대에서는 이런 사고방식이 흔하다. 프로젝트 '아직은 아니다Not Yet'의 연구원들이 말하듯, "점점 더 많은 청년들이 결혼을 '주춧돌'이 아닌 건물 꼭대기에 올리는 '머릿돌'로 보고 있다. 이들에게 결혼은 어른과 부모가 되기 위한 기반이 아니라 모든 준비가 갖춰진 이후 해야 하는 일이다."[8]

미셸에게 결혼은 감정적으로 성숙하고 사회에서 자리를 잡고 경제적으로도 안정되었을 때, 그리고 싱글 생활의 즐거움을 떠나보낼 준비가 되었을 때 하는 것이다. 그때가 되면 미셸은 자신을 완전하게 채워 줄 파트너, 그동안 섬세하게 빚은 정체성을 알아봐 주는 심층적 경험을 선사해 줄 파트너를 찾아나설 것이다. 이와 달리 미셸의 할머니 마리아에게 결혼은 인생을 형성하는 경험이었고, 마리아는 성인기로 접어들면서 결혼이라는 주춧돌 위에서 남편과 함께 정체성을 쌓아 갔다.

의도적으로 결혼을 미룬 미셸은 마리아를 고통스럽게 했던 불륜의 아픔에서 안전할까? 아니면 외도에 더욱 취약해질까? 휴고 슈와이저Hugo Schwyzer는 시사 잡지《애틀랜틱》에 기고한 글에서 '주춧돌' 패러다임에는 어려움이 발생하리라는 예상이 내재해 있지만 '머릿돌' 패러다임은 그렇지 않다고 말했다. 어릴 때 결혼한 커플은 고난을 통해 더 강해지리라고 기대한다. 그러므로 주춧돌 모델은 "외도를 용납한다기보다는 외도를 피하는 것이 거의 불가능하다는 사실을 인정하는 편에 가깝다." 반면 "머릿돌 모델은 외도에 훨씬 더 엄격한데, 마침내 결혼한 사람은 자신을 절제하고 거짓 없이 정직할 수 있을 만큼 성숙해야 하기 때문이다. 하지만 결혼 전의 풍부한 경험이 외도 예방 접종의 역할을 하리라 기대하는 것은 상당히 순진한 생각임을 여러 증거가 보여준다."9

운명적 사랑이라는
환상의 종결

이제 거의 80세가 되었고 남편을 먼저 떠나보낸 마리아는 다음 달에 손자의 결혼식에 간다. 아마 손자의 결혼식장에서 마리아는 자신의 결혼식을 떠올릴 것이다. 잭과 테오가 곧 진입할 결혼 제도는 마리아와 케네스가 반세기도 더 전에 엄숙하게 들어섰던 제도와 비슷한 점이 적다.

결혼 제도는 현대적 삶에 발맞춰 전례 없는 평등과 자유, 유연성을 제공하며 환골탈태했다. 그러나 변화에 굴하지 않고 남아 있는 것이 하나 있다. 바로 불륜이다.

사회가 성적으로 더욱 활발해질수록 불륜을 대하는 사회의 태도는 더욱 완강해진다. 실제로 결혼의 독점적 특성이 완전히 새로운 의미를 띠게 된 이유는 우리가 결혼 전에 섹스를 숱하게 할 수 있기 때문이다. 요즘 사람들 대부분은 수년간 성적으로 유목민 생활을 한 후 결혼식장에 입장한다. 결혼을 할 때쯤에는 이미 원 나이트 스탠드와 데이트, 동거, 이별을 여러 번 경험한 상태다. 과거에는 결혼하고 처음 섹스를 했다.

이제는 결혼하면 다른 사람과의 섹스를 그만둔다.

성적 자유에 고삐를 채우겠다는 자발적 결정은 진지한 태도로 관계에 임한다는 증거다. (물론 적응력이 뛰어난 결혼 제도가 계속 진화하면서 여러 명의 파트너를 두고 결혼 생활을 하는 사람들도 나타나고 있다.) 이제 정절은 선택의 문제이며, 당신이 가장 중요하고 당신에게 충실하겠다는 표현이다. 우리는 다른 사랑에 등을 돌림으로써 우리의 '중요한 타인'이 유일무이하다는 점을 확실히 보여준다. "나는 바로 그 사람을 발견했어. 더 이상 찾지 않아도 돼." 다른 사람을 향한 욕망은 기적처럼 증발해야 하고, 단 한 사람이 가진 매력의 힘에 맥없이 사라져야 한다. 하찮아진 기분을 너무나도 쉽게 느낄 수 있는 세상에서 (쉽게 해고되고, 버려지고, 한 번의 클릭으로 제거되고, 친구 명단에서 제외되는 세상에서), '선택받는다'는 경험은 이전에 없던 중요성을 띠게 되었다. 독점적 관계는 신성 불가침한 낭만적 이상이다. 우리의 특별함을 증명해 주기 때문이다. 외도는 우리에게 이렇게 말한다. '너는 결국 특별하지 않은 거야.' 외도는 사랑이라는 원대한 포부를 산산이 깨뜨린다.

재니스 에이브럼스 스프링Janis Abrahms Spring은 독창적인 저서 『운명이라 믿었던 사랑이 무너졌을 때After the Affair』에서 이런 존재론적 고통을 절절하게 표현한다. "누군가에게 푹 빠진다는 것은… 자신과 파트너가 운명이 정한 짝이라고, 그 누구도 자기만큼 파트너를 행복하게 해 줄 수 없다고, 둘이 함께 가장 중요하고 절대 깨지지 않을 관계를 만들었고 다른 사람은 이 관계를 공유하거나 해칠 수 없다고 확신하는 것이다. 외도는 순진무구한 두 명의 환상, 우리의 결혼은 특별하고, 나는 유일무이하고 상대에게 소중한 존재라는 환상이 끝났다는 의미다."[10]

결혼이 경제적 합의였을 때 외도는 경제적 안정을 위협했다. 오늘날 결혼은 낭만적 합의가 되었고, 외도는 우리의 감정적 안정을 위협한다.

개인주의 사회는 이상한 모순을 낳는다. 서로 간의 신의가 더욱 필요해지는 동시에 불륜의 매력 또한 더욱 강렬해진다. 감정적으로 파트너에게 크게 의존하는 시대에 외도는 전례 없는 파괴력을 갖는다. 하지만 개인의 성취를 강조하고 더 행복해질 수 있다는 약속으로 사람들을 유혹하는 문화에서 바람 피우고 싶은 충동 또한 전례 없이 커진다. 그렇기에 사람들은 그 어느 때보다 바람을 많이 피우면서 그 어느 때보다 가차 없이 불륜을 비난한다.

Part 2

한 사람의 세계가
무너져 내린다

—

배신의 파괴와 여파

4장
왜 그렇게 상처가 되는가

내가 누구인지, 그이가 어떤 사람인지 안다고 생각했다. 그런데 갑자기 우리를, 그를, 또 나를 알아볼 수가 없다. 그 순간까지 이어져 온 내 평생이 허물어졌다. 마치 지진이 일어나 땅이 저 스스로를 삼켜 버리고 도망치려는 발아래가 무너져 내리는 것 같다. 이제는 돌이킬 수 없다.

－시몬 드 보부아르, 『위기의 여자』

"제 인생 전체가 지워진 것 같았어요. 딱 그런 느낌이었죠. 너무 충격이 커서 병가를 내고 그 주 내내 쉬었어요. 똑바로 서 있기도 힘들었어요. 밥 먹는 것조차 잊어버렸는데, 여태까지 그런 적은 없었어요." 질리언은 50여 년을 살면서 이번처럼 고통스러웠던 적은 없었다고 했다. "누가 죽은 것도 아닌데 어떻게 이렇게 마음이 아플 수 있죠?"

상대의 외도를 알게 되면 가슴을 갈기갈기 찢는 듯한 고통이 뒤따른다. 관계를 끝장내고 싶다면, 관계의 핵심을 망가뜨리고 싶다면 바람을 피우면 된다. 외도는 여러 차원의 배신이다. 거짓말과 유기, 거절, 모욕…. 전부 사랑으로 막아 주겠다고 약속한 것들이다. 내가 의지하던 사람이 내 면전에서 거짓말을 하고 나를 조금도 존중하지 않았음이 밝혀지면 내가 알던 세상은 거꾸로 뒤집힌다. 인생은 다시 짜 맞출 수 없을 만큼 산산조각난다. 당신은 이렇게 말한다. "다시 한 번 말해봐. 언제부터 그랬다고?"

8년이다. 질리언의 경우 8년이라는 숫자가 다이너마이트 역할을 했다. 질리언은 경악했다. "우리가 함께 산 시간의 3분의 1이라고요!" 질리언과 코스타는 25년째 함께 살고 있고 장성한 아들이 둘 있다. 질리언은 대형 음악 출판사의 법무 팀에서 일하며 경력의 정점을 달리고 있다. 그리스 파로스 섬에서 나고 자란 코스타는 인터넷 보안 회사를 경영하고 있으며 최근의 경기 침체를 견뎌 냈다. 얼마 전 질리언은 코스타가 그 회사의 마케팅 매니저 어맨다와 오랫동안 바람을 피워 왔음을 알게 되었다.

질리언은 이렇게 말한다. "저도 의심했어요. 그래서 몇 번이나 물어봤죠. 코스타는 절대 아니라고 부정했는데, 그 말은 설득력이 있었어요. 그래서 믿었어요."

그러나 질리언은 수년 전에 시작된 이메일과 문자, 스카이프 계정, 셀카, 신용카드 영수증을 발견했다.

"너무 수치스럽고 정말, 정말 멍청이가 된 것 같았어요. 저는 남을 너무 잘 믿고 잘 속는 사람이었어요. 코스타는 제가 사실 다 알고 있을 거라고 생각한 적도 있어요. 이런 바보가 어디 있겠어요. 너무 충격적이고 화가 나고 질투가 났어요. 분노가 가라앉으면 온통 상처뿐이에요. 믿음이 깨지니 불신만 남네요. 어떻게 이 상황을 헤쳐 가야 할지 정말 모르겠어요."

외도는 늘 상처를 준다. 현대적 사랑을 추종하는 사람들에게 외도는 특히 큰 상처가 된다. 실제로 외도가 얼마나 압도적인 감정의 소용돌이를 일으키느냐면, 많은 현대 심리학자가 강박반추와 과각성, 무감각, 해리, 설명할 수 없는 분노, 통제 불가능한 공황 등의 트라우마 관련 용어를 사용하여 외도로 인한 증상을 설명할 정도다. 외도를 다루는 일은 나를 포함한 정신건강 전문가들의 주요 업무가 되었는데, 그 경험이 너무 격렬해서 혼자서는 그 감정적 여파를 처리할 수 없고 외부의 도움을 받아야 상황을 헤쳐 나갈 수 있기 때문이다.

상대방의 외도를 겪은 직후의 감정은 정해진 흐름에 따라 차근차근 변하지 않는다. 내담자 대다수는 서로 모순되는 감정이 잇달아 나타난다고 말한다. "사랑해! 널 증오해! 날 안아 줘! 나한테 손도 대지 마! 네가 싼 똥 알아서 치우고 꺼져 버려! 날 떠나지 마! 더러운 자식! 아직 나를 사랑해? 나가 뒈져! 나랑 섹스해!" 이렇게 감정이 몰아치는 것은 당연한 일이며 얼마간 지속될 가능성이 높다.

커플들은 감정의 공습이 한창일 때 나를 찾아온다. 질리언은 내게 보낸 첫 번째 메일에 이렇게 썼다. "심각한 위기입니다. 남편도 크게 고통받고 있습니다. 죄책감에 사로잡힌 채 저를 달래려고 해요. 저희는 가능하다면 헤어지지 않고 앞으로도 함께하고 싶습니다." 질리언은 상황을 자세히 설명하고 다음과 같이 간청하며 글을 마무리했다. "저희가 이 끔찍한 경험을 딛고 더 나은 삶을 살 수 있도록 도와주시길 간절히 바랍니다." 나는 최선을 다해 이들이 앞으로 나아갈 수 있도록 도울 것이다. 하지만 우선 이들이 현재의 자리에 머물 수 있도록 도와야 한다.

탄로의 순간과 위기 반응

외도가 탄로 나는 순간은 결혼과 불륜 이야기에서 가장 중요한 순간이다. 외도를 발견한 충격은 '파충류의 뇌(인간의 뇌 중 호흡과 심장박동, 소화 등 본능과 생존을 담당하는 부위를 이르는 용어―옮긴이)'를 자극해 투쟁, 도피 또는 경직이라는 원초적 반응을 유발한다. 어떤 사람은 충격으로 말을 잃고 그 자리에 가만히 서 있는다. 또 어떤 사람은 이 격변을 모면하고 다시 어느 정도 삶을 통제할 수 있기를 바라면서도 빨리 도망치지 못하고 머뭇거린다. 변연계가 활성화하면 단기적 생존이 심사숙고해서 내놓은 결정보다 중요해진다. 이 시점에는 상당히 어려운 일이지만, 나는 관계의 앞날을 결정할 때 외도에 관해 자신이 느낀 감정을 분리하라고 조언한다. 충동적 반응은 본래 자기를 보호하는 것이 목적이지만 종종 부부가 수년간 쌓은 긍정적 관계를 일시에 파괴해 버린다. 불륜의 드라마는 공감, 질투, 호기심, 연민뿐만 아니라 비난, 분노, 혐오에 이르는 감정의 종합 선물세트를 선사한다. 외도에 감정적으로 영향받는 것은 당연하다. 하지만 그 감정을 투사하는 것은 아무 도움이 안 된다.

나는 외도에서 회복하는 과정을 위기, 의미 생성, 상상이라는 3단계로 나눈다. 질리언과 코스타는 위기 단계에 있다. 이 단계에서 무엇을 '안' 하는지는 무엇을 하는지만큼이나 중요하다. 아주 연약한 시점인 위기 단계에는 개인의 내면에, 또는 둘 사이에 흐르는 격렬한 감정을 담아 낼 안전하고 판단을 피하는 그릇이 필요하다. 이때 둘에게는 안도감과 희망뿐만 아니라 차분함과 명료함, 체계가 필요하다. 의미 생성 단계에는 왜 외도가 발생했으며 그 이야기 속에서 각자가 어떤 역할을 맡고 있었는지를 깊게 파고드는 시간을 갖는다. 마지막으로 상상 단계에는 둘의 앞날에 무엇이 놓여 있는지, 상상 속에서 둘은 함께인지 따로인지를 질문할 것이다. 하지만 지금 우리는 응급실에서 부상자의 상태를 파악하고 있다. 지금 당장 관심을 기울여야 하는 부분은 어디인가? 위험한 상태에 빠진 사람이 있는가? 평판, 정신건강, 안전, 자녀, 생계 등 모든 것을 고려해야 한다.

커플의 요청에 처음 응답한 사람으로서 나는 둘의 곁을 지킨다. 때로는 매일 만나기도 한다. 현대 커플의 삶은 고립되어 있고 불륜에는 낙인이 찍히기 때문에 이때 무슨 일이 일어나고 있는지를 아는 사람은 보통 심리치료사가 유일하다. 그리고 이 초기 단계는 커플이 무너지지 않도록 뒷받침해 주는 안정적 기반이 되어 준다.

진실의 파편들이 공중을 떠다니고, 두 사람은 서로가 다른 현실을 살아 왔으며 오직 한 명만이 그 사실을 알고 있었음을 이해하려 애쓴다. 죽음과 질병을 제외하면 커플의 삶에서 이 만큼 파괴적인 사건은 별로 없다. 커플 심리치료사인 미셸 솅크먼Michele Scheinkman은 양쪽의 시각을 모두 견지하고 서로 다른 경험을 아우르는 것이 매우 중요하다고 강조한다.[1] 이 시기에 커플 스스로는 할 수 없는 일이다.

이게 바로 상담이나 이메일을 통해 내가 하는 작업이다. 나는 일기를 쓰거나, 나에게 또는 서로에게 편지를 써서 감정을 분출하라고 권한다. 일기는 아무런 제한 없이 감정을 토해 낼 수 있는 안전한 공간이다. 편지는 일기보다 더 천천히, 신중한 수정을 거치는 작업이다. 알맞은 말을 고를 수 있도록 커플을 각각 따로 이끌어야 할 때도 많다. 때로는 상담 시간에 편지를 소리 내어 읽기도 하고, 편지를 서로에게 보내도록 한 다음 나는 복사본을 받기도 한다. 상처받은 두 영혼이 편지를 주고받는 모습을 지켜보면 나도 두 사람과 친밀해진 것 같은 느낌이 든다. 이 작업은 소파에 앉아서 대화만 나눌 때는 볼 수 없는 관계의 깊은 내면을 들여다보게 해 준다.

예상대로 질리언과 코스타는 외도가 발각된 후 그 어느 때보다도 깊고 진실한 대화를 밤늦게까지 나누었다고 한다. 둘의 대화 속에서 관계의 민낯이 고스란히 드러났다. 채워지지 않은 기대와 분노, 사랑, 그리고 그 사이에 있는 모든 것이 말이다. 둘은 서로의 이야기를 들었다. 이 중요한 시점에서 둘은 눈물을 흘리기도 하고 다투기도 하고 사랑을 나누기도 했다. 그것도 엄청 많이. (묘하게도 상실에 대한 두려움은 다시 욕망을 불러일으킨다.) 내 동료 테리 리얼Terry Real이 즐겨 말하듯, 둘은 다시 한 번 서로를 정면으로 마주보았다. 결혼 후 매일 함께하는 일상에 익숙해지기 전, 처음으로 사랑에 빠졌을 때처럼.

사랑 이야기의 첫 페이지로

상대방의 외도 사실을 발견하는 일은 매우 충격적이다. 그래서 우리는 발견은 더 큰 이야기의 한 부분일 뿐이라는 사실을 잊는다. 하지만 극심한 트라우마는 결국 회복 과정에 길을 비켜 줄 것이다. 시간이 아무리 오래 걸릴지라도, 둘이 함께든 따로든 간에 말이다. 충격을 받으면 주먹으로 명치를 맞은 것처럼 가슴이 옥죄어온다. 내 일은 커플이 숨을 가다듬고 눈앞의 시련을 넘어 더 큰 그림을 볼 수 있도록 돕는 것이다. 우선 나는 (때로는 첫 번째 상담에서) 둘이 어떻게 만났는지 이야기해 달라고 부탁한다.

질리언과 코스타는 질리언이 로스쿨에서 마지막 해를 보내고 있을 무렵 사랑에 빠졌다. 코스타는 도서관 앞에 오토바이를 세워 놓고 질리언에게 드라이브하자고 청했다. 질리언은 코스타의 대담함과 정중한 태도, 따뜻함, 그리고 이 모든 것을 전하는 이국적 발음에 반했다. 질리언은 오토바이에 올라탔다. 스스로에게도 놀라운 일이었다.

질리언은 사랑스럽다는 듯이 코스타를 "불 같은 남자"라고 말한다. 코스타는 갈등과 대립을 두려워하지 않으며 온 힘을 다해 열정적으로 살아 간다. 질리언은 자신을 지나칠 정도로 실용적인 평화주의자로 묘사한다. 질리언은 이렇게 말한다. "코스타는 저에게 좋은 영향을 줬어요. 뉴잉글랜드 특유의 예의범절을 벗어던지고 더 즉흥적으로 살 수 있게 해 줬죠."

당시 질리언은 크레이그란 남성과 약혼한 상태였다. 크레이그는 명문 와튼스쿨에서 MBA 과정을 밟고 있었고, 졸업 후에는 가업을 이어받을 예정이었다. 하지만 질리언은 오래전부터 갈피를 못 잡고 있었다. "크레이그는 절 사랑하기보다는 저에게 사랑받는 걸 더 좋아했어요." 결국 질리언은 약혼을 깼다. 그녀도 누군가에게 "사랑받고 싶었기 때문"이다.

지중해에서 온 코스타는 질리언을 사랑해 주었고, 사랑을 어떻게 표현해야 하는지도 잘 알았다. 코스타는 힘 있고 우아하며 독립적인 질리언에게 푹 빠졌다. 코스타는 이렇게 설명한다. "미국으로 이주한 지 얼마 안 됐을 때였죠. 질리언은 딱 미국 여자였어요." 코스타가 어렸을 때 본 여성들은 바람피우는 남편의 학대를 잘 참을수록 좋은 아내라는 평가를 받았다. 질리언은 정반대였다.

질리언은 자기애가 강했던 전 약혼자 크레이그가 언젠가 자신을 배신하진 않을까 늘 의심했다. 자기보다 다른 사람을 위하는 것은 그다운 행동이 아니었다. 질리언이 코스타를 선택한 가장 큰 이유는 그가 크레이그와 달리 절대 이기적으로 굴지 않을 거라고 믿었기 때문이다. 질리언은 그냥 '알 수 있었다.' 그리고 코스타가 자신에게 헌신할 거라고 확신했다. 어떻게 이렇게 잘못 판단할 수 있었을까?

둘은 파로스 섬에 있는 코스타의 집에서 결혼식을 올렸다.

새하얀 벽과 푸른 차양, 붉은 타일 지붕이 만개한 분홍색 꽃을 배경으로 반짝반짝 빛났다. 완벽하게 머리를 매만지고 행복한 얼굴로 어설프게 그리스 민속춤 '시르타키'를 추는 엄마를 보면서 줄리언은 집안 좋은 일류대 출신 청년과 헤어지고 평생 자신을 소중하게 아껴 줄 남자를 선택하길 참 잘했다고 다시 한 번 생각했다. 줄리언은 시대의 자유로운 가치를 택하고 부모님의 염려를 무시했다. 그렇게 부모님의 결혼 모델과 자신의 이상을 맞바꾸었다.

그랬기에 코스타의 비밀이 밝혀졌을 때 질리언은 더 큰 환멸을 느꼈다. 코스타의 외도는 단순히 그녀에 대한 공격이 아니라 그녀의 온 신념 체계에 대한 공격이었고, 오늘날 커플에게 가장 소중한 가치를 저버린 행동이었다. 결혼은 사람들이 원하는 것이라면 무엇이든 될 수 있는 신화 속 마법의 성이 되었다. 외도는 이 성을 무너뜨리고, 이제는 붙잡을 게 아무것도 없다고 느끼게 만든다. 이런 이유로 현대의 불륜은 가슴 아프다는 말로는 다 설명할 수 없는 사건이 되었다. 즉, 트라우마를 불러일으키는 충격적인 경험이 되었다.

디지털 시대에
외도를 발견한다는 것

새까맣게 몰랐든 그동안 증거를 추적했든 간에 외도 사실을 실제로 발견할 때의 충격을 대비해 줄 수 있는 것은 없다. 수년간 진실의 주위만 맴돌던 질리언은 어느 날 코스타가 집에

놓고 간 노트북 컴퓨터를 봤다. 질리언은 이렇게 말한다. "결국 컴퓨터를 봤어요. 그리고 멈출 수가 없었죠."

질리언은 자신이 "디데이"라고 부른 그날 몇 시간이나 계속 컴퓨터에 있는 증거를 캐냈다. 이미지들이 질리언의 마음을 부숴 놓았다. 수백 장의 사진과 주고받은 이메일, 그 안에 들어 있는 욕망들. 8년간 이어진 코스타의 외도가 질리언의 눈앞에 상세하고도 선명하게 펼쳐졌다. 몇십 년 전이었다면 줄리언은 코스타의 재킷 주머니에 든 전화번호나 셔츠 칼라에 묻은 립스틱, 또는 먼지 쌓인 편지 상자를 발견했을 것이다. 아니면 말 많은 이웃이 비밀을 누설했을 수도 있다. 코스타는 자신과 질리언을 보호하기 위해 몇 가지 사실을 제외하고 적절하게 편집한 이야기를 털어놓았을 것이다. 하지만 이제 질리언은 기억을 그대로 보존해 주는 기술 덕분에 남편의 이중생활을 고통스러울 정도로 자세히 파고들 수 있었다. 컴퓨터 속 증거를 하나하나 가슴에 새기며 자신이 어떤 모욕을 받았는지를 자세히 탐구할 수도 있었다.

디지털 시대의 외도는 수천 번의 난도질로 사람을 죽이는 것과 같다. 질리언은 뉴멕시코 타오스에 놀러간 코스타와 어맨다가 즐겁다는 듯 웃으며 굴을 먹는 모습을 보았다. 어맨다가 유혹적인 포즈를 취하고 있는 것도 보았다. 둘이 코스타의 야마하 오토바이를 타고 있는 사진 속에서 어맨다는 질리언의 헬멧을 쓰고 있었다. 그리스로 떠나는 로맨틱한 여정을 담은 이메일도 있었다. 그리고 어맨다의 삶을 시시각각 중계하는 문자 메시지가 끝도 없이 이어져 있었다.

질리언이 본 모든 것은 상상 이상이었다. 어맨다에게 키스하는 코스타. 손가락에 결혼반지를 낀 채 어맨다의 가슴을 만지는 코스타. 질리언은 지난 해 크리스마스 파티에서 어맨다가 코스타를 바라보던 눈빛을 기억한다. 질리언은 "바보 천치같이" 그 눈빛을 보고도 모른 척했다. 질리언은 코스타가 어맨다를 저녁 식사에 초대한 날 자신이 만든 초콜릿 무스 케이크를 어맨다가 칭찬한 일을 기억한다. 질리언은 "멍청이처럼" 훌륭한 여주인 노릇을 했다. 이제 질리언은 이런 것들이 궁금하다. '그날 저녁 식탁 밑에서 코스타가 그 여자의 무릎에 손을 올려 두고 있었을까? 다음 날 회사에서 그 일을 두고 킬킬댔을까?' 이 이미지들은 질리언의 머릿속에서 끝없이 반복 재생되었고, 하나를 떨쳐 내면 금세 다른 하나가 머릿속을 가득 채웠다.

오늘날의 외도는 대부분 기술 때문에 탄로 난다고 봐도 무방하다. 외도는 사진이나 영상으로 눈앞에 생생히 드러나거나, 심지어는 실시간으로 발각되기도 한다. 질리언은 자발적으로 코스타의 컴퓨터를 들여다봤지만 어떤 경우에는 기계가 저 혼자 뉴스를 터뜨린다. 집에 두고 간 아이패드 때문에 아내가 지금 만나러 가고 있는 연인과 주고받는 대화를 그동안 전혀 낌새를 못 채던 남편이 목격할 수도 있다. 주말 동안 집을 떠났다가 일찍 돌아왔는데, 지금 품에 아이를 안고 있는데도 아기와 베이비시터를 볼 수 있도록 설치한 카메라 모니터에서 이상한 신음소리가 흘러나올 수도 있다. 고양이용 카메라가 사랑하는 고양이가 잘 있다고 안심시켜 주는 대신 술 취한 여자 친구가 모르는 사람과 함께 있다는 정보를 전달할 수도 있다.

새해 첫날 새벽, 쿠퍼가 베를린에 있는 나이트클럽에서 춤추고 있는데 휴대폰 화면이 빛났다. 뉴욕의 클럽에서 다른 남자와 몸을 부비며 춤추고 있는 여자 친구 사진이었다. 사진을 보낸 친구가 다음과 같이 덧붙였다. "이봐, 친구. 알아둬야 할 것 같아서. 방금 에이미가 모르는 자식이랑 즐기는 거 봤어."

요즘에는 누구나 해커가 될 수 있다. 앙은 전부터 포르노를 봤지만 시드니는 이렇게 생각했다. '그건 그의 문제지.' 하지만 앙이 그녀와의 섹스에 흥미를 잃자 시드니는 이제 그의 포르노 시청을 '본인의' 문제로 받아들였다. 한 친구가 시드니에게 스파이웨어를 깔면 앙의 온라인 활동을 감시할 수 있다고 알려주었다. "제 책상에 앉아서, 지금 앙이 몇 시간이나 포르노를 보며 자위하고 있다는 사실을 알게 되었죠. 머릿속이 뒤죽박죽이 됐어요. 처음에는 포르노 속 여자들의 옷과 행동을 따라 하기도 했어요. 이렇게 하면 앙을 되찾을 수 있을 거라고 생각했거든요. 하지만 결국에는 배신감을 느꼈어요. 앙뿐만 아니라 저 스스로에게도요."

사설탐정을 고용할 필요도 없다. 이미 주머니에 있기 때문이다. 실수로 손이 미끄러져 보내기 버튼을 누른다. "왜 아빠가 나한테 나체 사진을 보내?!" 휴대폰을 깔고 앉아 전화가 잘못 걸린다. "이 헐떡거리는 소리 뭐야?" 신용카드 회사의 사기 담당 부서에서 '이례적 활동 감지'를 알린다. "난 몬트리얼에 간 적 없는데!"

이 내부고발자들의 퍼레이드에서 GPS의 마법 같은 능력을 빼놓을 순 없다. 체사레는 헬스클럽에서 점점 더 많은 시간을 보낸다는 앤디의 말이 거짓말일 수 있다고 의심하기 시작한 지 꽤 되었다. "앤디는 그동안 역기를 열심히 들었다는데 근육이 조금도 늘지 않았어요! 사우나를 한다는 건 알고 있지만 그 정도로 오래 앉아 있으면 몸이 녹아 버리지 않겠어요?" 체사레는 들키지 않고 앤디를 따라갈 자신이 없었으므로 대신 휴대폰이 따라가게 했다. 휴대폰 지도 위에 뜬 파란색 점은 헬스클럽에 들어간 지 30분 만에 시내로 향하기 시작했다.

몇 번이고 무너져 내리는 세계

우리의 전자 기기들은 불륜 사실을 폭로할 뿐만 아니라 디지털 기록을 남긴다. 질리언은 이렇게 말한다. "강박이 됐어요. 거의 병적으로요. 내용을 짜 맞추려 하면서 계속 이메일을 읽어요. 하루에만도 문자 수백 통을 보냈더군요. 오전 7시부터 자정까지 말이에요. 저와 있을 때도 외도는 늘 진행형이었어요. 이런 생각을 해요. 코스타가 이걸 쓸 때 난 뭘 하고 있었지? 2009년 8월 5일 저녁 9시부터 12시까지 우리는 내 쉰한 번째 생일을 축하하고 있었는데. 생일 축하 노래를 부르기 직전에 그 여자한테 문자 보내려고 화장실로 몰래 갔을까? 아니면 부른 다음일까?"

외도는 우리의 심리 구조에서 가장 중요한 요소 중 하나인 과거의 기억에 직격탄을 날린다. 외도는 커플의 희망과 미래 계획을 앗아가기도 하지만 둘의 역사에 물음표를 찍기도 한다. 확신 속에서 과거를 돌아볼 수 없고 내일 무슨 일이 일어날지 알 수도 없다면 우리는 어떻게 될까? 심리학자 피터 프랭켈Peter Fraenkel은 "배신당한 파트너는 끝없이 이어지는 충격적 사실들을 감당하지 못하고 꼼짝없이 현재에 갇혀 버린다"라고 강조한다.[2]

우리는 미래를 예측할 수 없다는 사실은 기꺼이 인정하지만 과거는 믿어도 된다고 생각한다. 하지만 사랑하는 이에게 배신당한 사람은 일관된 서사를 잃고 괴로워한다. 정신의학과 전문의 애너 펠스Anna Fels는 일관된 서사를 "안정적인 자아의식을 유지할 수 있도록 미래의 행동과 감정을 예측하고 통제하게 도와주는 내적 구조"라고 정의한다. 펠스는 모든 종류의 배신이 미치는 부정적 영향을 설명하면서 이렇게 말한다. "아마도 누군가에게서 그 사람의 이야기를 빼앗아 가는 것이 최고의 배신일 것이다."[3]

상대의 외도에 관한 모든 것을 빠짐없이 캐내려 하는 강박적 충동은 뜯어져 버린 자신의 삶을 다시 붙이고자 하는 실존적 욕구에서 비롯된다. 인간은 의미를 만들어 내는 존재이며 일관성이 필요하다. 심문과 과거 회상, 같은 자리를 맴도는 반추적 사고, 과각성은 모두 조각 난 삶을 이어 붙이려는 노력의 발로다.

질리언은 말한다. "망가진 기분이에요. 안절부절못하면서 과거부터 시간을 훑어요. 기억을 수정하고 제가 알던 현실에 새 정보를 끼워 넣는 거예요."

애너 펠스는 나란히 놓인 두 스크린의 이미지를 이용해 이 상황을 설명한다. 한 스크린으로는 쉼 없이 자신이 기억하는 삶을 검토하고, 다른 스크린으로는 새로 드러난 삶을 검토한다. 마음속에서 소외감이 차오른다. 자신에게 거짓말을 한 파트너뿐만 아니라 스스로에게서도 멀어지는 듯하다.

영화 〈러브 액츄얼리〉에는 진실을 알게 된 가슴 아픈 순간을 잘 담은 장면이 나온다. 엠마 톰슨이 연기한 캐런은 남편이 준 크리스마스 선물을 뜯어 보고, 선물이 남편이 샀던 금목걸이가 아니라는 사실을 깨닫는다. 캐런은 침실로 몸을 피해 이 사실을 이해해 보려 애쓴다. 캐런이 선물받은 조니 미첼 CD의 음악이 흘러나오고, 장면이 바뀌자 남편의 젊은 비서가 섹시한 란제리를 입고 목걸이를 걸고 있다. 다시 카메라는 눈물 흘리는 캐런을 비춘다. 캐런은 옷장 위에 있는 가족사진을 바라보며 자신의 삶을 돌아본다. 조니 미첼은 이렇게 노래한다. "기억나는 건 사랑의 환상뿐이에요. 사랑이 무엇인지는 알지 못해요."

질리언의 스크린은 종종 19금이 된다. "우리가 한 섹스와 코스타가 그 여자랑 한 섹스를 비교해요. 제 몸과 그 여자의 몸, 사랑스럽게 날 어루만지던 그 손과 그 여자에게 키스하는 입술. 그 여자 안에 들어가 유혹하는 목소리로 그 여자가 얼마나 섹시한지 속삭이는 장면…. 즐겨 하는 체위가 있었을까요? 나하고 한 섹스보다 더 좋았을까요? 나랑 그 여자랑 번갈아 가면서 섹스를 했을까요?"

질리언의 기억은 이제 전과 같지 않다. 한때는 위안과 안정감을 주었던 기억이 이제는 사라지지 않는 불안을 가득 안긴다. 심지어 행복했던 기억도 더 이상 아름답게 느껴지지 않는다. 모든 기억이 오염되었다. 코스타는 가족과 있을 때는 신체적으로나 감정적으로 온전히 가족에게 집중했다고 주장한다. 그리고 둘이 함께한 인생은 절대 거짓이 아니었다고 말한다. 하지만 질리언은 "왜곡된 거울" 앞에 서 있는 느낌이다.

코스타는 차분하게 질리언의 질문에 모두 답하고 있으며, 질리언은 이 대화를 통해 결혼 생활을 과거부터 현재까지 재구성하고 있다. 코스타는 질리언을 달래려고 노력했다. 후회한다고도 몇 번이나 말했다. 코스타는 평생 지옥에서 살아야 하는 걸까? 죽을 때까지 죄책감을 안고 살게 될까? 코스타가 보기에는 모든 게 명확하다. "같은 문제를 얘기하고 또 얘기하는 게 아니라 당신과 처음부터 다시 잘해 보고 싶어." 나는 코스타에게 반복이 일관성을 회복하는 데 도움이 되며 상처 회복에 반드시 필요하다고 설명한다. 하지만 며칠이 몇 주가 되자 코스타는 점점 지쳐 갔다. 질리언도 마찬가지였다.

질리언은 내게 이렇게 말한다. "코스타는 과거는 과거로 남겨 두고 다음 단계로 넘어가면 안 되겠냐고 애원해요. 하지만 그럴수록 코스타가 제 고통을 못 본 척 넘어가려 하는 것처럼 느껴져요. 물레바퀴에 매달려 있는 기분이에요. 수면 위로 올라와서 언뜻 미래를 보지만 곧 다시 물 아래로 끌려 내려가요. 다시 수면 위로 올라가지 못하면 죽겠구나 싶은 생각이 들어요."

잘못을 깊이 뉘우치고 있는 사람에게는 안타까운 이야기지만 상처받은 마음은 회복하는 데 많은 시간이 걸린다. 질리언은 코스타에게 이렇게 말한다. "당신은 자기가 전부 책임졌고 사과도 했고 성모마리아께 기도도 열 번 했으니까 할 일은 다 했다고 생각하지! 당신은 그렇게 생각하는지 몰라도 나는 아냐. 나는 자꾸 다시 들어야 한다고." 많은 커플이 똑같은 상황에 처한다. 나는 코스타에게 위기 단계에서는 꼭 이 시기를 거쳐야 한다고 설명한다. 질리언은 코스타를 화나게 하려고 이러는 게 아니다. "당신은 8년 동안 있었던 일을 전부 알고 있지만 질리언은 이제야 알게 된 거예요. 따라잡아야 할게 무척 많죠." 질리언이 3년이 지나도 계속 질문 공세를 퍼붓는다면 그때서야 문제라고 할 수 있을 것이다.

정체성을 도둑맞다

질리언뿐 아니라 다른 수많은 이에게 외도는 그저 사랑의 상실이 아니라 자아의 상실이다. 질리언은 남편에게 이렇게 말한다. "이제 난 남편에게 배신당한 아내 중 한 명이 됐어. 우리가 앞으로 어떻게 되든 이 사실은 변하지 않고 평생 날 따라다닐 거야. '당신이' 날 그런 사람으로 만들었어. 이젠 나도 내가 누군지 모르겠어."

사랑이 여럿이 되면 둘의 합일이라는 마법도 깨진다. 어떤 사람은 서로 분리되어 더 이상 하나가 아닌 결혼 생활을 참지 못한다. 코스타와 질리언은 앞으로도 함께할 수 있는 방법을 찾고 싶어 하지만 사랑을 지키는 데 성공하더라도 결국 사랑이 평생 오염된 채로 남을까 봐 둘 다 두려워한다.

코스타는 단호하게 말한다. "당신을 사랑해. 늘 당신만 사랑했어. 어맨다와는 그냥 그렇게 됐을 뿐이야. 만난 지 1년쯤 됐을 때 헤어지려고 했는데 그때 어맨다의 딸이 병에 걸려서 죄책감이 들었어. 내 말 안 믿을 거 아는데, 당신이야말로 내 인생의 유일한 사랑이고 그 사실은 변함이 없어." 하지만 질리언이 코스타의 말을 어떻게 믿을 수 있겠는가? 코스타는 8년 동안이나 매일 질리언 곁에서 자고 일어나서는 어맨다에게 "자기야, 좋은 아침"이라고 문자를 보냈는데. 하지만 그럼에도 질리언은 코스타를 믿고 싶어 한다.

질리언이 말하는 정체성이 사라진 느낌은 현대 서구의 커플들이 늘 내게 하는 이야기지만 지구 다른 곳에서도 마찬가지인 것은 아니다. 우리는 고통은 고통이며, 누구에게나 똑같고 보편적이라고 생각한다. 하지만 문화권에 따라 고통에 다른 의미를 부여한다. 세네갈 여성들과 대화를 나눠 보면 남편에게 배신당해 본 사람은 여럿이지만 자신의 정체성을 모두 상실한 것 같다고 말하는 사람은 없다. 이들도 잠 못 드는 밤과 질투, 멈추지 않는 눈물, 폭발하는 분노에 관해 이야기한다. 하지만 이들이 보기에 남편이 바람을 피운 이유는 "원래 남자들이 다 그렇기" 때문이지 자신에게 문제가 있어서는 아니다. 아이러니하게도 이러한 신념은 세네갈에 여전히 존재하는 여성 억압을 더욱 강화하는 한편 이들의 자아를 안전하게 보호해 준다. 질리언은 세네갈 여성들보다 사회적 지위는 더 높지만 정체성과 자존감을 낭만적 사랑에 저당 잡혔다. 그리고 사랑은 무자비한 채권자가 되어 빚을 갚으라고 독촉할 수 있다.

내 세네갈 친구들은 주로 자신이 속한 공동체에서 정체성과 소속감을 얻는다. 역사상 사람들은 종교적 가치와 가족 내 위계질서에 순응하면서 자존감을 유지했다. 하지만 전통적 관습이 사라진 현재에는 자신의 정체성을 형성하고 유지해야 할 책임이 자신에게 있으며, 자아라는 짐은 그 어느 때보다도 무거워졌다. 이제 우리는 자존감을 지키기 위해 끊임없이 협상해야 한다. 사회학자 에바 일루즈Eva Illouz가 날카롭게 지적하듯, "사람들은 사랑에서만큼은 평가를 멈추고 싶어 한다. 사랑 안에서 우리는 경쟁의 승자이며 가장 중요한 사람이자 유일한 사람이 된다."[4] 외도가 우리를 자기 회의의 구렁텅이와 실존적 혼란 상태로 던져 넣는 것도 당연하다.

남녀 모두가 이 이야기를 따른다. 물론 이야기의 어느 지점을 강조하느냐는 약간씩 다른데, 불륜 이야기에 젠더에 대한 편견이 내재하기 때문이다. 그동안 남성은 정복을 추구하고 떠벌려도 괜찮았지만 눈물을 흘리면 안 되었다. 아내에게 배신당한 남성은 슬픔보다는 분노와 당혹감을 표현했다. 체면을 잃었다는 사실은 슬퍼해도 괜찮았지만 자아를 잃었다는 사실은 슬퍼할 수 없었다. 우리는 상처받은 남자와 바람피운 여성의 이야기보다 상처받은 여성과 바람피운 남성의 이야기를 훨씬 많이 안다. 하지만 여성들이 기울어진 운동장을 평평하게 만들고 있으며 남성이 감정을 내보여도 괜찮은 문화로 바뀌어 감에 따라 상대의 배신으로 정체성을 잃은 경험을 이야기하는 남자들이 점점 많아지고 있다.

"더 이상 제가 알던 세상이 아닙니다." 비제이가 나에게 보낸 이메일에 쓴 말이다. 영국-인도 혼혈인 47세의 식품판매점 매니저이자 두 아이의 아버지인 비제이는 얼마 전 아내 패티가 친구에게 보낸 이메일을 보았다. 이메일에는 아내가 연인과 주고받은 문자들이 담겨 있었다. "어두컴컴한 무중력 공간에 끝없이 떨어지고 있는 것 같습니다. 어딘가에 매달리려고 필사적으로 노력했어요. 하지만 아내는 바로 다른 사람이 되어 버리더군요. 저도 마찬가지였고요. 아내가 차갑고 멀게 느껴집니다. 제 앞에서 울기도 했지만 우리를 위한 눈물은 아닌 것 같았어요."

밀란은 갈라지는 목소리로 말한다. "스테파노에게 푹 빠졌어요. 앞으로도 쭉 스테파노와 함께할 거라고 확신했고, 그러기 위해 모든 걸 포기했어요. 그런데 스테파노가 갑자기 냉담해졌어요. 필로폰을 하더니 어떤 어린 애랑 만나기 시작한 거예요. 하루는 집에 왔는데 걔랑 침대에서 뒹굴고 있더라고요. 저를 봤는데도 절 그냥 자기 룸메이트 취급하면서 무시했어요. 그렇게 몇 달이나 지났어요. 너무 굴욕적이었지만 스테파노를 떠나진 못했어요. 그리고 원래 게이는 질투를 하면 안 된다고 생각했어요. 어쨌거나 그건 그냥 섹스일 뿐이었으니까요. 전 스테파노가 필요했어요. 절 그렇게 취급하는데도 스테파노를 떠나지 못한 제가 한심해요. 더 이상 저도 저 자신을 모르겠어요."

"난 그런 남자가 아니야!"

배신당한 사람만 정체성의 위기를 겪는 건 아니다. 비밀을 가리던 베일이 벗겨지면 바람을 피운 사람도 충격을 받는다. 고통받는 사람의 눈으로 새로이 자신의 행동을 바라보는 불륜의 주인공은 자신의 자아상이 거의 알아볼 수 없을 정도로 손상됐음을 깨닫는다.

코스타도 내면이 무너져 내리고 있었다. 질리언이 괴로워하는 모습을 지켜보면서 코스타는 자기가 무슨 짓을 저질렀고 질리언에게 무슨 잘못을 했는지를 깨달았다. 공적인 삶과 은밀한 삶을 나누던 칸막이가 허물어지고 있었다.

질리언 없이 나와 따로 대화를 나눌 때 코스타는 이질적인 자신의 두 삶을 받아들이기 힘들어했다. 상담하러 온 것도 이번이 처음이었는데, 이른바 전문가라는 사람들을 믿지 않기도 하지만 자기 입장을 이해받지 못할 거라고 생각했기 때문이었다. 나는 내가 판사가 아니라는 점을 분명히 했다. "당신이 바람을, 그것도 오랫동안 피우긴 했지만 전 제가 당신을 다 안다고 생각하지 않아요. 전 당신을 비난하려는 게 아니라 도와주려고 여기 있는 거예요."

코스타는 자신의 자아상과 행동 간의 괴리를 마주해야 한다. 어린 시절부터 그는 바람이나 피우며 위세를 부렸던 아버지처럼은 '절대로' 되지 않겠다고 다짐했다. 아버지는 어머니를 경멸했다. 코스타는 늘 자신이 원칙을 지키는 사람이라고 생각했다. 도덕적으로 올바르고, 사랑에 배신당한 여성의 고통에 마음 깊이 공감하는 사람 말이다.

"난 그런 남자가 아니야"는 코스타의 자의식을 떠받치는(그리고 질리언의 마음을 얻게 해 준) 기둥이었다. 수년간 질리언이 의심하지 못하도록 달래는 데 사용한 말이기도 했다. '아버지보다 나은 사람'이라는 정체성을 지키기로 마음먹은 코스타는 엄격하고 사람을 쉽게 판단하는 남자가 되었다. 그리고 이런 절대주의적 태도가 아버지의 유산을 억눌러 줄 거라고 무심결에 믿었다. 하지만 운명의 장난인지, 이러한 태도는 오히려 반드시 피하고 싶어 했던 결과를 불러왔다. "삶이 끝난 것 같았어요. 점점 기계처럼 변해 갔어요. 옴짝달싹 못 하게 묶인 것처럼 뻣뻣하고 형식적인 사람이 된 거예요." 코스타는 자신이 중요하지 않은 사람처럼 느껴졌다고 했다. 사업은 고전을 면치 못했고 질리언과 연봉 차이가 점점 커졌다. 질리언은 늘 다른 일로 바빴다. "그때쯤 질리언이 노후 대책이나 장기 요양 문제에 대해 얘기하기 시작했어요. 절 산 채로 묻어 버리려 하는 것 같았죠." 그때 어맨다가 코스타의 삶에 들어왔다. 어맨다는 코스타가 "긴장을 풀고 열정을 되찾게" 해 주었다.

코스타는 단 한순간도 아내를 사랑하지 않은 적이 없으며 아내를 떠나려는 생각도 전혀 없었다고 단언했다. 몇 번이나 어맨다와 끝내려 했지만 그녀에게도 의무감을 느꼈고, 그녀에게 이런저런 위기가 연이어 일어나면서 의무감은 더욱 커졌다. 어머니가 아버지에게 모욕당하는 모습을 지켜본 예민한 남자아이는 곤경에 빠진 여성을 떠나지 못하는 남자가 되었다. 그리고 어맨다는 코스타의 이 약점을 일찌감치 파악하고 능수

능란하게 이용했다. 뿐만 아니라 코스타는 바람을 피우기 시작한 후로 긍정적인 변화도 일어났다고 확신했다. 덜 우울해졌고 더 이상 잔뜩 찡그린 얼굴로 집 안을 돌아다니지 않게 되었으며, 그만큼 질리언과의 결혼 생활도 달라졌다는 것이다. (질리언은 이 주장에 어느 정도 동의하지만 그렇다고 외도를 정당화할 수는 없다고 생각한다.) 코스타는 자신이 아버지처럼 대놓고 연인과 함께 거리를 돌아다니진 않았으므로 자신이 정한 원칙을 어긴 것은 아니라고 생각하는 듯했다. 정체성을 유지하려는 그의 노력은 맹점을 만들어 냈다. 방대한 외도의 증거가 명백하게 드러난 지금에야 코스타는 합리화가 얼마나 지나쳤는지를 깨달았다. 나는 코스타에게 이렇게 물었다. 질리언이 경험하는 고통과 수치심은 당신의 어머니가 경험한 것과 무엇이 다른가요?

코스타는 달갑지 않은 추가 정보를 참작해서 자아상을 재조정해야 했다. 나는 외도가 그에게 무슨 의미였으며 삶 전체의 맥락에서 무엇을 보여주는지 분석할 수 있도록 돕기 시작했다. 후회가 막심했던 우리의 로미오는 이 과정을 진행하면서 얻은 통찰을 아내와 나누고 싶어 했다. 나는 그런 대화를 나누기엔 아직 이르다는 점을 지적했다. 질리언의 분노가 분석보다 중요했다. 우리는 아직 위기 단계에 있고, 이 단계에서 연민은 질리언 쪽을 향해야 한다. 배신당한 사람이 감정적으로 안정되어야 상대의 설명을 정당화로 느끼지 않을 수 있다. 질리언이 코스타의 관점을 이해하길 기대하는 건 시기상조다. 질리언 본인이 외도에 어떤 영향을 미쳤을 수도 있는지 생각해 보는 건 말할 필요도 없이 불가능하다.

지금 코스타는 질리언의 말을 들어야 한다. 그러려면 어느 정도 노력을 해야 하는데, 그동안 자신이 (코스타의 표현에 따르면) "추잡한 자식"이 절대 아니라는 자아상을 지키느라 너무 애써서 자신의 행동을 정당화하고 싶은 충동이 크기 때문이다. 코스타는 질리언이 얼마나 괴로워하는지 안다. 하지만 질리언의 고통을 느낄수록 스스로가 싫어지고(수치심), 이 감정이 질리언에게 미안한 마음(죄책감)을 밀어낸다.

수치심에서 죄책감으로 넘어가는 것은 매우 중요한 과정이다.[5] 수치심은 자신에게 집중한 상태인 반면, 죄책감은 자신이 준 상처를 인지하고 상대에게 공감하는 반응이다. 트라우마를 입은 피해자도 가해자가 자신의 잘못을 인정하는 순간 회복하기 시작한다. 바람피운 사람이 과오를 깊이 후회한다고 거듭 주장하는데도 배신당한 사람이 자기 기분을 인정받지 못하는 듯할 때가 많은데, 이는 바람피운 사람이 죄책감보다는 수치심에 싸여 있고 그만큼 아직 자신에게 더 집중한 상태이기 때문이다. 외도 이후 깊은 후회로 이어지는 진정한 죄책감은 상처받은 사람의 회복을 위해 반드시 필요한 도구다. 진심에서 우러나온 사과는 관계를 소중히 여기고 전념하겠다는, 마음의 짐을 함께 지겠다는, 힘의 균형을 다시 맞추겠다는 메시지다.

코스타에게는 쉽지 않은 일이다. 바람피운 사람이 자신이 야기한 고통을 지켜보고 자신이 그 고통의 원인임을 알면서 파트너에게 마음 다해 슬퍼할 시공간을 마련해 주기란 상당히 어렵다. 나는 코스타에게 이렇게 말했다. "질리언의 기분이 나아지도록 돕고 싶다면 먼저 기분 나빠하도록 내버려둬야 해요." 질리언이 고통을 느낄 공간을 마련해 주는 것만큼 물리적으로 질리언의 곁을 지키는 것도 중요하다. 코스타는 이 역할을 열심히 수행하고 있다. 확실히 코스타의 입장에서는 아내가 공격을 쏟아 낼 때보다 슬퍼할 때 공감하는 반응을 보이기가 훨씬 쉽다. 그렇지만 적어도 얼마간은 비난을 피할 수 없다. 시간이 지나면 질리언에게 마음을 좀 풀라고 말해도 괜찮을 때가 올 것이다. 그때까지는 한결같은 태도로 질리언에게 공감해야 분노를 점차 가라앉히는 데 도움이 된다.

코스타는 질리언이 화낼 때마다 옆에 있어 주려고 최선을 다하고 있다. 나는 당신을 사랑한다고도 되풀이해 말해 준다. 그러면 질리언은 어느 정도 차분해진다. 한 시간, 때로는 두 시간 이상, 아주 가끔은 하루 종일. 질리언은 코스타의 말을 믿는다. 믿지 않을 이유가 어디 있겠는가, 남편인데. 하지만 그때 머릿속에서 펑 하는 소리와 함께 다음과 같은 사실이 떠오른다. "난 늘 너를 믿었어. 그러다 어떤 꼴이 됐는지 보라고."

다시 의심이 차오른다. 이번에는 눈감고 아무 문제도 없는 척하지 않을 것이다. 그래서 질리언은 정보를 찾아 나서기 시작한다. 코스타에겐 사생활을 주장할 권리가 없다. 코스타가 인스타그램에서 하트를 누른 이 여자는 누구지? 치과의사는 세 시간 동안이나 뭘 한 거야? 애초에 치과에 가긴 한 거야? 질리언은 직접 치과에 전화해서 알아볼 것이다. 두려움과 분노가 뒤섞이고 질리언은 폭발한다. 아무것도 비난을 피할 수 없다. 코스타의 가족, 문화, 유전자, 물론 어맨다까지. 브레이크 없는 공격 시간이다.

"사기꾼! 거짓말쟁이!" 질리언은 코스타를 벼랑 끝까지 몰고 간다. 코스타는 자기 행동을 기꺼이 책임지려 하지만, 저 말이 자신의 정체성에 대한 마지막 판결이 되도록 내버려둘 마음은 없다. 코스타는 이렇게 주장한다. "'한 번' 바람피웠고, '한 가지' 문제로 여러 거짓말을 한 건 사실이야. 그렇지만 나는 사기꾼이나 거짓말쟁이가 아니야." 질리언의 고통은 코스타의 모습을 반사해 보여주는데 그는 그 모습을 받아들일 수 없기에 부아가 치민다. 질리언이 계속 괴로워하면 코스타는 '계속' 나쁜 사람이 된다. 다시 갈등이 커진다. "난 그런 남자가 아닙니다! 질리언이든 제가 바람을 피웠다는 사실이든 그 무엇도 절 그렇게 규정하게 내버려두진 않을 겁니다."

나는 코스타를 진정시키기로 했다. "당신 마음속에서 어떤 갈등이 벌어지고 얼마나 괴로운지 알겠어요. 하지만 당신이 몇 년 동안이나 이중생활을 했다는 사실을 떠올려 봐요. 인정하고 싶지 않겠지만 당신은 지금 '그런 남자'에 가까워요."

신뢰, 통제 불가능한 리듬

불륜이 드러난 이후 상담 초기 단계에는 상황이 일시에 변해 버릴 수 있다. 전혀 과장이 아니다. 수 주 동안 조심스럽게 관계를 다시 쌓아도 한마디 말로 모든 게 무너질 수 있다. 예민한 상태인 양쪽 다 서로를 의심의 눈초리로 쳐다보고 곧 다가 올지 모를 감정적 타격을 두려워한다. 마리아 포포바Maria Popova가 썼듯, "신뢰라는 통제 불가능한 리듬에 맞춰 분노와 용서의 춤을 추는 것은 인간의 삶에서 가장 어렵고도 역사가 긴 일이다."6

위기 단계에는 주로 바람을 피운 사람에게 관계 회복에 대한 책임이 있다. 이들에게는 후회를 표현하고 상대의 고통을 수용하는 것 외에도 중요한 할일들이 있다.

재니스 에이브럼스 스프링은 그중 하나로 "경계하는 역할 넘겨받기"를 꼽는다.7 바람피운 사람이 외도를 기억하고 인지하는 역할을 맡는 것이다. 보통 배신당한 사람은 사건에 사로잡혀 질문을 퍼붓고 싶은 충동을 느끼며, 이 끔찍한 경험이 마치 없었던 일처럼 지나가지 않기를 원한다. 반면 바람피운 사람은 이 유쾌하지 않은 사건을 과거의 일로 묻고 싶어 한다.

이러한 둘의 위치를 바꾸면 관계의 역학을 바꿀 수 있다. 신뢰는 상대를 감시한다고 생기는 것이 아니다. 만약 코스타가 외도 사건을 잊지 않고 기억한다면 질리언은 이 경험이 절대 잊히지 않도록 애쓰지 않아도 된다. 코스타가 먼저 외도 사건을 입에 올려 대화를 청한다면 자신의 과오를 숨기거나 축소하지 않겠다는 의지를 전달하는 셈이 된다. 그리고 코스타가 자진해서 정보를 알려 준다면 질리언은 같은 행동을 반복하지 않아도 된다. 한번은 어맨다가 전화를 했다. 코스타는 이 사실을 즉시 질리언에게 알려 불신의 씨앗을 없앴다. 둘이서 레스토랑에 간 어느 날 코스타는 자신이 어맨다와도 이곳에 왔는지를 질리언이 궁금해하는 것을 느꼈다. 코스타는 질리언이 먼저 물을 때까지 기다리지 않았다. 질문이 나오기 전에 질리언이 궁금해하는 정보를 알려주었고, 그녀가 편안한 마음으로 식사할 수 있도록 했다. 이처럼 모든 것을 투명하게 내보이는 행동은 신뢰 회복에 도움이 되며, 그녀가 둘이 같은 편에 있다고 느끼게 해 준다.

질리언은 이제 분노를 가라앉히기 시작해야 한다. 분노가 옳지 않기 때문이 아니라, 분노로는 진정 원하는 것을 얻을 수 없기 때문이다. 화를 내면 일시적으로 힘이 커진 것처럼 느낄 수 있다. 하지만 심리학자 스티븐 스토즈니Steven Stosny는 다음과 같이 말한다. "상대에게 배신당했을 때 내 힘이 약해진 것이 문제라면 분노가 해법일 것이다. 하지만 외도에서 오는 고통은 힘의 상실과는 관련이 없다. 고통을 일으키는 원인은 내 가치가 낮아졌다는 인식이다. 배신당한 사람은 자신이 예전만큼 사랑스럽지 않다고 느낀다."[8]

상대의 외도를 겪은 후에는 자존감을 회복할 방법을 찾아야 한다. 타인이 느끼게 한 감정과 자신이 스스로에 대해 느끼는 감정을 분리해야 한다. 자신의 전부를 빼앗긴 것 같고, 자신을 규정하는 일이 바람피운 상대의 손에 달린 것처럼 느껴진다면 자신에게는 외도와 관련 없는 다른 부분이 많다는 사실을 기억해야 한다.

당신의 일부는 거절당했을지 모르지만 당신 자체가 버림받은 것은 아니다. 당신의 일부는 배신당했을지 모르지만 그렇다고 당신이 피해자인 것은 아니다. 다른 이들은 당신을 사랑하고 소중히 여기고 존중하고 아낀다. 지금 당장은 그렇게 느껴지지 않을 수 있지만, 심지어 바람을 피운 상대도 당신을 아낀다. 한 여성은 지금은 떠나간 남자 친구와 모든 것을 함께한 뒤로 친구들과 완전히 멀어졌음을 깨닫고 다시 삶에 불러들이고 싶은 사람 다섯 명의 목록을 만들었다. 그리고 2주 동안 장거리 자동차 여행을 떠났다. 이 여행에서 그녀는 우정을 되살렸고 친구들이 소중히 여기는 자신의 일부를 되찾았다. 그리고 이 과정에서 외도가 준 상처와 자신의 본질을 분리할 수 있었다.

홀로코스트 생존자인 빅토르 프랑클Viktor Frankl은 다음과 같은 깊은 통찰을 내놓았다. "인간에게서 빼앗을 수 없는 단 하나의 자유가 있다. 바로 어떤 상황에 처하든 삶에 대한 태도를 스스로 선택할 수 있는 자유다."[9]

그럴 기분이 아니더라도 옷을 차려입어라. 친구들에게 멋진 저녁 식사를 대접받아라. 오랫동안 생각만 해 왔던 그림 수업에 등록하라. 스스로를 돌보고, 기분 좋아지는 일들을 하고, 모욕과 숨고 싶은 충동에 맞서라. 상대에게 버림받은 사람은 이런 행동을 하기엔 너무 창피하다고 생각하는 경우가 많은데, 나는 강하게 권한다.

질리언은 자신의 가치를 되찾을 수 있는 자기만의 방식을 찾아야 한다. 코스타가 뉘우치고 있다는 사실만으로는 고통을 달랠 수 없다. 상대가 표현하는 죄책감과 공감은 매우 중요하지만 그것만으로는 훼손된 자존감을 치유할 수 없다. 코스타가 도울 수 있는 점이 있다면 자기중심적 태도에서 벗어나 자신의 삶에서 질리언이 얼마나 중요한 존재인지를 재차 확인해 주는 것이다. 코스타는 자기 염려를 한쪽으로 치워 두고 수십 년 전 자신의 오토바이 뒤에 올라타 사랑의 신과 계약을 맺은 그 소녀를 되살리기 시작했다. 그리고 분명한 단어로 "내가 함께하고 싶은 사람은 바로 당신이야. 그렇지 않았던 순간은 단 한 번도 없었어"라고 말함으로써 질리언이라는 소중한 존재에 새로운 가치를 부여하기 시작했다. 질리언은 처음으로 코스타가 의무감 때문에 자신 곁에 남은 게 아니라는 사실을 믿기 시작했다. 코스타는 질리언을 선택했다.

그로부터 2분 후, 코스타의 휴대폰이 울린다. 질리언이 눈에 의심의 빛을 드러내며 흠칫 놀란다. 또 하나의 폭탄, 또 하나의 의문. 우리는 사랑의 회복이라는 지난한 과정을 거치고 있다. 얼마간은 그곳에 머물러야 할 것이다.

5장

더 나쁜 불륜이 있을까

참으로 이상하다. 몇 개의 단어에 지나지 않는 "두세 번"이라는 말, 멀리서 허공에 흩어진 이 말이 마치 실제로 한 남자의 가슴을 관통한 것처럼 그의 심장을 그토록 갈가리 찢고, 마치 독을 삼킨 것처럼 병이 나게 할 수 있다니.

—마르셀 프루스트, 『잃어버린 시간을 찾아서─스완 네 집 쪽으로』

특히 '더 나쁜' 불륜이 있을까? 마음이 덜 아프고 상처에서 더 쉽게 회복할 수 있는 외도도 있을까? 그동안 나는 행동과 반응 간의 상호작용에 나타나는 패턴을 알아보려 애썼지만, 잘못의 심각성과 반응의 강도 사이에는 명확한 상관관계가 없었다.

많은 이가 죄의 경중에 따라 외도의 순위를 매기고 싶어 한다. 예를 들어 포르노를 보며 하는 자위는 가벼운 위반 행위이므로 해피엔딩이 있는 마사지만큼 나쁘지 않다. 하지만 이런 마사지는 러시아인 성노동자와 섹스하며 실제로 삽입하는 것에 비하면 죄질이 가벼운 편이며, 성노동자와의 섹스는 여자 친구가 내 가장 친한 친구와 침대에서 뒹굴고 있는 걸 발견하거나 알고 보니 남편에게 세 블록 떨어진 곳에 사는 네 살배기 아들이 있는 것보다는 낫다. 모든 죄가 똑같지 않다는 것은 분명하다. 하지만 배신에 순위를 매기고 싶은 유혹이 아무리 크더라도, 죄의 경중에 따라 반응의 정당성을 판단하는 것은 별 도움이 안 된다.

사랑의 고통이라는 풍경 속을 가로지르다 보면 수많은 요인이 작용하며 개인이나 커플의 이야기를 이런저런 방향으로 끌고 간다. 충격은 다양한 강도로 온다. 수십 년 동안 이 일을 했지만, 상대의 불륜을 알아차린 사람들이 어떻게 반응할지는 아직도 예측하지 못한다. 실제로 많은 사람이 자신이 예상했던 것과 전혀 다르게 반응했다고 말한다.

충격의 정도가 바람을 피운 기간이나 상황의 심각성과 늘 비례하지는 않는다. 상대가 딱 한 번 다른 사람과 하룻밤을 보낸 적 있다는 사실이 밝혀지자마자 즉시 무너지는 관계도 있다. 남편과 안정적인 관계를 유지하며 마음을 놓은 한 여성은 옛일을 회상하다가 몇십 년 전에 몰래 다른 사람과 한 번 즐긴 적이 있다고 털어놓았다. 이 여성은 깜짝 놀랄 수밖에 없었는데, 남편이 그 말을 듣자마자 30년간의 결혼 생활을 끝내겠다고 선언했기 때문이다. 어떤 사람은 잔인하게 배신당해도 놀라울 정도로 쉽게 회복한다. 인생을 뒤흔드는 상대의 외도 사실에 별 반응이 없는 사람이 있는 반면 그저 살짝 눈길을 돌린 것만으로도 팡파르가 터지듯 강렬하게 반응하는 사람이 있다는 점은 정말 놀랍다. 상대가 다른 사람에게 판타지를 품거나 포르노를 보고 자위했다는 사실을 알고 큰 충격을 받으며 망연자실하는 사람도 있고, 멀리 출장을 간 상대가 이름 모르는 상대와 하룻밤을 보냈다는 사실을 담담하게 받아들이는 사람도 있다.

외도라는 얽히고설킨 이야기 속에서는 미묘한 차이 하나하나가 전부 중요하다. 심리치료사로서 나는 구체적인 감정을 알아야 한다. 연구자 브레네 브라운Brené Brown에 따르면 충격적인 사건이나 트라우마를 일으키는 사건을 경험한 이후에는 "우리의 감정이 가장 먼저 고통을 이해하기 시작한다."[1] 어떤 사실은 가슴을 더 찢어 놓고("그가 '그랬다고?'") 어떤 사실은 안도해도 된다는 표지가 된다("그녀는 적어도 '그렇게는' 안 했잖아"). 건강관리 기업 경영자인 알렉산드라 드레인Alexandra Drane의 용어를 빌리면, 돋보기(고통을 키우는 요소)가 있고, 완충제(상처를 막아 주는 요소)가 있다.

외도가 당신에게 어떤 영향을 미치고 당신이 외도에 어떻게 반응할지는 상대가 얼마나 지독한 짓을 했는지와도 관련이 있지만 당신이 무엇을 기대했는지, 얼마나 예민한지, 그리고 그동안 관계가 어떠했는지와도 관련이 있다. 젠더와 문화, 계급, 인종, 성적 지향 모든 것이 외도의 경험을 결정짓고 고통을 구체화한다.

환경이 돋보기 역할을 할 수도 있다. 임신과 경제적 의존 상태, 실업, 건강 문제, 이민자라는 신분, 그 밖에 다양한 삶의 조건이 외도의 괴로움을 키운다. 가족 내력도 주요 돋보기

중 하나다. 어렸을 때 가족 내에서, 또는 과거 연인과의 관계에서 외도나 신뢰가 깨지는 사건을 경험한 경우 외도에 더욱 예민하게 반응할 수 있다. 외도는 늘 복잡한 관계의 그물망 속에서 발생하며, 이야기는 날카로운 상처가 생기기 훨씬 전부터 시작된다. 어떤 이들에게 상대의 외도는 뿌리 깊은 두려움을 강화한다. "문제는 그이가 절 사랑하지 않는다는 게 아니에요. 문제는 저 스스로가 사랑받을 만한 사람이라고 느껴지지 않는다는 거예요."

복잡한 상황을 차분하게 이해해 주는 친구나 가족과의 끈끈한 유대관계는 완충제 역할을 해 준다. 성숙한 자아나 영적·종교적 신념 또한 충격을 완화해 줄 수 있다. 위기를 겪기 이전에 관계가 어떠했는가도 늘 중요한 영향을 미친다. 또한 자신에게 선택지가 있다고 느낄 경우(부동산과 저축, 긍정적인 직업 전망과 데이트 가능성이 있을 경우) 상처를 덜 받을 뿐만 아니라 내적으로나 외적으로도 전략적으로 움직일 여지가 생긴다. 상대의 외도에서 어떤 부분이 특히 고통스러운지를 분석하면 이같은 긍정적 완충제를 더욱 강화할 기회를 파악할 수 있다.

외도의 피해자들을 처음 만날 때면 나는 먼저 이들이 어떤 상처를 입었는지를 살펴보면서 감정 상태를 알아낸다. 그리고 그 과정에서 돋보기 요소를 파악하고 완충제 요소를 강화할 계획을 마련한다. 무엇이 가장 큰 상처인가? 옛 상처를 건드리는 요인은 무엇인가? 상대의 무례한 태도 때문인가, 상대가 신의를 어겼기 때문인가? 아니면 버림받아서? 신뢰가 깨져서? 거짓말 때문에? 모욕을 느껴서? 문제는 상실인가, 거절인가? 그 감정은 환멸인가, 수치심인가? 안도인가, 체념인가, 분노인가? 뱅뱅 도는 마음의 중심에 어떤 감정이 있는가?

하고 많은 사람 중에 왜?

자기 감정을 바로바로 잘 표현하는 사람이 있다. 이들은 감정 문해력emotional literacy이 있기 때문에 자신이 구체적으로 어떤 점을 괴로워하는지 인식하고 그 감정에 이름을 붙이고 받아들일 수 있다. 하지만 많은 사람이 자신이 괴로워하는 지점을 파악하지도 못한 채 마음의 셔터를 내려 버린다. 이들은 이름 없는 감정에 시달리며 살아가고, 이 감정들은 이름 없음이 무색하게 삶에 크나큰 영향을 미친다.

"다른 사람에게 제 이야기를 하는 게 이번이 겨우 두 번째입니다." 케빈이라는 한 젊은 남성이 페이스북에서 나에게 보낸 메시지다. "그 일이 일어난 지 이제 10년이 되었습니다. 어쩌면 이 경험을 처음으로 상세히 적는 것 자체가 제 나름의 치료일지도 모르겠군요."

시애틀에 사는 스물여섯 살의 프로그래머 케빈을 가장 괴롭히는 것은 첫사랑에게 배신당했다는 사실이 아니었다. 케빈이 괴로운 이유는 첫사랑이 바람을 피운 상대 때문이었다. "바보처럼 아무것도 몰랐다"라는 수치심을 오랫동안 안고 살아 온 케빈은 다른 사람을 신뢰할 수 없게 되었다. 케빈은 열여섯 살 때 테일러를 만났다. 그는 매력적인 졸업반 누나인 테일러와 첫 섹스를 했다. 그는 고등학교 생활 내내 테일러에게 푹 빠져 지냈다. 그녀에게 친형 헌터를 소개해 주었고, 그때부터 셋은 꼭 붙어 다니기 시작했다.

테일러가 헤어지자고 했을 때 케빈은 깜짝 놀랐다. "속상했지만 가슴이 찢어질 정도로 슬프진 않았"다고 했다. 그런데 이상하게도 테일러와 헌터는 계속 함께 다녔다. "심지어 엄마도 저에게 둘이 같이 다녀도 괜찮냐고 물어보셨어요. 하지만 전 형을 무조건 신뢰했기에 형이 테일러와 함께 공부했다고 하면 그 말을 믿었습니다. 다른 사람도 아니고 형이 절 배신할 거라곤 상상조차 못 했어요."

케빈은 과거를 돌아볼 때마다 자문한다. "어떻게 모를 수 있었지?" 하지만 명백한 증거가 눈앞에 있을 때조차 현실이 산산조각 날 가능성을 부정하기 위해 자기 현실 인식에 매달리는 것이 인간의 본성이다. 나는 "아무것도 몰랐"던 것을 수치스러워 할 필요가 없다고 말해 주었다. 이러한 종류의 회피는 바보 같은 행동이 아니라 자신을 지키기 위한 행동이다. 트라우마의 부정trauma denial이라는 정교한 자기보호 기제로, 위험이 너무 크거나 잃을 것이 많을 때 택하는 일종의 자기기만이다. 인간의 정신은 일관성이 필요하기 때문에 견고한 삶의 구조를 무너뜨릴 수 있는 정보는 무시해 버린다. 이런 특성은 친하거나 의존하는 사람에게 배신당할 때 자주 나타난다. 관계에 아무리 문제가 많아도 우리가 그 애착 관계를 지키기 위해 어디까지 할 수 있는지를 보여주는 증거다.

마침내 어느 날 한 친구가 케빈에게 불쑥 말을 뱉었다. "네 형이 테일러랑 자고 다니는 거 알지?" 케빈은 그때를 회상하며 이렇게 말한다. "말도 안 되는 소리라고 생각했습니다." 하지만 몇 분 후 케빈은 조용한 곳에서 형에게 전화해 친구의 말이 사실인지 물었다. "형은 자기가 모든 걸 망쳤다며 거듭 사과했습니다. 몇 시간이나 엉엉 울었던 기억이 납니다. 파란색 베개에 얼굴을 파묻고서요. 그때부터 형과의 관계는 영원히 바뀌어 버렸습니다."

이 글을 읽는데 열여섯 살 케빈의 목소리가 들려오는 듯했다. 케빈의 이야기는 그 시간 속에 멈춰 버렸지만 그 일이 몇 시에 일어났는지, 모욕적인 진실을 밝힌 친구의 이름이 무엇이었는지, 형이 전화를 받을 때까지 몇 분을 기다렸는지, 얼굴을 묻고 울었던 베개가 무슨 색깔이었는지 같은 것들은 기억 속에 선명히 남았다. 심리학자들은 이런 정보를 은폐 기억 screen memory이라고 부른다. 우리는 괴로웠던 감정을 숨기기 위해 구체적인 정보에 집착한다. 그래야 트라우마를 그나마 견딜 수 있기 때문이다.

두 번째 이메일에서 케빈의 안도감을 느낄 수 있었다. 왜 테일러의 얼굴보다 베개의 색깔이 더 선명하게 기억나는지를 케빈이 이해하기 시작한 것이다. 상처의 깊이는 애착의 깊이에 비례한다. 많은 이에게 친구의 배신은 파트너의 배신보다 훨씬 충격적이다. 테일러의 거짓말도 케빈을 가슴 아프게 했지만 헌터가 준 상처는 그보다 더 깊었다. 자신을 배신한 사람이 같이 어울리는 무리 중 한 명이거나 가족 구성원(모든 일가친척 포함)일 때, 또는 신뢰하던 사람(유모나 선생님, 성직자, 이웃 또는 의사)일 때 관계는 급격히 틀어진다. 이럴 땐 어떻게 해야 할까? 절친한 친구가 알고 보니 파트너의 숨겨진 연인이었다는 이야기를 나 또한 한두 번 들은 것이 아니다. 일관성을 지탱하는 마디마디가 더 많이 끊어질수록 더 미칠 것 같은 기분을 느끼고, 그만큼 상처 회복에도 많은 시간이 걸린다.

여러 해 동안 케빈은 자신이 얼마나 "바보" 같았는지를 떠올리며 창피와 수치심에서 헤어 나오지 못했다. 그 결과 케빈은 더 이상 자신의 현실 인식을 믿지 못하게 되었다. "가벼운 마음으로 누군가를 만나거나 데이트를 할 때마다 계속 이런 생각이 듭니다. '분명 다른 누군가가 끼어들 거야.'" 문제는 외도의 증거를 알아채지 못한 것이 아니라 형이 신뢰를 무너뜨린 것임을 이해하게 되면서 케빈은 중요한 변환점을 맞이했다. 현재 그는 형과의 관계를 다시 쌓고 있다. 과거의 자신에게 연민을 느끼기 시작했고, 그 결과 좋아하는 여성과의 관계가 진지해져도 즉시 마음의 문을 닫지 않을 수 있게 되었다.

의심에서 확신으로

상대가 바람을 피우고 있다는 확신도 가슴을 쓰리게 하지만 마음을 갉아먹는 의심 역시 고통스럽기는 마찬가지다. 사랑하는 사람이 거짓말을 한다는 의심이 들기 시작하면 우리는 무자비한 하이에나가 되어 욕정이 아무렇게나 던져둔 옷가지와 증거의 냄새를 맡는다. 이 철저한 전문 감시관들은 표정의 미묘한 변화와 목소리에 깃든 무심함, 셔츠에 밴 낯선 냄새, 마음 없는 키스를 하나하나 추적한다. 그리고 아주 작은 이상

징후까지 전부 셈한다. "업무 시작은 10시인데 왜 그렇게 아침 일찍 하는 미팅이 많은지 이상해요." "인스타그램에 올린 글을 보니까 저한테 말한 장소와 달라요. 글을 올린 시간은 속일 수가 없죠!" "달리러 나가면서 샤워하고 겨드랑이에 데오도란트까지 바르는 게 이해가 안 되더라고요." "갑자기 브래드와 주디를 저녁식사에 초대하고 싶어서 안달하더군요. 오랫동안 두 사람을 싫어했으면서 말이에요." "정말 화장실에까지 휴대폰을 들고 갈 필요가 있을까요?"

처음에는 만약 내 생각이 틀렸다면 죄 없는 사람을 비난하게 될까 봐 두려워서, 또는 내 생각이 맞아서 진실을 직면해야 하는 건 더더욱 두려워서 질문을 마음속에만 담아 둔다. 하지만 결국에는 진실을 알고 싶은 욕망이 진실을 알까 봐 두려운 마음을 이기고, 상대를 캐물으며 추궁하기 시작한다. 이미 GPS가 확실히 답한 질문을 던져 상대방을 시험한다. 모차르트의 오페라에서 책략을 꾸미며 "나는 모른 척하며 당신의 모든 어두운 비밀을 밝혀 낼 거야"라고 노래한 피가로처럼 덫을 놓는다. 앤턴은 조시에게 네가 다른 남자랑 자고 다녔다는 증거가 있으니 더 이상 거짓말할 필요가 없다고 말했다. "이제 말해도 돼. 이미 다 알고 있으니까." 하지만 이건 허세였다. 조시는 이미 들켰다는 생각에 앤턴이 상상도 못 한 진실을 털어놓았다. 이제 앤턴은 머릿속에서 그 이미지를 떨쳐 내지 못하고 있다. 여기에 흔한 이야기의 반전이 있다. 조시는 처음에는 앤턴이 의심할 만한 행동을 하나도 안 했다고 한다. 하지만 앤턴의 염탐이 나날이 심해지면서 조시도 불만이 쌓였고, 점점 그를 피하게 됐다. 결국 조시는 늘 감시받는 게 억울해졌다. "앤턴은 제가 그동안 쭉 바람을 피웠다고 확신하더군요. 그래서 그가 원하는 대로 해 주기로 결심했죠."

마음을 좀먹는 의심의 고통이 잔인한 가스라이팅(타인의 마음을 통제하고 자존감을 낮추며 스스로에 대한 의심을 일으키는 행동―옮긴이)으로 더 심해지는 경우도 있다. 루비는 몇 달 전부터 JP에게 무슨 일이 있는 거냐고 물었지만 그때마다 JP는 당신이 정신이 나가서 질투와 피해망상에 빠져 있다고 받아쳤다. 어느 날 JP가 집에 휴대폰을 두고 나가지 않았더라면 루비는 JP의 말을 거의 믿었을 것이다. 지나고 나서 보니 JP가 큰소리치며 루비의 의심을 부정한 것 자체가 충분한 증거였다. 이제 루비는 이중으로 배신당한 기분이다. JP는 루비가 남편뿐만 아니라 자기 정신 상태까지 의심하게 만들었다.

의심이 확신으로 바뀌는 순간 잠시 안도감이 들 수도 있지만 바로 새로운 화살이 가슴에 날아와 박힌다. 외도를 발견하는 순간은 대개 지울 수 없는 상처로 남는다. 당신은 어떻게 외도 사실을 발견했는가? 애슐리매디슨 홈페이지를 뒤져서 남편 이메일 주소를 찾아냈는가? 다른 사람이 알려줬는가? 불륜 현장을 직접 목격했는가? 사이먼은 아내와 집 수리공이 침대 위에 누워 있는 모습을 우연히 목격했다. 그 후로 사이먼은 그 침대에서 자지 않는다.

제이미어는 남편의 외도를 곧 발견하리라 각오하고 있었지만 그런 식을 예상하지는 않았다. 제이미어는 외도의 흔적을 알아차렸는데, 테런스의 외도가 처음이 아니었기 때문이다.

이번에도 테런스는 갑자기 몸단장에 신경 쓰며 새 셔츠를 사고 손톱을 손질했고, 긴급 회의에 달려가는 일이 많아졌다. "보통 두 번째면 더 능숙해질 거라고 생각하잖아요. 근데 테런스는 똑같은 실수를 반복하더라고요." 하지만 테런스는 단호히 부정했다. 마침내 제이미어는 증거를 잡았다. 테런스와 바람피운 여성의 남편이 이메일을 보낸 것이다. "그 남자는 테런스와 그 여자가 주고받은 문자를 전부 저에게 보냈어요. 거기에는 저에 대한 비열한 발언도 들어 있었고요. 제가 쌍둥이를 임신하고 몸집이 불었을 때 테런스가 역겨워했다는 것. 제 비뚤어진 치아. 빈민가 출신 티가 나는 발음. 경멸과 조소가 가득해서 토할 것 같더군요."

제이미어는 테런스의 문자에도 머리가 핑 돌았지만, 그 남자가 청하지도 않은 적나라한 문자를 통째로 보냈다는 사실에도 화가 났다. 그 어떤 남자도 자신을 만만하게 대하도록 두지 않겠다고 결심한 제이미어는 먼저 테런스에게 이 문제에 대해 따져 물었다. 그다음에는 모욕적인 문자를 일방적으로 보낸 그 남자에게 편지를 썼다. 그 남자는 다 제이미어를 위해서였다고 했지만 사실은 '복수'라는 것이 너무나도 명백했다. 현재 제이미어와 나는 자존감을 되찾는 작업에 주력하고 있다.

비밀과 가십, 그리고 나쁜 조언

배신당한 사람이 파트너의 비밀을 발견하는 데서 끝나지 않는 경우도 있다. 때때로 사람들은 본의 아니게 거짓말에 동참한다. 친구나 부모, 자녀, 동료, 이웃, 어떤 경우에는 미디어에 알리기가 두려워 같이 비밀을 감추는 것이다. 이제 이들은 거짓말을 해야 한다. 그것도 자신에게 거짓말한 바로 그 사람을 보호하기 위해서.

린은 이렇게 회상한다. "저는 똑같은 귀걸이 두 쌍을 들고 왜 같은 선물을 두 번 사 주는지 남편에게 물었어요. 그 답이 유령처럼 제 눈앞에서 점점 뚜렷해지더군요. 비서와 6년 동안 바람을 피웠다고 했어요. 똑같은 귀걸이에서 너무 충격적인 사실을 알게 된 거죠."

린과 남편 미치는 아이들을 위해 헤어지지 않기로 했다. 그리고 아이들을 위해 린은 미치의 외도를 숨기기로 했다. 린은 내게 이렇게 말했다. "아무에게도 알리고 싶지 않았어요. 그래서 이젠 제가 부모님과 딸들에게 거짓말하고 있죠. 평소와 다름없는 날인 것처럼 아침에 와플을 굽고 미치에게 키스를 해요. 얼마나 우스운 짓이에요! 아이들을 보호하고 싶어서 그랬는데 결국은 미치를 보호하고 있는 듯한 기분이 들어요. 상황이 이렇게 꼬일 수가 있을까요?" 린은 자신도 오랫동안 몰랐던 비밀을 다른 사람이 알지 못하게 숨겨야 한다. 미치는 불륜 사실이 발각됐는데도 아무렇지 않아 보인다. 반면 린은 어딘가에 갇힌 느낌이다. 가끔은 잘못한 사람은 자신이 아니라는 사실을 스스로에게 상기시켜야 할 때도 있다.

린과 미치에게는 상처가 더 곪지 않도록 신뢰할 수 있는 친구 한두 명을 신중하게 선택해서 비밀을 털어놓는 것이 도움이 될 것이다. 마을 전체에 불륜 사실을 알리고 싶진 않겠지만, 침묵이 주는 수치심을 덜어내는 일은 상당히 중요하다. 한두 명과 슬픔을 공유하면 빈틈없이 밀폐된 이 상황에서 약간의 숨통이 트일 수 있다.

한편 비밀을 털어놓고 나면 사회의 비난이나 동정 때문에 분노가 더 커지는 경우도 있다. 디타는 아이의 학교에서 만나는 엄마들이 싫었다. 이들은 자신은 그런 일을 겪지 않았다는 것을 속으로 기뻐하면서 디타 앞에서는 안타까운 척을 했다. 그리고 뒤에서 수군거렸다. "어떻게 몰랐을 수가 있어?" "남편하고 애들을 집에 남겨 두고 4대륙을 오가면서 일하는데 그런 일이 안 일어날 수가 있어?" 이런 비난의 목소리는 가벼운 비판에 그치기도 하지만 대놓고 피해자를 탓하는 경우도 있다. 이런 일이 일어나게 '허용'했다는 것, 미리 예방하지 못했다는 것, 한창 진행되는 중에도 알아채지 못했다는 것, 그렇게 오래 이어지게 놔뒀다는 것, 그리고 당연하게도, 이 모든 일이 일어난 후에도 배신한 상대를 떠나지 않는다는 이유에서다. 어디에서나 수군수군 가십이 들려온다.

외도는 결혼만 깨뜨리지 않고 사회적 관계 전부를 약하게 만드는 힘이 있다. 외도를 알고 난 후에는 파트너가 아닌 친구나 가족, 동료 등과의 관계에서도 여러 감정을 느끼게 된다. 모는 절친한 친구들과 9년 동안 매년 카약 여행을 떠났지만 이제 그만두기로 했다. 친구 중 한 명이 아내와 섹스를 즐기는 사이임을 알게 되었기 때문이다. 또 다른 친구는 둘에게 에어비앤비를 제공했다. 마지막 한 친구는 모든 걸 알고 있었지만 침묵했다. 이 모든 사람에게 배신당한 모는 이렇게 묻는다. "이제 전 누구한테 이야기를 털어놓아야 하죠?"

모와 비슷한 경험을 한 사람들은 수치심을 느끼고 사회적으로 고립된다. 전혀 낌새를 못 채던 이들은 그 어느 때보다도 위로와 지지가 필요한 순간에 누구의 도움도 받을 수 없는 상황에 처한다. 친구들에게 기대기가 불가능해진 이 사람들은 곱절로 외로워진다.

사회적으로 고립되거나 침묵해야 하는 것도 힘들지만 주위 사람들의 조언도 사람을 괴롭게 한다. 친구들은 성급한 판단과 지나치게 단순한 해결책을 내놓고, "난 그 사람이 처음부터 싫었어"라며 요청하지도 않은 불평불만을 쏟아 낸다. 극단적인 경우에는 친구와 가족이 지나치게 분노하고 반발하며 피해자 역할을 빼앗아 가기도 한다. 이런 상황에서 배신당한 사람은 자신에게 상처 준 사람을 변호하는 이상한 입장이 된다. 아서는 쓴웃음을 지으며 말한다. "엄마는 저한테 '내가 그럴 거라고 했잖니'라는 말만 반복하셨어요. 그동안 세라가 저지른 잘못을 하나하나 나열하고 나서 역시나 당신은 처음부터 다 알고 있었다고 하시더군요. 정신을 차려 보니 저는 세라가 아이들에게 얼마나 좋은 엄마였고 얼마나 열심히 살았는지를 떠올리면서 엄마한테 이제 그만하시라고 말하고 있었어요. 그래서 말했죠. '잠시만요, 상처받은 사람은 저라고요!'"

주위 사람들은 모두 무엇을 해야 하는지 정확히 알고 있는 것 같다. 친구들은 자기 소파에서 자라고 권하고, 남편 짐 싸는 걸 도와주겠다고 말한다. 집 자물쇠를 바꾼 다음 아이들을 데리고 주말 동안 떠나 있으라고도 한다. 자기가 아는 심리치료사와 명상 전문가, 탐정, 변호사의 전화번호를 알려준다. 가끔은 정말 필요할 때도 있지만 이런 행동들은 좋은 의도에서 나왔을망정 배신당한 사람이 겪는 힘겨운 상황을 온전히 수용해 주지 못할 때가 많다.

"왜 하필 지금이야?"

외도는 그 자체로도 상처지만 때로는 발생한 시점이 결정타를 날린다. "우리 아기가 태어난 지 겨우 두 달 됐다고요!"나 "유산한 지 얼마 안 된 때였는데"는 흔한 이야기다. 리지는 출산이 얼마 안 남았을 때 남편 댄의 불륜을 알았다. 리지는 남편에게 아무 말도 할 수 없었다. 아직 태어나지 않은 아기에게 해를 입힐 것 같았고, 돌보고 있는 생명과의 끈이 끊어져 버릴 것 같았기 때문이다. 그녀가 원하는 건 아기가 부정적인 에너지로 오염되지 않는 것뿐이었다.

톰은 내게 이렇게 말한다. "제 어머니가 돌아가시기 직전이었어요. 아내는 어머니의 임종을 지키는 대신 어떤 개새끼랑 뒹굴고 있었죠." 드레이크는 아내의 불륜을 발견한 시기가 문제의 핵심이 아니라는 걸 알았지만 그렇다고 가슴이 덜 쓰린 건 아니었다. "10주년 결혼기념일에 아내의 불륜을 알게 된 게 그리 중요하진 않아요. 하지만 그 아이러니한 상황이 저를 더 절망하게 만들어요."

외도가 발생한 타이밍에 초점을 맞출 때, 강조점은 "어떻게

'그때' 나한테 그럴 수가 있어?"에 찍힌다. '그때'가 무슨 짓을 했는지보다 더 중요해진다.

"내 생각은 안 했어?"

때로는 다분한 고의성이 상처를 더 아프게 한다. 거짓말을 들키지 않기 위해 얼마나 신중하게 계획했는가가 가슴을 아프게 하는 것이다. 고의성은 바람피운 사람이 자신의 욕망과 욕망을 실천한 결과를 비교한 후 밀고 나가기로 결정했음을 의미한다. 게다가 많은 시간과 에너지, 돈, 창의력을 투입했다는 사실은 파트너나 가족의 희생이 따른다는 걸 알면서도 자신의 이기적 목적을 추구하고 싶었다는 뜻이다.

"나한테 설명해 봐." 샬럿은 남편 스티브가 치밀하게 준비하여 데이트를 동반하는 고가의 성매매를 즐겼음을 알게 된 후 이렇게 말했다. "어딜 통해서 여자를 만났어? 5000달러가 굴러다니는 걸 우연히 보기라도 했어? 아니면 그 돈을 뽑으려고 에이티엠에 열 번을 들락날락했어? 그게 얼마인 줄 알고 있었어? 그 정도로 단골이냐고?" 성매매하려고 사전에 모든 걸 준비했다는 것은 곧 그만큼 아내를 무시했다는 뜻이었다. 스티브가 무모하게 성매매에 뛰어든 상황에서 샬럿이 화가 나는 지점은 한두 가지가 아니었지만, 그중에서도 특히 가슴을 찢어 놓은 것은 스티브가 그 과정에서 자신의 존재를 철저히 무시했다는 사실이었다.

스티브는 은행에서 돈을 뽑을 때 샬럿 생각이 안 났을까?

그 여자와 함께 타파스를 먹을 때는? 이불 커버를 바꿀 때는? 쓰레기통을 비울 때는? 샬럿은 이렇게 말한다. "그 사실을 발견한 것만으로도 고통스러웠지만, 스티브가 성매매를 하려고 얼마나 많은 에너지를 쏟고 치밀하게 계획했는지를 알고 기분이 더 나빠졌어요. 그러니 저에게 그렇게 시간과 에너지를 적게 쏟았겠죠."

샬럿은 스티브가 느낀 욕망을 이해한다. 그러나 본인도 한눈을 팔 기회가 있지만 실제로 행동에 옮긴 적은 없었다. 샬럿은 스티브에게 말했다. "난 당신이 무슨 짓을 했는지 잘 알아. 왜냐면 나도 할 수 있었는데 '안 했'거든. 막상 하려니 못 하겠더라. 계속 당신 생각이 나서. 당신이 얼마나 괴로워할지 알았거든. 그런데 어떻게 당신은 몰랐을 수가 있어? 아니, 몰랐던 게 아니라 아예 신경을 안 썼나?"

치밀하게 계획한 불륜도 마음을 쓰리게 하지만 그 반대도 괴롭기는 마찬가지다. 이런 경우에는 우연히 일어난 외도의 부주의함이 문제가 된다. "아내는 충동적인 행동일 뿐이었다고, 아무 의미도 없다고 했어요. 전 이렇게 말했죠. '그러면 내가 기분이 나아질 것 같아? 아무 의미도 없는 일 때문에 당신이 나에게 이런 상처를 줬는데?'"

"나는 대체물일 뿐이었어?"

오늘날 사람들 대부분은 자신이 파트너의 첫사랑이 아니라는 사실을 당연하게 받아들이는 대신 자신이 마지막 사랑이 되기를 바란다. 우리는 사랑하는 사람이 이전에 다른 사람을 만났고 어쩌면 결혼했을 수도 있다는 사실을 자연스럽게 받아들이지만 이미 지나간 일시적 관계였다고 생각하고 싶어 한다. 그 사랑은 이미 끝났으므로 지금은 존재하지 않는다. 우리는 자신이 파트너의 유일한 연인이 아님을 알지만 파트너가 선택한 '바로 그 사람'은 자신일 거라고 믿는다. 그렇기 때문에 여러 외도 중에서도 꺼진 줄 알았던 불꽃이 다시 살아나는 경우가 특히 고통스럽다.

헬렌과 마일스는 18년 전 처음 만났고 결혼한 지 14년이 되었다. 알고 보니 마일스는 지난 2년간 전처 마우라와 바람을 피우고 있었다. 마우라는 다른 남자와 눈이 맞아 집을 나가면서 마일스를 처참하게 버린 여자였다. 헬렌은 묻지 않을 수 없었다. "왜 그 여자일까요? 왜 전처냐고요. 그 여자가 마일스에게 얼마나 큰 상처를 줬는데요. 선생님 생각에도 마일스가 그 여자를 만나고 싶어 할 리 없잖아요?" 따로 마일스에게 이유를 묻자, 그는 마우라가 더 이상 자신을 사랑하지 않는단 사실을 한 번도 인정한 적 없다고 털어놓았다. 그리고 마음 한편으로는 운명의 손길이 둘을 다시 이어 줬다고 믿고 있었다. "캘리포니아에 있는 트레일을 걷다가 10년 만에 우연히 만났어요. 이런 우연이 어디 있겠어요?"

헬렌은 마우라가 마일스의 첫사랑임을 잘 안다. 마일스는 대학생 때 마우라와 결혼해 12년을 함께 살았다. 이제 헬렌은 깊은 의문에 빠졌다. "마일스가 절 사랑하긴 했을까요? 아이도 낳고 함께 이 모든 걸 쌓아 왔는데, 제가 마일스의 유일한 사랑이었던 적이 정말 있을까요? 아니면 여태까지 마우라를 잊지 못한 걸까요? 어쩌면 전 마일스의 진정한 사랑의 대체물이었을지도 몰라요." 자신의 존재가 다른 사람으로 대체되는 경험은 늘 가혹하다. 하지만 상대방의 전 연인이 돌아와 다시 새로운 사랑의 자리를 차지할 때는 괴로움에 더해 운명과 싸우고 있는 듯한 기분까지 느껴야 한다.

분노의 100가지 이유

외도가 삶과 죽음, 탄생과 질병의 문제를 건드릴 때에도 위기가 발생한다. 한순간의 욕망은 세대를 뛰어넘는 유산을 남길 수 있다. 최근을 제외하면 대부분의 역사상 불륜은 사생아 탄생이라는 불가피한 결과로 이어졌다. 피임이 가능해진 오늘날에도 불륜의 살아 있는 증거가 수치심을 키우고 외도 사실을 계속 상기시키는 사례가 많다. 이 경우 배신당한 남자들은 남의 자식을 키우게 된다. "평소에는 그 사실을 떠올리지 않아요. 전 당연히 우리 딸의 아빠예요. 하지만 제가 세상에서 가장 사랑하는 이 자그마한 여자아이가 내가 증오하는 남자의 DNA를 지니고 있다는 생각에 아주 가끔 마음이 아파져요." 여성의 경우 파트너가 다른 곳에서 아이를 키우고 있다는 사실을 아는 채로 살아간다. "원래 그이는 아이를 원하지 않았어요. 그 후 아이를 가지려고 노력해 봤지만 이미 늦어 버렸어요. 체외수정도 시도할 수 없었죠. 아이 없는 삶을 받아들이기가 고통스러웠지만 둘이 함께라면 헤쳐 나갈 수 있으리라 생각했어요. 그런데 그때 그이가 어떤 젊은 여자에게서 위안을 얻는다는 사실을 알게 된 거예요. 게다가 그 여자는 제가 줄 수 없는 하나를 남편에게 주었더군요. 남편이 절 떠나지 않겠다고 하자 그 여자는 앙심을 품고 제게 초음파 사진을 보냈어요. 남편의 바람은 감당할 수 있어요. 하지만 아기는 감당하기 힘드네요."

이처럼 외도는 새 생명의 탄생을 불러올 수 있다. 하지만 한편으로는 삶을 위협하기도 한다. 요즘은 바람을 피운 파트너에게 성병 검사를 시키는 게 관행이 되었지만 때로는 너무 늦기도 한다. 처음에 팀은 마이크가 여러 사람과 즐기고 다녔다는 사실에 화가 났다. 자신은 독점적 관계를 원한다고 마이크에게 분명히 말해 두었기 때문이다. 그런데 설상가상으로 팀은 지금 피검사 결과를 초조하게 기다리고 있다. "우린 늘 안전한 섹스만 했어요. 지금 가장 받아들이기 힘든 건 마이크가 제 건강을 전혀 신경 쓰지 않았다는 거예요. 자기가 우리에게 어떤 피해를 줄 수 있는지도 생각해 보지 않았겠죠. 그 점을 떠올릴 때마다 피가 식어요. 게다가 마이크가 자기가 한 짓을 미안해하는지, 아니면 그냥 저한테 걸려서 미안하다고 말하는지 여전히 모르겠어요."

경제적 상황도 외도를 경험하고 그에 반응하는 방식에 중요한 영향을 미친다. 바람피운 상대에게 경제적으로 의존하는 사람은 말 그대로 "그 사람 없인 살 수 없다." 부양자의 경우 '그동안 너와 우리 가족을 먹여 살리려고 뼈 빠지게 일했는데 이제 네가 다른 사람이랑 사는 동안 이혼수당까지 줘야 한다고?'라는 생각 때문에 참을 수 없이 괴로울 수 있다. 바람피운 사람과 배신당한 사람 모두, 함께 꾸려 온 삶과 가족뿐만 아니라 그동안 익숙해진 생활 방식을 잃을 각오를 해야 한다. 데번이 애니를 두고 두 번째로 바람을 피우자 애니는 24시간을 줄 테니 "'내' 아파트에서 썩 꺼져"라고 말했다. 이후 애니는 이렇게 말했다. "내야 할 돈을 제가 다 내줬어요. 차 할부금까지요. 그래야 데번이 음악 활동을 할 수 있으니까요. 한 번은 너그럽게 봐줬지만 더 이상은 못 해요." 애니가 누리는 경제적 자유는 다른 많은 이가 경험하지 못할 다양한 선택지를 제공하며 완충제 역할을 했다.

달린은 배신당한 이들을 위한 집단 치료 프로그램에 참여할 수조차 없었는데, 아이들을 돌볼 베이비시터를 구할 형편이 안 되었기 때문이다. 달린은 "더 이상은 못 해"라고 말할 수 없었다. 그 대신 "오도 가도 못 해요"라고 말한다. 수많은 심리치료사와 교회 신도들이 빨리 헤어지라고 설득했지만 달린은 쉽게 떠날 수 있는 상황이 아니었다. 그래서 우리는 달린을 도와줄 목사가 있는 새로운 교회와, 그녀의 선택을 존중하고 그녀의 이야기에 귀 기울여 줄 온라인 커뮤니티를 찾기 시작했다. 스스로를 위할 수 있는 여유를 찾기 전엔 어떤 선택지가 있는지 심사숙고할 수 없다.

이디스는 50세가 훌쩍 넘은 나이에 남편이 수십 년간 습관처럼 성매매를 했다는 사실을 알았다. 이디스는 남편이 성매매를 했다는 사실 자체도 짜증스러웠지만 성매매에 쏟아부은 돈의 액수에 가장 큰 충격을 받았다. 이디스는 이렇게 말한다. "돈만 밝히는 사람처럼 보이고 싶진 않지만, 남편이 20년 동안 섹스하는 데 낸 돈으로 주택 융자를 다 갚을 수 있겠더라고요!" 방 하나짜리 작은 셋방에서 카드 명세서를 꼼꼼히 읽으며 살았던 이디스에게는 남편이 성매매에 쏟아부은 수만 달러가 남편이 그 돈을 내고 한 섹스보다 훨씬 큰 상처가 되었다.

돈. 아기. 성병. 치밀한 사전 계획. 부주의함. 수치심. 자기 의심. 가십과 타인의 판단. 특정한 사람, 젠더, 시간, 장소, 사회적 맥락. 여기서 간단히 소개한 공포스러운 사랑 이야기들은 모든 배신의 특징이 비슷한 데 반해 배신의 경험은 각양각색이라는 점을 보여준다. 이러한 외도의 여러 요소는 고통의 미묘한 차이를 만들어 내고 회복으로 나아갈 수 있는 방향을 알려준다. 이를 무시한 채 외도를 섹스와 거짓말의 문제로만 치부해서는 누구도 도울 수 없다.

6장

질투, 에로스의 불꽃

이 초록 눈의 괴물은 크나큰 고통을 불러오지만, 이 추한 뱀의 부재는 곧 어떤 시체의 존재를 의미한다. 그 시체의 이름은 에로스다.

—미나 앤트림

질문: 관계를 오래 지속하는 비결이 있나요?
대답: 외도입니다. 진짜 바람이 아니라 그 가능성을 말하는 겁니다. 프루스트는 질투를 불어넣는 것만이 습관으로 마비된 관계를 구할 수 있는 유일한 방법이라고 봤습니다.

—알랭 드 보통, 『프루스트가 우리의 삶을 바꾸는 방법들』

에우리피데스, 오비디우스, 윌리엄 셰익스피어, 레프 톨스토이, 마르셀 프루스트, 귀스타브 플로베르, 스탕달, D. H. 로런스, 제인 오스틴, 브론테 자매, 마거릿 애트우드. 셀 수 없이 많은 문학의 거장이 불륜이라는 주제를 깊이 파고들었다. 지금도 또 다른 펜 끝에서 외도에 관한 이야기들이 계속 흘러나오고 있다. 이 작품들의 중심에는 가장 복잡한 감정인 질투가 자리한다. 진화론 인류학자 헬렌 피셔Helen Fisher가 묘사하듯, "경쟁자를 떠올릴 때면 소유욕과 의심, 분노, 모욕이 뒤섞인 이 끔찍한 감정이 당신의 마음속 깊은 곳을 급습해 위협할 수 있다."[1] 실제로 외도와 그 뒤를 늘 따라다니는 질투가 사라지면 문학 정전과 연극, 오페라, 음악, 영화 중 대부분도 사라질 것이다. 훌륭한 문학 작품과 연극 무대에는 세상에서 가장 괴롭고 위험한 감정인 질투로 뒤틀린 인물들이 가득하다.

하지만 외도가 (특히 미국의) 상담실 안으로 들어가는 순간 질투는 흔적도 없이 사라진다. 브라질 출신 커플 심리치료사인 내 동료 미셸 셍크먼과 데니즈 워넥Denise Werneck은 이 흥미로운 차이를 다음과 같이 지적한다. "외도 관련 문헌들은 폭로와 발견이 남기는 트라우마, 고백, 제삼자에 대한 결정, 용서, 관계의 회복이라는 측면에서 배신과 외도가 미치는 영향을 다룬다. 전부 지금 이곳에서 벌어지는 구체적 상황과 관련 있다. 하지만 질투만은 다루지 않는다. 가장 널리 읽히는 도서의 목차와 색인에서도 질투라는 단어는 찾아볼 수 없다."[2]

셍크먼과 워넥은 특히 질투를 해석할 때 나타나는 문화 차이에 주목한다. 이들은 다음과 같이 말한다. "전 세계가 동일하게 질투를 치정 범죄의 동기로 인식한다. 하지만 어떤 문화에서는 질투를 억제해야 할 파괴적 힘으로 이해하는 반면 또 다른 문화에서는 사랑의 동반자이자 독점적 관계의 지킴이, 커플의 결합을 보호하는 필수 요소로 이해한다."[3]

전 세계 여러 나라에서 일해 본 내 경험도 이들의 관찰과 일치한다. 라틴아메리카에서는 사람들이 입을 열자마자 "질투"라는 단어가 튀어나온다. 부에노스아이레스에서 만난 한 여성은 이렇게 말했다. "우리 문화에서 질투는 문제의 핵심이에요. 우리는 알고 싶어 해요. 그이가 아직 날 사랑할까? 나는 없지만 그 여자는 갖고 있는 게 뭐야?"

"거짓말은 괜찮나요?" 내가 물었다. 그 여성은 어이없다는 듯 웃었다. "우리는 스페인 사람들이 이 땅에 처음 도착했을 때부터 거짓말을 했는걸요!"

이런 문화에서는 기만보다는 사랑과 에로스의 상실을 더욱 강조하는 경향이 있다. 이탈리아의 역사가이자 철학자 줄리아 시사Giulia Sissa의 말을 빌리면 질투는 "에로스의 분노"다.[4] 로마에서 만난 시로라는 스물아홉 살 청년은 여자 친구가 섹시한 연인과 보내는 시간을 줄이기 위해 자동차 타이어에 구멍을 낼 거라고 말하면서 씁쓸한 만족감을 내비쳤다. "적어도 지금은 여자 친구가 그 남자의 품에 안겨 있는 모습을 상상하지 않아도 돼요. 빗속에서 견인차를 기다리는 모습이 그려질 뿐이죠."

하지만 미국을 포함한 앵글로색슨 문화(주로 개신교 국가다)에서 사람들은 이 사랑의 고질적 병폐에 대해 놀라울 정도로 침묵한다. 대신 이들은 배신과 깨져 버린 믿음, 거짓말에 관해 말하고 싶어 한다. 피해자는 도덕적 우위를 지키기 위해 질투를 철저히 부정한다. 사람들은 의존성과 나약함의 냄새를 풍기는 이 옹졸한 감정보다 자신이 우위에 있다는 데 자부심을 느낀다. "제가 질투를요? 전혀요! 전 그냥 화가 난 거예요!" 시카고발 비행기에서 만난 스튜어트는 여자 친구가 뻔히 보이는 데서 다른 남자에게 추파를 던지는 걸 보면 짜증이 난다고 인정했다. "하지만 제 질투를 드러내진 않을 거예요. 그만큼 자기한테 저를 휘두를 수 있는 힘이 있다고 생각하는 게 싫거든요." 참고로, 여기서 스튜어트가 인식하지 못하는 점이 있다. 아무리 감추려고 해도 상대는 언제나 내가 질투한다는 사실을 안다. 그리고 때로는 그 작은 불씨를 부추겨 미쳐 날뛰는 화염으로 만들기를 즐기기까지 한다.

옛날부터 사람들이 질투를 부인한 것은 아니다. 사회학자 고든 클랜턴Gordon Clanton은 지난 45년간 미국의 주요 잡지들이 질투를 다룬 글을 전부 검토했다.[5] 1970년대 이전까지 질투는 사랑에 반드시 포함되는 자연스러운 감정으로 여겨졌다. 놀라운 일은 아니지만 질투에 관한 조언은 전적으로 여성을 향했다. 여성은 (자신의) 질투를 통제해야 했고 (남편의) 질투심을 자극하지 않도록 조심해야 했다. 그러다 1970년대가 되자 사람들은 호의를 거두고 점차 질투를 옛 결혼 모델의 부적절한 잔재로 여기기 시작했다. 이 구식 모델은 (남자들의 경우) 그 중심에 소유권이 있었고 (여자들의 경우) 의존이 불가피했다. 자유로운 선택과 평등주의의 시대가 열리자 질투는 정당성을 잃고 부끄러워해야 할 감정으로 격하되었다. "내가 자발적으로 다른 모든 것을 포기하고 자유롭게 당신을 선택했고 당신 또한 자유롭게 나를 선택했다면 소유욕을 느껴서는 안 된다."

시사가 질투를 신선한 관점으로 다룬 책에서 지적했듯, 질투에는 역설이 내재한다. 질투를 하려면 먼저 사랑해야 하지만 사랑하면 질투를 해서는 안 된다(물론 그럼에도 여전히 우리는 질투를 한다). 모두가 질투를 나쁘게 말한다. 그러므로 우리는 질투를 "인정할 수 없는 열정"으로 경험한다. 우리는 질투를 느낀다고 시인해서도 안 되고, 애초에 질투를 '느껴서도' 안 된다. 시사가 경고하듯, 요즈음 질투는 정치적으로 올바른 감정이 아니다.6

우리 사회는 가부장적 특권 폐지라는 사회의 중요한 변화와 관련하여 질투를 과거와 다르게 평가하게 되었지만, 그 정도가 너무 심하다. 우리의 문화적 이상은 인간의 불안을 못 견디는 경향이 있다. 그래서 사랑에 내재한 취약성과 마음의 자기방어 욕구를 제대로 설명하지 못한다. 자신의 희망을 한 사람에게 걸면 의존성이 커진다. 모든 커플은 제삼자의 그늘 아래 살며, 커플이 인정하든 하지 않든 간에 어떤 면에서 이들의 결합을 강화해 주는 건 늘 곁에 도사리고 있는 다른 사람의 존재다. 애덤 필립스Adam Phillips가 『독점적 관계Monogamy』에서 썼듯, "둘은 동료지만 셋은 커플이다."7 이 사실을 알고 있기에 나는 현대의 연인들이 억압하려 애쓰는 이 고집스러운 감정에 공감한다.

질투는 모순으로 가득 차 있다. 롤랑 바르트Roland Barthes가 예리하게 포착했듯이 질투하는 사람은 "네 번 괴로워한다. 내가 질투한다는 사실 자체가 괴롭고, 그런 나를 책망하느라 괴롭고, 나의 질투가 상대에게 상처를 입힐까 봐 두려워서 괴롭고, 내가 이렇게 시시한 감정에 휩쓸릴 때까지 가만히 있었다는 사실이 괴롭다. 나는 거부당할까 봐 괴롭고, 상대를 공격할까 봐 괴롭고, 미칠까 봐 괴롭고, 평범해질까 봐 괴롭다."[8]

게다가 사람들은 자신의 질투를 인정하길 꺼리면서 한편으로는 상대가 전혀 질투를 느끼지 않으면 그것대로 걱정한다. "질투하지 않는 사람은 사랑에 빠지지 않은 것이다"라는 라틴어 속담이 있다. 우리는 다른 사람을 비춰 볼 때는 이 속담에 동의하지만 스스로에게는 같은 논리를 적용하지 않는다. 영화 〈내일을 향해 쏴라〉의 한 장면이 떠오른다. 어느 날 아침 폴 뉴먼이 연기한 부치는 친구 선댄스의 여자 친구 에타 플레이스(케서린 로스 분)와 함께 자전거를 타러 간다. 즐거운 시간을 보낸 후 부치는 에타를 집에 내려주고, 둘은 포옹을 나눈다. 그때 로버트 레드포드가 연기한 선댄스가 현관에 나타나 묻는다. "너 뭐 해?" 그러자 부치는 이렇게 대답한다. "네 여자 빼앗는 중." 선댄스는 트레이드마크인 무심한 표정으로 말한다. "너 가져." 모두가 부치와 선댄스의 형제애를 보며 즐거워했지만 어린 소녀였던 나는 궁금했다. 선댄스가 불편한 심기를 좀 더 내비쳤다면 에타가 더 사랑받는 기분을 느끼지 않았을까?

소유욕이라는 난제

폴리는 대서양을 넘어 나를 만나러 왔다. 그녀는 지난 30년 동안 남편 나이절이 변함없이 깨끗한 생활을 해 왔으리라고 굳게 믿었기에, 결국 그 또한 중년의 삶에 기운을 불어넣는 강장제에 굴복했음을 알게 된 후 어안이 벙벙했다. 그 강장제는 클라리사라는 젊은 여성이었다. 폴리는 이렇게 말한다. "전 나이절이 바람피우지 않을 거라는 데 제 인생까지 걸었을 거예요!" 하지만 자녀 넷을 둔 이 자랑스러운 아버지는 자신이 바람을 피운다고 생각하지 않았다. 사랑에 빠진 나이절은 새로운 삶을 찾아 폴리를 떠나야 하는지 진지하게 고민했다. 하지만 아쉽게도 눈이 짙은 검은색인 나이절의 애인은 그가 자기 집에 짐을 너무 많이 가져온다고 판단했고, 좀 더 가벼운 마음으로 왔으면 한다는 생각을 전했다. 나이절은 기운이 쭉 빠졌지만 한편으로는 안도했다. 그는 "잠시 정신이 나가서 벌인 짓"을 끝내고 폴리가 있는 집으로 돌아오기로 결심했다.

50세를 목전에 둔 이 영국 커플과의 첫 상담에서 나는 둘보다 클라리사라는 여인에 대해 더 많이 알게 되었다. 폴리는 끊임없이 그녀 이야기를 했다.

폴리는 이렇게 말한다. "'그 여자'를 제 머릿속에서 끄집어내고 싶어요. 하지만 나이절이 그 여자에게 보낸 이메일에 묘사된 장면들이 머릿속에서 계속 재생돼요. 나이절이 그 여자에게 가서 그건 그저 바보 같은 육체적 열병이었다고 말하면 좋겠어요. 그 여자가 둘이 함께한 시간을 떠올리며 우쭐해하는 모습이 떠올라요. 자기들 관계가 우리 관계보다 더 의미가 크다고 확신할 것 같아요. 나이절이 오해를 바로잡아야 해요. 절 사랑하지, 널 사랑하는 게 아니라고 말해야 해요. 나이절이 그렇게 하면 저도 트라우마를 극복할 수 있을지 몰라요." 나는 폴리의 괴로움을 느꼈다. 하지만 그녀의 말에서 틀림없는 질투의 목소리도 들을 수 있었다.

이 점을 지적하자 폴리는 속내를 들켰다고 느꼈다. 부인하지는 않았지만 분명 폴리의 마음속은 부글거리고 있었다. 질투하는 사람은 자신이 호감을 주지 못하며 자신이 느끼는 고통이 연민보다는 비판을 불러올 것임을 잘 안다. 그렇기 때문에 사회는 좀 더 편안하게 받아들일 수 있는 어휘를 찾기 시작했고, 그 결과 프루스트가 "절대 물리칠 수 없는 악령"이라 부른 질투는 사람들의 말 속에서 사라져 버렸다.9 현대에는 '트라우마', '침투적 사고intrusive thought', '회상', '강박성', '각성 상태', '애착 손상'이라는 어휘로 사랑에 배신당한 사람의 상태를 표현한다. 이처럼 외상 후 스트레스 장애PTSD의 틀을 적용하면 사랑에 상처 입은 사람의 고통을 정당화할 수 있지만, 한편으로는 그 고통에서 사랑의 본질을 제거하기도 한다.

나는 질투는 자연스러운 반응이며 부끄러워할 일이 아니라고 폴리를 안심시켰다. 질투를 인정하는 것은 곧 사랑과 경쟁, 비교를 시인하고 자신의 취약성을 드러내는 행위다. 상처 준 사람 앞에서 스스로를 드러낼 때는 더욱더 그렇다.

초록 눈의 괴물은 무방비 상태를 마음껏 조롱하며 즉시 불안과 상실의 두려움, 자존감 결핍으로 우리를 몰고 간다. 이건 망상성 질투나 병적인 질투(이러한 질투를 검은 눈의 괴물이라고 부르기도 한다)와는 다르다. 병적인 질투는 현재의 상황보다는 어린 시절의 트라우마 때문에 근거가 없는데도 의심하는 것을 의미한다. 반면 지금 이야기하는 유형의 질투는 사랑에 내재한 질투, 그러므로 외도에도 내재할 수밖에 없는 질투다. 질투라는 단순한 단어에는 여러 강렬한 감정과 반응이 들어 있다. 그 스펙트럼은 애도와 자기 회의, 모욕감부터 소유욕, 경쟁 의식, 성적 자극과 흥분, 복수와 앙심으로까지 이어지며 그 끝에는 폭력이 자리한다.

나는 폴리에게 지금의 기분을 더 자세히 알려 달라고 부탁했다. 그녀는 다음과 같이 인정했다. "때로는 제가 우승 못한 사람에게 위로로 주는 상이 된 것 같아요." 50대를 앞둔 다른 여성들처럼 폴리도 그 이상을 원했다. "그 여자가 알면 좋겠어요. 나이절이 죄책감이나 의무감 때문이 아니라, 자기한테 차여서가 아니라 '절' 사랑하기 때문에 제게 다시 돌아왔다는 걸요."

여기, 소유욕이라는 난제에 빠진 사람이 있다. 상대를 소유하고 통제하고 싶은 욕구는 굶주린 사랑의 본질인 동시에 왜곡된 사랑이기도 하다. 한편으로 우리는 파트너에게 돌아오라고 강요하고 싶어 한다. 하지만 단지 의무감 때문에 돌아오는 것은 싫다. 우리는 선택받고 싶어 한다. 그리고 자유와 자발적 복종을 뺀 사랑은 사랑이 아니라는 사실도 잘 알고 있다. 하지만 자유에 자리를 내어주기란 겁나는 일이다.

폴리와 나이절을 몇 년 전에 만났다면 나 또한 트라우마와 배신의 측면에 집중하느라 질투하는 사랑을 이해하지 못했을 것이다. 이 추방된 감정을 다시 조명해 주고, 외도는 계약 파기의 문제만이 아니라 결국에는 상처받은 마음의 문제임을 상기시켜 준 셍크먼에게 감사한다.

트라우마? 드라마?

문화적 시대정신을 고려하면 오늘날 외도 담론의 중심에 사랑이 있음을 인정하는 것이 중요하다. 질투는 그 사실을 받아들이는 대문 역할을 한다. 물론 가끔은 질투가 너무 과할 때도 있다. 질투는 우리를 소모하고 무너뜨리며, 심각한 경우에는 공격 행동이나 정신적 타격으로 이어지기도 한다. 하지만 그러한 경우를 제외하면 질투는 에로스의 마지막 불씨로서(질투가 아니었으면 관계는 이미 다 식어 버렸을 것이다) 관계에 다시 불을 붙이는 수단이 될 수 있다.

아얄라 말라크 파인스Ayala Malach Pines는 저서 『연인의 질투 Romantic Jealousy』에서 "질투는 사랑의 그림자"라고 말한다.[10] 질투는 우리가 파트너를, 또 파트너와의 관계를 소중하게 여기고 있음을 보여주기 때문이다. 나는 상담 시간에 이 개념을 소개함으로써 외도는 계약 위반일 뿐만 아니라 좌절된 사랑의 경험이기도 하다는 점을 폴리와 나이절 같은 커플에게 상기시킨다.

시사는 질투를 "솔직한 감정"이라고 묘사하는데, 질투는 위장이 불가능하기 때문이다. 시사는 이렇게 말한다. "질투는 용기 있게 자신의 고통을 짊어지며, 자신의 취약성을 인식하는 겸손한 품위가 있다."[11] 흥미롭게도 질투jealousy라는 단어의 어원을 따라가면 열정이라는 뜻의 그리스어 단어 'zelos'가 나온다. 나는 이 개념을 좋아하는데, 피해자의 위치에 사로잡힌 사람들에게 그 자리에 계속 머무는 대신 맞서 싸울 대상을 제공할 수 있기 때문이다.

많은 커플이 이 새로운 틀을 좋아한다. 스스로를 실패한 계약의 당사자가 아니라 쓸쓸한 사랑 이야기의 주인공으로 바라볼 수 있기 때문이다. 계약 위반을 강조하는 사회의 대본("너는 내 남편이니까 나에게 충성해야 해")은 개인의 행복을 중시하는 시대에 더 이상 적합하지 않다. "너를 사랑하기 때문에 너를 다시 되찾고 싶어"라고 말하는 대본은 위험이 크지만 감정적·성적 에너지를 잃지 않고 상처에 위엄을 부여한다.

고통과 흥분이 동시에 들끓다

"가끔 섹스할 때 제가 그 여자라고 상상해요. 육감적인 서른다섯 살의 스페인 출신 바텐더, 가슴이 크고 스페인 악센트가 있는 여자요." 폴리는 주저하던 단계가 지나자 질투심 가득한 상상을 자유롭게 이야기하기 시작한다. "우리는 문 닫은 바의 카운터 뒤에서, 공원의 수풀 속에서, 늦은 밤 달빛이 비치는 바닷가에서 발가벗고 있어요. 정말 흥분돼요. 옛날부터 나이절이 저와 이런 것들을 해 주길, 절 너무 원한 나머지 다른 사람의 눈에 띌 위험조차 감수해 주길 바랐어요. 하지만 이제는 제 판타지를 도둑맞은 기분이에요. 그이의 불륜을 생각하며 흥분하는 거, 제정신이 아닌 건가요? 이런 상상을 하고 나면 모욕감이 밀려와요. 하지만 그 여자 생각을 멈출 수가 없어요."

폴리는 나이절이 클라리사와 했던 것처럼 자기와 섹스해 주길 원한다. 그리고 이렇게 말한다. "그 여자가 뭘 느꼈는지 알고 싶어요." 하지만 나는 그 말이 진심일지 궁금하다. 나는 이렇게 말한다. "제가 보기에 당신은 나이절이 '그 여자'와 함께 일 때 느낀 것을 '당신'하고도 느낄 수 있을지 알고 싶어 하는 것 같아요."

나는 불륜이 드러난 이후 둘의 성생활이 어떤지 물었다. 폴리가 약간 난처해하면서 말한다. "그 어느 때보다도 에로틱해요. 미친 것처럼 열렬하고 다급하게 섹스하죠."

내가 만난 많은 커플이 불륜이 발각된 후 강렬한 성적 흥분이 찾아왔다고 인정하길 부끄러워한다. "제 믿음을 깨부순 사람에게 어떻게 욕정을 느낄 수 있죠? 그 사람에게 너무 화가 나는데, 한편으론 그 사람이 절 안아 주면 좋겠어요." 하지만 자신을 저버린 사람과 신체적으로 연결되고자 하는 욕구는 놀라울 정도로 흔하다.

에로스는 우리의 합리적 사고와 일치하지 않는다. 성 연구가 잭 모린Jack Morin은 저서 『에로틱 마인드The Erotic Mind』에서 "에로티시즘의 4가지 기초"를 설명하는데, 그중 하나가 바로 갈망(현재 나에게 없는 것을 갖고 싶은 욕망)이다.12 (나머지 3가지는 '금지 규정 위반하기'와 '권력 구하기', '모순되는 감정 극복하기'다.) 여기서 외도가 불러일으킨 상실의 두려움이 수년간 잠잠했던 불씨를 되살리는 이유를 이해할 수 있다. 게다가 폴리처럼 다른 사람과 뒤얽힌 상대의 신체를 강박적으로 상상하는 것이 예상치 못한 최음제가 되기도 한다. 예로부터 질투에는 놀라운 일들을 가능케 하는 힘이 있다고 알려졌다. 나이절은 폴리와의 관계 한복판에 에로틱한 소설 한 권을 떨어뜨렸고, 그

소설은 폴리에게 성적 흥분을 불어넣었다. 클라리사와의 관계가 일시적인 바람 이상이었다는 나이절의 고백 또한 폴리를 더욱 흥분시켰다. 질투는 에로스의 분노이며, 적자생존의 법칙에 입각한 폴리의 전투 준비는 트라우마의 증상이 아닌 사랑의 선언이다. 폴리의 사례에서 나는 질투가 둘의 결혼 생활을 되살리는 데 중요한 역할을 하리라 직감했다.

"네 거랑 비슷한데, 더 달았어"

물론 외도가 늘 성적 자극을 안겨주는 것은 아니다. 사실 그 반대일 때가 훨씬 많다. 질투에 빠진 사람은 만족을 모르고 질문을 퍼붓는다. 그리고 애인과의 섹스가 어땠느냐고 캐물으면 물을수록 불쾌한 비교를 하게 된다. 마이크 니컬스 감독의 2004년 영화 〈클로저〉에서 아내 애나(줄리아 로버츠 분)가 댄(주드 로 분)과 바람을 피운 사실을 알게 된 래리(클라이브 오언 분)는 애나를 심문한다. 그는 묻는다. "둘이 여기서 했어? 언제? 오르가즘도 느꼈어? 몇 번이나 했어? 어떻게? 어떤 자세로?"
  래리는 코트를 걸쳐 입는 애나의 뒤를 따라다니며 점점 더 노골적인 질문을 퍼붓고, 애나의 대답은 점점 더 래리의 화를 돋운다. 마침내 현관 앞에서 애나는 뒤돌아서 래리를 똑바로 쳐다보고 말한다. "다른 사람들이 섹스할 때 하는 거 전부 다 했어!"
  래리는 멈추지 않는다. "그 자식 거 빨아 줄 때 좋았어? 거시기가 맘에 들든? 네 얼굴에 쌀 때 좋았어? 맛이 어땠어?"

머리끝까지 화가 난 애나는 래리에게 소리친다. "네 거랑 비슷한데, 더 달았어!"

래리의 분노가 한풀 꺾이고 신랄한 조소가 이어진다. "그래, 그거야. 이제 나가서 뒈져 버려." 프랑수아 드 라로슈푸코 François de La Rochefoucauld는 이렇게 말했다. "질투는 의심을 키운다. 하지만 의심이 확신으로 바뀌는 순간 질투는 광기가 되거나 사라져 버린다."[13]

남자들만 상대가 만난 애인의 신체적 특성을 낱낱이 알고 싶어 하는 건 아니다. 나는 질투에 휩싸여 남자들만큼 상세하게 자신의 몸과 라이벌의 몸을 비교하는 여자들을 보았다. 더블 D컵인 그 여자의 가슴과 평범한 내 가슴. 여러 번 오는 그 여자의 오르가즘과 변덕스러운 내 오르가즘. 쉽게 축축해지는 그 여자의 질과 윤활제가 필요한 내 질. 펠라티오를 후하게 해 주는 그 여자와 냄새가 싫어서 그것을 꺼리는 나. 우리는 이미 가수 앨러니스 모리세트가 목청껏 불렀던 잊을 수 없는 노래의 가사를 알고 있지 않은가. "그 여자도 나처럼 변태야? 나처럼 영화관에서 입으로 해 줘?"

모든 매력이 사라진 기분

사람들은 종종 부러움과 질투가 뭐가 다르냐고 묻는다. 내게 도움이 된 정의를 말해 보자면, 부러움은 갖고 싶지만 지금 나에게 없는 것과 관련 있는 반면, 질투는 갖고 있지만 잃어버릴까 봐 두려운 것과 관련 있다. 그러므로 부러움이 두 사람이 추는 탱고라면, 질투의 춤은 세 사람이 필요하다. 부러움과 질투는 가까운 사촌 격이어서 뒤섞여 있을 때가 많다.

능력 있고 똑똑한 50대 저널리스트인 내 친구 모건은 남편 이선의 애인 클레오에게 느끼는 질투와, 그 둘이 나눈 경험에 대한 부러움을 구분하기 어려워했다. 이선은 모건에게 외도 사실을 털어놓았다. 이후 모건은 더없는 행복으로 가득 찬 둘의 온라인 기록 보관소를 발견했다. 모건은 다음과 같이 회상한다. "내가 어떻게 했느냐고? 집착이라는 대체 현실에 빠져들었지." 모건은 이선을 가질 수는 없었지만 디지털 현실 속 길 건너편에서 그의 애정 행각을 염탐할 수는 있었다. "마조히즘에 푹 빠진" 모건은 남편 애인의 인스타그램 게시물과 웹사이트를 샅샅이 살펴보았다.

"클레오란 여자는 대지의 여신 그 자체였어. 사랑에 빠진 두 눈은 반짝반짝 빛났고 몸매는 아주 탄탄했지. 뭔가를 알고 있는 듯한 그 미소는 어떻고. 너무 자연스럽고 발랄하고 유혹적이었어. 세상에서 가장 완벽한 이 여자는 독립영화 감독이야. 요가를 하고, 진보적 대의의 대변자고, 모험가고, 발가락에도 반지를 꼈어. 그 여자는 장난기 가득한 요정이었어. 눈부신 행복이 마음속 깊은 곳에서부터 물방울처럼 샘솟아 주변 사람을 환하게 비추는 요정 말이야." 클레오에 대한 이상화가 한 겹 한 겹 쌓일 때마다 모건의 자기희생도 겹겹이 쌓여갔다. "이 경험에서 내가 여성으로서 충분하지 못하다는 교훈을 얻었지만, 적어도 이 슈퍼우먼을 통해 간접적으로나마 또 다른 삶을 살 수 있었어. 이선과 클레오는 분명 끝없이 대화를 나눴을 거야. 바다처럼 넓은 그 대화를 떠올린 적이 얼마나 많은지 몰라. 나는 상상 속에서 이선 대신 수천 번 천국을 경험했어."

왜 이선의 배신보다 클레오에게 더 집중하느냐고 묻자 모건은 이렇게 말했다. "내겐 이선이 죄를 저지른 것보다 그가 초월을 경험했다는 게 더 중요해. 난 그의 새 애인, 나보다 훨씬 훌륭한 애인에게 완패했어. 상기돼서 사진과 그 밑에 쓰인 글을 읽는데, 그 사진들이 똑똑히 말해 주더라. 이선이 진정한 사랑을 찾았고 넌 망했다고. 그래서 '배신'이나 '죄'라는 단어가 내 상황을 제대로 설명해 주지 못하는 거야. 이 단어들은 피해자인 나를 위해 이선과 클레오에게 손가락질해 주지만, 나 자신의 경계가 희미해져 모든 매력이 사라진 기분에 대해서는 아무것도 말해 주질 않아." 이처럼 모건이 스스로에게 끔찍한 고통을 안긴 이유는 부러움과 질투가 뒤섞여 유독한 힘을 만들어 냈기 때문이다. 모건의 집착 아래에는 수치심과 자기 회의가 도사리고 있다. 모건은 스스로를 더욱 채찍질하면서 이선과 클레오가 자신을 두고 "음습한 마녀 같으니라고. 그 여자의 손아귀에서 빠져나와서 얼마나 다행인지 몰라"라고 말하는 모습까지 상상했다.

파트너가 애인과 대화하면서 우리의 사생활과 비밀, 약점을 전부 까발리는 장면을 떠올릴 때 우리는 발가벗겨진 듯한 기분을 느낀다. 그리고 집착한다. "그이가 나에 대해 뭐라고 말했을까?" "자신이 불행한 결혼 생활의 피해자라고 주장했을까?" "나쁜 사람이 되지 않으려고 날 헐뜯었을까?" 우리는 우리를 떠난 파트너를 마음대로 통제할 수 없다. 당연히 파트너가 우리에 대해 하는 이야기도 통제할 수 없다.

남편을 여읜 여자처럼 1년 동안 애도 기간을 가진 모건은 과거를 돌아보며 이렇게 말한다. "망상이 다닥다닥 쌓여 있는 지하 묘지처럼 이미지와 감각들이 계속 재생됐어. 처음엔 그 생각 말고는 아무것도 할 수 없었어. 그러다 시간이 좀 지나니까 30초 정도는 다른 생각을 할 수 있게 됐지. 그리고 그 시간이 1분으로 늘었다가 1시간으로, 하루로 늘어난 거야. 자기 생각을 통제할 수 없는 게 어떤 건지, 너 아니?"

독립적인 자아를 상실하는 게 어떤 경험인지를 생생히 설명한 모건의 이야기를 들으면서, 프랑스 작가 아니 에르노Annie Ernaux의 글이 떠올랐다. 소설 『집착L'occupation』에서 에르노는 다른 여자에게 완전히 사로잡힌 상태를 묘사하면서 질투를 '점령당한 영토'에 비유한다. 질투를 느끼는 사람은 한 번도 만나 본 적 없는 사람에게 점령당한다. "나는 이 단어의 2가지 의미 모두에서 점령당했다(occupied에는 '점령당하다'라는 뜻 외에도 '마음을 빼앗기다'라는 뜻이 있다—옮긴이). 한편에는 고통이 있다. 다른 한편에는 이 고통 자체와 고통을 느끼고 분석하는 것 외에는 그 무엇에도 집중하지 못하는 내 생각들이 있다."[14]

모건은 친구들과 책, 영화에서 위안을 찾았다. 자신이 질투에 '중독'됐다고 느낀 모건은 다른 사람들은 어떻게 이 뱀의 손아귀에서 벗어나는지 알고 싶었다. 모건은 자신이 미치지 않았음을 확인해야 했다. 실제로 모건은 미치지 않았다. 인류학자 헬렌 피셔는 사랑에 빠진 사람의 뇌를 fMRI로 촬영해 연구했는데, 연인과의 사랑은 말 그대로 중독이었다. 사랑에 빠진 뇌에서 활성화한 부위는 코카인이나 니코틴에 중독된 뇌의 부위와 일치했다. 사랑을 거절당해도 중독은 남는다. 처음 사랑에 빠졌을 때 활성화한 부위는 이별 후에도 연인의 사진을 볼 때마다 계속 활성화한다. 피셔는 잃어버린 사랑에 대한 집착을 끊어 내는 것이 마약 의존성을 끊어 내는 것과 비슷하다고 말한다.15 연인들은 옛날부터 이 사실을 알고 있었고, fMRI 기계가 발명되기 훨씬 전부터 사랑을 중독에 비유했다.

모건은 생물학적 회로만 활성화한 게 아니었다. 어린 시절 겪은 상실이라는 심리적 회로도 다시 켜져 그녀를 얽맸다. 그녀는 누군가에게 버려졌던 경험을 하나하나 다시 체험해야 했다. 그중에는 기억하지도 못하는 먼 옛날의 경험도 있었지만, 정신의학 전문의인 베셀 반 데어 콜크Bessel van der Kolk가 말한 것처럼 "몸은 (그 경험을) 기억했다." 상처 입은 사랑은 다른 상처 입은 사랑을 깔고 앉아 있다. 시간을 가로질러 반사 효과가 발생하는 것처럼, 현 시점에서 버려진 경험이 계기가 되어 과거에 버려졌던 경험 전체가 반향을 일으킬 수 있다.

모건은 시간이 흐르면서 "뜨거워진 신경이 다시 식기 시작"했고 "어리석은 행동을 그만둘 수 있었다." 2년 후 이선이 불쑥 모건의 메일함에 나타나 다시 기회를 달라고 했다. 하지만 모건의 생존 본능은 이선의 요청을 거절했다. "만신창이 상태에서 벗어나 내 모습을 되찾기까지 너무 힘들었거든. 하지만 아직 답을 찾지 못한 질문이 하나 있어. 어떻게 하면 다시 타인을 신뢰할 수 있을까?"

질투의 힘

라이벌과 경쟁하던 모건은 자신을 잃기 직전까지 내몰렸고, 자신감을 되찾기 위해 클레오의 지배에서 벗어나야 했다. 하지만 폴리에게 경쟁은 긍정적인 자극이 되었다. 다른 여성이 나이절을 탐내는 모습을 본 폴리는 무기력한 결혼 생활에서 빠져나왔고, 다시 나이절은 성욕의 대상이 되고 폴리는 자기 욕망을 추구하는 여성이 될 수 있었다. 서로에게 익숙해진 커플을 바꾸는 데 제삼자의 에로틱한 시선만큼 좋은 건 없다.

1년 후 나는 폴리와 나이절을 다시 만났다. 둘은 잘 지내고 있다고 했다. 나이절은 진심을 다해 후회를 표현했고 관계 회복에 최선을 다했다. 그러나 민감한 사안 하나가 남아 있었다. 폴리는 '여전히' '그 여자' 생각을 떨칠 수 없었다.

폴리는 집 근처에서 상담을 받고 있는데 그 심리치료사에게 외상 후 스트레스 장애 진단을 받았다고 한다. 그리고 마음챙김을 통해 자꾸 머릿속에 떠오르는 불쾌한 생각을 다스리고, 호흡 연습을 하고, 유대감과 신뢰 회복을 위해 나이절과 긴 시간 눈 맞추기 연습을 한다고 했다. "점점 더 안정감을 느끼고 있지만, 앞으로는 이런 생각을 아예 안 하면 좋겠어요."

나는 폴리에게 말했다. "물론 아무 일도 없었던 것처럼 그 여자를 깨끗이 잊을 수 있으면 마음이 무척 편하겠죠." 하지만 1년 전 폴리와 나눈 대화를 떠올린 나는 이 문제를 다른 시각으로 바라볼 것을 권했다. "왜 생각을 없애려고 하나요? 그 여자 생각이 나는 건 자연스러운 현상이에요. 게다가 그 생각이 당신에게 많은 도움이 된 것 같은데요!" 내 눈에 폴리는 사랑과 질투에서 힘을 얻은 여성으로 보였지, 트라우마를 겪는 피해자처럼 보이진 않았다. "이런 말 하긴 조심스럽지만, '그 여자'는 그동안 당신을 고무시키는 영감의 원천이었어요. 지금 당신은 빛나고 있어요. 더욱 생동감 넘치고, 적극적이고, 신체 활동도 왕성하고, 성적 모험도 즐길 줄 알고요. 환영할 일 아닌가요?"

나이절은 폴리가 이 생각을 어떻게 받아들일지 몰라 전전긍긍하며 날 바라보았다. 하지만 폴리는 미소 지었다. 나는 이런 상황에 처한 커플이 트라우마라는 무력한 담론에서 빠져나와 금 간 사랑이라는 오래된 드라마로 되돌아갈 때 오히려 안정을 느끼는 모습을 종종 목격한다. 질투를 질병이 아니라 인간적인 것으로 보는 이러한 태도는 폴리 같은 사람들에게 더 큰 힘을 실어 준다.

나는 내 말을 수긍하는 듯한 폴리의 미소를 보고 용기를 얻었고, 미소로 답했다. 그때 또 다른 아이디어가 떠올랐다. 좀 특이한 이 아이디어가 폴리가 그토록 원하는 안도감을 줄 수도 있었다. 나는 둘에게 말했다. "그럼 한 단계 더 나아가 볼까요? 클라리사를 기억에서 지우는 대신 기념하는 겁니다. 작은 제단을 하나 세워 클라리사가 당신에게 준 그 모든 도움에 감사하면 어떨까요. 그리고 매일 아침 나가기 전에 제단에 인사하며 좀 별난 당신의 은인에게 감사를 전하는 거예요."

이 전복적인 제안이 폴리를 고통에서 구해 줄지 아닐지는 알 수 없다. 하지만 내가 원하는 바는 분명하다. 바로 폴리에게 힘을 되찾아 주는 것이다. 이 같은 방식을 임상 용어로 증상 처방symptom prescription이라고 한다. 증상은 비자발적으로 나타나므로 없앨 수 없지만 역설적으로 그 증상을 막는 대신 실행하라고 (가령 부부싸움) 처방하면 우리가 통제권을 쥘 수 있다. 게다가 의례를 올리는 행위는 과거의 고통에 새로운 의미를 부여한다. 재미있는 점은 이 의례 속에서 가해자가 해방가가 된다는 것이다. 나는 몇 달 후 폴리와 짧은 대화를 나눴는데, 이 장난스러운 계획이 효과적임을 알 수 있었다. 분명 모두에게 적용할 수 있는 방법은 아니지만, 여태까지는 좋은 결과를 낸 경우가 예상보다 훨씬 많았다.

질투를 넘어서야 할까

질투에 관해 이야기하다 보면 타고나는지 학습되는지를 두고 토론하게 된다. 질투는 먼 옛날부터 우리 안의 깊숙한 곳에 자리 잡은 생래적 감정일까? 아니면 학습된 반응이거나, 일부 일처제라는 한물간 개념 때문에 사회에 널리 퍼진 생각일까? 이 논쟁은 질투에 관한 현대 담론의 최전선에 있다.

진화심리학자들은 질투가 모든 사회에 보편적으로 존재한다고 보고, 유전적으로 프로그래밍된 선천적 감정으로 상정한다. 데이비드 버스David Buss에 따르면 질투는 "정교하게 조정된 적응 기제로, 과거 선조들에게 큰 이익을 가져다주었으며 오늘날에도 도움이 된다."[16]

발달심리학자들에 따르면 18개월 된 아기도 질투를 하지만 기쁨과 슬픔, 분노, 두려움보다는 한참 늦게 나타난다. 왜일까? 수치심이나 죄책감처럼 질투를 느끼려면 자신과 타인을 알아볼 수 있을 만큼 인지가 발달해야 하기 때문이다.

질투 논쟁에서 중요한 요소가 또 하나 있는데, 바로 젠더다. 예로부터 남자는 자신이 아이 아버지가 아닐 수 있다는 위험 때문에, 여자는 아이를 돌보는 데 필요한 아이 아버지의 도움과 자원을 잃을까 두려워서 질투한다고 여겨졌다. 그러므로 널리 알려진 이론에 따르면 여성의 질투는 주로 감정적인 반면 남성의 질투는 성적이다. 연구 결과에 따르면 흥미롭게도 동성애자의 경우 이러한 성차가 역전되었다. 레즈비언 여성은 게이 남성보다 성적인 질투를 많이 하는 경향이 있고, 게이 남성은 레즈비언 여성보다 감정적인 질투를 많이 한다. 확실히 이 결과는 우리가 가장 안심할 수 없는 부분에서 가장 큰 위협을 느낀다는 사실을 잘 보여준다.

지난 몇 년간 나는 질투에 대한 전통적 견해와 태도를 타파하려는 사람들을 많이 만났다. 이들 중에는 합의하에 비독점적 관계를 시도하는 사람이 많다. 어떤 이들은 폴리의 경험을 한 단계 더 끌어올려, 성생활을 자극하려고 일부러 질투를 이용한다. 어떤 이들은 아예 질투를 넘어서려고 애쓴다. 스스로를 다자연애자로 정의하는 많은 사람이 컴퍼션compersion이라는 새로운 감정을 알게 되었다고 이야기하는데, 이는 자신의 파트너가 다른 사람과 성적으로 접촉하면서 즐거워하는 모습을 보고 느끼는 행복감이다. 이들은 여러 사람을 사랑하며 소유 관계의 패러다임을 깨부수고자 한다. 그리고 질투가 소유

관계의 핵심이라고 보고 이를 극복하기 위해 적극 노력한다.

애나는 내게 이렇게 말한다. "가끔 여자 친구가 다른 애인과 함께 있는 걸 보면 질투심이 생겨요. 하지만 이건 내 감정이니까 이 감정을 처리하는 것도 내 몫이라는 사실을 떠올려요. 너 때문에 질투를 느꼈다고 여자 친구를 비난하지도 않고, 질투 때문에 그녀를 구속해도 된다고 생각하지도 않아요. 여자 친구가 질투를 유발하지 않으려고 조심한다는 걸 알고, 저도 그녀를 위해 똑같이 조심해요. 하지만 우리는 서로의 감정에 책임을 지진 않아요." 이러한 태도는 전통적인 가치를 따르는 커플에게서 주로 볼 수 있는 태도와는 다르다. 전통적인 커플은 상대가 달갑지 않은 감정을 아예 느끼지 않길 바란다. 하지만 나는 비독점적 관계를 추구하면서 강렬한 질투에 휩싸여 고생하는 커플도 많이 봤다.

우리가 너무나도 인간적인 이 감정을 넘어설 수 있는지(넘어서야 하는지)는 아직 알 수 없다. 소유라는 가부장적 개념에서 비롯된 질투는 분명 재검토해야 한다. 자신이 상대의 생각까지 전부 소유해야 한다고 생각하는 커플은 구속을 느슨하게 풀면 오히려 관계를 더 건강하게 만들 수 있다. 하지만 질투를 역사의 한 페이지로 남겨 두기 전에 에로스의 속삭임에 귀 기울일 필요가 있다. 오랫동안 만남을 이어 가는 커플들이 질투 같은 불안한 감정보다는 단조로움과 습관화 때문에 더욱 고통받는 이 세계에서, 에로스의 분노인 질투는 우리가 그에 따르는 취약성을 견뎌 낼 의지만 있다면 관계에 충분히 도움이 될 수 있다.

7장

자기 비난이냐 복수냐

제 혀는 마음속의 분노를 말할 거예요. 그러지 않고 담아 둔다면
마음이 터져 버릴 테니까요.

−셰익스피어, 『말괄량이 길들이기』

연인의 배신이라는 단검은 양날 모두가 날카롭다. 우리는 자
신의 단점을 정확히 짚어 내고 자기혐오를 키움으로써 그 단
검으로 스스로를 난도질할 수도 있고, 극심했던 고통을 연인
이 똑같이 경험하게 함으로써 상처를 되갚아 줄 수도 있다.
단검을 자기 내면에 겨누는 사람이 있고, 상상에서든 현실에
서든 상대에게 겨누는 사람이 있다. 우리는 우울과 격분, 무기
력과 맹렬한 분노, 좌절과 역습 사이를 오간다.

가이아는 이렇게 말한다. "어떤 날에는 함께 다 이겨 낼 수
있을 것 같다가도 다음 날이면 너무 미워서 다시 얼굴을 볼
수도 없을 것 같아요. 모든 걸 너무 순순히 봐주고 이해해 주

는 나 자신에게 화가 나고, 내가 너무 잘 속는 사람 같다는 생각에 짜증이 나요. 다시 집 열쇠를 달라고 하고, 딸애한테 그 사람이 무슨 짓을 했는지 다 이야기하고 싶어요. 그 사람 때문에 이렇게 롤러코스터를 타는 게 너무 싫어요. 자기가 나쁜 사람이 되고 싶지 않다는 이유로 제 세계를 이렇게 흔들어 대는 게 너무 화나요. 그의 이기심 때문에 미치겠어요."

버디의 경우 바람피운 아내에 대한 분노와 자기 경멸이 자포자기로 이어졌다. 그는 이렇게 말한다. "침대에 쓰러져 지독하게 울면서 입에 총구를 물고 방아쇠를 당겼어요. 그때가 최악의 순간이었죠." 하지만 버디의 다음 말은 단검의 다른 한쪽 날을 잘 보여준다. "그때 아내가 괜찮냐는 문자를 보냈어요. 그래서 이렇게 답장을 보냈죠. '괜찮아. 입에 총을 물고 있는 게 괜찮은 거라면.'" 버디는 이 사실을 몰랐겠지만, 자살 직전까지 치달은 자해 행동에는 비난의 기미가 스며 있었다. '네가 날 어떻게 만들었는지 이제 알겠지?'

사람들은 종종 자신도 예상치 못하게 반응한다. 밍은 절대 목소리를 높이지 않고 완벽하게 가족을 돌보는 온화한 여성이다. 자책의 기술을 완벽하게 익힌 그녀는 평생을 살아 오면서 문제가 일어나면 언제나 자기 때문이라고 생각했다. 밍은 회상한다. "제 어린 시절은 이렇게 요약할 수 있어요. '다 내 잘못이야.'" 하지만 남편이 온라인에서 바람피울 상대를 물색했음을 알게 된 그녀는 남편보다 자신이 더 놀랄 정도로 맹렬한 분노를 토해 냈다. 그렇게까지 폭발한 적은 지난 수십 년간 한 번도 없었다. "남편이 변명하려고 할 때마다 그 입 닥치라고 말했어요. 또 다른 자아가 튀어나와서 저를 보호하는 것 같았죠. 전 오랫동안 남편이 쓰레기처럼 굴게 놔두면서 스스로를 책망했어요. 늘 더 열심히 하는 걸로 해결하려고 했죠. 실제로 남편은 잘못을 저한테 뒤집어씌우려고 하더군요. 섹스를 일주일에 두 번 한다고 하면 친구들이 다 불쌍해한다고요. 그래서 아예 남편을 갈기갈기 찢어 버렸죠."

자책의 잔인한 논리

"샤워하는 소리가 나서 나 집에 왔다고 알려 주려고 욕실에 들어갔어요. 그런데 아내가 제 가장 친한 친구와 옷을 다 벗고 있더라고요." 딜런은 그날의 기억을 떠올리며 몸서리쳤다. "아직도 놀라운 건, 아무것도 아니라고, 그냥 둘이 조깅하고 와서 샤워한 것뿐이라는 아내의 말을 제가 믿었다는 거예요. 사람이 어떻게 이렇게 멍청할 수가 있죠?"

딜런과 나오미는 이 사건을 털어 냈고, 모든 게 평소와 다름없는 듯했다. 그러던 어느 날 개를 산책시키던 딜런은 "나오미가 친구와 바람을 피우고 있었던 거라는 직감이 왔어요." 딜런이 찾아낸 나오미의 일기에는 모든 사실이 적혀 있었다. "나오미는 계속 거짓말을 했고 전 계속 그녀를 비난했어요. 구린 상담도 받아 봤고, 친구들의 질 낮은 충고도 들었죠. 최악은 옛날부터 제가 나오미를 좋아하는 만큼 나오미는 절 좋아하지 않는다고 느꼈다는 거예요. 하지만 나오미는 계속 제가 너무 자신감이 없다고 했어요. 이젠 제가 자신감이 없었던 게 아니라는 걸 알아요. 제가 맞았어요. 자신감이 없었다고 쳐도, 그럴 만한 이유가 있었던 거예요."

연인에게 배신당하고 나면 종종 자신이 무가치하다고 느끼게 된다. 두려워했던 자신의 단점이 마침내 사실로 드러난 것 같기 때문이다. 혼란스러운 와중에 오래전부터 자기 안에 있었던 익숙한 목소리가 올라와 사실은 '다 내 잘못'이라고 이야기할지도 모른다. 자기 안의 일부는 이런 일을 당할 만한 이유가 있었을 거라고 의심한다.

바람을 피우기로 선택한 사람은 둘 중 하나지만, 대부분의 경우 외도의 책임은 두 사람 모두에게 있다. 적절한 시기가 되면 커플은 각자에게 어떤 잘못이 있는지를 살펴봐야 한다. 하지만 이때 분명히 해야 할 점이 있다. 외도의 원인이 됐을 수도 있는 환경을 조성한 데 책임을 지는 것과 스스로를 자책하는 것은 전혀 다르다. 충격받은 상태에서는 둘을 혼동하기가 쉽다. 지나치게 자신을 비난하다 보면 마음에 안 드는 자신의 단점 때문에 파트너가 바람을 피웠다는 결론으로 순식간에 이어질 수 있다.

딜런은 이런 무용한 자책에 취약했다. 딜런의 자기연민은 곧 자신에 대한 질책으로 변했다. "제가 나오미를 친구의 품에 안겨 준 거나 다름없어요. 나오미는 언제나 제가 힘을 쭉 빠지게 한다고 불평했거든요. 자기는 킬러 본능을 가진 남자를 원하지, 자신감 없고 예민하고 뉴에이지스러운 남자애를 원하는 게 아니라고 했어요."

딜런은 주위의 모든 사람이 1년 가까이 나오미의 외도 사실을 알고 있었음을 깨닫고 더욱 자신감을 잃었다. 자신이 그녀의 외도를 '가장 마지막에' 알았다는 사실은 굴욕적인 타격을 입혔고 스스로 경멸당할 만하다고 느끼게 만들었다. 마치 누군가가 이렇게 말하는 듯했다. "누구도 너에게 사실을 말해 줄 만큼 너를 소중하게 여기거나 존중하지 않았던 거야." 딜런은 여자 친구와 가장 친한 친구에게 배신당했을 뿐만 아니라 친구들 사이에서도 사회적 지위를 잃었다. 딜런은 친구들이 뒤에서 수군거리는 모습을 상상한다. 기껏해야 자신을 가여워했을 거고, 최악의 경우에는 자신을 조롱했을 거라고 말이다.

"이젠 네가 대가를 치를 차례야!"

딜런은 마음속에 자책을 쌓아 갔다. 나는 나오미를 향한 분노가 터져 나오기를 기다렸다. 딜런은 자신에게 분노할 자격이 있음을 알았지만 그 분노에 가닿기까지는 오랜 시간이 걸렸다. 하지만 내가 만나는 대부분의 사람들은 정확히 반대 상황을 경험한다. 먼저 분노가 일고, 그다음 슬픔과 반성이 잇따른다. 그리고 분노는 복수하고 싶다는 강렬한 충동을 낳는다. 보복은 예로부터 상처 입은 사람들이 치르던 의식이다.

복수심은 사악할 정도로 상상력이 뛰어나다. "남편의 재판 기록을 찾아내서 그 여자 부모님한테 보냈어요. 자기 딸이 누구랑 자고 다니는지는 알아야 한다고 생각했거든요." "그이가 가장 아끼는 옷을 이불이랑 같이 끓여 버렸죠. 아이고야." "그 여자가 참여하는 양육 모임에서 그 여자가 제게 한 짓을 다 말했어요. 저라면 제 아이를 그런 엄마가 있는 집에 보내지 않을 거예요." "남편이 그 더러운 년이랑 지저분한 주말을 보내고 있는 동안 창고 세일을 열어서 남편 물건을 전부 팔아 버렸어요." "우리 섹스 테이프를 인터넷 포르노 사이트에 올렸어요." 버림받은 사랑은 복수를 원한다. "벌을 피할 순 없을 거야. 네가 꼭 대가를 치르게 만들 거거든."

복수는 '공평'해지려는 노력을 의미하며, 종종 앙심과 상상 속 만족감이 뒤섞여 있다. 그리스신화와 구약성서, 수많은 사랑 이야기는 상대에게 복수하고 의기양양해진 영웅으로 가득하다. 현대의 문화는 과거보다 덜 야만적이지만 보복을 축하하는 나름의 의식이 있으며, 죄의 내용이 외도일 경우에는 더욱 큰 축하를 건넨다. 우리는 비열한 사람들이 마땅히 벌 받는 모습을 즐거이 지켜본다. 그리고 남자 친구가 어느 바 안에서 "머리를 금발로 탈색한 그년"과 춤추는 동안 남자 친구 차의 전조등을 박살내 버렸다는 캐리 언더우드의 노래를 볼륨을 높이고 신나게 따라 부른다. (특히 라틴 문화에서) 이른바 치정 범죄는 죄가 몹시 무거울 때에도 냉혹한 살인 범죄보다 훨씬 관대한 처벌을 받는다.

복수하는 마음

상대방의 외도 사실을 알게 되면 갑자기 결혼 생활의 점수판에 반짝 불이 켜진다. 내가 준 것과 받은 것, 양보한 것과 끝까지 요구한 것, 돈, 섹스, 시간, 친인척, 아이들, 집안일을 어뗳게 분담했는지 같은 것들. 전혀 하고 싶지 않았지만 사랑의 이름 아래 한 이 모든 것은 그 맥락과 함께 의미까지 빼앗긴다. "당신이 꿈꾸던 일자리를 얻기 위해서라면 나도 당연히 싱가포르로 가야지. 아마 거기서 새 친구를 사귈 수 있을 거야." "우리 아들 포경수술시킬 거야. 당신이 믿는 종교에서 그게 옳다고 믿으니까." "당신을 위해 기꺼이 일을 그만두고 가족을 돌볼게." "당신 엄마랑 함께 살아도 좋아. 내가 어머니를 돌봐야겠지만." "당신한테 그렇게 중요하다면 둘째를 갖자." 우리가 삶에서 그리던 미래를 불륜이 강탈해 갈 때 과거에 치른 희생은 아무 소용이 없어진다.

사이가 좋을 때는 관계에 풍성한 사랑의 기운이 흘러넘쳐 관대함을 낳는다. "우리를 위해 그렇게 했어"라는 말은 "우리"에게 신뢰가 존재하는 한 타당한 의미가 있다. 그러나 상대의 배신은 둘 간의 이 우아한 합의를 일시에 웃음거리로 만든다. 어제까지만 해도 잘 굴러가던 타협안이 오늘은 더 이상 참을 수 없는 희생이 된다. 아무 문제없던 경계가 넘을 수 없는 벽으로 바뀐다. 어제까지는 조화롭게 권력을 공유하던 두 사람이 오늘은 온 힘을 다해 주도권 다툼을 벌인다. 이제 과거를 돌아보며 이 팀의 이익을 위해 들인 시간을 전부 합산한다. 마음속에 쌓인 후회와 그동안 억눌렀던 분노가 폭발하며 보상을 요구한다.

숀은 제니가 그동안 대학원 동료와 자곤 했음을 알게 되자 수년간의 무조건적인 지지를 모욕으로 돌려받은 기분이 되었다. "그 자식을 흠씬 두들겨 패려다 말았어요. 간신히 참았죠." 그 대신 숀은 제니 부모님에게 전화를 했다(위험은 덜하지만 제니에게 더 큰 피해를 입힐 수 있는 방법이었다). 당신들 딸이 '실제로' 어떤 사람인지 그들도 알아야 한다고 생각했기 때문이다. "그동안 제니가 원하는 거라면 전부 주려고 열심히 노력했어요. 비싸기만 하고 아무짝에도 소용없는 중세사 박사 학위를 따기 위해 정규직 일자리를 그만두겠다고 할 때도 동의했죠. 그런데 그 보답이 이건가요? 그 개자식이 자기를 이해한다고요? 자기한테 '영감'을 준다고요? 학비 10만 달러로는 영감이 충분하지 않았나 보죠?" 숀은 도둑질당한 느낌이라고 했다. 그리고 제니가 자신의 삶을 뒤집어엎은 것처럼 자기도 그녀의 삶을 뒤집어엎고 싶다고 했다. 둘은 헤어졌지만 숀은 증오 때문에 둘이 함께할 때보다도 훨씬 더 제니에게 열중하고 있었다.

복수는 옹졸해 보일 때가 많지만, 나는 복수하는 사람의 마음 깊은 곳에 있는 상처를 존중한다. 우리는 그동안 쏟아부은 감정을 돌려받지 못하면 그 대신 결혼반지를 움켜쥔다. 그리고 그것만으론 충분치 않다면 언제든 유언장을 바꿀 수 있다. 이 모든 것은 권력을 되찾고 보상을 요구하려는 시도이자 자기 보호를 위해 자신을 망가뜨린 사람을 망가뜨리려는 절박한 노력이다. 무너진 관계에서 지폐 한 장, 선물 하나, 책 한 권이라도 더 얻어 내려는 행동에는 부서진 내면을 다시 짜 맞추려는 마음이 있다. 하지만 결국은 제로섬 게임이다. 복수하고 싶은 거대한 충동은 그만큼 강렬한 수치심이 우리를 집어삼키고 있다는 뜻이다. 그리고 우리를 가장 수치스럽게 하는 건 자신이 여태껏 이런 사람을 신뢰한 멍청이라는 사실이다.

논리적으로 손을 설득하는 것은 아무 소용이 없다. 손도 머리로는 이런 복수가 소용없다는 사실을 알지만 마음속 감정은 들끓고 있다. 이런 상태에서 나는 2가지에 집중한다. 첫째는 복수 방지하기다. 나는 손에게 안전한 곳에 보관해 둘 테니 "제니에게 하고 싶은 최악의 행동" 목록을 적어서 내게 보내라고 했다. 둘째는 관점 바꾸기다. 손이 말하는 이야기는 편집된 것이어서 그와 제니가 왜 그런 결정을 내렸는지에 대한 맥락이 대부분 빠져 있다. 예를 들면 한때는 제니가 손의 학업을 지원했으며 많은 일을 함께 책임졌다는 사실은 이야기에서 빠져 있다. 이처럼 한쪽으로 치우친 관점을 해체하면 비로소 분노 아래에 있는 고통이 드러난다.

맞바람으로 복수하기

복수심에 불타는 사람이 늘 이성적인 것은 아니어서 때로는 자신이 받은 고통을 그대로 안겨줘야 한다고 느낀다. 예로부터 인과응보의 전통이 이어져 내려오는 만큼, 똑같이 바람피우는 것은 바람피운 상대를 응징하는 흔한 전략 중 하나다.

제스는 20년 연상인 바트에게 연정을 느꼈고, 바트가 자기 때문에 아내를 떠나자 황홀감까지 느꼈다. 하지만 성인이 다 된 바트의 자식들은 이 상황이 결코 황홀하지 않았다. "돈이 목적인 꽃뱀"이 어머니의 자리를 빼앗은 데 분노한 바트의 자식들은 바트가 제스보다도 어린 여자와 '출장'을 함께 다녀왔다는 정보를 교묘하게 흘렸다. 제스는 분노했다. "어떻게 내게 이럴 수 있어요?!" 바트를 만나기 전의 다른 관계들에서 제스가 성자처럼 신의를 굳게 지킨 건 아니었다. 사실 제스는 관계에서 취약해지지 않기 위해 늘 삼각관계에 기댔다. 하지만 바트와는 달랐다고 했다. 제스는 이 관계에 "모든 걸 걸었다."

제스는 거절당했다는 사실에서 헤어 나오지 못했다. "바트가 저한테 거짓말한 게 다가 아니에요. 우리는 신혼이었다고요! 몇 년 같이 살다가 지겨워하는 건 이해할 수 있어요. 하지만 토끼처럼 매일 섹스하던 신혼 초에 어떻게 그럴 수가 있죠?"

제스는 자신의 힘을 되찾고 싶었다. 자신의 기분을 바트가 똑같이 느끼길 원했던 제스는 눈에는 눈 이에는 이 전략을 취하기로 했다. 제스의 옛 남자 친구 롭은 그녀가 집 현관에 나타나자 기쁨을 감추지 못했다. 나는 물었다. "그게 무슨 도움이 되죠?" 제스는 방어적으로 대답했다. "전 친구가 필요했어요." 하지만 내가 보기에 제스는 그저 자신에게 공감해 줄 친구를 찾고 있었던 게 절대 아니었다. 제스는 힘을 얻으려 하고 있었다. 나는 말했다. "정직이 본인에게 무척 중요하다고 했죠? 롭이 보험이라는 걸 인정하는 게 어때요?"

대단하게도 제스는 바로 그 사실을 인정했다. "제 행동이 옳다고 생각하진 않아요. 저한테 좋지 않다는 것도 알고요. 하지만 이건 바트를 괴롭힐 수 있는 방법 중 하나예요. 저한테 한 짓을 생각하면 이런 일을 당해야 마땅하죠." 제스는 바트가 먼저 바람을 피웠기 때문에 자신의 외도는 전적으로 정당하다고 생각했다.

흔히들 복수가 달콤하다고 한다. 하지만 연구 결과와 우리의 삶은 그게 사실이 아님을 증명한다. 행동과학자들은 적대심을 억누르고 도덕을 실천하고 사건에 종지부를 찍는 대신 복수를 도모하면 오히려 불쾌한 감정이 사라지지 않고 유지된다는 사실을 발견했다. 내가 하는 행동이 옳다고 믿는 데서 오는 환희는 우리를 과거에 가두는 얄팍한 기쁨이다. 실제로 우리는 상대를 처벌할 기회가 없을 때 더 빨리 다음 단계로 넘어간다.

제스와 나는 그녀의 계산된 행동이 전 남자 친구인 롭에게 어떤 의미일지에 관해 이야기했다. 나는 롭을 복수의 도구로 사용하기엔 그와의 관계가 너무 소중하지 않느냐고 물었다. 제스는 바트와 함께하길 원했지만, 롭은 여전히 제스가 자신에게 돌아오기를 바라고 있었다. 롭의 마음을 다치게 하지 않고도 제스의 마음을 치유할 좋은 방법이 있을 것이었다.

라일라니는 제스보다 열 살이나 어렸지만 역시 오래전부터 이어져 온 전술을 따랐다. 자신을 캘리포니아 오클라호마 빈민가 출신의 문란한 여자애라고 칭하는 라일라니는 늘 자신의 몸을 이용해 원하는 것을 얻어 냈다. "열세 살 때 차를 몰고 대신 숙제를 해 주던 남자애를 만난 것이 그 시작"이었다.

라일라니는 남자들이 잘 쓰는 수법으로 남자들을 이기는 방법을 일찌감치 배웠다. "걔네들이 절 찰 것 같으면 제가 먼저 차 버렸어요." 하지만 스물아홉 살이 된 라일라니는 이제 전과는 다른 만남을 찾아야겠다고 결심했다. 라일라니는 데이팅 앱 오케이큐피드에서 만난 캐머런이 자신이 알던 남자들과는 다르다는 사실을 직감했다. "캐머런은 믿음직스러웠고 책임감이 있었고, '거기에 더해' 잘생기기까지 했어요."

그 후로 2년 동안은 모든 게 완벽해 보였다. 제스처럼 라일라니도 기존에 쓰던 전략을 포기하고 다른 사람을 믿기로 했다. "태어나서 처음으로 출구 찾기를 그만뒀어요. 그렇게 아무 의심도 않고 행복에 겨워하던 어느 날 처음 보는 여자한테 페이스북 메시지를 받았어요. 메시지에는 이렇게 쓰여 있었죠. '전 당신을 모르지만 당신 남자 친구와 제가 그동안 만나왔다는 사실을 당신도 아셔야 할 것 같아요. 캐머런은 한 번도 당신 얘기를 꺼낸 적이 없지만 제가 온라인에서 당신 사진을 찾아냈어요. 지금 이 순간부터 저는 캐머런과 아무 관계도 아니라는 사실을 알아주셨으면 좋겠어요. 정말 미안해요.'"

라일라니가 사실 확인을 위해 온라인에 접속했을 때는 이미 캐머런이 모든 걸 지운 후였다. 그녀는 캐머런에게 따져 물었지만 그는 죽자 사자 부인했다. 하지만 그녀는 단념하지 않았다. 그녀는 이렇게 말한다. "거짓말쟁이를 잡으려면 거짓말쟁이가 되어야 해요. 전 만반의 준비가 될 때까지 기다리기로 했어요. 사실을 털어놓을 기회를 줬는데도 캐머런은 제 면전에 대고 계속 거짓말을 했죠. 그 점이 아직까지도 화가 나요." 라일라니는 페이스북으로 그 여자에게 메시지를 보내 증거를 보내 달라고 부탁했다. 캐머런에게 속았다고 느꼈던 그 여성은 기꺼이 도움을 주었다. 라일라니는 놀라지 않았다. "규칙 1. 내연녀를 두려면 내연녀에게 자신이 내연녀라는 사실을 알려야 한다! 그 여자도 화가 머리끝까지 나 있더라고요." 디지털 증거(문자, 성적인 대화, 채팅)를 손에 쥔 라일라니는 마침내 캐머런을 궁지에 몰아넣을 수 있었다.

캐머런이 어쩔 수 없이 진실을 실토하는 순간 라일라니는 "처음에는 충격이었다가 결국 마음이 무너져 내렸다"고 했다. "저는 평생 나쁜 년으로 살아 왔어요. 원하는 것을 얻기 위해 남자들을 이용하고 차 버렸죠. 캐머런은 제가 처음으로 진지하게 만난 사람이었고, 저는 기회를 줬어요. 정말 좋은 남자를 만났다고 생각했는데 결국 남자는 다 형편없다는 증거 중 하나가 됐네요. 이번엔 '제가' 놀아났어요. 다 제 업보인가 봐요."

라일라니는 문득 궁금해졌다. "내가 다른 남자들한테 저지른 짓들 때문에 지금 벌을 받는 건가?" 하지만 친구들에게 이 얘기를 꺼내자 친구들은 그녀 편에 서서 복수하라고 부채질을 했다. "다 똑같은 말을 하더라고요. 본때를 보여줘야지, 안 그러면 계속해서 나쁜 짓을 할 거라고요."

라일라니는 친구들의 말에 동의했다. 그리고 계획을 짰다. "캐머런도 대가를 치러야 해요. 전 옛날부터 스리섬을 해 보고 싶었는데, 이젠 해도 상관없잖아요. 캐머런이 그 사실을 알면 행복할 것 같아요. 캐머런에게 상처를 주면 기분이 좋아질 거예요. 당해도 싸요."

라일라니와 제스를 보고 그렇게 똑같이 잘못을 저지르면 바람피운 파트너를 더 이해하게 되지 않을까, 라고 생각할 수도 있다. 하지만 사람은 정의를 판단하는 자기만의 저울을 갖고 있어서, 자신이 당한 일이 자신이 저지른 짓보다 훨씬 나쁘다고 확신한다. 참으로 흥미로운 이중 잣대다.

나는 라일라니와 제스의 이야기를 듣고 마음이 아팠다. 왜 그렇게 반응하는지는 충분히 이해할 수 있었지만 둘의 전투 계획은 아무 쓸모가 없었다. 라일라니와 제스는 우월감이라는 타성에 젖어 있었다. 아직 남자들의 세계인 분야에서 동등한 권리를 얻으려고 분투하는 많은 여자들처럼, 라일라니와 제스도 '부드러움'과 '강함'을 조화시키는 데 어려움을 겪고 있다. 둘은 "당신이 내게 돌아오면 좋겠어"와 "절대 돌아오게 놔두지 않을 거야. 그건 너무 위험해" 사이에서 갈등하고 있다.

라일라니와 제스는 모험을 감행했고, 다른 무엇과도 달라 보인 관계를 통해 구원받을 수 있으리라고 믿었다. 그러나 이제 둘은 이 관계가 폭삭 망했다고 느낀다. 지금 두 사람은 단한 번 배신당한 경험 때문에 다시 자기 보호라는 벽 뒤로 숨을 위험이 있다. 그러나 어떤 여성도 자신이 꿈꾸는 이상적 사랑을 산산이 깨뜨릴 힘을 한 남자의 손에 전부 쥐여 줘서는 안 된다. "그 한 사람이 날 실망시켰고 난 상처받았어"라는 말과 "난 절대로 다시 사랑할 수 없을 거야"라는 말은 크게 다르다. 하지만 라일라니와 제스는 아직 이 둘을 구분하지 못한다. 두 사람은 세상에 2가지 선택지만 있다고 생각한다. 상처를 주거나, 상처를 받거나. 라일라니는 이렇게 말한다. "계속 나쁜 년처럼 살아야 했어요. 나쁜 년은 아무에게도 상처받지 않거든요."

적정한 복수의 기술

많이 깨어 있는 사람도 복수하고 싶은 욕망에 잠시 빠질 수 있다. 자신이 독점적 관계를 추구하지 않는 진화한 남성이라고 생각하는 내 친구 알렉산더는 이 문제에 관해 나와 여러 번 깊은 대화를 나누었다. 무용수인 알렉산더와 그의 여자 친구 에린은 함께 또는 따로 전 세계 투어를 다니며 무대에 오른다. 둘은 지난 5년간 커플로 지내며 여러 시간대의 국가를 오가는 장거리 연애의 어려움을 잘 헤쳐 왔다. 그리고 이런 생활 방식에서는 쉽게 다른 상대에게 유혹을 느낄 수 있음을 일찌감치 깨닫고 처음부터 열린 관계를 선택했다. 마음은 서로를 향해야 하지만 몸은 자유롭게 다른 곳에 있어도 괜찮다. 알렉산더는 '묻지도, 말하지도 않는다'라는 둘 간의 합의를 이렇게 설명한다. "에린이 다른 남자랑 잔다는 건 알지만 그 사실에 대해 듣고 싶지는 않아."

둘은 무용계라는 좁은 사회에서 자기도 모르게 파트너의 애인과 함께 무대에 오르거나 분장실 또는 호텔방을 함께 사용하기를 원치 않았다. "에린에게 말했어. '네 공연을 보러 갔다가 저녁 식사 자리에 모인 사람 모두 네가 다른 사람하고, 어쩌면 그 자리에 있는 사람하고 잔다는 사실을 알아서 나만 바보 되는 건 싫어. 반대로 너도 내 공연을 보러 왔을 때 내가 우리 무용단 사람하고 자는 사이라는 걸 모두가 알아서 너를 가엾게 여기고 네가 나한테 놀아난다고 생각할까 봐 걱정할 일은 절대 없을 거야.'" 알렉산더와 에린은 경계를 분명하게 정했다. 끼리끼리 어울리는 좁은 무용계 안에서는 애인을 사귀지 말 것, 사랑에도 빠지지 말 것. "만약 그런 일이 일어나면 얘기해야 해."

"미카는 절대 만나선 안 되는 사람을 예로 들 때 내가 늘 말하는 사람이야." 알렉산더가 말했다. 오래전부터 함께 무용을 해 온 동료이자 라이벌인 미카는 알렉산더의 역할을 자꾸 침범했다. 무대 위에서 미카에게 패배하는 건 어쩔 수 없이 참아야 했지만 실제 생활에서 미카에게 에린의 연인 역할을 빼앗기는 건 절대 용납할 수 없었다.

그때까지만 해도 "윤리적인 비독점적 관계"는 잘 굴러갔다. 서로를 독점하지 않고 관계를 열어 두기로 한 많은 사람과 마찬가지로, 알렉산더와 에린도 질투는 선천적인 감정이며 절대 피할 수 없다는 진화심리학자들의 주장에 동의하지 않는다. 둘은 질투가 학습된 감정이므로 의도적으로 잊을 수도 있다고 생각한다. 하지만 질투를 놓는 과정이 쉬울 거라는 순진한 생각은 하지 않았다. 아얄라 파인스는 '열린 결혼open marriage'을 선택한 사람이나 다자연애자, 파트너를 교환하며 섹스를 즐기는 사람들의 질투를 연구한 후 다음과 같은 결론을 내렸다. "질투 반응을 고의로 잊어 버리는 것은 상당히 어려운 일이다. 소유욕과 질투를 부추기는 사회에 살고 있다면 더욱더 그렇다."[1] 알렉산더와 에린은 너무나도 인간적인 이 감정을 저지하려면 경계선을 어디에 그을지 협상하고 합의해야 한다는 사실을 잘 알았다.

그러나 에린이 합의 사항을 어겼다. 마지막 투어에서 에린은 미카와 함께 무대에 올랐고, 그 이상을 함께했다. "에린이 미카랑 섹스한 걸 어떻게 알았느냐고? 내가 말했듯이 우리는 좁은 사회에서 일해. 사람들이 다 말하고 다닌다고." 알렉산더가 씁쓸한 미소를 지으며 말했다. 분노에 가득 찬 그의 상상은 아주 선명했다. "난 미카를 그냥 아는 게 아니야. 그 사람이 옷을 입고, 벗고, 춤추는 모습을 얼마나 많이 지켜봤는데. 난 그 남자가 어떻게 움직이는지를 알아. 그래서 에린이 그와 함께 있는 모습을 정확하게 그려 볼 수 있어. 그 이미지가 먹잇감 위에서 빙빙 도는 독수리처럼 내 머릿속을 덮쳐."

미카에게 패배감을 느낀 알렉산더는 둘을 비난하고 싶어 했다. 그는 에린의 형편없는 선택을 조롱했다. "이게 정말 네가 할 수 있는 최선이야? 아니면 일부러 날 상처 주려고 한 거야?" 그는 반격을 구상했다. 미카에게 다가가 불시에 한 방을 날리고, 그의 얼굴에 대고 미리 연습한 모욕을 내뱉는 자신의 모습을 상상했다. "경멸과 복수 사이의 완벽한 균형을 찾고 있어. 너 때문에 상처받은 게 절대 아니라는 사실을 보여주되, 코피를 줄줄 흘리게 한 대 갈기고 길 위에서 훌쩍거리며 우는 족제비처럼 보이게 만들 방법 말이야. 이런 난폭한 환상에 빠져서 식탁 주위를 서성거려. 심장이 뛰고 숨이 거칠어지고 어느새 주먹을 꽉 쥐고 있어."

분노는 일시적으로 고통을 없애 주는 진통제이자 에너지와 자신감을 북돋아 주는 암페타민이다. 심리적이라기보다는 생물학적으로, 분노는 상실과 자기 회의, 무력감을 잠시나마 완화한다. 이처럼 분노가 때로는 긍정적인 역할을 하지만 심리학자 스티븐 스토즈니가 경고하듯 "한바탕 분노와 원망을 느낄 때는 기분이 좋아질 수 있으나 그다음에는 반드시 기분이 가라앉는다."[2]

알렉산더는 이렇게 말한다. "말 그대로 눈에서 불이 나. 실제로 빨간 뱀 같은 게 보인다니까. 더 점잖게 굴려고 노력하고 있지만 쉽지가 않네."

그가 말하는 감정과 생각은 광기가 아니라 인간적인 것이다. 하지만 순간적인 분노로 그 감정과 생각을 행동에 옮긴다 해도 힘이 커지거나 적게 상처받을 수 있는 것은 아니다. 배신한 연인에게 복수하는 행동은 결국 자기 파괴적일 때가 많다. 복수는 연인을 되찾을 수 있는 방법이 아니다.

알렉산더는 마음을 좀먹는 분노와 바로 그 아래에 있는 뚜렷한 고통을 표출할 안전한 배출구가 필요하다. 먼저 감정을 어찌할 수 없을 때는 그 감정과 함께 머무는 방법과, 할 수 있다면 그 감정에서 멀어지는 방법을 알아야 한다.

감정이 걷잡을 수 없이 밀려들 때 스스로를 다스릴 방법을 아는 것이 중요하다. 호흡 연습, 마음을 달래 주는 뜨거운 샤워, 차갑고 상쾌한 호수, 자연 속에서의 산책, 음악에 맞춰 노래하고 춤추기, 활동적인 운동이 도움이 된다. 고요함과 움직임은 둘 다 안정감의 원천이다.

하지만 복수하고 싶은 욕망은 뿌리가 깊다. 질투와 마찬가지로 복수심도 완전히 없애기는 쉽지 않기 때문에 나는 건강한 방식으로 복수심을 소화하도록 돕는 편을 선호한다. 정신분석가 스티븐 미첼Stephen Mitchell이 지적하듯, 미움 없는 사랑은 없으며 우리는 공격성을 뿌리 뽑으려 하기보다는 공격성의 친구가 되어야 한다. 그 방법 중 하나는 공격 충동을 위한 공간을 마련하되 행동으로 옮기지 않는 것이다. 상대에게 복수하는 상상은 엄청난 카타르시스를 준다. 머릿속에 안전하게 머무르거나 일기장에 얌전히 쓰여 있기만 한다면, 상상은 머릿속을 가득 채운 난폭한 생각과 잔인한 분노를 없애는 좋은 방법일 수 있다. 상상력이 제멋대로 날뛰게 두라. 작은 공책을 하나 사서 "나의 복수"라고 쓴 다음 공책 안에 하고 싶은 온갖 나쁜 짓을 쓰라. 하지만 시간을 제한해야 한다. 하루에 7분 이상은 안 된다. 공책을 덮고 나면 공책에 적은 생각도 한쪽으로 치워 두라.

창의적으로 복수하는 상상은 놀라울 정도로 만족감이 크다. 스스로에게 물어보라. 뭘 해야 기분이 나아질까? 5년 동안 매일 조금씩 중국식 물고문하기? 아니면 단 한 번의 완벽한 응징으로 끝낼까?

상상만으로는 기분이 충분히 풀리지 않는다면, 때로는 복수를 실제 행동에 옮기는 게 도움이 된다. 나는 그동안 많은 커플을 도와 합의를 통해 양쪽이 다 공정하다고 느낄 만한 복수 방법을 결정한 다음 실행에 옮기도록 했다. 마키아벨리도 당황할 만한 책략이다. 이때 유머를 잊지 말아야 한다. 한번은 정치계에 몸담고 있던 한 남성이 자신의 퇴직 연금 계좌에서 큰돈을 꺼내 지역 선거의 경쟁자이자 자신이 가장 경멸하는 사람에게 보내야 했다. 그러자 그의 아내가 즐거운 듯이 말했다. "그 남자한테 돈 주는 게 몸 파는 여자한테 돈 주는 것보다 낫네." 아내는 속이 시원했다. 딱 적당한 수준으로 복수하는 데도 기술이 필요하다.

알렉산더는 미카에게 복수하는 상상을 하며 잠시 고통을 잊을 수 있었지만 에린이 자신이 무엇을 원하는지 생각해 보는 동안 가만히 기다려야 했다. 알렉산더는 불만스러웠다. "기다리는 내가 너무 무력하게 느껴져. 에린이 모든 힘을 쥐고 있어. 에린이 자기 선택지를 늘어놓고 저울질하는 동안 나는 인질처럼 여기 앉아 있다고."

알렉산더의 괴로움은 남성성의 유산을 잘 보여준다. 대체 어떤 남자가 여성에게 결정권을 넘겨주겠는가? 유명한 연극과 오페라에서 아내에게 배신당한 남자 주인공이 사랑하는 아내에게 자신을 선택하지 않을 자유를 주는 대신 오히려 아내를 죽여 버리는 것도 우연이 아니다. 이들에게는 (아내나 자신의, 또는 둘 모두의) 죽음만이 명예를 지킬 수 있는 유일한 방법이다. 레온카발로의 오페라 〈팔리아치〉의 주인공 카니오도 이렇게 노래하지 않는가. "피 흘리는 마음은 피로써 수치심을 씻어 내길 원하네."

나는 알렉산더에게 에린이 마음을 정할 때까지 기다리는 것을 자존심이나 힘에 대한 포기가 아니라 사랑의 표현으로 생각하라고 말했다. 그는 상처를 주고 싶은 사람에서 상처받은 사람으로 조금씩 변해 갔다. 더 이상 에린에게 복수하고 싶어 하지 않았고, 그 대신 자신이 얼마나 크게 절망했는지를 에린에게 설명했다. 둘은 계속 잘해 보기로 했고 본인들에게 잘 맞는 방식을 찾기 위해 그 어느 때보다 노력 중이다. 알렉산더는 얼마 전 에린이 미카와 함께 공연하는 모습을 봤다고 했다. "어두운 마음이 스멀스멀 올라오더라고. 하지만 마음을 다잡고 그 마음을 보내 주기로 했어."

정의 구현과 회복

복수는 늘 달콤하진 않지만 때로는 상처받은 사람에게 힘을 되찾아 주고 커플이 과거를 잊고 앞으로 나아가게 도와준다. 우리는 모두 정의 구현을 원한다. 하지만 응징을 위한 정의 구현과 회복을 위한 정의 구현을 구분해야 한다. 전자는 오로지 처벌이 목적이고, 후자는 관계 회복에 초점을 맞춘다.

상대의 외도에 내담자들이 보이는 반응과 이들이 원하는 정의 구현 방식 사이에는 흥미로운 연관관계가 있다. 어떤 이들은 관계를 잃어서 슬퍼한다. "당신을 잃게 돼서 속상해." 어떤 이들은 체면을 잃어서 속상해한다. "당신이 날 이렇게 바보로 만들다니 믿을 수가 없군." 전자는 관계의 상처이고, 후자는 자신에게 도취된 상처다. 전자에서 상처받은 것은 마음이고, 후자에서 상처받은 것은 자존심이다. 당연하게도 자기 자신보다 관계에 초점을 맞추는 사람은 파트너의 외도에 연민과 호기심을 더욱 잘 느끼고, 그렇기 때문에 커플이 앞으로 함께하든 헤어지든 간에 관계 회복에 도움이 되는 반응을 보인다. 자기 상처에만 관심 있는 사람은 갈등을 해결하려는 마음이 훨씬 적다. 이들은 복수심에 휩싸여 있기 때문에 파트너가 다른 사람에게 눈을 돌린 이유에 관심을 갖기가 어렵다.

관계 회복을 위한 정의 구현은 매우 독창적인 방식으로 할 수 있다. 배신자에게 응당한 처벌을 내리는 기쁨에 대해 생각할 때마다 젊은 프랑스 여성 카미유의 영리함이 떠오른다. 카미유는 "남편의 외도와 나의 반응, 그리고 이 경험에서 얻은 좋은 점"에 관해 이야기한 강연을 듣고 내게 이메일을 보냈다.

서른여섯 살인 카미유는 프랑스 보르도 지방에 오래 거주한 가족 사이에서 자랐다. 결혼한 지는 10년이 되었는데, 마흔다섯 살인 카미유의 남편 아마두는 말리에서 태어나고 자란 후 20대에 프랑스로 건너왔다. 둘 사이에는 아들 셋이 있다. 문제는 5년 전에 시작되었다. 카미유는 그 순간을 생생하게 기억한다. "아이들과 식탁에 앉아 아침식사하고 있는데 친구가 전화해서는 제 남편이 자기 동료하고 만나고 있다는 거예요. 처음엔 친구 말을 안 믿었어요. 그랬더니 친구가 바로 그 여자를 바꿔 줬죠."

카미유는 크게 상처받고 화도 났지만 아마두를 잃고 싶진 않았다. 부모님의 반대를 무릅쓰고 한 결혼이었다. 카미유는 차분하지만 단호하게 아마두에게 따져 물은 다음 여자 친구들에게 기대어 정신적인 지지를 받았다. "깊은 구멍 속으로 떨어지는 것 같았어요. 배신당한 사람이 대개 느끼는 감정을 전부 경험했죠. 일주일 병가를 냈어요. 여자 친구들의 어깨에 기대 울기도 하고, 바닥을 내려치기도 하고, 커피와 술도 엄청나게 마셨어요. 친구들은 절 위로해 주고, 제 얘기를 들어 주고, 저의 고통을 함께 나눠 줬어요."

그런 후에야 카미유는 프랑스 문화에서 바람은 용납할 수 없는 행동이라고 남편에게 설명할 준비가 되었다고 느꼈다. 카미유는 이렇게 설명했다. "아마두는 일부다처제가 흔한 국가에서 자랐어요. 제가 얼마나 슬픈지를 듣고 가슴아파하기는 했지만, 자기가 한 짓에 죄책감을 느끼는 것 같지는 않았어요." 카미유는 아마두가 미신과 애니미즘이 널리 퍼진 문화에서 자랐다는 것을 알고 있었다. 이 지식으로 그녀는 무엇을 해야 하는지를 간파했다. "'그'의 세계에 들어가서 그의 언어로 이야기해야겠다고 결심했어요. 즉시 피해자에서 행동가로 태세를 전환했죠. 그랬더니 기분이 확 달라지더군요. 나도 행동에 나설 수 있다고 생각하니 기운이 났어요."

카미유의 복수 이야기는 유쾌할 정도로 독창적이다. "먼저 남편 친구 중 한 명에게 연락을 했어요. 아프리카 공동체에서 널리 존경받는 노인이었죠. 그분이 저희 집에 와서 아마두를 꾸짖으셨어요. 여자 둘을 만난 걸 꾸짖은 게 아니라, 같은 집단 안에서 두 명을 만난 게 잘못됐다고 말했지만요." 카미유는 아내를 여러 명 두는 게 잘못임을 아마두에게 이해시킬 수 없음을 알았다. 하지만 아마두가 자라난 문화에서 일부다처제를 따르려면 남자가 물질적으로나 성적으로나 두 여성을 다 돌볼 수 있어야 한다는 것 또한 알았다. 그래서 카미유는 아마두가 성적으로 무능하다는 점을 불평하기로 했다. 아마두 입장에선 참으로 난처한 폭로였다.

다음 날 카미유는 할랄 도축장에 갔다. "양 다리 두 개를 사서 하나는 남편의 나이 많은 친구의 아내에게 보내고 하나는 아마두에게 먹이려고 집으로 가져왔어요. 아마두가 집에

도착할 때쯤엔 이미 제가 보낸 선물 이야기를 친구에게 들었을 거라고 생각했죠. 아니나 다를까 아마두는 집에 오자마자 양 다리에 대해 물어보더군요. 저는 우리 결혼 생활을 지키기 위해 이맘을 찾아가 양을 제물로 바쳤다고 했어요. 글쎄 전 채식주의자인데, 이맘이 그 말을 믿더라고요. 게다가 감명까지 받더라니까요."

그다음, 카미유는 보험이 필요했다. "시어버터(아프리카에서 여러 용도로 쓰이는 천연물로, 섹스할 때 윤활제로 사용되기도 한다)를 사서 엄청 매운 고춧가루와 섞은 다음 침실에 있는 옷장 안에 숨겨뒀어요. 아마두가 다시 그 여자와 만나는 걸 알게 되면, 남편이 재미 본 그곳을 이 매운 시어버터로 기꺼이 마사지해 주겠다고 결심했죠."

카미유는 여기서 멈추지 않고 아마두의 애인을 만나러 갔다. "그 여자한테 다시 한 번 아마두 앞에 얼쩡거리면 당신 직장으로 찾아가서 사달을 낼 거라고 했어요. 이런 말을 해도 되나 모르겠지만, 개처럼 제 영역을 단단히 표시해 뒀죠."

아직도 끝난 게 아니었다. "마지막으로 도축장에서 피를 좀 얻어서 병에 가득 담은 다음 우리 집 정원에 숨겨 놨어요. 언젠가 아마두가 찾을 만한 곳에 말이에요. 아프리카 전통에 따르면 피가 든 병을 숨겨 놓는 이유는 다른 사람을 저주하기 위해서일 수도 있고 행운을 얻기 위해서일 수도 있대요." 아마두는 아직 그 병을 발견하지 못했다고 한다.

이런 정의 구현 의식은 카미유가 자란 문화와는 상당히 다른 문화에서 나왔지만, 그녀는 안정을 되찾았고 심지어 더 강해진 느낌마저 들었다. 아마두를 평범하게 처벌하는 대신 나름의 의식을 치르자 카미유는 힘을 지니게 되었고 둘의 관계도 훨씬 좋아졌다. "아마두가 다시는 안 그럴 거라는 확신 없이 살아가는 법을 배워야 했어요. 하지만 결국 다른 확신을 얻었죠. 스스로에 대한 믿음과 자신감이 생겼거든요."

피를 보고 싶은 욕망은 알아서 소진되지 않았다. 그저 잠잠히 숨죽이고 있을 뿐이었다. 지난 해 아이들을 데리러 음악 교실에 간 카미유는 아마두의 옛 연인과 마주쳤다. 그 여성의 아들도 같은 수업을 듣고 있었다. 엄청난 분노가 카미유를 휩쓸었다. "그 여자를 공격하고 싶은 마음이 아직도 크더군요. 가라테 동작을 선보이고 싶었다니까요. 그런데 생각해 보니 정말 그 여자에게 보여주고 싶은 건 제가 행복해하는 모습이었어요. 저 자신에게도 만족하고, 아마두와 아이들과도 행복한 모습요." 카미유는 복수심에 관한 중요한 교훈 하나를 얻었다. 바로, 복수하는 과정에서 상대에게 주는 벌보다 자신에게 주는 상처가 더 크다면 아무것도 얻을 수 없다는 것이다. 상처 준 사람을 모욕하기보다 자신의 기분을 좋게 하는 것이 관계 회복을 위한 정의 구현의 기술이다.

그다음 주, 음악 교실에 가기 전에 카미유는 화려한 아프리칸 드레스를 입고 립스틱을 칠하고 향수까지 뿌렸다. 그리고 고개를 꼿꼿이 들고 그 여자의 차 앞을 지나갔다. "행복해지는 게 가라테로 한 방 날리는 것보다 훨씬 통쾌한 복수였어요."

8장
숨길 것인가, 고백할 것인가

나쁜 의도로 말한 진실은
꾸며 낼 수 있는 그 어떤 거짓말보다도 나쁘다

−윌리엄 블레이크, 「순수를 꿈꾸며」

비밀과 거짓말은 내 상담실에서 다양한 모습으로 나타난다. 커플들은 대개 불륜이 발각된 지 얼마 되지 않아 시뻘건 상처를 그대로 드러낸 채 나를 찾아온다. 하지만 어떤 커플은 둘 사이에 비밀을 간직한 채 소파에 앉는데, 내게는 그 사실이 너무나도 분명하게 보이지만 아무도 비밀을 입에 올리지 않는다. 바람피우는 사람은 비밀을 털어놓으려 하지 않고, 다른 한쪽은 진실을 밝히고 싶어 하지 않는다. 또한 반박할 수 없는 증거를 쥐고 "당신 바람피워?"라고 묻는데도 완강히 부정하는 사람도 많다. 어떤 경우에는 바람피운 사람이 힌트를 하나씩 흘리는데도 다른 한쪽이 그 점들을 연결하고 싶어 하지 않는다. 또 다른 경우에는 상대가 바람을 피운다는 증거 일체를 손에 쥐고 뒤를 바싹 쫓으면서 적절한 때를 기다리기도 한다.

그동안 나는 단순한 생략에서 일면의 진실, 선의의 거짓말, 노골적인 혼란 조장과 심리 장악에 이르는 다양한 수준의 거짓말을 봤다. 잔인한 비밀도 보았고, 상대를 생각하는 마음에서 나온 비밀도 보았다. 어떤 사람은 자신을 보호하기 위해 거짓말을 하고, 어떤 사람은 상대를 보호하기 위해 거짓말을 한다. 어떤 경우에는 아이러니한 역할 전환이 일어나는데, 배신당한 사람이 속인 사람을 보호하기 위해 거짓말을 한다.

거짓말은 결코 단순하지 않으며 복잡하게 얽히고설켜 있다. 바람피운 사람 중에는 더 이상 스스로를 속이지 않기로 했을 때 처음으로 외도를 경험하게 되었다고 말하는 사람이 많다. 모순적이게도, 이들은 기만 위에 쌓아 올린 관계를 통해 처음으로 진실에 가닿았다고, 이른바 자신의 진짜 삶보다 훨씬 본질적이고 진정성 있는 무언가와 연결되었다고 느낀다.

메건은 동네 자전거 가게 주인과 2년 동안 몰래 만나면서 주위의 눈을 피해 다니는 데 진절머리가 났다. 그러나 이중생활을 끝낸 후 메건은 전보다 불행해졌다. "지금은 제게 거짓말을 해요. 그 사람 없이 살아도 괜찮은 척하면서 스스로를 속이고 있죠."

커플만 비밀 문제로 골머리를 썩이는 건 아니다. 비밀은 외도가 자리한 사회 전체를 어지럽게 만든다. 한 여성은 결혼한 친구의 휴대폰을 빌렸다가 친구가 모르는 남자와 시시덕거린 문자를 발견한다. 한 어머니는 지난 토요일에 아들이 아내에게는 어머니와 함께 있을 거라고 말해 놓고 다른 곳에 간 사실을 알지만, 며느리가 사실을 알고 싶어 하는지 확신할 수 없다. 물론 불륜 상대인 '그 여자'와 '그 남자'도 빼놓을 수 없다. 이들은 그냥 비밀을 감추고 있는 게 아니라 본인 자체가 비밀이다.

비밀과 거짓말은 모든 외도의 핵심이며, 바람피우는 두 연인을 더욱 흥분시키는 동시에 배신당한 사람을 더욱 가슴 아프게 만든다. 비밀과 거짓말은 우리를 복잡한 문제의 한가운데로 던져 넣는다. 비밀은 반드시 드러나야 할까? 만약 그렇다면, 그 방식은 어때야 할까? 비밀을 드러내는 정도는 '묻지도, 답하지도 말라'에서부터 사후 부검을 하듯 상세한 조사에 이르기까지 다양하다. 정직함에는 섬세한 눈금 조정이 필요하다. 정직함이 지나칠 수도 있을까? 바람피우는 사실을 계속 숨기는 게 더 나을까? "모르는 게 약이다"라는 오래된 속담은 왜 있을까?

어떤 이들에게 그 답은 매우 간단하다. 비밀은 거짓말이고, 거짓말은 옳지 않다. 용납할 수 있는 유일한 행동은 한 치의 거짓 없이 모든 걸 고백하고, 회개하고, 벌을 받는 것이다. 대부분의 사람들은 비밀을 실토해야만 신뢰를 회복하고 다시 친밀한 관계를 맺을 수 있다고 생각하는 것 같다. 요즘은 거짓말이 인권 침해로 간주된다. 우리 모두는 진실을 알 권리가 있으므로 진실을 감추는 행동은 어떤 상황에서도 정당화할 수 없다.

나 또한 이 문제가 사람들의 생각처럼 단순하면 좋겠다. 원

칙을 세운 다음 골치 아픈 인간의 삶을 깔끔하게 분류하고 정
리할 수 있으면 얼마나 좋겠는가. 하지만 심리치료사들은 그
런 원칙을 다루는 사람이 아니다. 우리는 살아 있는 사람과
이들의 삶에서 실제로 벌어진 일들을 다룬다.

고백의 딜레마

대학 교수인 제러미는 이렇게 말한다. "그동안 제가 자곤 했
던 대학원생이 임신했는데 아이를 낳고 싶다고 합니다." 그 전
까지 제러미는 이 관계를 가벼운 만남 정도로 유지하는 데 성
공했다고 생각하고 있었다. "결혼 생활을 망치고 싶은 마음은
조금도 없습니다. 하지만 제 아이를 숨긴 채로 몰래 키우고 싶
진 않습니다."

루가 난처한 얼굴로 말한다. "얼마 전 하룻밤을 보낸 남자
한테서 연락이 왔는데, 자기한테 헤르페스균이 있대요. 제 남
자 친구한테도 옮았을지 몰라요. 남자 친구한테 말해야 할까
요?"

애니는 이렇게 말한다. "잠깐 만났던 여자에게 이제 그만
만나자고 했더니 인스타그램에 사진을 올리고 절 태그했어요.
키스만 한 사인데, 아마 제 여자 친구는 그렇게 생각 안 할 거
예요. 전부터 제 소셜 네트워크 서비스를 집요하게 확인하고
있으니까 그 사진을 못 볼 리 없어요."

많은 독자들도 이런 상황에서는 사실을 털어놓는 것이 올
바른 결정이라고 생각할 것이다. 하지만 이렇게 명쾌한 상황

만 있는 것은 아니다.

"순간적인 판단 실수였어요. 만취해 있었고, 지금은 그 일을 깊이 후회해요." 리나는 약혼한 지 몇 달이 지났을 때 대학 동창 모임에서 신나게 놀다가 다음 날 아침에 전 남자 친구의 침대 위에서 깨어났다. "이 사실을 털어놓으면 애인은 분명히 큰 상처를 입을 거예요. 애인의 전처가 절친한 친구와 바람이 났었거든요. 애인은 만약 제가 바람피우면 우린 끝이라고 항상 말했어요." 물론 리나는 이 점을 진작 생각했어야 했다. 하지만 정말 이 한 번의 실수가 둘의 삶 전체를 망가뜨리게 돼야 할까?

유키는 이렇게 묻는다. "제가 왜 아내에게 말하겠습니까? 아나트를 만난 이후 아내와 저는 더 이상 섹스 때문에 싸우지 않습니다. 더 이상 저는 섹스를 하자고 간청하지도, 귀찮게 괴롭히지도 않아요. 우리 집은 잘 굴러가고 있어요."

남편에게 저항하는 의미에서 홀리는 반려견 전용 공원에서 만난 한 요크셔테리어 견주와 지독한 사랑에 빠졌다. 홀리는 "형편없고 강압적인" 남편에게 자신이 바람피운다는 사실을 말하고 싶어서 못 견뎌 했다. "그러면 남편에게 복수할 수 있을 거예요." 하지만 정직함의 대가가 너무 크다. "남편 때문에 서명한 혼전 계약서에 따르면 제가 바람피웠다는 이유로 아이들을 빼앗길 수도 있어요."

낸시는 아들을 풋볼 경기장에 데려다줄 때마다 마주치는 한 아이 아빠와 은밀한 눈빛을 주고받는다. 낸시는 이렇게 말한다. "엄마나 아내, 가정부가 아닌 저의 새로운 모습을 찾을 수 있어서 너무 감사해요. 제가 그 마음을 행동으로 옮기지 않았다는 데 더욱 감사하고요." 낸시의 남편은 그녀가 새로이 발견한 성적인 에너지에 즐거워하고 있다. 하지만 그녀는 고민 중이다. 남편에게 이 "정신의 외도"를 밝혀야 할까? 낸시는 정직하게 모든 것을 공유해야 한다고 굳게 믿고 있다.

이런 상황에서는 바람피운 사람이 아무 말 없이 혼자서 문제를 처리하는 것이 더 현명할 수도 있을까? 진실은 상처를 치유할 수 있으며, 외도 사실을 자백하는 것만이 올바른 대처 방안일 때도 있다. 내 동료 리사 스피걸Lisa Spiegel은 상담할 때 다음과 같은 단순하고 효과적인 공식을 이용한다. 스스로에게 다음 3가지를 물어볼 것. 당신이 하려는 행동은 진실한가? 도움이 되는가? 친절한가?

진실은 관계를 돌이킬 수 없이 파괴할 수도 있으며, 가학적 쾌락이 동반되면 상대를 공격하는 수단이 될 수도 있다. 나는 사실을 털어놓았을 때 득보다 실이 많았던 상황을 여러 번 만나면서 다음과 같이 질문하게 되었다. 거짓말이 관계를 보호해 줄 수도 있을까? 많은 사람이 이 생각을 이해하지 못할 것이다. 하지만 나는 상대의 불륜 사실을 알게 된 사람의 절규 또한 여러 번 들었다. "차라리 말하지 말지 그랬어!"

심리치료사 교육을 할 때 호스피스 시설에서 훈련받던 한 사람이 내게 조언을 구했다. "자신이 평생 다른 사람과 바람피운 사실을 죽기 전에 아내에게 털어놓고 싶어 하는 말기 환자에게 제가 뭐라고 말하면 좋을까요?" 나는 이렇게 대답했다. "오랜 세월이 흐른 지금 그분에게 '잘못을 실토하는 것'이 깊은 사랑과 존경의 표현으로 보일 수 있다는 건 이해해요. 하지만 그분은 이걸 알아야 해요. 자신은 편안한 마음으로 눈감을 수 있을지 몰라도 아내는 혼란 속에서 살아가게 될 거예요. 그분이 편히 잠들어 있는 동안 아내는 몇 달 동안 잠들지 못하고 뒤척이면서 실제 있었던 일보다 훨씬 격렬하고 열정적인 내용의 영화를 머릿속에서 틀고 또 틀지 몰라요. 그게 그분이 남기고 싶은 유산일까요?"

때로는 침묵이 상대를 배려하는 행동일 수 있다. 아무것도 모르는 파트너에게 당신의 죄책감을 떠넘기기 전에 다시 한 번 생각해 보라. 지금 당신은 누구의 안녕을 생각하고 있는가? 마음의 죄를 씻으려는 당신의 행동은 정말 겉으로 보이는 것만큼 이타적인가? 당신의 고백을 들은 파트너는 어떻게 해야 할까?

상담실에서 반대편 입장에 처한 사람을 만난 적이 있다. 이 여성은 이중의 상실로 괴로워했는데, 암으로 남편을 잃은 동시에 남편이 임종하며 한 고백 때문에 행복한 결혼 생활의 이미지까지 잃었기 때문이다. 모든 것을 말하는 것이 늘 존중의 표현인 것은 아니다. 사실을 알게 된 상대가 어떤 마음일지를 고려하는 것이 존중이다. 고백의 장단점을 따져 볼 때는 이것 아니면 저것이라는 흑백논리로만 생각해서도 안 되고, 추상적으로 생각해서도 안 된다. 사실을 털어놓으면 실제로 어떤 상황이 펼쳐질지를 상상하고 어떤 대화가 이어질지를 떠올려 보라. 당신은 그 상황 속에서 어디에 있는가? 무슨 이야기를 하고 있는가? 상대의 표정에 어떤 감정이 떠오르는가? 상대의 반응은 어떤가?

사회 규범이 사람을 특히 더 취약하게 만드는 경우 '말해야 할까, 말아야 할까'의 문제는 더욱 복잡해진다. 다른 곳에 눈을 돌렸다는 혐의로 여성이 산 채로 돌에 맞거나 불타 죽을 수 있는 국가, 동성애자가 자기 자식을 못 만나게 될 수 있는 국가가 존재하는 한, 정직함과 투명함은 언제나 맥락과 개별 상황에 따라 달리 고려해야 한다.

심리치료사는 비밀을 지켜야 하는가

외도를 다루는 심리치료사들은 비밀이라는 골치 아픈 문제와 씨름해야 한다. 기존 접근법에 따르면 커플 상담을 하는 임상심리사들은 비밀을 묻어둬서는 안 되며, 바람피운 쪽이 외도를 끝내거나 죄를 자백해야 상담 효과가 좋다. 이 규정을 지키지 않는 상담은 커플 상담이 아니라 개인 상담으로 간주된다. 미국인 동료들은 방 한가운데에 비밀이 있으면 심리치료사가 할 수 있는 일이 없다는 말을 자주 한다. 하지만 흥미롭게도 다른 나라의 동료들은 전혀 다른 이야기를 한다. 심리치료사는 비밀이 발각되지 않는 한 많은 일을 할 수 있다는 것이다. 비밀을 가리는 막을 한번 걷으면 다시 되돌릴 수 없다. 이 동료들은 상대에게 불필요한 고통을 안기고 관계에도 해로울 수 있으므로 굳이 외도 사실을 드러내지 말라고 경고한다.

최근 몇 년간 재니스 에이브럼스 스프링과 미셸 셍크먼을 포함한 소수의 심리치료사들은 전통적인 접근법이 별 도움이 안 되고 상담의 폭을 제한할 뿐만 아니라 심지어 내담자에게 해로울 수 있다고 보고, 비밀에 대한 미국의 통설에 의문을 제기하기 시작했다. 나 또한 스프링의 비밀 수용 방침을 활용한다. 나는 첫 상담 시간에 커플에게 둘을 같이 만나기도 하고 따로 만나기도 할 것이며, 개인 상담 시간에 나눈 이야기는 비밀에 부칠 거라고 말한다. 양쪽 모두가 겪는 문제를 들여다볼 수 있는 사적 공간을 보장하기 위해서다. 커플은 이 방침에 동의해야 한다. 스프링과 마찬가지로 나 또한 비밀을 드러내느냐 마느냐는 상담의 여러 방식 중 하나이지 전제조건은 아니라고 본다.

물론 이런 접근 방식에는 나름의 어려움이 있으며, 나도 늘 그 문제를 해결하려 애쓰고 있다. 가끔은 상대가 그동안 거짓말을 했다는 사실을 알게 된 사람이 "선생님도 다 알고 계셨어요?"라고 물을 때 "네"라고 답해야 하는 때도 있다. 관련 당사자 모두에게 상당히 고통스러운 상황이지만, 우리가 합의한 방침에 의하면 윤리적 위반 행위는 아니다. 지금까지는 이 방식이 기존 접근법보다 효과적이라고 느낀다. 솅크먼이 말하듯, "비밀 거부 방침은 심리치료사를 인질로 붙잡고, 커플의 관계 회복을 위한 가장 중요한 순간에 심리치료사가 커플을 도울 수 없게 만든다."[1]

비밀 수용 방침이 외도에만 적용되는 것은 아니다. 내게는 중요한 전환점이 된 상담이 하나 있었는데, 그때 만난 여성은 지난 20년간 남편과 섹스할 때마다 빨리 끝나기만을 기다렸다고 했다. 남편의 냄새가 싫었던 그녀는 가짜 오르가즘을 연기했다. 상황이 달라지지 않을 것을 알았던 그녀는 이 문제가 결혼 생활을 깰 정도로 중요하다고 생각하지 않았기에 굳이 남편에게 말할 필요를 못 느꼈다. 나는 이 여성이 거짓말을 하고 있다는 사실을 아는 상태로 기꺼이 상담을 진행했다. 그 이후 스스로에게 이렇게 묻지 않을 수 없었다. 이 비밀은 다른 비밀과 근본적으로 다른가?

이 여성의 거짓말은 은밀한 외도만큼 심각한 문제가 아니었나? 아내가 내내 자신에게 거짓말을 해 왔음을 알게 되면 아내가 다른 사람과 동침했음을 알게 될 때보다 덜 괴로울까? 상담을 진행하려면 남편과의 섹스를 싫어한단 사실을 밝혀야 한다고 주장해야 했을까? 섹스에 관한 비밀은 내용이 다양하다. 하지만 심리치료사들은 부부 간 섹스에 대해 수십 년간 해 온 거짓말보다 혼외 섹스에 대한 거짓말을 더 중요하게 다루는 경향이 있다. 사람들은 윤리적으로 갈등하지 않고 많은 비밀을 지닌다. 어쩌면 반드시 밝혀야 하는 비밀 목록에서 외도가 항상 1등을 차지하는 건 아닐지 모른다.

"바람보다 거짓말이 더 화가 나!"

"우리는 비밀에 관해 참으로 혼란스러운 메시지를 던지는 문화에서 살고 있다." 에번 임버 블랙Evan Imber-Black이 저서 『가족의 은밀한 삶The Secret Life of Families』에서 한 말이다. "한때는 문화 규범이 인간의 삶에서 발생하는 수많은 사건을 창피한 비밀로 만들었다면, 이제 우리는 그 반대 상황에 허덕이고 있다. 우리 문화는 비밀을 털어놓는 것이(그 방식이나 시기, 대상과 상관없이 늘) 비밀을 유지하는 것보다 도덕적으로 우월하며, 고백은 즉시 치유 효과를 발휘한다고 상정한다."[2]

비밀과 고백을 대하는 미국의 태도를 이해하려면 먼저 현재 통용되는 친밀함의 정의를 짚어 봐야 한다. 현대에 친밀함은 곧 자기 노출이 되었다. 즉, 친밀함은 서로를 신뢰하며 가장 사적인 것이라 할 수 있는 감정까지 전부 공유하는 것이다. 아주 어릴 때부터 우리는 모든 비밀을 말할 수 있는 사람을 가장 친한 친구로 여긴다. 오늘날 사람들은 파트너를 자신의 가장 친한 친구로 여기므로 이렇게 믿는다. "나는 당신에게 모든 걸 말해야 하고, 나에게는 늘 당신의 생각과 감정을 즉시 알 자격이 있어." 자신에게 알 자격이 있다는 생각, 서로에 대해 많이 아는 만큼 가까운 사이라는 가정이 현대적 사랑의 특징이다.

우리 문화는 거짓 없이 모든 것을 솔직하게 이야기하는 정신을 숭배하며, 진실 고백을 도덕의 극치로 끌어올렸다. 하지만 어떤 문화에서는 모든 것을 드러내 애매모호함이 사라지면 친밀함이 커지는 게 아니라 줄어든다고 생각한다.

문화적 혼종인 나는 여러 언어로 상담을 진행한다. 의사소통의 측면에서 내 미국인 내담자 대부분은 무언가를 넌지시 암시하는 불분명한 말보다는 명확한 의미 전달과 솔직함, '쉬운 말'을 선호한다. 서아프리카나 필리핀, 벨기에에서 온 내담자들은 모든 것을 남김없이 드러내기보다는 애매모호한 상태를 유지하는 경우가 더 많다.

이러한 차이를 고려하면, 사생활과 비밀의 다른 점을 생각해 봐야 한다. 정신의학과 전문의 스티븐 레빈Stephen Levine이 설명하듯, 사생활은 사회적 관습에 따라 사람들이 동의한 경계를 의미한다. 세상에는 생리나 자위, 성적 판타지처럼 엄연히 존재하지만 입에 잘 오르내리지 않는 주제들이 있다. 반면 어떤 내용을 두고 일부러 다른 사람들이 잘못 알게 만든다면 그건 비밀이다. 한 커플에게는 사생활인 성적 열망과 유혹이 다른 커플에게는 비밀일 수 있다.3 어떤 문화에서는 (적어도 남자의 경우) 외도를 주로 사생활 문제로 여기는 반면, 다른 문화에서는 외도를 비밀로 간주한다.

미국이 가장 좋아하는 비교 대상인 프랑스를 잠시 살펴보지 않고서 문화적 차이를 논하는 것은 거의 불가능하다. 데브라 올리비에Debra Ollivier는 다음과 같이 묘사한다. 프랑스인은 "명백한 것보다는 암시를, 전후 관계보다는 행간의 의미를, 경솔함보다는 신중함을, 분명한 것보다는 가려진 것을 더 좋아한다. 이런 점에서 볼 때 프랑스인은 정확히 미국인의 반대라 할 수 있다."4 전 세계 사람들을 인터뷰해 『지구촌 불륜 사유서Lust in Translation』라는 책을 펴낸 저널리스트 패멀라 드러커먼은 이런 프랑스인의 특징이 외도를 대하는 태도에도 영향을 미쳤다고 설명한다. "신중함은 프랑스에서 발생하는 외도의 토대인 듯하다."5 또한 드러커먼은 자신과 대화를 나눈 사람들이 대부분 말하지 않고 알지 않는 편을 선호하는 것 같았다고 말한다. "프랑스에서 외도는 꼭 냉전 같다. 어느 쪽도 총을 꺼내 들지 않기 때문이다."6

다시 미국을 보면, 이곳에선 총이 불을 뿜어 댄다. 미국인은 대체로 혼외 섹스에 너그럽지 않은데도 거짓말로 감추려한 내용보다 거짓말 자체를 더 혹독하게 비난하는 경우가 많다. 사실을 감추고 시치미를 떼고 말도 안 되게 변명하면 모욕이자 상대를 전혀 존중하지 않는 행동이라고 여긴다. 그 결과우리는 자기보다 아래에 있는 사람, 즉 자녀와 유권자, 고용인에게만 거짓말을 하게 되었다. 그렇기에 개인의 침실에서부터공청회에 이르기까지 다양한 장소에서 이런 목소리가 터져 나온다. "당신이 사기를 친 게 문제가 아니라 당신이 나한테 거짓말을 했다는 게 문제야!" 하지만 파트너가 경솔한 행동을하기 전에 미리 언질을 준다고 정말 우리 기분이 나아질까?

신중한 거짓말로 지킬 수 있는 것

서른세 살의 파키스탄계 미국인으로 대학원에서 사회복지를공부하는 아미라는 처음 아빠의 비밀을 접한 날을 지금도 생생히 기억한다. "아빠가 운전을 가르쳐 줄 때였어요. 아빠 차백미러에 자그마한 일본제 장식품이 달려 있었죠. 어느 날 제가 그걸 떼어 내려고 하니까 아빠가 자기 비서인 유미가 준 선물이니까 놔두라고 했어요. 그로부터 7년 뒤에, 아빠 부탁으로 아빠 휴대폰에서 주소를 하나 찾고 있는데 Y라는 이름으로 저장된 사람과 긴 문자를 나눈 걸 발견했고, 즉시 유미라는 이름이 머릿속에 떠올랐어요. 그때 알게 됐죠."

나는 아미라에게 물었다. "당신이 알고 있다는 사실을 아버지도 아나요?" 아미라는 고개를 저었다.

"말할 생각인가요?"

"제가 아빠한테 진짜 하고 싶은 말은 '문자 지우는 법 좀 배워요!'예요. 제가 곧 알려 줄 수도 있겠네요. 전 그냥 아빠가 잘 숨기면 좋겠어요. 제가 아빠랑 한패가 되어서 엄마를 속이는 것처럼 느끼고 싶진 않아요."

"어머니한테 말해야겠다고 생각한 적은 없나요?" 내가 물었다. 아미라는 즉시 없다고 답했다.

자신이 태어나기도 전에 부모님이 미국으로 건너온 이민 2세대는 두 세계에 발을 걸치고 있다. 아미라는 자신의 침묵이 이곳 미국과는 어울리지 않는다는 걸 안다. "제 미국인 친구들이라면 바로 엄마한테 말했을 거예요. 친구들은 비밀을 밝히는 것이야말로 엄마를 배려하는 올바른 행동이라고 생각하거든요." 아미라는 캔자스 교외에서 학교를 다녔지만, 가족 문제에서만큼은 파키스탄 남부 도시인 카라치의 관습을 따른다. 아미라는 이렇게 말한다. "우리에게도 정직과 신뢰가 중요해요. 하지만 가족을 지키는 게 훨씬 더 중요하죠."

아미라의 결정은 이미 정해진 것이나 다름없었다. 그녀의 논리는 이러했다. "만약에 엄마한테 말하면 뭐가 좋은데? 집안이 파탄 나는 거? 우리가 그동안 함께 쌓은 모든 걸 반으로 나누는 거? 미국인처럼 충동적이고 이기적으로 행동하면서 주말은 엄마랑 보내고 주중은 아빠랑 보내는 거?"

물론 아미라는 엄마의 입장에서 아버지에게 분노했다. 하지만 이렇게 덧붙였다. "그래도 부모님은 서로를 사랑해요. 그리고 한 가지 아셔야 할 게, 두 분은 중매결혼을 하셨어요. 전 엄마가 섹스 이야기를 엄청 불편해하는 걸 알아요. 아버지도 크게 다르지 않고요. 제 직감으로는 아빠가 우리 가족이 함께 할 수 있는 방법을 선택한 것 같아요. 어쩌면 엄마도 개의치 않을지 모르고요. 그리 나쁜 상황 같지는 않아요. 그래서 아무 말 안 할 수 있었어요. 게다가 이 문제만 빼면 아빠는 너무나도 훌륭한 아빠이자 남편, 시민이에요. 아빠의 좋은 점까지 망쳐 버릴 이유가 있을까요?"

"아버지가 어머니를 존중하지 않는다고 생각하지는 않나요?" 내가 물었다.

"제가 보기에 아빠는 엄마와 제가 견디지 못할 사실을 알려서 가족을 흔들지 않는 게 우리를 가장 존중하는 방식이라고 생각하는 것 같아요. 저는 우연히 알게 된 사실을 혼자 간직하는 게 가족을 가장 존중하는 방식이라고 생각하고요. 전 이 비밀을 밝혀서 감히 부모님의 얼굴에 먹칠할 수 없어요. 뭘 위해서죠? 우리 가족이 '정직'하기 위해서인가요?"

분명, 진실을 말하는 것이 존중의 표현이라는 생각은 보편적이지 않다. 여러 다른 문화에서는 신중한 거짓말로 체면과 마음의 평화를 지키는 것이 존중의 표현이다. 이런 문화에서는 진실을 폭로해서 공개적으로 모욕을 당하기보다는 가족을 지키기 위해 거짓말하는 것이 더 낫다고 여긴다.

아미라의 판단은 파키스탄뿐만 아니라 가족 중심적인 사회 전체에서 나타나는 오래된 문화유산이다. 아미라는 집단주의의 틀 안에서 사고한다. 집단주의에서는 가족에 충성해야 하므로 외도나 다른 비밀을 눈감고 넘어간다. 물론 젠더 정치학이라는 렌즈를 통해 아미라가 처한 상황을 바라볼 수도 있고, 아미라의 해명을 슬프지만 교묘한 가부장제의 변명으로 여길 수도 있다. 게다가 사실을 감추는 부모의 행동이 아이에게 끼칠 수 있는 해악을 축소해서는 안 된다. 내 동료인 해리엇 러너Harriet Lerner는 다음과 같이 강조한다. 비밀은 "부모와 맺는 관계의 토대를 뒤흔들며, 땅 밑에 흐르는 강처럼 아이의 마음속에 혼란과 고통을 일으키고 이 고통이 모든 것에 영향을 미친다. 그 결과 10대 이하의 아이들이 갈등의 행동화 현상과 증상 행동을 심심치 않게 나타내며, 증상이 나타난 후에는 상담을 해도 불안과 괴로움의 근본 원인을 알아낼 수가 없다."[7]

하지만 아미라의 선택이 비슷한 처지인 마니의 선택보다 더 고통스러울까? 스물네 살의 뉴요커인 마니는 엄마의 '비밀 휴대폰'을 발견한 날을 아직도 잊지 못한다. 그날 마니는 즉시 계단 밑으로 휴대폰을 던져 아빠의 손에 쥐여 주었다. "아빠도 엄마가 바람피우는 걸 알아야 했어요!"

마니는 엄마가 몇 년 전부터 자신의 척추 지압사와 만난다는 사실을 알고 있었다. "엄마는 자기 비밀 폰을 빨래바구니에 숨겨 놓고 몇 시간이나 '다림질'을 한다고 했어요. 그래요, 맞아요. 엄마는 그렇게 집안일을 열심히 하는 사람이 아니었어요." 아빠에게 휴대폰을 건넨 운명의 날, "엄마는 미친 사람처럼 울면서 말했어요. '맙소사, 너 대체 무슨 짓을 한 거야? 무슨 짓을 한 거냐고?' 단 몇 시간 만에 저를 둘러싼 세계가 다 무너져 내렸어요. 우리 가족은 완전히 갈라졌어요. 이제는 넷이서 패밀리 레스토랑에 가는 일도 없고, 휴일에 가족 모두가 모여서 파티를 여는 일도 없죠. 열다섯 살 이후로는 엄마와 아빠가 한 방에 같이 있는 모습을 본 적이 없어요."

마니는 자신이 불러온 고통스럽고도 돌이킬 수 없는 결과 때문에 아직도 괴로워한다. 하지만 자신의 도덕적 신념과 휴대폰을 던진 행동에 의문을 가진 적은 한 번도 없다. 아미라의 가치 체계와는 확연히 다른 마니의 가치 체계는 그저 당연한 것이다. 마니가 가진 개인주의의 틀에서는 개인의 '알 권리'가 가족 간의 조화보다 중요하다. 마니의 시각에서 거짓말은 어떤 경우에서도 옳지 않다. 아미라의 시각에서 거짓말은 상황에 따라 옳을 수도, 옳지 않을 수도 있다.

이 두 세계관 사이에는 종종 긴장이 감돈다. 한쪽은 다른 한쪽이 이중적이고 투명하지 못하다고 비난한다. 다른 한쪽은 정직이라는 이름으로 비밀을 누설해서 관계를 파괴하는 행태를 역겨워한다. 한쪽은 다른 한쪽에 존재하는 남녀 간의 거리에 충격을 받는다. 다른 한쪽은 아무것도 덧붙이지 않는 직설적 태도가 사랑을 파괴하며 욕망과도 양립할 수 없다고 본다. 집단주의적 문화와 개인주의적 문화 모두 나름의 기준에 따라 드러내야 할 것과 감춰야 할 것을 정하고 있으며 저마다의 장단점이 있다. 우리는 자신이 속한 패러다임에 갇히는 경향이 있으므로, 다른 국가에서 온 우리의 이웃이 같은 상황을 완전히 다른 윤리와 논리로 대처할 수 있음을 인지하는 것이 좋다. 한편 이 지구촌 세계에서는 많은 이가 여러 문화에 발을 걸치고 있으므로 이 대화는 우리의 마음과 머릿속에서 일어나기도 한다.

무엇을 말하고
무엇을 말하지 않을 것인가

외도가 발각된 후에도 딜레마는 끝나지 않는다. 모든 단계에서 질문이 끝없이 이어진다. 뭘 고백하지? 얼마나 말하지? 어떤 방식으로 말하지? 게다가 상대에게 무엇을 말하느냐는 스스로 무엇을 얼마만큼 인정하느냐에 따라 달라진다. 내가 만난 사람들 중 상대에게 정말 냉정하게 거짓말하는 경우는 별로 없었다. 그보다는 자신의 행동을 정당화하기 위해 이야기의 뼈대를 정교하게 세우는 경우가 더 많았다. 즉, 합리화한다.

행동경제학자 댄 애리얼리Dan Ariely는 "외도 성향은 자기 스스로 외도를 얼마나 정당화할 수 있느냐에 크게 좌우된다"라고 말한다.[8] 그의 설명에 따르면, 우리는 모두 거울을 바라보며 거기에 비치는 사람을 긍정적으로 보고 싶어 하지만 동시에 자기 생각에도 그리 정직하지 않은 행동을 하고 싶어 한다. 그러므로 긍정적인 자기 이미지를 유지하기 위해 여러 형태의 부정행위를 합리화한다. 애리얼리는 도덕과 관련된 이 속임수를 "퍼지 요인fudge factor"이라고 부른다.

외도의 여파를 겪고 있을 때에는 이 합리화를 제대로 분석하는 것이 중요하다. 그렇지 않으면 진실이라는 이름하에 상대에게 책임을 떠넘길 수 있다. 캐슬린은 몇 년 전부터 안테나를 세우고 있다가 돈의 감정적·성적 무심함을 더 이상 견딜 수 없게 되자 마침내 그의 아이패드를 자세히 들여다보기로 했다. 의심이 사실로 드러났고, 지금 캐슬린은 진실을, 있는 그대로의 진실을, 오직 진실만 듣고 싶어 한다. 돈은 캐슬린의 질문에 어떻게 대답해야 좋을지 내게 조언을 구했다.

젊어 보이는 60대 시카고 토박이인 돈은 가난한 가정에서 자랐다. 아버지는 여러 직업을 전전했고, 아버지보다 훨씬 존경받은 어머니는 2가지 일을 했다. 열심히 일한 돈은 편안하고 세련된 삶을 꾸릴 수 있었고, 지역사회의 리더로서 주민들에게 봉사했다. 캐슬린은 돈의 두 번째 아내였고, 둘은 결혼한 지 22년이 되었다. 돈이 상담실에 들어오는 순간 이 남자에게 깊은 모순이 있다는 사실이 분명하게 보였다. 돈은 아내를 사랑했고 늘 마음을 쏟았지만 한 번도 충실한 적이 없었다.

상담을 시작하기에 앞서 나는 상황을 자세히 설명해 달라고 부탁했다. 캐슬린은 돈의 두 애인인 리디아와 셰릴의 존재를 알고 있었다. 돈이 수십 년 전부터 둘을 만나 왔으며, 편리하게도 둘의 집은 캐슬린의 집에서 멀리 떨어진 반대쪽 해안에 있다는 것도 알았다. 돈이 삼중 생활을 어떻게 유지했는지를 설명할 때, 나는 불륜이 발각된 것에 그가 약간 짜증을 내고 있음을 느꼈다. 어쨌거나 돈은 주의 깊고 신중하게 세 삶을 지휘했다. 그는 사회의 눈에서 벗어나 사적인 삶을 살면서 스스로에게 통제권이 있다고 느껴서 좋았다고 했다.

캐슬린은 몇 가지 기본적인 사실을 알고 있었다. 캐슬린의 질문은 '왜 이런 일이 일어났는가'였다.

내가 물었다. "그래서 뭐라고 말할 건가요?"

"글쎄요. 사실 저는 집에서 성적으로 만족하지 못했습니다. 그래서 다른 여자들을 만난 것 같아요."

아내에게 말하지 않은 수백 개의 진실 중 가장 처음 말하기로 한 게 이것이란 말인가? 분명 이대로 둬서는 안 됐다. 나는 돈에게 캐슬린이 그 말을 들으면 기분이 어떨지 생각해 보라고 했다. 그리고 더 중요한 게 있었다. 돈의 생각이 정말 사실이긴 할까? 돈의 합리화는 아닐까?

나는 다소 우회적으로 물었다. "아내와의 섹스가 더 만족스러웠다면 정말 애인을 만나지 않았을 거라고 생각하나요?"

돈이 단호하게 대답했다. "네, 그렇습니다." 그리고 캐슬린의 완경과 호르몬, 그리고 자의식 과잉과 자신이 발기 상태를 유지하기가 얼마나 어려운지를 구구절절 이야기했다. 애인들과는 이런 문제가 없다고 했다. 그리 놀라운 사실은 아니었다. 하지만 아내에게 가서 당신에게 결함이 있기 때문에 바람을 피웠다고 말하기 전에, 돈은 자신의 행동에 어떤 결함이 있었는지를 스스로 물을 필요가 있었다. 나는 아내 입장에서는 돈이 오래전부터 감정적으로 거리를 뒀기 때문에 둘의 성생활이 상상력을 잃고 따분해진 것도 당연하지 않겠느냐고 말했다. 돈은 언짢아 보였다. 나는 더 밀어붙였다.

"상상력. 그게 핵심입니다. 바람을 피울 때는 애인 집으로 향하는 비행기를 탈 때부터 흥분되기 시작하죠. 비아그라를 먹을 필요도 없어요. 애인을 만날 생각, 계획, 신중하게 고른 옷이 이미 당신을 흥분시키거든요. 욕망을 부채질하는 건 바로 그 기대감입니다. 아마 집에 돌아오면 근사한 옷을 벗어 던지고 오래된 추리닝부터 찾아 입겠죠. 그 모습을 보고 흥분할 사람은 아무도 없어요."

돈은 내 까칠함에 약간 놀란 것 같았지만 귀 기울여 들었다. 권태로운 성생활을 트집 잡는 사람이 돈뿐만은 아니다. 나 또한 가정을 꾸리면 성생활이 줄어든다는 사실을 부정하지는 않는다. 하지만 자기 에너지를 다른 데 다 쏟아부으면 아내와의 섹스는 좋아질 수가 없다. 밋밋한 섹스 때문에 바람을 피웠다고 변명하기보다는 자신이 바람을 피워서 아내와의 섹스가 활기를 잃었다고 생각해야 한다. 게다가 돈은 첫 번째 결혼부터 한시도 빠짐없이 오랫동안 바람을 피워 왔다. 이건 호르몬이나 나이, 흥분의 문제가 아니다. 돈이라는 사람 자체의 문제다.

"당신이 아내에게 말하려고 하는 내용은 사실이 아니라는 걸 이제 아시겠어요? 그건 당신의 합리화예요. 하고 싶은 걸 하는 당신의 행동을 정당화하려고 스스로 지어낸 이야기라고요. 이제 아내 분께 말할 좀 더 정직한 이야기를 찾아봅시다."

대화를 통해 돈에 관해 더욱 잘 알게 되자 나는 그가 좋아졌다. 그는 여자 꾀어내기에 푹 빠진 돈 후안이 아니었다. 좀 이상하게 들릴 수도 있지만, 돈은 여성을 진정으로 사랑하고 존중하는 남자다. 어머니와 누나, 고모, 멘토 등 돈을 키워 주고 형성해 준 사람은 다 여자였다. 10대 소년이었을 때 돈은 자신감이 부족했고, 자신이 가방 끈이 짧고 집안도 보잘것없다는 것을 잘 알았다. 그는 강하고 능력 있는 여자들에게 둘러싸여 있으면 자신이 남자답게 느껴진다는 사실을 깨달았다. 오래된 돈의 두 애인은 모두 고학력이었고(돈의 아내 캐슬린도 마찬가지다) "나이가 적절히" 많았으며 자녀가 있었고 더 깊은 관계를 원하지 않았다. 이들은 참으로 완벽한 애인이었지만 돈은 절대 아내를 떠나지 않을 것임을 늘 분명히 했다. 돈은 섬세하고 상대를 존중하며 신실한 사람이다. 어떤 사람은 돈을 진정한 신사라고 부를 것이다.

"당신의 두 애인은 서로를 아나요?" 내가 물었다. 돈은 애인 1은 애인 2를 알지만 애인 2는 돈의 아내만 안다고 했다. 게다가 돈은 애인 1에게 이제 더 이상 애인 2와 잠자리를 하지 않겠다고 약속하고는 그 약속을 어겼다. 그러는 동안 돈은 내게 말한 것과 똑같은 절반의 진실, 즉 집에서는 성적으로 만족하지 못한다는 이야기를 두 애인에게 했다. 복잡하게 얽힌 이야기를 풀어 나가면서 돈은 자신이 세 여성 모두에게 거짓말을 해 왔다는 사실을 천천히 깨달았다.

삼중 생활은 돈에게 큰 타격을 안겼다. 처음에 돈의 비밀은 아주 작았다. 하지만 시간이 흐르면서 돈의 삶 전체가 혼탁해졌다. 비밀은 쉽게 우후죽순 늘어난다. 거짓말을 하는 사람은 자신이 6시에서 8시 사이에 어디에 있었는지 상대에게 말할 수 없는데, 그러면 4시부터 5시 사이에 어디에 있었는지도 말해야 할지 모르기 때문이다. 이런 사람은 자신이 그럭저럭 잘해 나가고 있다고 생각하지만 사실은 점점 더 분열된다. 조각난 이야기들을 하나로 합치자 돈은 더 온전해질 수 있었고, 스스로와 아내에게도 더욱 솔직해졌다.

"캐슬린이 또 무엇을 묻던가요?" 내가 물었다.

"제가 다신 이런 일이 없을 거라고 약속했더니 이렇게 묻더군요. '기회가 있을 때 어떻게 멈출 건데?' 그래서 내가 또 바람을 피운다는 사실을 당신이 알게 되면 우리 관계는 정말 끝이라는 걸 알기 때문에 다시는 그러지 않을 거라고 했어요."

돈은 발각되는 것에 대한 두려움을 강조하고 있었다. 정직하지만 충분한 설명은 아니다. 만약 돈이 자신은 원래 한 여자만 사랑할 수 있는 사람이 아니라고 솔직하게 말하면 어떻게 될까?

이 말을 들은 돈은 놀란 것 같았다. "한 번도 그런 식으로 말한 적 없습니다. 아내가 어떤 반응을 보일지 늘 두려웠어요. 제 생각에 아내는 자긴 거기에 동의한 적 없다고 말할 것 같아요."

"맞아요. 저도 캐슬린이 당신 애인들을 받아들여야 한다고 말하는 게 아니에요. 하지만 중요한 건 캐슬린이 거짓말에 동의한 적 또한 없다는 거예요. 당신은 캐슬린에게 한 번도 선택권을 준 적이 없어요. 당연한 말이지만, 누군가에게 거짓말을 하는 건 일방적인 행동입니다."

돈은 안심했다. "전 아내를 사랑해요. 하지만 다른 여자들도 사랑해요. 저는 늘 그런 사람이었어요. 그 사실을 인정하는 것만으로도 도움이 되네요. 캐슬린에게도, 심지어 저 스스로에게도 그걸 인정한 적이 없어요." 이제 우리는 새로운 차원의 진실에 도달했다. 나는 바람피운 사람이 후회하며 다시는 다른 사람에게 눈 돌리지 않겠다고 약속하는 모습을 매우 자주 본다. 하지만 이런 행동은 더 많은 거짓말을 낳을 뿐이다. 그보다는 이렇게 말하는 편이 더 현실적이다. "그래, 맞아. 다른 사람에게 끌릴 수도 있어. 하지만 당신을 사랑하고 존중하니까, 다시 당신에게 상처 주고 싶지 않으니까 행동으로 옮기진 않을 거야." 이게 더 정직하고 믿을 만한 대답이다.

이제 돈이 아내에게 무엇을 말할지는 분명해졌으므로 어떻게 말할지를 이야기하기로 했다. 나는 편지를 권했다. 손으로 써서 직접 건네는 것을 추천했는데, 그것이 더 인간적인 방법이기 때문이다.

목표는 3가지다. 첫째, 상처를 준 자신의 행동, 특히 아내에게 자기 삶의 일부만 보여줌으로써 거리감을 만든 것에 책임을 진다. 둘째, 여러 여자를 사랑하는 자신의 성향을 솔직하게 털어놓고, 수년간 아내를 희생해 가며 스스로 그 성향을 정당화해 왔음을 밝힌다. 셋째, 아내에게 사랑을 쏟고 둘의 관계를 지키기 위해 싸운다.

지난 몇 년간 나는 상담에서 흔히 사용하는 방법, 즉 바람 피운 사람이 어떤 잘못을 저질렀는지를(어떤 호텔에 갔고, 어떤 데이트를 했고, 어디로 여행을 갔고, 어떤 선물을 줬는지 등등) 상세하게 밝히는 것보다 편지를 쓰는 것이 훨씬 효과적이라는 사실을 알게 되었다. 나는 돈 스스로 자신이 거짓말의 대가라는 사실을 인정해야 한다고 생각했다. 그러나 돈의 모든 거짓말을 상세히 아는 것이 캐슬린에게 도움이 되리라고는 생각하지 않았다.

그다음 주, 돈은 최선을 다해 진솔하게 쓴 편지에 캐슬린이 감동했지만 아직은 조심스러워한다고 말했다. 돈의 말을 믿고는 싶지만 신뢰하기가 두려운 것이다. 나는 이 커플을 희망적으로 본다. 캐슬린 몰래 이기적인 특권을 누려 오긴 했지만 그래도 돈은 늘 아내를 사랑했다. 나는 첫 상담부터 돈의 사랑을 느낄 수 있었는데, 캐슬린에 대한 이야기에 존경과 애정이 듬뿍 담겨 있었기 때문이다. 캐슬린은 깊이 상처받았지만, 돈의 숨겨진 삶은 그를 사랑하고 존중하는 그녀의 마음에 균열을 내지 못했다. 그녀는 이 위기가 여태껏 함께 쌓아 온 둘의 역사를 무너뜨리게 놔두지 않기로 했다.

지난 몇 달간 나는 돈이 오래전부터 이어진 셰릴, 리디아와의 관계를 최대한 신중하고 진실하게 끝맺도록, 또 아내와의 관계를 회복할 수 있도록 도왔다. 그 후로도 돈은 어디 다녀왔냐는 캐슬린의 질문에 자기도 모르게 여러 번 거짓말을 했다. 이 나쁜 습관을 없애기는 쉽지 않겠지만, 돈은 최선을 다해 노력 중이다. 캐슬린의 질문에 정직하게 답할 때마다 돈은 이렇게 쉽게 대답할 수 있다는 사실에 놀라곤 한다. 둘의 시련은 아직 끝나지 않았다. 하지만 나는 둘이 위기를 극복해 더욱 강하고 친밀한 커플이 되리라고 느낀다.

피해자로서 던지는 질문 대신

나는 거짓말의 양쪽에서 일한다. 돈처럼 습관적으로 거짓말하는 사람들에게 조언하기도 하지만 그동안 상대에게 속아 온 사람들과 상담하기도 한다. 우리는 보통 이 사람들이 모든 걸 알고 싶어 할 거라고 생각하며, 진실을 알려고 하지 않는 것은 자기기만이라고 재단해 버린다.

캐럴은 남편이 알코올의존증이라는 사실을 알고 있었다. 하지만 남편이 술 마실 때 성매매를 즐긴다는 사실은 얼마 전에야 알았다. 어떻게 해야 할지 고민하던 캐럴은 내게 진실을 더 알고 싶은지 잘 모르겠다고 했다. "그건 당신 선택이에요." 내가 말했다. "자세한 걸 알고 싶지 않아도 괜찮아요. 마음의 짐은 남편이 지게 하세요. 자신이 어떤 남자, 어떤 사람이 되고 싶은지 알아내는 것도 남편의 책임이에요."

어떤 사람은 상세한 정보를 전부 알아내고 싶어 한다. 나는 이들을 지나친 정보에서 보호하기 위해, 진실을 아는 데는 대가가 따른다는 점을 상기시킨다. 그리고 종종 이렇게 묻는다. 정말 상대방이 당신의 질문에 다 대답해 주길 바라나요, 아니면 당신에게 질문이 있다는 걸 상대가 알아주길 바라나요?

나는 추궁하는 질문과 탐구하는 질문을 구분한다. 추궁하는 질문은 추잡한 진실을 파헤치고, 탐구하는 질문은 외도의 의미와 동기를 파헤친다.

추궁하는 질문은 이런 것들이다. 그 남자랑 몇 번이나 잤어? 우리 침대에서도 잤어? 그 여자는 신음 소리를 내든? 그 여자 몇 살이라고? 너 그 자식한테 입으로 해 줬어? 그 여자 아래도 다 면도했어? 그 여자가 뒤로도 하게 해 줬어? 추궁하는 질문은 상처를 키우며, 상대의 애인과 스스로를 비교하게 만들고 그 비교에서 우리는 항상 패자가 되기 때문에 또 다른 트라우마가 생길 수 있다. 상대가 피임으로 질병을 예방했는지, 그게 아니라면 나도 검진을 받아야 하는지 알 필요는 있다. 은행 계좌에 돈이 얼마나 남았는지 확인해야 할 수도 있다. 하지만 그 여자가 금발인지 갈색머리인지, 그 여자의 가슴이 진짜인지 아닌지, 그 남자의 페니스가 내 것보다 큰지 아닌지를 알 필요는 없다. 그 어떤 추궁이나 명령도, 심지어 과학 수사에서 나온 증거조차도 근본적인 두려움을 달래 주진 못한다. 게다가 이렇게 상대를 추궁하면 화해하기가 더욱 어려워지며, 갈라진다 해도 소송의 빌미가 될 수 있다. 신뢰 회복에는 다른 종류의 질문이 더 도움이 된다.

탐구하는 질문은 진실이 사실관계 너머에 존재할 수 있음을 아는 질문으로, 다음과 같은 것들이 있다. 외도가 당신에게 어떤 의미였는지 내가 이해할 수 있게 도와줘. 바람피우려고 사람을 찾아다녔어, 아니면 그저 우연히 그렇게 된 거야? 왜 지금이야? 집에 돌아올 때 어떤 기분이 들었어? 나와는 못 했는데 그 사람과는 할 수 있었던 경험이 뭐야? 자신에게 바람피울 자격이 있다고 생각했어? 내가 알아채길 바랐어? 내가 알아채지 않았으면 그 사람이랑 끝냈을 거야? 다 밝혀져서 마음이 편해, 아니면 아무도 모르길 바랐어? 나랑 헤어지려고 했어? 내가 당신을 용서해야 한다고 생각해? 내가 당신을 용서하면 나를 더 만만하게 볼 거야? 당신 때문에 가족이 파탄 났다고 느껴지지 않게 내가 당신을 떠나 주길 바랐어? 탐구하는 질문은 외도의 의미를 드러내고 이해를 도우며, 사실관계보다는 분석에 초점을 맞춘다.

때때로 우리는 진짜 질문을 뒤에 감춘 채 다른 질문을 던진다. "그 남자랑 어떤 섹스를 했어?"라는 질문은 "나와의 섹스가 싫었어?"라는 질문의 대역일 때가 많다. 마땅히 알아야 하

는 내용이더라도 질문을 어떻게 하느냐에 따라 기분이 나아
질 수도 더 나빠질 수도 있다. 내 동료인 스티브 안드레아스
Steven Andreas는 스스로에게 다음과 같이 물으면 추궁하는 질
문을 탐구하는 질문으로 바꾸는 데 도움이 된다고 말한다.
'상대가 내 질문에 모두 답할 때 내가 얻을 수 있는 것은 무엇
인가?' 스스로에게 이렇게 물으면 의도는 살리되 불필요한 정
보는 피할 수 있는 더 좋은 질문을 떠올릴 수 있다.

마커스는 모든 것을 알아야만 다시 상대를 신뢰할 수 있다
고 생각했다. 그래서 파트너 파벨에게 그동안 데이팅 앱을 이
용한 내역을 상세히 설명하라고 닦달했다. "내가 질문하면 너
는 대답해." 마커스가 새로운 상황에 적응하려 애쓰고 있다
는 것은 안다. 하지만 나는 마커스에게 이런 질문 답변 게임은
마음의 안정을 가져다주기보다는 분노를 키우고 친밀감을 없
애며 상대를 더욱 감시하게 만든다고 말했다.

외도가 발각된 직후 커플이 마음의 평안을 유지하기 위해
합의하에 서로의 행동을 어느 정도 규제할 수는 있다. 예를
들면 바람피운 상대와 만나거나 연락하면 안 되고, 일이 끝나
면 술집에 들르지 않고 바로 집으로 와야 한다고 합의할 수
있다. 그러나 바람피운 사람은 사생활을 누릴 권리가 없다고
여기는 사람이 너무 많다. 디지털 시대에 배신당한 사람들은
신뢰 회복을 이유로 상대에게 휴대폰과 이메일 비밀번호, 소
셜 미디어 계정 등을 요구하는 경우가 많다. 심리학자이자 작
가 마티 클라인Marty Klein은 이런 행동이 신뢰를 강화하기보다
는 오히려 무너뜨린다고 지적한다. "상대가 또다시 당신을 배

신하지 못하게 '예방'하는 것은 불가능하다. 상대는 당신에게 충실할 것인지 아닌지를 선택한다. 만약 상대가 당신에게 충실하지 않기로 선택한다면 세상에 존재하는 그 어떤 감시 방법으로도 외도를 막을 수 없다."[9]

신뢰와 진실은 붙어 다니는 한 쌍이지만, 세상에는 여러 종류의 진실이 있다는 사실을 인정해야 한다. 우리가 할 수 있는 선택을 고려할 때 개인과 커플에게 정말 도움이 되는 진실은 무엇인가? 어떤 지식은 상황을 더욱 명료하게 보게 해 주고, 어떤 지식은 괴로운 상상으로 스스로를 고문하게 만든다. 외도의 의미가 무엇이었는지(상대의 갈망과 두려움, 욕망, 희망이 무엇인지)를 밝히는 쪽으로 질문의 방향을 바꾸면 경찰관으로 변한 피해자 역할 대신 다른 역할을 맡을 수 있다.

진정성 있는 호기심은 둘 사이를 잇는 다리이자 새로워진 관계를 향한 첫걸음이다. 서로를 이해하고 문제를 해결할 때 우리는 협력자가 된다. 외도가 개인 사업이라면 외도의 의미를 이해하는 것은 공동 벤처 사업이다.

Part 3

바람이 불어오는 곳

—

의미와 동기

9장

행복한데 왜 바람을 피울까
―깊이 들여다보기

때로는 내가 살고 있지 않은 모든 삶의 무게에 뼈가 뒤틀리는 게 느껴져.

―조너선 사프란 포어, 『엄청나게 시끄럽고 믿을 수 없게 가까운』

섹스에는 나도 모르는 나를 거듭 발견하는 스릴이 있다. 타인의 새로움도 모험에 기여하고 도움이 되지만, 정말 중요한 건 내 안의 타자성이다.

―버지니아 골드너, 「아이러니한 젠더, 진실한 섹스」

'상대의 외도가 당신과 아무 관련이 없다면?'

상대의 숨겨진 애인에게 밀려 내팽개쳐졌거나 소중한 사람에게 속고 배신당한 적이 있다면 이 질문이 터무니없을 것이다. 연인의 배신은 자신과 밀접한 문제이자 가장 취약한 곳을 겨냥한 직격탄으로 느껴진다. 하지만 배신당한 사람이 입은 피해의 관점에서 문제를 바라보면 한쪽의 이야기만 알 수 있다. 외도는 바람피운 사람이 상대방에게 가한 행동을 의미한다. 그렇다면 바람피운 사람은 자신을 위해 무엇을 했을까? 그리고 왜 그런 행동을 했을까?

내가 하는 작업의 핵심은 2가지 관점(외도의 의미와 결과)을 견지하는 것이다. 1단계에는 무슨 일이 벌어졌는지, 즉 위기 상황과 그 여파, 상처, 거짓말에 집중한다. 2단계에는 왜 그런 일이 벌어졌는지, 즉 외도의 의미와 동기, 마음의 문제, 각자의 경험으로 초점을 돌린다. 회복을 위해서는 관련 당사자 모두가 참여하여 열린 마음으로 이 이야기를 들어야 한다.

"사람들은 왜 바람을 피우나요?"는 내가 지난 몇 년간 끊임없이 들은 질문이다. 문학 작품들은 바람피운 악한의 복잡한 내면을 들여다보라고 권하지만, 내가 속한 분야에서는 외도의 동기를 결혼 생활의 문제나 개인의 문제로 축소하는 경향이 있다. 그렇기에 미셸 솅크먼은 이렇게 지적한다. "과거 보바리 부인에게는 낭만적 사랑의 추구였던 것이 오늘날에는… '배신'이라는 틀에 갇혀 사랑이나 욕망이라기보다는 치료가 필요한 증상이 되었다."

이 '증상' 이론은 다음과 같다. 외도는 관계에든 사람에든 간에 문제가 있음을 알려준다. 실제로 그러한 경우가 많다. 수많은 관계가 결핍을 보상하기 위해, 공백을 채우기 위해, 또는 출구를 마련하기 위해 외도에 이른다. 불안정 애착이나 갈등 회피, 오래 이어진 섹스 없는 생활, 외로움, 아니면 그저 몇 년이나 같은 다툼을 반복했기 때문에 등, 많은 사람이 결혼 생활의 문제 때문에 바람을 피운다. 이처럼 기존의 문제가 외도로 이어지는 상황은 이미 많은 지면에서 충분히 다루었다. 하지만 심리치료사들은 잘 알려진 이유로는 설명이 불가능한 상황을 매일 마주한다. 이런 상황은 어떻게 해석해야 할까?

결혼 생활에 심각한 문제가 없는데도 불륜을 저지를 수 있다는 주장은 받아들이기가 쉽지 않다. 우리 문화는 누구의 잘못도 없이 외도가 일어날 수 있다는 사실을 믿지 않는다. 그래서 관계를 탓할 수 없을 때는 개인을 탓한다. 임상 문헌들은 바람피운 사람의 유형을 분류한 내용으로 가득 차 있다. 마치 성격이 언제나 상황을 이기는 것처럼 말이다. 종교적 언어는 심리학 용어로 대체되었고, 죄는 질병에게 자리를 빼앗겼다. 우리는 더 이상 죄인이 아니다. 우리는 아픈 사람들이다. 속죄하는 것이 진단명에서 벗어나는 것보다 훨씬 쉬운데 말이다.

이상하게도 임상 진단은 외도에서 회복시켜 준다고 광고하는 시장에서 엄청난 인기를 끈다. 어떤 커플은 진단서를 손에 쥐고 상담실에 들어온다. 브렌트는 질병 진단을 받아서 20년간 이어진 불륜의 핑계를 댈 수 있다면 기꺼이 환자 역할을 맡으려 했다. 브렌트의 아내 조앤은 그보다는 조금 냉철했다. 조앤은 내게 이렇게 말한다. "브렌트의 심리치료사가 말하길 브렌트에게 애착 장애가 있대요. 브렌트의 아버지가 그를 버리고 떠나는 바람에 혼자서 어머니와 여동생을 돌봐야 했기 때문이라나요. 하지만 전 이렇게 말했어요. '그냥 나쁜 놈이 되는 건 싫어? 그래서 진단까지 받아야 해?'"

얼마 전 제프의 아내 셰릴은 제프가 BDSM(구속bondage과 훈육discipline의 B와 D, 지배dominance와 복종submission의 D와 S, 가학sadism과 피학masochism의 S와 M을 합쳐서 만든 약어) 사이트를 돌아다니며 낯선 사람과 섹스하곤 했다는 증거를 여럿 발견했다. 다른 곳에서 여러 번 상담을 받은 제프는 자신이 던전에서 우울을 자가 치료하는 '섹스 중독자'라고 확신한다. 셰릴도 동의한다. 실제로도 그게 사실일지 모른다. 하지만 변태적 취향이라는 불편한 주제를 제대로 들여다보기 싫어서 자기 행동을 치료의 대상으로 만들어서는 안 된다. 꼬리표 붙이기는 진실 탐구보다 쉽다.

심리학적 진단만으로 충분치 않은 사람에게는 한창 흥하고 있는 대중 신경과학이 준비되어 있다. 니컬러스의 아내 조이는 1년 넘게 바람을 피웠다. 마지막 상담 시간에 니컬러스는 《뉴욕타임스》를 휘날리며 평소보다 환한 얼굴로 상담실에 들어왔다. "이거 보세요!" 니컬러스가 헤드라인을 가리키며 말했다. "'바람기는 유전자에 잠재해 있다.' 조이도 부모님이 열린 결혼을 했기 때문에 도덕관념이 희박한 거였어요. 바람기를 부모님에게서 물려받은 거라고요!"

변절한 배우자에게 우울과 강박, 나르시시즘, 애착 장애 또는 명백한 반사회적 태도의 증세가 나타나기도 하는 것은 사실이다. 그러므로 문제 행동을 하는 사람과 그로 인해 고통받는 사람 모두가 정확한 진단을 통해 전에는 이해할 수 없었던 행동을 명확하게 파악하는 경우도 있다. 이런 상황에서는 진단이 통찰과 회복으로 나아가게 해 주는 유용한 도구가 될 수 있다. 하지만 너무 성급하게 질병을 진단받아서 의미 생성 과정에 방해가 되는 경우도 상당히 많다.

여러 경험을 거치면서 나는 보편적 견해처럼 모든 외도가 관계나 개인의 문제에서 비롯된 증상은 아님을 알게 되었다. 눈에 가장 잘 보이는 원인이 늘 정확한 것은 아니다. 『왜 다른 사람과의 섹스를 꿈꾸는가』를 쓸 때 나는 이 교훈을 얻었다. 그 전까지 나는 관계에 문제가 있기 때문에 성생활에도 문제가 있으며, 그러므로 관계의 문제를 해결하면 섹스도 좋아질 거라는 이야기를 늘 들었다. 이 말이 사실인 커플도 많았지만, 당시 내가 상담하던 커플 중에는 이렇게 말하는 사람도 많았다. "우리는 서로를 정말 사랑해요. 사이도 좋고요. 섹스를 안 한단 사실만 빼면요." 난관에 빠진 성생활은 그저 실패한 로맨스의 증상이 아니었다. 섹스가 사라진 원인을 찾으려면 빤하지 않은 지점을 들여다봐야 했다. 즉, 많은 커플 상담사가 피하고 싶어 하는 주제인 섹스에 관해 터놓고 대화해야 했다.

이와 비슷한 통념으로, 관계가 친밀하면 자연히 서로에게 충실해진다는 주장이 있다. 우리 문화의 낭만적 사랑 모델은 결혼 생활이 건강하면 다른 곳에 눈 돌릴 이유가 없으리라고 본다. 집에서 안정감을 느끼고, 이해받고, 인정받고, 존경받고, 욕망의 대상이 될 수 있다면 왜 집 밖을 떠돌겠는가? 이 관점에서 보면 외도는 사실상 결핍의 산물이다. 그러므로 상담의 목표는 애초에 외도를 일으킨 문제를 찾아내고 치료하여 커플이 면역 접종 증명서를 손에 들고 떠날 수 있도록 하는 것이다. 하지만 이러한 문제 해결식 접근법으로 정말 사랑의 한계와 복잡성을 무력화할 수 있을까?

나는 그렇지 않다고 생각한다. 첫째, 그러려면 방랑벽을 예방할 완벽한 결혼 생활이라는 것이 존재해야 하기 때문이다. 둘째, 심리치료를 하면서 "저는 제 아내를/남편을 사랑해요. 우리는 서로의 가장 친한 친구이고, 함께할 때 행복해요. 하지만 전 지금 바람을 피우고 있어요"라고 힘주어 말하는 사람을 여럿 만나기 때문이다.

이들 중에는 수년간, 어떤 경우에는 수십 년간 상대에게 충실했던 사람이 많다. 상식적이고 성숙하며 배려심이 많은, 관계에 많은 노력을 기울여 온 사람들이다. 그러나 어느 날 이들은 자신이 넘을 거라고 한 번도 상상해 본 적 없는 선을 넘는다. 그동안 쌓은 모든 것을 잃을 각오를 하고서 말이다. 이들은 도대체 어떤 불빛을 발견한 것일까?

하룻밤의 불장난에서 열정적인 연애에 이르는 희한한 일탈 이야기들을 들으면 들을수록 빤하지 않은 설명에 마음이 끌린다. 행복한 사람들은 왜 바람을 피울까?

이 질문에 답하기 위해 나는 바람피운 사람들에게 자기 이야기를 해 달라고 말한다. 외도가 이들에게 어떤 의미인지 이해하고 싶어서다. 왜 바람을 피우셨나요? 왜 그 남자죠? 왜 그 여자인가요? 왜 지금이죠? 이번이 처음인가요? 바람을 주도하셨나요? 저항하려고 해 봤나요? 기분이 어땠죠? 다른 무언가를 찾고 있었나요? 뭘 찾고 있었나요? 이 모든 질문이 외도의 의미와 동기를 파악하는 데 도움이 된다.

사람들은 여러 이유로 바람을 피운다. 나올 것은 다 나왔다고 생각할 때마다 새로운 이유가 등장한다. 하지만 반복해서 등장하는 주제가 하나 있다. 바로 외도는 자기 발견의 한 형태이자 새로운(또는 잃어버린) 정체성의 추구라는 것이다. 이처럼 자신을 발견하고자 하는 사람들은 외도를 문제의 증상이 아니라 성장과 탐구, 변화를 수반하는 경험의 확장으로 묘사한다.

"경험의 확장?!" 분노한 목소리가 들려온다. "자기 발견이라고? 웃기는 소리 하네! 그래, 고속도로 옆에 있는 모텔에서 놀아난다는 표현보다 고상하네. 하지만 아무리 그럴듯한 이름을 붙이고 싶어도 바람은 바람이야! 잔인하고, 이기적이고, 부정직하고, 폭력적인 행동이라고." 실제로 배신당한 사람에게는 그런 것일 수 있다. 하지만 바람피운 사람에게 외도는 어떤 의미였을까?

초반의 위기가 어느 정도 가라앉으면 외도가 일으킨 고통과 함께 개인의 주관적 경험을 살필 수 있는 공간을 마련하는 것이 중요하다. 파트너 A에게는 고통스러운 배신이었던 경험이 파트너 B에게는 변화의 경험일 수 있다. 왜 외도가 발생했고 외도가 무엇을 의미하는지 이해하는 것은 갈라서기로 한 커플과 헤어지지 않고 다시 건강한 관계를 쌓기로 한 커플 모두에게 매우 중요한 과정이다.

새로운 나를 찾아서

우리가 다른 사람의 시선을 갈구할 때 외면하는 대상이 파트너가 아니라 나 자신일 때가 있다. 그때 우리는 다른 사랑을 찾는다기보다는 또 다른 자신을 찾고 있다. 멕시코의 문학가 옥타비오 파스Octavio Paz는 에로티시즘이 타자성에 대한 갈망이라고 말한다.1 많은 경우 바람피우는 사람이 가장 매료되는 '타자'는 새로운 애인이 아니라 새로운 자신이다.

프리야가 내게 보낸 첫 번째 편지에는 혼란과 괴로움이 가득했다. "문제 있는 결혼 생활을 묘사한 글들은 대부분 제 상황과 맞지 않아 보입니다." 이렇게 시작한 편지는 다음과 같이 이어졌다. "콜린과 저는 멋진 관계를 맺고 있습니다. 예쁜 아이들이 셋 있고 돈 문제도 없으며, 각자 좋아하는 일을 하고 있고 친구도 많습니다. 콜린은 모두가 놀랄 정도로 능력이 좋고 엄청나게 잘생긴 데다가, 섬세하게 절 챙기고, 몸매도 탄탄하고, 제 부모님을 포함한 주위 사람들 모두에게 친절합니다. 전 정말 '괜찮은' 삶을 살고 있어요."

그러나 프리야는 허리케인 샌디가 지나간 후 나무 하나가 옆집 창고 위로 쓰러졌을 때 와서 그 나무를 베어 준 수목 관리사와 바람을 피우고 있었다. "그 사람은 제가 데이트하고 싶어 할 사람이 아닙니다. 절대로요. 그 사람은 트럭을 몰고 몸에 문신도 있습니다. 너무 진부해서 말하는 것조차 고통스럽네요. 꼭 중년 임원이 섹시하고 젊은 비서랑 데이트하는 것 같잖아요. 그리고 이 관계는 위험합니다. 쌓아 온 모든 게 무너질 수도 있는데, 그건 제가 바라는 일이 아닙니다. 이걸 아는 사람은 제 심리치료사뿐인데 그는 그 남자 번호를 차단하고 다시는 연락하지 말라고 합니다. 저도 그게 옳다고 생각해서 그러려고 해 봤지만 자꾸 그 사람에게 돌아가게 됩니다."

프리야는 반은 매혹적이고 반은 고통스러운 경험을 들려주었다. "함께 갈 곳이 없어서 늘 몰래 그 사람 트럭이나 제 차, 아니면 영화관, 공원 벤치로 갑니다. 그럴 때마다 그 사람은 제 바지 안으로 손을 넣습니다. 꼭 남자 친구를 만나는 10대 소녀가 된 것 같아요." 프리야의 연애는 정말로 고등학생의 연애와 비슷했다. 이들이 만나는 동안 섹스한 횟수는 고작 6번 정도였다. 프리야에게는 섹스 자체보다 섹시한 느낌이 더 중요했다. 프리야는 너무나도 흔한 불륜의 딜레마에 빠져 있었다. "계속 이렇게 갈 순 없어요. 하지만 멈출 수가 없습니다."

프리야는 자신이 왜 이렇게 곤란한 상황에 처했는지 이해하지 못했고, 역시나 이런 일은 결혼 생활에 문제가 있을 때에만 발생한다고 믿고 있었다. 하지만 프리야가 자신의 결혼 생활이 얼마나 멋진지를 늘어놓을 때, 나는 그녀가 남편이나 둘의 관계에 문제가 있어서 바람피우는 게 아닐 수도 있다고 생각하기 시작했다.

상황이 이러한데도 악착같이 부부 사이에서 문제를 찾으려 하는 것은 '가로등 효과'를 보여주는 좋은 사례다. 술 취한 사람이 자신이 열쇠를 떨어뜨린 곳이 아니라 가로등 밑에서 열쇠를 찾는 현상이다. 이처럼 인간은 무언가를 찾을 때 실제로 있을 법한 곳이 아니라 탐색하기 쉬운 곳을 찾는 경향이 있다. 아마도 그렇기 때문에 수많은 커플 상담사가 어쩔 수 없이 증상 이론에 동의한다. 이런 식으로 심리치료사들은 인간의 일탈 행위라는 수렁에 깊이 몸 담그는 대신 관계라는 익숙한 영역에 초점을 맞춘다. 야망과 갈망, 권태라는 실존적 문제를 이해하는 것보다 실패한 결혼 생활을 탓하는 것이 훨씬 쉽기 때문이다. 문제는, 결국 열쇠를 찾지 못할 주정뱅이와는 달리 심리치료사들은 언제나 결혼 생활의 문제를 찾아낼 수 있다는 것이다. 그러나 이들이 찾은 문제는 외도의 의미를 밝혀 주는 열쇠가 아닐 수도 있다.

프리야의 결혼 생활을 전부 뜯어보면 분명 뭔가가 나올 것이다. 그녀는 남편보다 돈을 적게 벌기 때문에 힘이 더 적다. 분노를 억누르고 갈등을 회피하는 성향이 있다. 그녀는 가끔씩 폐쇄 공포증을 느낀다. "우리가 저 레스토랑 좋아했던가?"라는 말에서 잘 나타나듯, 결혼 생활에서 두 개인은 하나로 합쳐져 '우리'가 되어 버린다. 만약 프리야와 내가 이 노선을 선택했다면 흥미로운 대화를 나눌 수 있었을지 모르지만, 우리에게 필요한 건 그런 대화가 아니었다. 커플에게 어떤 '문제'가 있다고 해서 그 문제가 늘 외도로 이어지는 것은 아니다.

나는 프리야에게 말했다. "제 생각에는 결혼 생활이 아니라 당신을 들여다봐야 할 것 같아요. 그러니 자신에 대해 더 이야기를 해 주세요."

"전 늘 좋은 사람이었어요. 좋은 딸, 좋은 아내, 좋은 엄마였죠. 순종적이었고, 전 과목 학점이 A였습니다." 프리야는 인도에서 이민 온 가난한 집안에서 태어났다. 그녀에게 "내가 원하는 건 뭐지?"라는 질문은 곧 "사람들이 내게 원하는 건 뭐지?"와 같았다. 파티에 가서 술을 마시거나 늦게까지 놀아 본 적도 없었고, 마리화나도 스물두 살에야 처음 입에 물어 보았다. 의대를 졸업한 후 좋은 남자를 만나 결혼했고, 시부모님을 모시는 데 기꺼이 동의했으며 나중에는 두 분이 은퇴 후 거주할 수 있도록 콘도도 장만해 드렸다. 그러나 다음과 같은 질문이 마흔일곱이 된 프리야를 끊임없이 괴롭혔다. '완벽하지 못해도 사랑받을 수 있을까?' 마음 한구석에서는 '훌륭하지' 않은 사람의 삶이 궁금했다. 그런 사람들은 더 외로울까? 더 자유로울까? 더 즐거울까?

프리야의 외도는 증상도 병적인 문제도 아니다. 정체성의 위기이며, 내면에서 정체성이 재정립되는 과정이다. 프리야와 나는 의무와 욕망에 대해, 나이와 젊음에 대해 이야기했다. 현재 그녀의 딸들은 10대가 되어 그녀가 평생 모르고 살았던 자유를 만끽하고 있다. 그녀는 딸들을 지지하는 동시에 질투했다. 50살을 앞둔 프리야는 한참 늦은 사춘기를 겪고 있었다.

이런 분석이 가볍고 하찮은 제1세계의 문제처럼 보일 수도 있다. 프리야 또한 여러 번 그렇게 애기했다. 우리 둘 다 프리야가 누구나 부러워할 만한 삶을 살고 있다는 데 동의한다. 하지만 그녀는 그러한 삶을 전부 잃을 수도 있는 위험을 감수하고 있었다. 그 사실만으로도 내겐 그녀의 문제를 가볍게 여기지 않을 만한 충분한 이유가 된다. 내 역할은 그녀가 자신의 행동을 이해할 수 있게 돕는 것이다. 그녀의 연애가 인생의 사랑이 되지 않으리라는 건 분명했다(어떤 외도는 인생의 사랑이 되기도 한다). 그녀의 외도는 시작되었으나 반드시 끝날 종류의 연애였다. 우리 둘은 그 과정에서 그녀의 결혼 생활이 망가지지 않기를 바랐다.

외도라는 평행우주는 일상생활의 의무에서 멀리 떨어져 있기 때문에 이상화되거나 삶의 한계를 넘어서게 해 주겠다는 약속으로 물들기 쉽다. 어떤 이들에게 불륜은 가능성의 세계, 자기 자신을 다시 상상하고 만들수 있는 대안현실이다. 하지만 그 세계에 한계가 없는 것처럼 느껴지는 이유는 그 세계가 비밀이라는 한계에 갇혀 있기 때문이다. 외도는 삶이라는 산문 속의 빛나는 삽화이자 한 편의 시다.

그렇기에 금지된 사랑 이야기는 당연히 이상적일 수밖에 없으며, 결혼 생활과 가정이 부과하는 일상생활의 제약과 대조될 때는 더욱더 그렇다.[2] 한계를 지닌 이 외도라는 우주의 가장 큰 특성은(그리고 너무나도 유혹적인 힘의 핵심은) 절대 도달할 수 없다는 것이다. 외도는 언제나 위험하고, 손에 잡히지 않고, 명확하게 규정할 수 없다. 이 불확실성과 규정 불가능성, 다시 볼 수 있을지 알 수 없다는 사실(파트너와의 관계에서는 절대 참고 견디지 않을 것들이다)이 은밀한 로맨스의 기대감을 고조시키는 불쏘시개가 된다. 애인을 '소유'할 수 없다는 사실이 애인을 계속 원하게 만드는데, 우리는 항상 가질 수 없는 것을 원하기 때문이다. 애인에게 절대 가닿을 수 없다는 바로 그 점이 불륜에 신비한 성적 매력을 부여하고 욕망의 불꽃을 계속 타오르게 한다.

불륜을 현실에서 더욱 떨어뜨리는 요인 중 하나는 많은 사람이 프리야처럼 인생의 동반자가 될 수 없거나 되려 하지 않는 사람을 애인으로 선택한다는 것이다. 우리는 계급이나 문화, 세대가 전혀 다른 사람에게 빠짐으로써 현실에선 절대 바라지 않을 가능성을 즐긴다.

저널리스트 애나 풀리Anna Pulley가 기혼 여성과의 불륜 경험을 담은 아름다운 에세이에 썼듯이, 외도는 "절대 내 것이 될 수 없는 삶"을 약속한다. 풀리는 이렇게 말한다. "나는 그녀가 절대 택하지 않을 길이었다. … 우리의 사랑은 오로지 가능성에 의존하는 사랑이었다. 우리는 서로에게 무한한 가능성을 제공할 수 있었다. 현실은 절대로 이러한 약속을 이길 수 없다. … 그녀는 완벽의 극치였고 당연히 그래야만 했는데, 그녀에게는 현실적인 관계의 그 어떤 특성도 없었기 때문이다. … 그녀가 내게 하나의 도피처였다는 사실 또한 완벽의 이유였다. 그녀는 내게 늘 더 많은 것을 내주는 것 같았다."[3]

흥미롭게도, 이런 연애는 발각된 후에 거의 살아남지 못한다. 그렇게 많은 위험을 감수했던 관계라면 양지의 환한 불빛도 견뎌 낼 거라고 생각할 수 있다. 열정의 마법에 빠진 연인들은 마침내 함께하게 될 때 하고 싶은 모든 것을 애타게 늘어놓는다. 하지만 제약이 사라지면, 정말로 이혼을 하면, 숭고한 것이 평범한 것과 뒤섞이고 불륜 관계가 현실 세계로 들어오면 그다음엔 어떻게 될까? 어떤 이들은 행복하고 친밀한 관계에 안착하지만 대부분은 그렇지 못한다. 내 경험상 결혼 생활이 끝난다 해도 대부분의 불륜은 끝을 맞이한다. 사랑하는 감정이 아무리 진실했더라도 바람은 결국 한 편의 아름다운 소설일 뿐이다.

불륜이 결혼의 그늘 아래 있듯이, 결혼도 불륜의 한가운데에 있다. 위반 행위가 주는 달콤함 없이도 애인과의 관계가 유혹적일 수 있을까? 만약 프리야와 문신을 한 그녀의 남자 친구에게 둘만의 침실이 있었다면 그의 트럭 뒷좌석에서처럼 아찔할 수 있었을까?

나는 프리야 같은 여성(그리고 남성)을 수없이 만났다. 그리고 이런 경험이 발휘하는 힘을 인정한다. 나는 그 경험들이 사소하고 이기적이고 미성숙하다고 치부하지 않는다. 그러나 동시에, 애인과의 만남에서 어떤 통찰을 얻은 후 삶의 모든 것이 재미없어졌다고 느끼는 이들의 오만함에는 문제가 있다고 본다. 이탈리아의 사회학자 프란체스코 알베로니Francesco Alberoni가 말했듯, 사랑은 "모든 우선순위를 바꾸어 놓고 넘치는 것을 내버리며 환한 빛으로 피상적인 것을 비춰 즉시 폐기해 버린다."[4] 하지만 내가 프리야에게 경고했듯, 낭만적 비행이 끝나고 땅으로 추락하면 따분한 삶이 자신에게 얼마나 중요한지를 깨닫게 될 것이다.

위반의 강렬한 매력

관계에 관해 이야기할 때 피할 수 없는 곤란한 주제가 하나 있다. 바로 규칙을 어기고 싶은 너무나도 인간적인 욕망이다. 규칙에 맞서는 행위는 관습보다는 자유를, 제약보다는 가능성을, 사회보다는 나 자신을 옹호하는 행위다. 프리야로서는 자신이 결혼 생활을 위험에 몰아넣고 있다는 사실이 혼란스럽고 당황스럽다. 하지만 바로 그 점에 위반이 가진 힘이 있다. 위반의 힘은 자신에게 가장 소중한 것을 위태롭게 하는 데서 나온다. 우리는 중력의 법칙을 잘 알지만 날기를 꿈꾼다. 그 결과는 긍정적인 변화를 불러올 수도 있고 파괴적일 수도 있으며, 가끔은 그 둘을 따로 떼어 놓기 힘들 때도 있다.

프리야는 종종 자신이 걸어 다니는 모순덩어리라고 느낀다. 자신의 무분별한 행동에 크게 실망하다가도 스스로의 무모한 태도에 매혹되었으며, 들킬까 봐 두려워서 괴로워하면서도 멈추지는 못했다(멈출 마음이 없었다). 신경과학자들은 분명히 프리야가 평소에는 전두엽의 이성적인 명령에 따르지만 바람을 피울 때는 변연계의 영향을 받기 때문이라고 설명할 것이다.

심리학적 관점에서 볼 때, 금지된 것을 대하는 우리의 태도는 인간성의 어둡고 복잡한 면을 잘 드러낸다. 위반 행위는 인간 본성의 핵심에 있다. 아마 많은 이가 어린 시절에 숨고, 무언가를 몰래 감추고, 나쁜 행동을 하고, 들킬까 봐 두려워하다가 결국 들키지 않고 넘어갈 때 느꼈던 스릴을 기억할 것이다. 어른이 된 우리는 이런 행동을 강력한 최음제로 느낄 수 있다. 남사스럽고 지저분한 짓을 하다가 들킬 위험을 감수하는 것, 금기를 깨는 것, 한계를 밀어붙이는 것. 전부 흥분되는 경험이다. 성 연구가 잭 모린의 말처럼, 어린 시절부터 우리 대부분에게는 자신이 규율보다 우월하다는 사실을 드러내고자 하는 충동이 있다. 모린은 이렇게 말한다. "그렇기 때문에 위반의 기미가 있는 만남이나 판타지가 종종 자기 확증감, 심지어는 자부심을 준다."[5]

이제는 널리 알려진 모린의 "성욕 방정식"에 따르면 "끌림에 장애물을 더한 것이 바로 흥분의 정도"다.[6] 모린은 사라지지 않는 문제와 성공적인 해결책 간의 긴장 상태에서 엄청난 흥분이 발생한다고 설명한다. 우리는 다소 균형이 깨졌을 때, 불확실하고 불안할 때, "황홀경과 처참한 불행 사이의 위험한 경계에 서 있을 때" 그 어느 때보다도 격한 흥분을 느낀다.7

이러한 성향을 이해하면, 관계가 행복하고 안정적인 사람들이 왜 위반 행위의 흥분에 매료되는지를 알 수 있다. 만약 딱 한 번만 아무 규칙이 없는 것처럼 행동하면 어떻게 될까? 프리야에게 이 질문은 너무나도 매혹적이었다.

이처럼 규칙을 어기면서 오랫동안 미뤄 온 꿈을 실행하는 사람도 있지만, 자신에게 그럴 자격이 있는 양 아무렇지 않게 규칙을 어기는 사람도 있다. 그런 사람들은 당연히 자신이 규칙 위에 있다고 생각한다. 나르시시즘은 모든 관습을 어겨도 좋다는 허가증을 제공한다. 이런 사람들에게 불륜은 기회다. 이들은 그냥 그렇게 할 수 있기 때문에 태연하게 바람을 피운다. 이들이 가진 서사의 핵심은 당당함이다.

외도 이야기의 중심에는 이런 자격 의식이 있지만, 내가 특히 관심 있는 부분은 여태까지 책임감 있게 의무를 다하며 순종적으로 살던 사람들에게 자격 의식이 어떤 의미가 있느냐다. 이 정직한 시민들의 반항은 무엇을 나타낼까? 자신이 만들어 낸 바로 그 제약에 저항하는 이들의 모순적 상황을 어떻게 이해해야 할까?

나와 대화를 나눈 프리야는 혼란스러운 자신의 상황을 더 명확하게 이해하게 되었다. 그녀는 남편과의 관계에 어떤 문제가 있는지 찾아내지 않아도 된다는 사실에 안도했다. 하지만 모든 책임이 자신에게 있다고 생각하자 죄책감이 밀려왔다.

"제가 가장 하고 싶지 않은 일이 바로 콜린에게 상처를 주는 거예요. 이 사실을 알면 그는 무너질 거예요. 이 일이 그와 아무 관련이 없다는 걸 안다 해도 아무것도 변하지 않아요. 그는 제 얘기를 절대 믿지 않을 거예요."

프리야는 갈림길에 서 있었다. 많은 이의 조언대로 남편에게 모든 걸 털어놓은 다음 결과에 책임지는 방법이 있었고, 남편이 모르기를 바라며 아무도 모르게 불륜을 끝내는 방법이 있었다. 아니면 계속해서 당분간 두 줄 타기를 할 수도 있었다. 첫 번째 방법에서 걱정되는 지점은, 나 또한 거짓말이 옳지 않다고 생각하지만 불륜이 발각되는 순간 이야기가 돌이킬 수 없이 바뀌어 버린다는 것이다. 불륜은 더 이상 자기 발견의 이야기가 아니라 배신의 이야기가 된다. 나는 배신의 이야기에서 프리야와 콜린이 무엇을 얻을 수 있는지 잘 모르겠다.

그렇다면 조용히 외도를 끝내는 두 번째 방법은 어떨까? 프리야는 이미 여러 번 이 방법을 시도했다. 휴대폰에서 그 남자의 전화번호를 지우고 아이들을 학교에 데려다준 후 평소와 다른 길로 집에 돌아왔으며 그간의 행동이 얼마나 옳지 않은지를 계속 되뇌었다. 하지만 스스로 부여한 단절은 어길 수 있는 또 하나의 짜릿한 규칙이 되었다. 3일 후 프리야의 휴대폰에는 다시 가짜 이름이 등장했다.

세 번째 방법의 경우, 더 큰 위험을 감당할수록 프리야의 고통도 커지고 있었다. 그녀는 비밀이 자신을 좀먹는다고 느끼기 시작했고 날이 갈수록 허술해졌다. 영화관이든 외딴 곳에 있는 주차장이든, 그녀가 가는 곳마다 위험이 따라다녔다.

이 모든 점을 고려했을 때, 나는 프리야에게 네 번째 방법을 추천하고 싶었다. 사실 그녀가 내게 하는 말은 이것이었다. '이 모든 걸 끝내야 하지만 그러고 싶지 않아요.' 내 눈에는 보이지만 프리야는 아직 이해하지 못한 사실은, 그녀가 정말로 잃을까 봐 두려워하는 것은 그 남자가 아니라는 것이었다. 프리야가 정말 잃고 싶지 않은 것은 그 남자가 일깨운 또 다른 자신이었다. 나는 프리야에게 이렇게 말했다. "당신은 자신이 그 트럭 운전사와 만나고 있다고 생각하겠지만, 사실은 그 남자를 통해 스스로와 깊이 만나고 있는 거예요."

사람들이 외도를 끝낼 수 있도록 도울 때에는 외도의 경험과 바람피우는 상대를 분리하는 것이 중요하다. 잠깐 동안의 만남은 끝나겠지만, 그 만남이 남긴 선물은 오랫동안 남을 것이다. 나는 프리야에게 이렇게 말했다. "제 말을 믿지 않겠지만, 관계를 끝내면서도 거기서 얻은 것을 잃지 않을 수 있어요. 당신은 이 만남으로 에너지와 젊음을 되찾았어요. 그 사람과 끝내는 게 그 모든 것과 연결된 생명줄을 끊는 것 같을 거예요. 하지만 그 에너지와 젊음은 시간이 흘러도 당신 안에 남아 있으리라는 걸 알았으면 해요."

우리는 어떻게 이별을 고할지에 대해서도 이야기했다. 일시에 깨끗하게 끝내려고도 해 봤지만 잘 되지 않았는데, 그런 방법은 외도의 부정적인 측면만 강조하고 그 경험의 깊이를 인정하지 않기 때문이다. 프리야와 그 남자는 어떻게 끝내는 것이 좋을지 몇 시간이나 얘기를 나누면서 서서히 이별하려고도 해 봤다. 나는 이런 식의 대화가 어떤 결과로 이어지는지 잘 안다. 커플들은 밤을 새우며 이별을 계획하지만, 결국 헤어짐을 앞두고 더욱 친밀하고 연결된 것 같은 기분을 느낀다.

나는 다른 방식의 대화를 권했다. 만남의 긍정적 측면을 전부 부정하는 대신 모순을 받아들이는, 더욱 적절한 작별인사 말이다. "나도 이 관계를 끝내고 싶지 않지만, 오늘은 당신과 헤어지려고 여기에 나온 거예요." 프리야는 둘의 관계가 자신에게 준 것에 감사를 표해야 하고, 함께한 기억을 늘 소중히 간직할 거라고 그 남자에게 말해야 한다.

프리야는 이렇게 물었다. "그걸 오늘 해야 하는 거죠?"

내가 말했다. "며칠은 걸릴 거예요. 그 남자에게서 자신을 뽑아 내는 법을 배워야 해요. 쉽지 않을 거예요. 가끔은 이를 뽑는 것처럼 힘들게 느껴질 거예요. 그 사람의 존재감이 너무 커서 더 이상 못 보게 되면 처음에는 텅 빈 사람처럼 멍하게 걸어 다닐 거고요. 그게 정상이에요. 시간이 좀 걸릴 거예요."

어떤 경우에는 깨달음을 주는 단 한 번의 대화로 이 모든 과정을 끝낼 수도 있다. 하지만 의미를 소화하고 외도가 자연스럽게 끝을 맞이할 때까지 몇 주나 몇 달이 걸릴 수도 있다. 내가 보기에 프리야는 후자에 해당했다. "그 남자에게 문자를 보내거나 전화를 하거나 찾아가거나, 아니면 그 남자 집으로 운전대를 돌리지 않도록 마음을 굳게 먹어야 해요. 가끔 마음이 약해질 수도 있지만 결국엔 익숙해질 거예요. 슬프고 상실감이 들겠지만 점점 받아들이게 될 거예요. 더 이상 분열된 채 살지 않는다는 데 안도하게 될 거예요. 그리고 가끔씩 그 사람을 떠올릴 때마다 다시 젊어진 기분을 느낄 수 있을 거예요."

내 말처럼 프리야가 그를 아름답게 기억할 수도 있지만, 1년 후 이때를 돌아보면서 "도대체 내가 무슨 생각을 했던 거야? 미쳤었나?"라고 황당해할 가능성도 충분히 있다. 그 남자는 프리야의 비밀 정원에 있는 아름다운 한 송이 꽃으로 남을 수도 있고 잡초가 될 수도 있다. 지금으로선 그 남자를 마음에 묻어도 된다고 말해 주는 것이 프리야가 그를 떠나보내는 데 도움이 될 거라고만 해 두자.

　사람들은 종종 이렇게 묻는다. "둘 중 하나가 그런 비밀을 안고 있는데 커플이 편안하고 진실한 관계를 맺을 수 있나요? 그 비밀이 관계 전체를 거짓으로 만들진 않나요?" 나는 이 질문에 확실하게 답하지 못한다. 보통은 진실을 밝힘으로써 커플에게 새로운 대화 창구가 생기기를 바라며 외도 사실을 털어놓는 쪽으로 상담을 진행하지만, 부주의한 비밀 누설이 지울 수 없는 상처를 남기는 경우도 여러 번 보았다. 프리야와의 상담에서는 그녀가 자신의 경험을 온전히 이해하고 가능한 한 조심스럽게 그 경험을 헤쳐 나가도록 돕는 데 집중하고 있다. 이제 프리야의 메신저는 전 애인이 아니라 내가 보낸 메시지로 가득하다. 나는 프리야가 매일 애인을 통해 스스로를 긍정하던 습관을 끊어 내고 서서히 목표를 향해 나아갈 수 있도록, 즉 온전한 삶을 되찾을 수 있도록 돕는 후원자 역할을 하고 있다.

살아 보지 못한 삶의 유혹

새로운 자신에 대한 탐구는 외도 서사의 강력한 주제 중 하나다. 프리야의 평행우주는 그녀를 한 번도 되어 본 적 없던 10대 소녀로 만들었다. 반면 어떤 이들은 한때 자신이었던 사람의 기억에 이끌린다. 또 어떤 사람들은 몽상에 빠져 자신이 놓친 여러 기회들, 자신이 될 수도 있었던 사람에 대해 생각한다. 저명한 사회학자 지그문트 바우만Zygmunt Bauman은 이렇게 말한다. 현대의 삶에는 "늘 의심이 있다. … 내가 거짓이거나 실수인 삶을 사는 건 아닌지, 엄청나게 중요한 무언가를 간과하고, 놓치고, 무시하고, 시도해 보지 않고, 탐구해 보지 않은 건 아닌지, 진실한 나를 위해 마땅히 다해야 할 의무를 다하지 않은 건 아닌지, 여태까지 경험한 것과는 완전히 다른 종류의 행복을 누릴 기회를 제때 붙잡지 않은 건 아닌지, 앞으로도 계속 이렇게 산다면 그 기회가 영영 사라지는 건 아닌지 하는 의심 말이다."[8] 바우만은 살아 보지 못한 삶, 탐구해 보지 못한 정체성, 가지 못한 길에 대한 우리의 노스탤지어를 정확히 짚어 낸다.

어렸을 때 우리에게는 다른 역할을 수행하며 놀 수 있는 기회가 있었다. 어른이 된 우리는 우리에게 부여된 역할, 또는 우리가 선택한 역할에 갇혔다고 느낄 때가 많다. 파트너를 선택할 때 우리는 하나의 이야기에 전념하겠다고 약속한다. 하지만 호기심은 영원히 남는다. 내가 들어갈 수 있었던 다른 이야기는 무엇일까? 외도는 이 다른 삶을 보여주는 창문이 되어 그 안의 낯선 사람을 엿보게 해 준다. 외도는 버려진 가능성들의 복수일 때가 많다.

드웨인은 대학 시절 연인이었던 키샤의 기억을 늘 소중히 간직해 왔다. 키샤는 드웨인이 만난 최고의 섹스 파트너였고, 아직까지도 그의 판타지 속에서 독보적 역할을 맡고 있었다. 대학 시절 둘은 미래를 약속하기엔 아직 너무 어리다는 사실을 잘 알았기에 마지못해 이별을 택했다. 시간이 흐른 후에도 드웨인은 둘이 다른 시기에 만났더라면 어떻게 됐을지 궁금해했다.

페이스북을 비롯한 디지털 세계는 오래전 우리 삶에 존재했던 사람들을 다시 만날 수 있는 전에 없던 기회를 제공한다. 이만큼 쉽게 전 애인에게 연락할 수 있고, 쉽게 호기심을 채울 수 있었던 적은 없었다. "걔는 도대체 어떻게 살고 있는 거야? 결혼은 했을까?" "아내와 사이가 안 좋다는 이야기는 들었는데." "걔는 내 기억처럼 여전히 귀여울까?" 클릭 한 번이면 답을 알 수 있다. 어느 날 드웨인은 페이스북에서 키샤의 프로필을 찾아 냈다. 이런, 키샤도 드웨인처럼 오스틴에 살고 있었다. 키샤는 여전히 섹시했고, 이혼한 상태였다. 그녀와 달리 드웨인은 행복한 결혼 생활 중이었지만 호기심이 그를 이겼다. '친구 추가'는 이내 은밀한 연애로 이어졌다.

소셜 미디어 덕분에 지난 10여 년간 전 애인과 바람피우는 사람이 우후죽순처럼 늘어났다. 이런 옛 연인과의 만남은 자신이 아는 것과 모르는 것 사이에 자리한다. 한때 알던 사람이 주는 익숙함과 시간의 흐름이 만들어 낸 신선함이 합쳐지기 때문이다. 오래전에 꺼졌다가 다시 불타오르기 시작한 열정은 이미 구축된 신뢰, 위험, 취약성이 한데 섞인 독특한 조합을 제공한다. 게다가 아른거리는 노스탤지어를 자극하기까지 한다. 한때 나였으나 잃어 버린 사람은 바로 한때 당신이 알았던 사람이다.

우리 모두에게는 여러 자아가 있다. 하지만 한 사람과 오랫동안 깊은 관계를 맺으면 우리는 복잡성을 잃고 하나의 모습으로 축소되는 경향이 있다. 회복에 반드시 필요한 요소 중 하나가 바로 그동안 버려지고 추방되었던 나의 조각들을 되찾는 것이다.

추방된 감정의 귀환

자신에게 여러 모습이 있다는 사실을 발견하고 깜짝 놀라는 사람도 있지만, 아요는 자신의 다양한 자아를 이미 잘 알고 있다. 그는 친구들과 멘토, 친밀한 파트너들을 통해 늘 자신을 새롭게 규정하고 발전시킨다. "전 세계에 다양한 친구들이 있는데, 시기별로 만난 친구들이 다 달라요. 각각을 만날 때마다 그 관계를 맺었던 시절의 제 모습이 등장하죠. 어떤 사람과 시간을 보내느냐에 따라 다양한 시절의 제 모습을 다시 경험할 수 있으니 너무 신나요."

하지만 지난 2년 동안 아요의 개인 성장 프로젝트에 가장 큰 영향을 미친 사람은 국제개발 분야에서 함께 일하는 동료 신시아였다. 아요는 2년간 이어진 둘의 만남을 새로운 자신을 경험하도록 밀어붙이며 "크나큰 발전을 이루게 해 준 액셀러레이터"라고 표현한다.

아요의 불륜은 그리 알려지진 않았으나 적지 않은 남자들의 이야기를 보여준다. 세상에는 감정의 스펙트럼에서 평생 강인한 쪽만 경험하는 부류의 남자들이 있다. 이들은 두려움이 없고 언제나 스스로를 잘 통제한다. 케냐에서 태어나 여러 번 이사하며 불안정한 어린 시절을 보낸 아요에게는 이 전략이 먹혔다. 아요는 과거를 돌아보며 이렇게 말했다. "전 사랑의 여러 좋은 점을 원했어요. 따뜻함, 보호, 보살핌, 우정, 로맨스 같은 것들요. 하지만 불안정한 점들, 예를 들면 취약함, 나약함, 두려움, 슬픔 같은 것들은 경험하고 싶지 않았어요."

아요의 아내 줄리는 딱 그가 원하던 것을 제공했다. 둘은 27년 전 런던에서 처음 만났다. 같은 분야에서 막 경력을 쌓기 시작할 무렵이었다. "줄리는 아름다웠고 유달리 명석했습니다. 활발했고, 지나치게 내성적이거나 나약한 사람이 아니었어요. 저한테 딱 맞았죠." 둘은 다섯 아이를 낳았다. 그리고 아요가 계속 국제개발 분야에 종사하며 전 세계를 돌아다니는 동안 줄리는 일을 그만두고 아이들을 돌보았다.

둘의 결혼 생활은 행복한 편이었다. 아요의 말에 따르면 그 행복은 "결혼 생활 바깥에서의 자유를 존중한 덕분"이었다. 아요는 수년 동안 전 세계 여러 국가에서 가벼운 만남을 즐기며 자유를 누렸다. 줄리는 아요의 "사이드 스텝"(줄리는 아요의 애인들을 이렇게 불렀다)을 모른 척했고("그 사람들이 제 마음의 무게를 덜어 줬어요"), 본인도 한 번 가볍게 바람을 피운 적이 있었다(줄리는 아요에게 이 사실을 알렸다).

아요는 신시아가 쓴 글을 통해 처음 그녀를 알게 되었고, 그 글이 "정말로 뛰어나다"고 생각했다. 신시아의 글은 "매력적이고, 재미있고, 진실하고, 지혜로웠"다. 실제로 만난 신시아는 앞의 모든 것에 우아함과 품위를 더한 것 같았다. 아요는 이렇게 말한다. "우리는 사랑에 빠졌어요. 일하면서도 만났고, 편지도 수백 통 썼죠. 지난 2년 동안 쓴 편지만 수천 페이지 정도 될 거예요." 같은 분야에서 일하는 동료로서의 존경과 창의적인 동반자 관계, 지적 차원에서의 동지애, 성적인 열정과 유머에 이르기까지, 둘의 관계에는 여러 다양한 면이 있었다.

처음에 아요와 신시아는 둘의 관계를 각자의 배우자에게 말할 생각이었다. 아요뿐만 아니라 신시아의 결혼 생활도 경계가 유연했기에, 그 경계 안에 이 관계가 포함되길 바랐기 때문이다. 하지만 둘은 이 관계가 예전의 다른 가벼운 만남보다 훨씬 진지해서 "배우자의 인내심을 건드릴" 확률이 높다는 것 또한 알았다. 계획을 실행에 옮기기 전, 삶이 둘 앞에 끼어들었다. 신시아가 암 진단을 받은 것이다. 각자의 배우자에게 알리려던 계획은 무산되었고, 그때까지 남아 있던 결혼 생활의 경계도 사라졌다. 아요는 그때를 이렇게 회상한다. "저는 신시아의 삶에 뛰어들어 할 수 있는 한 많은 시간을 함께 보냈어요. 신시아를 더욱 깊이 사랑하게 됐죠. 처음으로 두려움과 슬픔에 스스로를 내던졌어요."

아요는 내내 억압했던 감정과 연결되면서 호기심과 공감 능력, 불확실성을 견디는 힘을 새로 발견했다고 한다. 늘 자신을 성찰하는 아요는 그 경험을 다음과 같이 설명한다. "전에는 없었는데, 이제는 감정을 느끼고 이해하는 능력이 생겼습니다." 이 부드러운 면모는 섹스에서도 나타났다. 신시아와의 섹스는 "더 장난기 넘치고 안정적이었으며, 결과에 연연하지 않았"다.

줄리가 신시아를 알게 되자 아요는 과거에 자신이 모험을 즐길 때 그랬듯 줄리가 그저 "어깨를 으쓱하고" 다자연애를 하자는 새로운 합의로 받아들여 주길 바랐다. 하지만 아요에겐 놀랍고 실망스럽게도, 반대 상황이 벌어졌다. "줄리는 고통에 빠졌어요." 아요는 이 난관에서 벗어날 방법을 찾다가 내게 커플 상담을 요청했다.

아요는 첫 번째 편지에 이렇게 썼다. "저는 줄리를 사랑합니다. 그녀의 무한한 신체적 에너지, 결혼 생활과 가족을 향한 무조건적 헌신, 강인함과 사려 깊음, 근거 있는 확신, 가치에 대한 단단한 신념을 전부 사랑합니다. 우리에게는 공통점이 많고, 이 공통점이 늙을 때까지 우리를 하나로 묶어 줄 거예요. 하지만 저는 신시아도 사랑합니다. 그녀의 우아함과 뛰어난 정서적 지능, 총명함, 취약함, 존재론적 불안, 복잡한 내면까지 전부요. 신시아와 함께 있을 때 충만해지는 제 모습이 좋습니다. 너무나도 다른 제 안의 모습들이 정반대의 방향으로 저를 끌어당깁니다. 두 모습을 전부 가지고 살아갈 때면 누구보다도 운 좋은 사람이 된 것만 같아요."

나와 만났을 때 아요는 마지못해 신시아와의 성생활을 끝낸 상태였지만 지적인 측면에서는 계속 신시아와 함께했고, 줄리는 그 사실이 매우 못마땅했다. 아요는 여러 선택지를 고려하고 있다고 솔직히 털어놓았다. 한편으로는 줄리가 결혼 생활을 유지하면서 자신의 연애도 인정할 수 있도록 내가 줄리를 설득해 주길 바랐다. 다른 한편으로는 오로지 결혼 생활에만 집중할 수 있도록 내가 자기 "잘못을 지적하고 망상에서 빠져나오게" 해 주길 바랐다. 그러나 또 한편으로는 이 교차로에서 새로운 삶의 방향을 선택해야 하는지 의심했고, 만약 그래야 한다면 자신이 그 사실을 직면할 수 있도록 내가 도와주길 바랐다. 아요는 어떤 방향으로 나아가야 할지 전혀 모르고 있었다.

한편 줄리는 아요가 왜 그렇게 신시아에게 끌리는지, 자신이 왜 그렇게 거부감을 느끼는지 이해하고 싶어 했다. 나는 줄리에게 물었다. "이 관계가 아요의 다른 관계와 다르게 느껴지는 이유는 뭔가요?" 중년 남성이 젊고 아름다운 여성과 바람을 피우고, 아내가 젊은 여성과 자신을 비교하며 자신감을 잃는 사례는 많다. 하지만 줄리에게 젊고 아름다운 여성은 전혀 문제가 되지 않았다. "한 번도 젊은 여자들한테 위협을 느낀 적 없어요. 그냥 무시했죠." 하지만 신시아는 줄리에게 큰 타격을 입혔다. 능력이 뛰어난 전문직 종사자인 신시아는 줄리와 나이가 같았고, 줄리가 양육에 힘 쏟기 위해 수십 년 전 걸어 나온 분야에서 탁월한 성과를 내고 있었다.

줄리의 이야기를 들으면서 나는 왜 그녀가 그토록 절망했는지 이해하기 시작했다. 아요는 그냥 다른 여자와 사랑에 빠진

게 아니라 줄리가 될 수도 있었던 여성에게 빠진 것이었다. 신시아는 아요가 발견한 그의 새로운 모습만 상징한 게 아니라 줄리가 포기한 모든 것을 상징했다. 줄리도 아요의 곁에서 일하고, 열정을 나누고, 함께 성공을 축하할 수 있었다. 하지만 줄리는 다른 선택을 했고 이제 그 선택은 되돌릴 수 없다. 그런데 아요에게는 또 한 번 시도할 기회가 있었다.

상담을 하던 줄리는 처음으로 잃어버린 자신의 모습에 대해 생각했다. 마음의 벽에 균열이 생긴 줄리는 울기 시작했다. 상담을 마칠 때쯤 줄리와 아요는 (아요가 좋아할 만한 표현으로는) 매우 불편하지만 동시에 새로운 발전의 문턱에 직면했다. 아요는 줄리가 상처받았다는 사실에 그저 놀라는 대신 자신이 발견한 공감 능력을 아내에게 보여줄 수 있을까? 줄리는 절제하는 태도를 극복하고 자신의 취약한 면을 드러내 보일 수 있을까? 어떻게 하면 줄리가 새로운 목적 의식을 찾을 수 있을까?

아요가 생각하지 못한 선택지가 하나 있다. 바로 줄리와의 관계에 새로운 감정의 어휘를 불러오는 것이다. 만약 둘의 안식처에 두려움과 슬픔, 취약함을 들여올 수 있다면 전혀 예상치 못한 새로운 자신을 곳곳에서 만날 수 있을지 모른다. 하루 종일 이어진 상담을 마칠 때쯤, 아요와 줄리는 이 가능성을 고려해 보고 있었다.

이처럼 실생활에서 펼쳐지는 드라마들이 내게 증상 이론의 한계를 명확하게 보여준다. 병이나 기능 장애의 측면에서만 외도를 바라봐서는 안 된다. 커플에게 어떤 나쁜 결과가 발생했는지뿐만 아니라, 규칙을 위반하는 경험에 어떤 감정이 공명하고 있는지에도 신중하게 관심을 기울여야 한다. 그렇지 않으면 구획화compartmentalization(자기 내면의 모순되는 특징들을 유지하기 위해 특징을 분리하는 방어 기제-옮긴이)를 영속화해 외도를 더욱 부추기게 될 뿐이다. 그럴 경우 커플이 원래 상태로 되돌아갈 위험이 있다. 외도의 의미를 분석하는 작업은 이후에 있을 결정의 토대가 된다. 잘못된 곳에서 열쇠를 찾으며 소중한 시간을 낭비하다간 많은 것을 놓칠 수 있다.

10장

무감각의 해독제
—금단의 맛

나는 모든 것이 변해 버릴 수 있다는 두려움과 평생 모든 것이 지금과 똑같을 수 있다는 두려움 사이에서 망설이는 여자다.

—파울로 코엘료, 『불륜』

가장 좋은 상태의 독점적 관계는 함께 죽을 수 있는 사람을 찾고 싶다는 바람이다. 가장 나쁜 상태의 독점적 관계는 살아 있다는 두려움에 대한 치료제다. 둘은 헷갈리기가 쉽다.

—애덤 필립스, 『독점적 관계』

"'계단으로 가요.' 사무실에서 나와 엘리베이터를 기다리는데 그가 이렇게 말했어요. 그때 그의 손이 살짝 제 손을 스쳤어요. 정말 별것 아닌 접촉이었는데도 감전된 것 같았어요. '살아 있음'을 느낀 거예요." 기억을 더듬는 다니카의 눈이 빛났다. "정말 놀랐어요. 왜냐하면 제가 그런 기분을 느끼고 싶어

했다는 것조차 몰랐거든요. 그때까지도 제가 오랫동안 그런 감정을 그리워했다는 사실을 깨닫지 못하고 있었어요."

다니카의 이 설명도, 성실한 아내이자 엄마인 그녀가 연하의 브라질 출신 동료 루이스를 따라 계단만 올라간 게 아니라 본격적으로 불륜에 뛰어들었다는 사실도 내겐 그리 놀랍지 않다. 금단의 열매를 한입 베어 문 사람들의 이야기에서 가장 많이 등장하는 주제는 바로 이거다. 외도는 '살아 있음'을 느끼게 해 준다.

바람을 피우는 수많은 사람이 비슷한 단어로 그 경험을 설명한다. 다시 태어난 것 같다, 젊어진 것 같다, 강렬하다, 활력을 되찾았다, 새로워진 느낌이다, 생기가 돈다, 자유로워졌다. 그리고 많은 이가 다니카처럼 예상치 못한 충격을 느끼기 전까지는 자신에게 그런 감정이 부족했다는 사실조차 인지하지 못했다고 말한다. 살아 있다는 느낌은 명확히 드러나는 외도의 동기가 아니다. 많은 경우 사람들은 왜 이 모든 게 시작되었는지 잘 이해하지 못한다. 하지만 자세히 들여다보면 이 느낌이 예상치 못한 외도의 의미일 때가 많다. 10여 년 동안 금지된 사랑을 연구해 온 내게 전 세계 사람들이 이러한 감정을 토로했다. 고대에 에로스는 생의 에너지를 의미했다. 이 의미에서 보면 외도는 에로틱한 이야기의 정수다.

"신디와의 모든 경험이 강렬했습니다." 카림은 3년 전부터 이어진 신디와의 외도를 돌아보며 말했다. "서로 만날 계획을 짜는 것도 강렬했어요. 섹스도요. 싸움도 강렬했습니다. 화해는 또 어떻고요. 저는 신디를 간절히 바라는 동시에 두려워하는 것 같습니다. 반면에 제 결혼 생활은 그냥 평범합니다. 나쁘진 않지만, 좀 시시하죠."

키스는 이렇게 말한다. "다른 사람과 사랑에 빠질 수 있다는 생각 자체를 안 해 봤어요. 조와 저는 미술학교를 다닐 때부터 쭉 함께했어요. 그러다 예술가 공동체에서 노아를 만났고, 마치 아주 길었던 동면에서 깨어난 것만 같았어요. 그동안 제가 잠들어 있었다는 사실조차 몰랐어요. 노아는 절 격려하고 영감을 줬어요. 갑자기 활기가 넘쳤어요. 노아와 함께 있을 때 제 인생 최고의 작품을 만들 수 있었죠."

"10년도 더 전부터 남편하고 할 때는 전혀 축축해지지가 않았어요." 앨리슨이 다소 격하게 말했다. "그때 전 서른다섯 살이었고 저에게 무슨 의학적인 문제가 있다고 확신했죠. 그 문제만 빼면 우리는 정말 많은 것을 함께했어요. 남편은 제 부조종사 역할을 해 주는 가장 친한 친구예요. 바깥에서 볼 때도 우리는 완벽해요. 그런데 그때 디노가 제 앞에 나타난 거예요. 디노는 단 몇 마디 말로 절 자극했고, 온갖 윤활제와 섹스토이도 못 한 일을 해냈어요. 정말 황홀했어요. 마치 그가 멈춰 있던 저를 다시 움직이게 한 것 같았죠."

'살아 있다'가 어떤 의미인지 물으면 사람들은 다양한 이야기를 들려준다. 그중에서도 힘, 자기 긍정, 자신감, 자유라는 단어가 가장 많이 등장한다. 이것들을 사랑이라는 묘약에 섞으면 엄청나게 강력한 칵테일이 완성된다. 물론 처음으로 섹스에 눈을 뜨거나 잊었던 섹스를 되찾기도 하지만 그게 다는 아니다. 무언가를 새롭게 자각했다고 말하는 사람들은 좁은 공간에 갇힌 느낌이었다가 다시 자유롭게 움직이게 된 것 같았으며, 예상 가능한 한 가지 길만 남았던 삶에 새로운 가능성들이 열리는 것 같았고, 모든 게 시큰둥했는데 갑자기 강렬한 감정이 밀려들었다고 설명한다. 나는 이런 종류의 만남을 실존적 외도라고 생각하기 시작했다. 이런 만남은 깊은 곳으로 치고 들어가 삶의 본질을 건드리기 때문이다.

사람들이 그 결과를 어떻게 판단하든 간에, 이런 만남은 결코 가볍지 않다. 그 힘이 어찌나 강렬한지, 상대의 외도를 발견한 배우자만큼이나 바람을 피운 당사자도 혼란스러워할 때가 많다. 하지만 나는 똑같은 이야기를 상당히 여러 번 들었으므로 이 어리석어 보이는 행동에도 다 이유가 있음을, 불가사의한 인간 본성이 예상치 못한 죄로 사람들을 이끈다는 것을 안다. 상상조차 불가능해 보이던 행동을 필연으로 만드는 존재론적 역설을 설명할 때면, 반은 심리치료사고 반은 철학자가 된 것만 같다.

죽음의 그림자로부터 멀리

놀라울 정도로 많은 사례에서 불륜이라는 모험을 거슬러 올라가다 보면 인간의 가장 기본적인 두려움, 즉 언젠가는 죽을 수밖에 없다는 두려움과 마주친다. 사람들은 상실이나 비극적 사건을 경험한 직후에 외도하는 경우가 흔하다. 죽음의 신이 문을 두드릴 때(부모님이 돌아가시거나 친구가 너무 일찍 세상을 뜨거나 유산했을 때), 사랑과 섹스가 우리를 강타해 활기를 일으키며 삶의 가치를 확인해 준다.

좀 더 상징적인 상실도 있다. 의사에게 나쁜 소식을 들으면 자신이 젊고 팔팔하다는 자신감이 순식간에 짓밟힌다. 암을 진단받고 나서 죽을 수도 있다는 불안에서 벗어나기 위해 새로운 사랑의 품에 안기는 남녀도 많다. 불임 진단을 받으면 생명을 창조할 능력이 없다는 사실에 직면한다. 우울은 희망과 기쁨을 앗아간다. 전쟁이나 재난처럼 위험한 상황은 흔치 않은 감정 상태를 불러일으킨다. 이처럼 본인의 무력함과 취약함에 직면하는 순간 외도는 일종의 저항 행위가 될 수 있다. 지그문트 프로이트는 에로스가 죽음 본능인 타나토스와 전쟁을 벌이는 삶의 본능이라고 보았다.

어쩌면 이들은 전에도 다른 사람의 유혹을 받았을 수 있다. 그러다 갑작스레 삶의 덧없음과 허무함을 마주한 후 오늘을 살기로 결심하고 행동에 나선 것은 아닐까. 이들은 갑자기 절반만 산 삶에 만족할 수 없게 된다. "이게 다야?" 이들은 더 많은 것을 갈구한다. 어제까지만 해도 합리적으로 보였던 타협안을 오늘은 더 이상 견딜 수 없게 된다. "삶은 짧습니다. 바람을 피우세요"라는 애슐리매디슨닷컴의 악명 높은 슬로건은 그저 상스러워 보일 수도 있지만 사실은 타깃을 정확히 설정한 것이다. 이런 이야기들은 너무 흔해서 나는 항상 내담자들에게 묻는다. "최근 몇 년간 상실이나 죽음, 비극적 사건으로 괴로웠던 적 있나요?"

무기력한 습관 속에서 부지불식간에 나타나는 것이 해골 모습을 한 진짜 죽음의 신일 수도 있지만, 죽은 듯한 무감각일 수도 있다. 무엇이 나타나든 간에 나는 외도가 이런 상황의 강력한 해독제라고 생각한다. 프란체스코 알베로니는 "사랑과 에로스는 세상에서 가장 지친 사람도 일어나게 한다"라고 말했다.[1] 이런 종류의 불륜은 삶을 향한 갈망을 불러일으키고, 우리는 저항할 수 없는 그 힘에 무너진다. 이런 불륜은 사람들이 미리 계획하거나 찾아 나선 것이 아닐 때가 많다. 예상치 못하게 커진 성적 욕망은 돌연히 일상의 리듬과 습관을 깨부수면서 우리를 따분한 삶 너머로 이끈다. 시간이 느리게 흐른다. 사정없이 진행되던 노화도 속도를 잃은 듯하다. 익숙한 장소에 신선한 아름다움이 깃든다. 새로운 장소가 막 깨어난 우리의 호기심을 향해 손짓한다. 사람들은 모든 감각이 증폭된다고 말한다. 음식이 더 맛있고, 음악은 그 어느 때보다 달콤하며, 빛깔은 더욱 선명해진다.

"전부 나쁜 것만은 아니에요"

다니카의 문자를 본 남편 슈테판은 그녀가 지난 18개월 동안 살아 있음을 느끼게 해 준 남자와 바람을 피웠음을 알게 되었다. 그는 큰 충격을 받았다. 다니카는 문자에 이렇게 썼다. "아직도 나를 만지던 너의 손이 느껴져." "어쩌면 다시 한 번 몰래 빠져나와서 같이 점심 먹을 수 있을지도 몰라. 그땐 오직 너만을 위해 차려입을 거야." 슈테판은 이 메시지에서 한때 자신이 사랑했던 활기 넘치고 장난기 많은 여자, 지난 몇 년간 찾아볼 수 없었던 여자를 발견했다.

처음의 충격에서 어느 정도 회복한 슈테판은 (그의 말에 따르면) "이상하게도 긍정적"이었고, 한 가닥 희망을 느꼈다. 다니카는 막심한 후회를 표했고 이제는 다 끝났다고 주장했다. 슈테판은 나를 찾아와 이 위기가 한때는 열정적이었으나 이제는 활기를 잃은 결혼 생활에 다시 불을 붙여 주길 바란다고 털어놓았다. 어쩌면 슈테판도 사무실 동료에게 끈적한 문자를 보낸 그 여성을 다시 만날지도 몰랐다.

몇 번의 약속이 취소된 후 나는 다니카를 만날 수 있었다. 다니카는 우아하고 과묵한 40대 여성으로 세계보건기구who에서 컨설턴트로 일하고 있다. 나는 다니카가 상담에 회의적이며, 슈테판이 유튜브에 올라온 내 영상을 보라고 몇 주 동안 들들 볶은 데 상당히 화가 났다는 사실을 들어서 알고 있었다. 다니카의 태도에서 상담 말고도 지금 해야 할 중요한 일이 많다는 것을 분명히 알 수 있었다. 그냥 내가 환영받는 느낌을 받지 못했다고 해두자. 심지어 다니카는 자신의 '실수'에 관해서도 말하길 꺼렸다. "왜 그 얘기를 다시 꺼내야 하죠? 이젠 다 끝났어요. 전 다음 단계로 나아가고 싶어요."

나는 다니카가 자기 행동을 비난한다는 것을, 나도 자신을 비난할 거라고 생각한다는 것을 느낄 수 있었다. 하지만 다니카는 이미 혼자서 충분히 괴로워하고 있었기 때문에 내가 더 보탤 것이 없었다. 다니카는 분명 수치심과 불편함을 느끼고 있었고, 외도 경험 전체를 '잘못된 것'으로 치부했다.

보통 이런 상황에서 나는 바람피운 사람들이 후회와 회한을 더욱 진정성 있게 표현하도록 돕는다. 하지만 다니카의 경우 나는 반대로 행동했다. 다니카의 자기 비난이 너무 극심했기 때문에 결혼 생활뿐만 아니라 자기 자신을 이해하고 변화시킬 수조차 없었기 때문이다. 다니카는 남편의 고통에 책임을 지는 동시에 자신의 경험이 가진 긍정적 측면을 인식할 수 있도록 '남편에게 상처를 준 행동'과 '잘못'을 분리해야 했다. 이렇게 하지 않으면 다니카가 새로 발견한 에너지를 집으로 들여올 가능성은 별로 없었다. 슈테판은 에너지 넘치는 여성을 발견했고, 그 여성을 집으로 데려오고 싶었다. 하지만 다니카는 자기 행동에 너무 큰 충격을 받은 나머지 자신은 루이스의 품에서 살아 있음을 느낀 그 여성이 '아니'라고 주장하고 있었다.

나는 다니카에게 말했다. "모든 외도에는 즐거운 경험이 들어 있어요. 당신은 그 남자에게 푹 빠졌어요. 그러니까 모든 게 나빴을 순 없어요. 물론 죄책감이 들 거예요. 하지만 그 남자 덕분에 살아 있음을 느꼈다고 말할 수도 있는 거예요. 자, 당신의 경험에 대해 더 이야기해 봐요."

다니카는 주저하며 입을 열었다. "바람을 피우고 싶었던 건 아니에요. 그동안 여러 남자들이 접근했지만 전 신경도 안 썼어요. 그런데 루이스는 달랐어요. 그냥 수작을 건 게 아니었어요. 이렇게 말했죠. '당신에겐 아름다운 에너지가 있는데, 다 막혀 있네요. 당신의 깊은 곳에는 자유로워지길 기다리는 진짜 여자가 있어요.' 루이스의 칭찬은 평범한 칭찬이 아니었고, 뭔가 다른 게 느껴졌어요. 게다가 루이스는 끈질겼어요."
사실 내가 보기에 루이스의 저 말은 누가 봐도 여자를 유혹하려고 던지는 말이다. 하지만 나는 이런 별것 아닌 유혹이 그동안 아무도 알아봐 주지 않았던 마음속 깊은 곳의 열망과 만날 때 얼마나 큰 효과를 내는지도 안다. 그럴 때 평범한 아첨은 아찔한 강장제가 된다.

다니카가 말을 이었다. "집에서는 할일이 너무 많아요. 아이들에게 문제가 없으면 부모님에게 문제가 생기죠. 너무 벅찰 때가 많아요. 집에 들어오면 코트 벗을 시간도 없어요. 하나가 끝나면 다른 하나가 기다리고 있고, 할일을 다 하고 나면 완전히 지쳐 버리죠. 하지만 루이스를 만난 후로 많은 게 달라졌어요. 사무실에 가면 내가 가치 있는 사람처럼 느껴지고 모든 게 즐거웠어요. 너무 좋아서 약간 아찔하기까지 했죠." 루이스와의 만남은 다니카의 삶에 다시 기쁨과 기대감을 불어넣었다. 이 기쁨과 기대감은 집에서는 오래전에 사라지고 없었던 강렬한 성적 요소였다.

안타까운 일이다. 문제의 집은 한때 다니카의 꿈이었기 때문이다. 취리히 호수가 내려다보이는 이 사랑스러운 오두막은 붉은색 타일 지붕에 커다란 창문이 있다. 성공한 변호사인 다니카와 슈테판은 지난 15년을 그곳에서 살았고, 다니카는 애정을 담아 집 리모델링을 감독했다. 어린 시절 분쟁을 피해 보스니아를 떠나온 다니카는 이런 안정적인 보금자리를 평생 갈망했다. 다니카는 슈테판과 이 집을 떠나고 싶은 건 아니라고 힘주어 말했다. 이건 출구 전략으로서의 외도가 아니었다. 하지만 다니카는 자신이 왜 이렇게 분열되었는지 제대로 이해하지 못하고 있었다. 이렇게 그림 같은 곳이 어떻게 도망치고 싶을 정도로 숨 막히는 공간이 되었을까? 게다가 자신이 슈테판에게 상처를 줬다는 사실도 다니카를 혼란스럽게 했다. 슈테판은 "안전한 기분을 느끼게 해 준 첫 번째 남자"였기 때문이다.

안정과 모험

외도에는 가슴 아픈 아이러니가 있다. 바로 가장 소중한 것에 반기를 드는 자신을 발견하게 된다는 것이다. 사람들이 흔히 겪는 이 고충은 우리 내면의 실존적 갈등을 보여준다. 우리는 안정감과 소속감을 원하며, 이 2가지 속성은 우리가 한 사람과 깊은 관계를 맺도록 만든다. 하지만 우리는 새로움과 다양성 또한 즐긴다. 정신분석가 스티븐 미첼이 날카롭게 지적했듯이, 우리는 안정을 갈구하는 '동시에' 모험을 갈구한다.[2] 하지만 이 2가지 기본 욕구는 완전히 다른 동기에서 나오며, 한평생 우리를 정반대 방향으로 잡아당긴다. 우리 삶은 분리와 결합, 개성과 친밀함, 자유와 헌신 사이의 긴장을 배경으로 펼쳐진다.

우리는 이 세상에 나오는 순간부터 엄마의 무릎 위에서 느끼는 안정감과 놀이터에서 느끼는 위험 사이를 왔다 갔다 하며 이 정반대의 욕구 사이에서 양다리를 걸친다. 한 손은 익숙하게 알고 있는 것을 붙잡고, 다른 한 손은 알 수 없고 흥분되는 것을 향해 뻗는다. 우리는 연결된 느낌, 예측 가능함, 믿음을 원한다. 이것들은 우리가 땅에 단단히 뿌리를 박을 수 있게 해 준다. 하지만 우리에게는 변화와 예상치 못한 사건, 초월성도 필요하다. 고대 그리스인들은 이를 잘 알고 있었기에 아폴론(이성과 자기 절제의 신)과 디오니소스(즉흥적, 감각적, 감정적인 것의 신)를 모두 숭배했다.

현대적 사랑은 한 사람과의 관계에서 2가지 욕구를 전부 채울 수 있다고 약속하며 우리를 애태운다. 우리가 선택한 사람은 바위처럼 한결같고 믿을 수 있는 동시에 우리를 따분한 일상 밖으로 끌어낼 수 있어야 한다.

관계 초반에는 이 정반대의 욕구가 완벽하게 충족되는 듯하다. 안정과 모험은 처음에는 양자택일처럼 보이지 않는다. 신혼은 사랑이 보답받았다는 안도감과 아직 펼쳐지지 않은 미래에 대한 흥분이 동시에 있는 매우 특별한 시기다. 그러나 많은 이가 표면 아래에 흐르는 불확실성 덕분에 초반의 관계가 그렇게 충만할 수 있음을 깨닫지 못한다. 우리는 사랑을 더욱 안정적이고 믿을 만한 것으로 만들기 시작하고, 그 과정에서 사랑은 어쩔 수 없이 강렬함을 잃는다. 우리는 헌신이라는 길 위에서 기꺼이 약간의 열정을 확실함과 바꾸고, 어느 정도의 흥분을 안정감과 바꾼다. 그 대가로 우리가 모르는 사이에 성적인 활기가 사라질 수 있다는 사실은 예상하지 못한다.

우리가 친밀한 관계에서 얻길 원하는 영속성과 안정감은 성적인 불꽃을 억눌러, 스티븐 미첼이 "열렬한 저항의 표현"이라 칭한 외도로 우리를 이끌 수 있다.[3] 바람피우는 사람은 자신이 안정과 관습의 제약에서 벗어나길 간절히 바란다는 걸 깨닫는다. 자신이 상대방과의 관계에서 그토록 힘들게 쌓고자 했던 바로 그 안정감에서 말이다.

다니카는 자신이 이런 상황에 처할 줄은 전혀 몰랐다. 슈테판 같은 남자와 아이들, 안정적인 직업, 내년 계획을 짜면서 느끼는 안정감은 정확히 그녀가 원한 것들이었다. 하지만 아이들은 그녀에게 또 다른 두려움을 주었다(다니카의 경우에는 이 두려움이 특히 극심했다). 막내아들은 첫 번째 생일을 맞기도 전에 심장 수술을 받아야 했고 앞으로도 계속 특수 치료를 받아야 한다. 열두 살이 된 첫째 아들은 이젠 자기가 관심받아야 할 때라고 생각했는지 온갖 상상력을 동원해 부모를 놀라게 하는 짓들을 저지르기 시작했다.

이 모든 스트레스에도 다니카와 슈테판은 안정적인 삶을 즐겼다. 슈테판은 아내의 눈 속에서 타오르던 열정이 그리웠지만 그녀가 많은 것을 감당하고 있으니 더 많은 걸 바랄 순 없다고 생각했다. 슈테판은 가족과 함께하기 위해 매일 서둘러 일터에서 돌아왔고, 다니카는 해야 할 일들에 너무나 몰두한 나머지 자신이 무감각해지고 있다는 사실조차 깨닫지 못했다. "우리 결혼 생활은 나쁘지 않아요." 다니카가 주장했다. "슈테판은 한 번도 주말 저녁 데이트를 잊은 적이 없어요. 하지만 막내의 건강과 첫째의 학교 성적을 걱정하면서, 내일 아침 6시에 일어나야 한다는 걸 알면서 어떻게 로맨틱한 기분을 느낄 수 있겠어요? 솔직히 말하면 데이트보다는 그 시간에 이메일을 확인하고 싶어요. 그러면 다음 날 아침에 해야 할 일이 좀 줄어드니까요."

역사학자이자 에세이스트인 패멀라 해그Pamela Haag는 다니카와 슈테판이 경험하는 것과 같은 결혼 생활에 관해 책 한 권을 썼다. 해그는 이런 결혼을 "멜랑콜리한 결혼"이라고 부른다.[4] 그리고 이 "절반만 행복한 커플"들이 겪는 어려움을 분석하면서 다음과 같이 설명한다.

결혼은 우리 삶에 무언가를 더해 주고, 동시에 무언가를 앗아 간다. 일관성은 기쁨을 없앤다. 기쁨은 안도감을 없앤다. 안도감은 욕망을 없앤다. 욕망은 안정감을 없앤다. 안정감은 성욕을 없앤다. 무언가가 나타나면 당신의 일부는 희미해진다. 그것 없이 살 수 있을 수도 있고, 아닐 수도 있다. 그리고 내 안에서 사라져도 되는 것이 무엇이고 사라지면 안 되는 중요한 것이 무엇인지는 결혼 전에 알기 어려울 수 있다.

다른 많은 사람들처럼 다니카도, 누군가가 내면의 정말 중요한 부분을 일깨우기 전까진 그것이 사라지면 안 되는 줄도 몰랐다. 루이스가 신중하게 단어를 골라서 던진 칭찬은 숨어 있던 다니카의 멜랑콜리를 건드렸고, 자기 비판적이고 불만이 가득하고 여러 일을 동시에 처리하는 엄마보다 훨씬 진실한 (분명 다니카는 그렇게 느낄 것이다) 자아를 일깨웠다.

둘 다 가질 수도 있지 않을까

이렇게 대조적인 욕망들을 조화시키기가 얼마나 힘든지를 보여주는 증거가 필요하다면, 외도가 그 증거물 1호다. 로라 키

262

프니스Laura Kipnis가 말했듯 외도는 2가지를 동시에 원하는 인간 욕망의 부산물일 뿐만 아니라 일종의 해결책이다. 키프니스는 이렇게 말한다. "바람피우고 싶다는 소망은 본질적인 정신 분열에서 비롯된다." 그리고 외도는 "자신이 직접 구성한 삼각관계에서 경쟁하는 대리인들을 통해 내면의 갈등을 표면화하는 명쾌한 해결책"을 제시한다.5

많은 이가 집에서 구할 '수 없는' 것을 구하기 위해 집 밖으로 나선다는 것은 거의 기정사실이 되었다. 그렇다면 집에서는 '원하지 않는' 것을 구하기 위해 다른 곳에 눈 돌리는 사람은 없을까? 어떤 이들에게 자기 집은 열정적 사랑이나 무절제한 섹스와 연관된 골치 아픈 감정을 펼쳐 놓을 적절할 장소가 아니다. 미첼이 말했듯 자신이 크게 의존하는 사람 앞에서 그런 욕망을 내보이는 것은 상당히 위험한 일이다. 이런 경우 사람들은 자신이 집에 꾸려 놓은 것에 무관심해서 바람을 피우는 것이 아니다. 오히려 그 반대로, 집에 간직한 것이 너무나도 소중하기 때문에 굳이 망치고 싶지 않은 것이다. 이들은 폭발할 듯한 에로스의 에너지가 안정적인 가정생활을 방해하길 원하지 않는다. 잠시 포근한 보금자리에서 벗어나고 싶지만 아예 잃고 싶지는 않다. 불륜은 2가지를 정확하게 분리하는 깔끔한 해결책으로 보인다. 위험과 격정은 연인의 방에서, 안정과 친밀함은 우리 집에서 즐긴다.

적어도 이론적으로 불륜은 안정과 모험을 모두 보장하며 딜레마를 해결해 준다. 바람피우는 사람은 욕정과 위험을 제3자에게 맡김으로써 가정을 완전히 포기하지 않고서도 가정생활의 지루함에서 벗어날 수 있다. 어쨌거나 연인의 침대에서 평생을 머물고 싶지는 않을 수도 있는 것이다. 그저 바라는 건 내가 원할 때 연인을 찾아갈 수 있는 자유뿐이다. 비밀을 잘 유지하는 한, 모든 것을 얻을 수 있을 듯하다. 사회학자 리즈 밴더부트Lise VanderVoort와 스티브 덕Steve Duck은 이렇게 말한다. "불륜의 매력은 다음과 같은 모순 때문에 더욱 강렬해진다. '전부 변하지만, 아무것도 변할 필요가 없다.' 불륜은 전부 얻을 수 있다는 솔깃한 약속을 내건다. 우리는 독점적 관계의 이분법에 저항할 수 있다."[6]

잃어버린 욕망을 되찾은 여자들

집에서는 마음의 문을 닫고 집 밖에서 다시 깨어나는 여성이 다니카뿐만은 아니다. 다니카의 경험은 에로스를 가둔 전형적 사례 중 하나다. 나는 이런 여성들을 자주 만난다. 대부분은 매일 밤 거절당하는 데 신물이 나고 불만 가득한 남편의 손에 이끌려 상담실을 찾는다. 남편들은 하나같이 아내가 아이들에게만 몰두하며 섹스에는 전혀 관심이 없다고 불평한다. "설거지를 아무리 많이 해도 아내는 저와 하려고 하질 않습니다." 하지만 내 경험상 바로 이런 여성들이 전혀 예상치 못한 사랑을 만나면 '생기를 되찾는다.'

부부의 침실에서는 섹스에 전혀 관심 없던 여자가 어떻게 마음 편히 즐길 수도 없는 격정적 불꽃에 갑자기 휘말리는지를 많은 남자들이 이해하지 못한다. 이 남자들은 지난 수년 동안 그저 아내가 섹스에 관심이 없는 거라고 생각한다. 그러나 새로운 증거가 발견되면 이들은 생각을 바꾼다. "아내는 나와의 섹스에 관심이 없었던 게 틀림없어." 실제로 상상력이 부족한 남편 때문에 아내가 성욕을 잃는 경우도 있지만 늘 그런 것은 아니다. 사실 슈테판은 아내의 즐거움을 위해 많은 것을 준비하는 사랑꾼이었으나, 다니카의 반응은 늘 "제발 법석 떨지 말자. 알겠지?"였다. 그러나 루이스와 함께 있을 때 다니카는 나른한 상태에서 몇 번이고 섹스를 즐겼고, 심지어 헤어진 후 문자에서도 분위기를 이어 갔다.

아내는 섹스가 끝나기만을 기다린다. 연인은 섹스가 끝나지 않기만을 바란다. 남자가 누구냐에 따라 이런 차이가 나타난다고 생각하기 쉽지만 더 중요한 건 맥락이다. 여기서 맥락은 그녀가 스스로를 위해 만들어 내는 이야기, 그 안에서 자신이 연기하는 역할을 뜻한다. 집, 결혼, 엄마 됨은 많은 여성이 추구하는 가치지만 이들은 더 이상 자신을 여성으로 느끼지 못하게 만드는 요인이기도 하다.

저명한 연구자 마르타 미아나Marta Meana의 글은 여성 욕망의 수수께끼를 명확하게 설명해 준다. 미아나는 여성의 섹슈얼리티가 주로 유대감, 즉 사랑과 서로에 대한 헌신, 안정에서 나온다는 일반적 가정에 의문을 제기한다. 만약 이 가정이 사실이라면 다니카와 슈테판 같은 부부의 성생활에는 아무 문제가 없어야 한다. 미아나는 여성이 "거리를 좁히고 감정을 솔직하게 표현하는 것"을 좋아하기도 하지만 한편으로는 "짓궂고 섹시한 것"을 원한다고 말한다. 사실 "어쩌면 여성은 남자들만큼이나 새로움과 위반 행위, 본능, 익명성에서 흥분을 느낄지 모른다. 하지만 이것들이 일으키는 흥분의 가치가 자신이 더욱 소중하게 여기는 것(예를 들면 감정적 유대감)을 내놓을 정도로 중요하지는 않을 수도 있다."[7]

그동안 계속 말해 왔듯 감정적 욕구와 성적 욕구가 항상 같이 가지는 않는다. 어떤 사람들은 안정적인 관계에서 신뢰를 쌓아야만 그 신뢰를 바탕으로 섹스를 즐기고, 위험을 감수하고, 편안한 마음으로 욕정을 드러낼 수 있다. 그러나 부부 간의 사랑을 키우는 바로 그 안락한 가정의 특성이 욕망을 서서히 질식시키는 경우도 많다. 만약 둘 중 하나를 선택해야 한다면 여성은 무엇을 선택할까? 미아나는 "성적인 즐거움보다는 좋은 관계를 선택할 것"이라고 본다.

즉, 옛날부터 여성은 성적인 욕구보다 감정적 욕구를 우선시했다는 말이다. 여성들은 무엇이 자신을 흥분시키는지 알지만, 그보다 더 중요한 것이 있음을 안다. 자신이 무엇을 좋아하는지 알지만, 자신이 무엇을 필요로 하는지도 안다. 이들은 이미 자신에게 더욱 중요한 것을 선택한 것이다.

당연하게도 슈테판은 수수께끼 같은 이런 여성의 마음을 해독하지 못했다. 아내가 마음의 문을 닫자 다른 남자들처럼 그녀가 섹스를 즐기지 않는다고 결론 내렸다. 이런 결론은 미나가 지적한 또 하나의 흔한 오해를 낳는다. 우리는 여성이 섹스에 흥미가 없는 것을 본래 여성은 성욕이 별로 없다는 증거로 해석한다. 하지만 어쩌면 여성의 성욕은 더욱 강렬하고 상상력 넘치는 자극이 필요하다고 보는 게 더 정확한 설명일 수 있다. 이때는 파트너뿐만 아니라 여성 자신이 나서서 본인의 성욕을 일깨워야 한다.

많은 여성이 결혼 후 섹슈얼리티를 욕망이 아니라 의무로 느낀다. 반드시 '해야 하는' 일은 더 이상 원하는 일이 될 수 없다. 반면에 바람을 피울 때는 자신의 결정에 따라 즐거움을 취할 수 있다. 다시 의지가 작동하기 시작한다. 여성은 스스로 자신의 만족을 추구한다.

슈테판은 자신이 다니카의 상태를 알아채지 못했다는 사실에 괴로워했고, 그 이유를 이해하기 위해 루이스를 찾아가기까지 했다. 슈테판이 물었다. "다니카의 내면이 메말랐다는 걸 어떻게 알았죠? 도대체 뭘 본 거죠?" 루이스는 이렇게 말했다. "다니카를 보면 겨울의 나무가 떠올랐어요. 이파리는 없지만 여름에는 얼마나 찬란한 아름다움을 뽐낼지 상상할 수 있었죠." 슈테판은 아내의 괴로움을 시적으로 표현한 루이스의 이야기를 듣고 슬픔과 질투를 느꼈다. 자신은 할 수 없었는데, 어째서 루이스는 다시 아내를 꽃피울 수 있었을까?

나는 슈테판에게 말했다. "루이스와 함께 있을 때 그녀는 아이들과 청구서, 저녁 식사 메뉴를 생각할 필요가 없어요. 전부 성욕을 감소시키는 것들이지요. 루이스를 당신 자리에 놓으면 곧 당신과 똑같은 운명을 맞이할 거예요."

심리치료사이자 작가인 달마 헤인Dalma Heyn은 "성적인 침묵"이라는 말로 이 문제를 설명한다. 성적인 침묵은 결혼한 일부 여성에게 나타나는 "예상치 못하고 정확히 설명할 수도 없는 기쁨과 활력의 상실"이다. 헤인은 이렇게 말한다. "여성의 섹슈얼리티는 스스로에게 얼마나 진실하고 스스로를 얼마나 잘 돌보느냐에 달려 있다."[8] 하지만 결혼 생활과 엄마 됨에는 일정 수준의 이타심이 필요하며, 이 이타심은 욕망에 내포된 이기심과 공존하지 못한다. 타인을 돌봐야 하는 여성은 자신의 욕구에 집중하고 마음 가는 대로 행동하며 성욕을 표현하고 무책임하게 굴기가 어렵다. 성적인 즐거움을 얻으려면 자신에게만 몰두할 수 있어야 하는데, 많은 여성이 집에서는 그렇게 하기가 힘들다고 느낀다. 가족을 보살펴야 한다는 부담은 강력한 성욕 억제제다.

여성이 진정한 자신에게서 멀어질 때, 외도는 자신을 회복할 수 있는 좋은 방법이 된다. 고대 신화에 나오는 주인공처럼 여성들은 자기 자신을 찾아 집을 나선다. 은밀한 정사는 인생에서 자신만을 위해서 하는 유일한 행위가 된다. 헤인의 논의는 이런 종류의 로맨스에 자아실현이 내재해 있음을 보여준다. "외도를 경험하기 전 이 여성들은 자기 신체가 분열되었다고, 목소리를 잃었다고, 자기 성격의 중요한 부분이 사라졌다고 느낀다. 하지만 바람을 피우는 중이거나 불륜을 경험한 후에는 변한다. 억압되었던 감정들을 흘려보내고 새로운 현실로 들어선다. 이 현실은 온갖 빛깔과 활기로 가득 차 있으며, 여성들은 살아 있음을 느낀다. 잠에서 깨어나 더욱 강해지고 스스로에게 집중하게 되었다고 느낀다."[9]

내 경험으로는 이 자율성이라는 주제는 여성에게서 더 많이 나타나지만 여성이나 이성애 커플에게만 한정되는 것은 결코 아니다. 그러나 여성은 주로 "저를 잃었어요"라고 말하는 반면 남성은 "아내를 잃었어요"라고 불평한다. 남성들도 더 큰 흥분과 섹스만이 아니라 유대감과 강렬함, 살아 있는 느낌을 찾아 다른 사람에게 눈을 돌리기 시작한다. 아이러니하게도 결국 이 남성들은 자기 아내처럼 집에서 갑갑함을 느껴 다른 곳에서 깨어나길 바라는 여자들을 만나게 된다.

캐런 E. 심스Karen E. Sims와 함께한 미아나의 연구는 섹스 문제만 아니면 행복한 결혼 생활을 하는 여성들이 왜 이런 운명에 처하는지를 잘 보여준다.10 연구 결과에 따르면 "성욕을 감퇴시키는" 3가지 핵심 요인이 있다. 첫째는 관계의 제도화다. 관계가 제도화하면 자유와 독립은 서로에 대한 헌신과 책임에 자리를 내준다. 둘째는 개성과 미스터리가 친밀함으로 대체될 때 나타나는 지나친 익숙함이다. 셋째는 성욕을 잃게 하는 역할이다. 엄마이자 아내로서 집안을 관리하는 역할은 전부 스스로를 탈성애화하는 역할들이다.

이 연구 결과는 우리 안의 본질적인 양극성을 잘 처리해야 욕망을 유지할 수 있다는 나의 임상 경험을 뒷받침해 준다. 그리고 여성의 욕망에 관한 관습적 사고에, 특히 여성이 성적으로 개방되려면 반드시 안정감을 느껴야 한다는 가정에 다시 한 번 문제를 제기한다. 미아나와 심스는 다음과 같이 결론 내린다. "여성의 성욕은 '안전한 쪽'에만 머물기보다는 대립하는 충동 사이에서… 편안함과 자유, 안정과 위험, 친밀함과 개성 사이에서 균형을 잡아야 한다."11

정반대의 욕구 사이에서 섬세하게 균형 잡기를 어려워하는 사람들에게 왜 불륜이 매력적인 제안이 되는지는 쉽게 이해할 수 있다. 외도는 절대 제도화할 수 없으며, 자유와 독립을 얻을 수 있는 확실한 방법이다. 심스와 미아나가 말한 것처럼 외도는 일상생활과 분리된 "임계liminality"의 영역이다. 이 영역에서는 규칙과 책임에서 벗어나 적극적으로 즐거움을 추구하며 현실의 한계를 뛰어넘을 수 있다. 수십 년 동안 화장실을 함께 사용하며 서로에게 지나치게 익숙해질 위험은 전혀 없다. 미스터리와 새로움, 미지의 것이 가득하다. 엄마와 아내, 살림꾼 역할은 안전하게 집에 가둬 둔 채 철저히 성적인 애인 역할을 맡을 수 있다.

"나와 함께 있지 않을 때 당신은 어떤 사람인가요?"

다니카와 함께 상담실을 찾은 슈테판은 그녀가 자신과 있을 때도 성적 자아를 일깨울 수 있다면 더 바랄 게 없다고 되풀이해 말했다. "아내가 계속 아이들을 위해 희생하느라 자신과 우리 관계를 제쳐 두지 않으면 좋겠습니다." 슈테판은 다니카가 더 많은 시공간을 쓸 수 있는 방법을 잔뜩 생각해 왔다. 배구, 요가, 여자 친구들과의 만남 등 한때 다니카를 행복하게 한 것들을 전부 모아 온 것이다. "하지만 여태까지는 별 변화가 없습니다." 슈테판이 내게 말했다.

다니카는 아무 말도 없었다.

"훌륭해요." 나는 슈테판에게 말했다. "하지만 당신이 할 수 있는 일에는 한계가 있어요." 만약 슈테판이 계속해서 다니카의 문제를 해결하려 든다면 그의 모든 제안은 부담을 늘려 역설적으로 그녀가 더욱 저항하게 만들 것이다. 다니카는 슈테판이 자신에게 원하는 것이 아니라 자신이 스스로에게 원하는 것을 추구해야 했다.

나는 종종 내담자들에게 당신이 바람피우며 보였던 대담함과 장난기, 열정의 10분의 1만이라도 집에 가져오면 가정생활의 느낌이 완전히 달라질 것이라고 말한다. 우리는 상대에게 헌신할 때보다 죄를 저지를 때 훨씬 창의적인 상상력을 발휘한다. 이런 말을 할 때면 영화 〈워크 온 더 문〉의 가슴 아픈 한 장면이 떠오르기도 한다. 펄(다이앤 레인 분)은 자유로운 영혼을 지닌 블라우스 장사꾼과 바람을 피우고 있다. 펄의 10대 딸인 앨리슨이 묻는다. "우리 가족 전부보다 그 블라우스 파는 남자를 더 사랑해?" 펄이 대답한다. "아니. 하지만 때로는 다른 사람과 있어야 나도 쉽게 다른 사람이 될 수 있단다."

슈테판과의 결혼이 감정적으로뿐만 아니라 성적으로도 다시 건강해지려면 다니카는 오래전부터 함께 살아온 사람 앞에서 달라질 수 있는 방법을 찾아야 한다. 당연히 어려운 일이지만 불가능하지는 않다. 나는 많은 여성이 새로 얻은 성적 자신감으로 무장하고 새로 발견한 자아를 파트너와의 관계에 들여오는 것을 보았다. 이들의 파트너는 도대체 무엇이 변화를 가져왔는지 모를 때조차 변화를 크게 반겼다. 제삼자와의 긴밀한 만남은 잠들어 있던 섹슈얼리티를 (다시) 삶으로 불러온다. 그러므로 불륜은 커플의 성생활 주가를 떨어뜨릴 때도 많지만 때로는 덧셈의 경제가 될 수도 있다.

다니카는 내면의 모순을 받아들여야 한다. 그리고 슈테판을 배신하면서까지 열심히 즐거움을 좇았던 자기 안의 여성과 화해해야 한다. 나는 이렇게 설명했다. "당신이 그 여성을 부인하고 외도를 추하고 부끄러운 것으로만 치부하면 당신을 살아 있게 하는 생명줄도 끊어질 거예요." 하지만 다니카는 여전히 주저하는 듯 보였고 슈테판은 크게 낙담했다.

슈테판에게 가장 큰 상처는 다니카가 바람피웠다는 사실이 아니었다. 다니카에게 어떤 가능성이 보였는데, 그 가능성을 자신과의 관계에 가져올 능력이(또는 의지가) 없어 보인다는 것이 가장 큰 상처였다. 애초에 다니카에게 그런 가능성이 없다고 생각했을 때는 그저 체념했다. 하지만 이제 슈테판은 자신이 더 열의를 보여도 된다고 느꼈고, 다시 미적지근한 과거로 돌아간다고 생각하면 두려워졌다.

안타깝게도 다니카의 성욕을 다시 집으로 불러들이는 일은 슈테판의 생각보다 훨씬 어려웠다. 18개월 후 내게 편지를 보낸 슈테판은 여전히 꽃이 만개한 여름 나무를 기다리고 있었고, 점점 희망을 잃고 있었다.

우리의 욕망들이 상극이라는 점을 볼 때, 외도로 이어지는 내적 갈등은 피할 수 없을까? 우리에게는 집에서 습관과 안정을 소중히 지키다가 모험을 찾아 집을 탈출하려 하는 성향이 있는 걸까? 인생의 동반자와 함께 살아 있음을 느끼는 것은 가능할까? 익숙함의 한복판에서 우리가 그토록 간절히 원하는 타자성을 경험할 수 있을까? 그러려면 어떻게 해야 할까? 다니카와 슈테판의 이야기는 그리 희망적이지 않다. 이 이야기를 읽으며 다소 의기소침해졌대도 이해할 수 있다. 하지만 두 사람의 이야기는 우리가 절대 피할 수 없는 인간의 현실을 생생하게 보여준다. 사랑과 욕망이 늘 상호 배타적인 것은 아니며, 많은 커플이 구획화라는 방어기제에 기대지 않고서도 내면의 모순을 해결할 방법을 찾는다. 하지만 그러려면 먼저 딜레마는 절대 없앨 수 없다는 사실을 이해해야 한다. 성과 가정생활 간의 갈등은 해결해야 할 문제가 아니라 우리가 감당해야 할 모순이다.

11장

섹스일 뿐인가
—감정의 문제

런던에만 8만 명의 성노동자가 있다. 이들이 일부일처제의 제단에
바쳐진 인간 제물이 아니라면 도대체 무엇이란 말인가?

—아르투르 쇼펜하우어, 『비관주의 연구』

한 남자가 술집으로 걸어 들어온다. 손가락에서 결혼반지를
빼고 현금 뭉치를 꺼내 올려놓는다. 그리고 아리따운 여성에
게 손짓해 옆에서 춤을 추게 한다.

당신이 무슨 생각을 하는지 상상할 수 있다. 달아올랐을 수
도 있고, 역겨워할 수도 있다. 이 사람을 쉽게 비난하거나 정
당화했을 수도 있다. "남자들은 다 돼지야!" "남자는 섹스가
필요해. 아내가 안 해 줬나 보지." "개자식." "색정광." "섹스 중
독자." "멍청한 놈." 여기서 절대 나오지 않을 단어가 하나 있
는데, 바로 '사랑'이다. 여성은 보통 사랑을 위해 바람을 피운
다고들 한다. 그렇다면 남성은 어떨까? 남성은 섹스를 위해 바

람을 피운다. 그 섹스가 익명성을 띠거나 돈이 오가거나 상업적이면 이 가정은 신빙성이 더 커진다. 이런 만남은 감정에서 자유롭다. 남성이 여성의 이름조차 기억 못 할 것이라는 사실이 섹스가 둘 사이에서 거래된 상품이라는 증거 아니겠는가?

그러나 외도의 복잡한 이면을 들여다보면 실상은 겉으로 보이는 것과 늘 같지는 않다. 수많은 여성이 신체적 욕구에 이끌려 바람을 피운다. 그리고 수많은 남성이 복잡한 감정적 욕구 때문에 무모한 행동에 나선다. 가볍거나 상업적인 만남을 즐기는 남자들까지도 말이다.

쉰다섯 살인 가스는 수년 전부터 아내 밸러리와의 섹스에서 만성적인 발기부전을 겪었다. 밸러리는 이렇게 말한다. "남편을 난처하게 하고 싶지 않아서 시도조차 그만뒀어요. 그런데 남편이 스트립 클럽과 섹스 파티, 성매매를 즐겼다는 걸 알게 된 거예요!" 가스와 마찬가지로 50대인 밸러리는 화가 나서 어쩔 줄을 모른다. "지금도 남편이 절 사랑한다고 믿어요. 하지만 사람이 어떻게 그렇게 두 얼굴을 할 수가 있죠? 집에서는 비록 발기불능이지만 사랑이 넘치는 남편이면서, 밖에서는 강박적으로 익명의 섹스를 찾아 헤맨다니요? 그걸 위해 제 섹슈얼리티를 희생했다니…."

가스보다 스무 살 어린 스콧은 서른한 살인 크리스틴과 비교적 최근에 만나기 시작했다. 스콧의 말에 따르면 원래 둘은 거의 매일 섹스를 했는데 대략 6개월 전부터 이유 없이 섹스를 할 수 없게 되었다. 스콧이 성적 흥분을 아예 느끼지 못하는 건 아니었다. 그저 그는 자기만의 동굴로 들어가 포르노를 보며 자위하는 것을 선택했다. 크리스틴은 갑자기 중단된 둘의 성생활이 걱정스러웠지만 스콧이 힘든 시간을 보내고 있음을 이해했다. 그의 사업이 겨우 굴러가고 있었고, 얼마 전 그의 어머니가 돌아가셨기 때문이다. 그러나 스콧이 호텔에서 여자 두 명과 엘리베이터 타는 것을 봤다는 한 친구의 말에 크리스틴의 공감은 공포로 변했다. "틴더 앱에서 같이 스리섬 할 사람들을 찾다가 만났다고 시인하더군요. 그중 한 명은 스콧에게 성병까지 선사했고요." 실상을 캐기 시작한 크리스틴은 스콧이 습관처럼 포르노를 보고 데이팅 앱으로 여자를 만났으며 때로는 하룻밤의 성매매에 1000달러가 넘는 돈을 썼다는 사실에 큰 충격을 받았다. "제가 평소 스콧을 비난하고 잔소리하고 섹스를 거절했다면 차라리 이해가 됐을 거예요. 이건 말이 안 돼요."

그리고 역시 30대인 조나가 있다. 조나는 대학 시절 여자 친구였던 대니엘과 결혼해 두 아이를 낳았고, 둘의 성생활은 시들해지다가 거의 사라진 상태다. 그러던 중 대니엘은 조나가 일주일에 한 번 받는 마사지가 '해피엔딩'이 있는 마사지임을 알게 되었다. 몇 시간이나 컴퓨터 앞에 붙어 있던 것도 월드 오브워크래프트 게임을 하던 게 아니었다.

조나와 스콧, 가스 같은 많은 남성이, 당황하고 충격받아서 많은 경우 남편에게 혐오감을 느끼는 아내와 함께 내 상담실을 찾는다. 이런 종류의 외도는 주로 이성애자 남성이 저지른다. 이들은 대개 기혼이거나 파트너와 독점적 관계를 맺고 있으며 그 상태를 유지하고 싶어 한다. 이들은 책임감을 가지고 사랑을 베푸는 아버지이자 아들이자 남자 친구이자 남편이며, 도움이나 돈, 조언이 필요할 때 모두가 기대고 싶어 하는 사람들이다. 그리고 이들은 마음이 내킨다면 지갑을 열지 않고도 바람을 피울 수 있는 사람들이다. 많은 사람의 생각과는 달리 이들의 아내는 집에서 남편을 기다리는 매력적인 여성이며 남편과의 섹스를 간절히 원한다. 그런데도 이들은 성매매와 하룻밤의 불장난, 스트리퍼, 온라인의 성노동자, 야한 게임이나 포르노에 의지해 성욕을 해소한다.

이런 남자들은 왜 집 밖에서 성욕을 분출하고, 돈이 오가는 만남을 이용할까? 이들의 아내는 집안의 신사적인 남자와 몰래 스트립 클럽에 드나드는 남자를 어떻게 같은 사람으로 받아들일 수 있을까?

과거에는 성매매가 옆집 여자와 바람피우는 것보다는 낫다고 여겨졌다. 남편의 성매매는 가슴 아픈 일이긴 하지만 결혼 생활을 위협하는 요소는 아니었는데, 남편에게 아내와 헤어질 마음이 없었기 때문이다. 실제로 많은 사람이 성매매를 바람으로 치지도 않았고, 심지어 몇몇은 성매매 여성 덕분에 남자들이 눈 돌리지 않을 수 있는 거라고 당당히 주장하기까지 했다.

하지만 오늘날 많은 여성은 돈이 오가지 않는 외도보다 성매매가 더 나쁘다고 생각한다. 성매매는 자신이 결혼한 남자에 대한 여러 고통스러운 질문을 불러일으킨다. 남편이 돈을 내고 섹스를 했다면, 또는 성욕을 해소하려고 내가 보기에 저속하고 질 낮은 행동을 했다면 도대체 남편을 어떻게 이해해야 할까?

아내를 저버렸다고, 여성을 희생시키고 착취하고 통제하는 산업에 발을 들였다고 이 남자들을 비난하기는 쉽다. 이들을 거만하고 여성 혐오적이며 섹스에 미친 사람으로 치부하고 싶어질 것이다. 실제로 그런 사람들도 있다. 하지만 나는 가스와 스콧, 조나 같은 남자들을 상담하면서 괜찮은 남자들을 수상한 세계의 은밀한 장소로 이끄는 불안과 판타지, 감정적 혼란을 더 자세히 들여다봤다. 이들은 잠깐의 밀회에서 무엇을 찾을까? 만약 돈을 낸다면 무엇에 돈을 지불하는 걸까? 이들이 조건 없는 섹스를 얻는 것은 분명하다. 조건 없는 섹스는 재미있고 색다르며 흥미진진하다. 우는 아기 때문에 방해받을 일도 없다. 하지만 그게 다일까? 이들은 남성성과 외도, 경제, 문화가 만나는 지점에 대해 많은 것을 알려주는 흥미로운 유형이다.

"아내와는 하고 싶지 않아요"

"제가 구제 불가능한 쓰레기라고 생각하실 겁니다." 가스와의 첫 번째 상담이다. 곧이어 그는 여태까지 자신이 벌인 온갖 "추악한" 부정 이야기를 풀어놓는다. 밸러리를 만나기 전에 있었던 두 번의 결혼 생활에서도 마찬가지였다.

가스가 말한다. "항상 같은 일이 일어납니다. 처음엔 뜨거워요. 하지만 1년 정도 지나면 흥미가 사라집니다. 발기도 안돼요. 이상하게 들리겠지만, 아내를 만지면 안 될 것 같은 기분마저 듭니다."

가스의 마지막 말은 그리 이상하지 않았다. 오히려 그의 어려움을 이해하도록 도와주는 중요한 단서다. 아내와의 성생활에 흥미를 잃는 남자는 많다. 수많은 이의 성생활이 처음에는 강렬하게 불타오르다가 점차 차분해진다. 하지만 가스의 감정은 더 본능적이었다. 마치 금지된 선을 넘는 것처럼 아내와의 성적 접촉에 거부감을 느꼈다. 가스가 이런 금기 의식을 느낀다면 그의 내면에서 심리치료사 잭 모린이 말한 "사랑과 욕망의 분열"이 일어났을지도 모른다는 생각이 들었다.

모린은 이렇게 말한다. "성생활의 주요 과제 중 하나는 연인과 다정한 관계를 맺고 싶은 욕망과 우리의 욕정이 편안하게 상호작용해야 한다는 것이다."[1] 나는 바깥에서 섹스를 찾는 가스의 행동이 친밀함과 성욕을 통합하지 못하는 무능력의 발로일지도 모른다고 생각했다. 이런 남성들은 그저 아내와의 섹스가 지루해져서 새로움을 찾는 게 아니다. 가스는 내게 이렇게 말했다. "믿어 주세요. 저도 이런 걸 바라진 않았어요. 바람피우는 남자가 되고 싶진 않아요. 게다가 밸러리를 만족시키지 못한다는 사실이 미안하기도 하고요. 그 점을 만회하려고 여러 다른 방식으로 아내를 돌보려고 노력하고 있어요. 아내는 제 당뇨 때문에 발기부전 장애가 나타났다고 생각하지만 이건 당뇨가 나타나기 전부터 있었어요." 게다가 바깥에서 즐거움을 추구할 때 가스는 문제없이 발기할 수 있었다.

가스는 자신의 행동을 자랑스러워하지 않았으나, 자신에게는 사랑과 욕망이 한 지붕 아래 존재할 수 없다는 사실을 체념하고 받아들였으며, 들키지 않도록 늘 조심스럽게 행동했다.

그랬기에 그는 밸러리가 외도를 발견한 후에야 처음으로 자기 내면을 더욱 자세히 들여다보게 되었다. 첫 상담을 진행할 때 이미 그는 자신의 외도가 아내의 매력이나 아내에 대한 자신의 사랑과는 상관이 없다는 사실을 이해하고 있었다.

나는 그가 지금까지 파악한 내용이 맞다고 말해 주었다. "분명히 말하면, 저는 당신이 구제 불가능한 쓰레기라고 생각하지 않습니다. 하지만 당신 안의 어떤 패턴이 아내와 당신 자신에게 엄청난 괴로움을 주는 것도 사실이에요. 밸러리 이야기를 들으면 당신이 아내를 사랑할 줄 안다는 걸 알 수 있어요. 하지만 당신이 아내를 사랑하는 방식의 어떤 지점이 사랑하는 여자와의 섹스를 어렵게 만들고 있어요." 그가 자기 내면이 왜 분열되었는지를 이해하지 못한다면 더 이상 바람피우지 않도록 돕는 데도 한계가 있을 것이다.

나는 어린 시절에 대해 더 말해 달라고 부탁했다. 가스처럼 성적으로 위축되는 경험이 반복될 때에는 대개 그 아래에 트라우마가 있다. 우리의 성적 취향과 거부감은 어린 시절의 경험에서 비롯되어 평생에 걸쳐 개발된다. 때로는 성적으로 억눌린 이유를 알아내기 위해 탐정이 되어 그 사람의 내면을 캐봐야 할 때가 있다. 성심리 문제가 우연히 발생하는 경우는 극히 드물다.

가스에게는 아버지가 주인공인 슬프고도 긴 이야기가 있었다. 폭력적이고 불쑥 화를 터뜨리던 알코올의존증 환자 아버지는 첫째 아들인 가스에게 눈에 보이는 흔적과 보이지 않는 흔적을 전부 남겼다. 가스는 힘없는 어머니와 어린 남동생을 지키기 위해 대신 아버지에게 손찌검을 당하는 일이 많았다.

남성의 관계 맺기에 관해 폭넓게 글을 써 온 테리 리얼은 "강하고 무책임하고 (때로는) 폭력적인 아버지와 그에게 종속되어 억압받는 어머니, 그리고 그 사이에 끼인 착한 아들" 사이의 "위험한 삼각관계"에 대해 설명했다.[2] 그리고 이 삼각관계속에서 아들은 건강하지 못한 방식으로 어머니에게 얽매이고, "자신의 감정을 두려워하는 어른으로 성장한다." 영혼이 다정한 이들은 감정을 억눌러야 한다고 느끼며, 어머니를 비롯한 다른 여성의 행복을 자신이 책임져야 한다고 생각한다. 리얼이 "침범 트라우마"라고 부르는 이 트라우마는 마음뿐만 아니라 신체에도 영향을 미쳐 친밀한 신체 접촉을 방해한다. 가스의 과거도 이 패턴과 어느 정도 일치하므로, 이 패턴으로 그가 사랑하는 여성에게 책임감을 느끼면서도 관계에서 흥분하지는 못하는 이유를 어느 정도 설명할 수 있다.

안타깝게도 부모님과의 관계와 아내와의 관계 사이에서 너무 강렬한 감정적 공명이 발생하면 혼선이 일어난다. 이런 이유로 섹스는 '옳지 않은' 것, 심지어 근친상간으로까지 느껴진다. 파트너가 너무 익숙해지기 시작하면 섹스는 어쩔 수 없이 피해를 입는다. 아이러니하지만, 그렇게 되면 집에서의 섹스가 불륜보다 더 강력한 금기처럼 느껴진다.

사랑에는 언제나 사랑하는 이의 안녕에 대한 걱정과 책임감이 수반된다. 하지만 어떤 사람들에게는 이런 자연스러운 감정이 더욱 무겁게 느껴지는데, 자기 부모를 돌봐야 하는 아이의 경우가 특히 그렇다. 사랑하는 사람의 연약함과 무력함에 익숙해진 아이는 중압감에 사로잡히고, 그 부담감 때문에 자신을 내려놓지 못한다. 하지만 내려놓기는 성적 친밀감과 기쁨을 느끼기 위해 반드시 필요하다. 어릴 때 하던 신뢰 게임을 떠올려 보자. 신뢰 게임을 할 때 우리는 친구들이 붙잡아 줄 거라 믿으며 뒤로 쓰러진다. 섹스도 마찬가지다. 상대방이 강단이 있어 나의 강렬한 욕망도 받아 낼 거라 믿어야 스스로를 내려놓을 수 있다.

가스 같은 사람의 행동은 내면의 분열을 보여준다. 사랑과 욕망의 분열은 여러 형태로 남녀 모두에게 나타나지만 그의 경우 어린 시절의 상처가 확장되어 있었다. 아버지에게 맞고 자란 많은 소년들이 자신은 절대 아버지처럼 되지 않겠다고 다짐하며 공격성을 억누르려고 극도로 애쓴다. 문제는 공격성을 통제하려고 노력하는 과정에서 사랑하는 사람과 성적인 관계를 맺을 수 있는 능력까지 억누르게 된다는 것이다.

욕망에는 어느 정도의 공격성이 필요하다. 여기서 공격성이란 폭력이 아니라 적극적으로 분투하는 에너지를 뜻한다. 우리는 이 에너지 덕분에 무언가를 추구하고 원하고 얻어 낼 수 있으며, 심지어 상대방을 성애화할 때도 이 에너지가 필요하다. 저명한 섹슈얼리티 연구자 로버트 스톨러Robert Stoller에 따르면 이러한 종류의 대상화는 섹슈얼리티에 반드시 필요한 요소다. 상대방을 사물로 취급한다는 뜻이 아니라, 독립적인 성적 존재로 바라볼 수 있어야 한다는 뜻이다. 대상화는 건강한 거리감을 만들고, 우리는 이 거리감 덕분에 상대방을 성애화할 수 있다. 그리고 상대를 성애화할 수 있어야 가족을 이루고 난 후에도 상대방과 계속 성적 관계를 맺을 수 있다.

자신의 공격성을 두려워하면서 격려하려 하는 남자들의 마음속에서는 욕망과 사랑이 멀어진다. 감정적으로 더욱 친밀해질수록 성적으로는 점점 억압된다. 이런 분열이 극도로 심한 남자들은 결국 파트너와 애정은 넘치지만 섹스는 하지 않는 관계를 맺고, 한편으로 하드코어 포르노를 게걸스럽게 소비하거나 다양한 방식으로 섹스를 구매한다. 포르노나 성매매처럼 감정이 결부되지 않는 상황에서는 사랑하는 사람에게 상처를 줄까 봐 두려워하지 않고 자유롭게 욕망을 표현할 수 있기 때문이다.

어떤 독자는 프로이트의 '성모 마리아−창녀 콤플렉스'를 떠올릴 수도 있다. 실제로 둘은 관련이 있다. 하지만 내가 이 분열을 개념화하는 방식은 여성이 어떻게 인식되는지뿐만 아니라 남성 정체성의 분열까지 아우른다. 상대를 사랑하고 강렬한 애착과 책임을 느끼는 나는 착한 소년이다. 욕망을 느끼는 나는 나쁜 소년이 된다. 이 나쁜 소년은 잔인하고 파괴적이며 무책임하다. 요약하면, 이들은 감정적으로 "나가 뒈져fuck you"라고 말할 수 있을 때에만 성적으로 "나랑 섹스해fuck me"라고 말할 수 있다. 냉정하고 무자비하게 들릴 수도 있지만 이러한 관계의 틀 안에서 살아가는 남자들은 이 말을 바로 이해한다.

이들의 파트너와 이야기할 때면 무대 위나 길모퉁이 또는 화면 속에 있는 여성에게 어떤 매력이 있는지를 설명하게 되곤 한다. 빤한 설명은 남자들이 그 여성들의 신체 자산을 원한다는 것이다. 하지만 정말 몸이 그들의 가장 큰 매력일까?

상담할 때 남자들이 강조하는 것은 그들의 외모가 아니라 태도다. 그들의 행동은 연약하지 않은 여성을 나타낸다. 이 여성들은 성적으로 자기주장이 강하고 쉽게 만족하지 않으며, 절대 아버지에게 학대당하는 어머니나 과중한 일에 시달리는 아내를 떠올리게 하지 않는다. 이들의 자신감과 쉬운 접근성이 자극제가 되고, 가족을 돌봐야 한다는 책임감에서 남자를 자유롭게 한다. 정신분석가 마이클 베이더Michael Bader가 쓴 것처럼, 이들의 음란함은 자신이 원초적이고 심지어 약탈적인 욕구를 발산하고 있다는 남자들의 두려움을 가라앉혀 준다. 그러므로 자신의 공격성을 둘러싼 남성 내면의 갈등은 일시적으로 사라진다. 남성은 자신이 사랑하고 존중하는 아내와 있을 때는 불가능했던 방식으로 무사히 자신을 내려놓을 수 있다.

사랑과 욕망의 분열은 여러 형태로 나타난다. 어떤 이들은 파트너가 (스스로 원했든 원하지 않았든 간에) 부모 역할을 떠맡았을 때 이러한 분열을 경험한다. 전형적인 "나는 우리 엄마/아빠 같은 사람과 결혼했어"의 경우거나, 아니면 정반대로 "나는 내게 없었던 엄마/아빠 역할을 해 줄 수 있는 사람과 결혼했어"의 경우일 수도 있다. 아니면 진짜 엄마로서의 역할이 원인일 수도 있다. 한 여성은 첫째 아이가 생기자 임신한 티가 나기 시작할 무렵부터 아이를 낳고 살이 전부 빠질 때까지 남편이 자신에게 손도 대지 않았다고 한다. 두 번째 아이를 임신했을 때도 마찬가지였다. 이 여성은 섹스는 고사하고 신체 접촉만이라도 하고 싶어 했지만 남편은 거부감을 느끼는 것 같았다. 셋째 아이가 생겼을 때 이 여성은 출산의 에로틱한 측면에 마음을 빼앗긴 애인을 만나 허전함을 채웠다.

어떤 형태로 나타나든 간에 파트너의 지나친 가족화는 섹스에 독이 된다. 그렇게 되면 파트너는 성적 정체성을 상실한다. 둘의 관계는 사랑이 넘치고 다정하고 상냥할 수 있으나 그 사이에는 욕망이 없다.

사랑과 욕망의 분열은 가장 해결하기 어려운 외도의 사례 중 하나다. 남자가 바깥에서 딴짓을 안 하면 자연스럽게 집으로 리비도를 가져오리라고 생각하기 쉽다. 하지만 나는 집 밖에서 욕망의 불꽃을 꺼 버린 결과 성적으로 완전히 위축되어 집에서 다시 불꽃을 일으키지 못하게 된 남성들을 많이 봤다. 어떤 이들은 분열이 너무 극심해서 해결책을 찾기가 어려울 정도다.

보이지 않는 함정에 빠지는 경우도 종종 있다. 집 밖을 떠도는 남편의 일시적 만남이 심각한 관계로 발전한다. 남자는 사랑에 빠지고 자신이 마침내 성배를 발견했다고 생각한다. 처음으로 한 여성을 사랑하는 동시에 욕망할 수 있게 된 것이다. 그동안 잘못된 사람과 살아 왔다고 확신한 남자는 새 연인과 함께하기 위해 가족을 떠난다. 하지만 얼마 지나지 않아 똑같은 문제를 겪는 자신을 발견한다. 가스는 이 경험을 세 번째 반복하고 있다.

가스의 아내 밸러리는 상황이 자신에게 불리하게 돌아가고 있음을 알았다. 밸러리는 가스의 전 연인이 이와 똑같은 상황을 겪는 것을 보았다. 이제는 자신이 그의 아내였고, 가만히 앉아 그가 이혼하자고 말하기만을 기다리지는 않을 것이었다.

밸러리는 먼저 현실적인 방법을 제안했다. "당신이 애인을 둘 거라면 나도 한 명 만날 거야! 남은 30년을 집에서 혼자 초콜릿 아이스크림이나 먹으며 보내긴 싫어. 나도 애인을 만들 거야." 하지만 가스는 밸러리의 말을 들으려 하지 않았다.

"그건 결혼이 아니지!" 가스가 맞섰다. 많은 경우 아내를 만지려고도 하지 않는 바로 그 남자가 다른 사람이 아내를 만진다는 생각은 절대 참지 못한다. 내면의 어린 소년이 엄마를 잃을 수도 있다는 생각에 겁이 난 것이다.

"계속 거짓말하는 남자와 살 생각은 없어요." 밸러리가 씩씩대며 말했다. "너무 모욕적이에요. 참아 봤자 나약하게 만들 뿐이라고요! 가스는 그냥 거짓말이나 해 대는 더러운 자식이에요. 존경할 수 없는 사람과 어떻게 친밀한 관계를 맺을 수 있겠어요?" 밸러리는 이혼 소송을 냈다. 다음번에는 사랑과 욕망이 그보다 더 조화로운 남자를 만날 수 있길 바라면서.

남성성의 신비 걷어 내기

스콧은 혼자서 날 찾아왔다. 크리스틴은 스콧에게 너의 설명은 전혀 말이 되지 않으니 "네가 싼 똥 빨리 알아서 치우는 게 좋을 것"이라고 단호하게 말했다. 내 일은 이 젊은 남성이 왜 아름답고 유능한 여자 친구에게 흥미를 잃고 매일 데이팅 앱과 포르노를 들여다보며 몇 시간씩 보냈는지 스스로 이해하도록 돕는 것이다.

스콧은 텍사스 주 휴스턴에서 자랐다. 고등학교와 대학 시절 인기 많은 풋볼 선수였던 스콧은 늘 여자 친구가 많았고, 공인된 연인 관계에 더해 추가로 바람도 피웠다. 모델이었다가 물리치료사로 전직한 크리스틴과는 만난 지 거의 2년이 되었다.

"둘이 어떻게 만나게 되었는지 말해 주세요. 처음에는 크리스틴과 섹스하는 데 문제가 없었나요?"

"전혀요. 거의 매일 했어요. 하루에 몇 번씩 한 적도 있고요."

"정말인가요?" 내가 물었다.

"진짜예요. 그게 제가 해야 하는 일 아닌가요? 매일 섹스하지 않으면 제가 자길 좋아하지 않는다고 생각할 거 아니에요."

"하지만 정말 당신도 매일 섹스하고 싶었던 게 맞나요?" 내가 캐물었다.

"솔직히 말하면 항상 하고 싶었던 건 아니에요. 하지만 결국 매일 했죠. 즐기지 않은 건 아니지만 발기가 오래 지속되지 않을까 봐 걱정하기도 했어요. 크리스틴이 다른 남자들하고 할 때보다 저하고 할 때 오르가즘을 더 잘 느끼는지도 알 수가 없었어요. 그래서 비아그라 처방을 받았는데, 크리스틴은 이 사실을 몰라요. 발기가 알아서 잘됐는데도 크리스틴을 놀라게 하려고 비아그라를 먹은 적도 있어요."

나는 무엇을 원하느냐고 크리스틴에게 직접 물어 본 적 있는지, 아니면 물어 보지도 않고 그저 크리스틴이 팔팔한 종마를 원한다고 추측했는지 질문했다. 스콧은 한 번도 물어 본 적 없다고 말했다.

"그럼 종마가 피로해졌을 때 어떻게 됐나요?" 내가 물었다. "섹스가 어떻게 중단되었죠?"

스콧은 서서히 섹스 횟수가 줄다가 시간이 흐르면서 결국 실제로 섹스하는 시간보다 휴대폰으로 포르노를 보는 시간이 더 많아졌다고 말했다. 처음에는 별로 걱정하지 않았다. 이미 열두 살 때부터 포르노를 보기 시작했기 때문이다.

스콧의 성교육은 학교 체육관의 탈의실에서 시작되었다. "같은 팀 선배 중 한 명이 좋은 사이트를 몇 개 보여줬어요." 주위에 여자애들이 많았지만 스콧은 자신감이 부족했기 때문에 "긴장을 덜 하려면" 술을 마셔야 했다. 대학에 들어가서는 남학생 사교 클럽에 가입했다. 클럽은 매일 밤 자기가 얼마나 많은 여자애들과 잤는지 떠벌리는 남자들로 가득했다. 스콧은 이렇게 털어놓았다. "제가 사람들의 기대에 못 미친다는 느낌이 늘 있었어요."

스콧에게 남성성은 곧 섹스 능력이다. 또한 스콧에게는 사랑과 남녀에 관해 절대 부응하지 못할 기준이 있었다. 그러나 크리스틴은 스콧이 좀 더 다정하게 속마음을 털어놓고 감정을 드러내길 바랐다. 하지만 그는 뒤죽박죽이 되고 싶지 않았다. 이 일로 그의 머릿속에서는 남자다움에 대한 관념들이 상충하기 시작했다.

남성성의 새로운 정의가 빠르게 퍼져 나가고 있으며, 현대 남성은 원래 남성의 레퍼토리가 아니었던 정서적 능력을 새로 키우라고 독려받는다. 하지만 이와 동시에 낡은 정의도 꿋꿋하게 자리를 지키고 있다. 너무 많은 남성이 수컷의 성적 기량이라는 자기 패배적이고 한물간 이상에 얽매인 결과 수치심과 모욕감에 시달린다. 고민 상담 칼럼니스트인 이르마 커츠Irma Kurtz는 이 문제를 다음과 같이 요약한다. "점점 좁아지고 있는 겁쟁이와 강간범 사이의 공간에 스스로를 구겨 넣은 남성들이 발기를 그 어느 때보다도 힘들어하고 있다."[3]

스콧 같은 남자는 마초 문화에서 성장했는데, 이들이 이런 문화에서 친구들에게 듣는 이야기라고는 남자들은 늘 섹스를 원한다는 것뿐이다. 나는 스콧에게 이런 결과를 낸 연구는 대부분 젊은 남자 대학생을 대상으로 했으므로 성숙한 남성의 섹슈얼리티에 관해서는 사실 알려진 바가 거의 없다고 알려주었다. 그렇게나 많은 남자가 자기 자신과 주변 남성을 오해하고 있는 것도 당연하다. 대부분의 남성은 옆에 있는 남자가 성적으로 어떤 어려움을 겪는지 모르며, 자신의 성적 기량을 떠벌려야 한다는 엄청난 압박을 느낀다. 탈의실에 모인 남자들이 자신에게 덤벼드는 여자 친구를 피하기 위해 두통이 있는 척했다고 말하기 시작하는 날 이 세상은 완전히 뒤바뀔 것이다.

그때까지는 스콧 같은 남자들이 섹스 능력에 목을 매는 것도 당연하다. 연구자들도 다를 바 없다. 성욕 관련 연구들은 현저하게 여성 쪽으로 치우쳐 있다. 남성의 성욕이 늘 차올라 있다고 생각한다면 왜 굳이 연구를 하겠는가? 만약 발기에 문제가 있다면 그건 물리적인 문제다. 사람들은 여성의 흥분은 스펙트럼이 넓다고 생각하면서 남성의 흥분은 모 아니면 도, 딱딱하지 않으면 말랑한 거라고 생각한다. 이런 고정관념은 남성의 자존감이나 관계 맺기에 아무런 도움이 되지 않는다.

스콧은 조급하게 본론으로 들어가고 싶어 했다. 그가 물었다. "그럼 제가 바람피운 건요?"

"곧 이야기할 거예요." 내가 대답했다. 하지만 그 전에 스콧이 남성성을 어떻게 생각하는지 자세히 알아봐야 그의 행동을 더 정확하게 분석할 수 있다. 겉보기에 그의 행동은 '사냥감을 쫓는 남자'의 전형이다. 하지만 우리가 그 의미를 액면 그대로 받아들인다면 결국 애초에 스콧을 위축시킨 원인인 전형적인 남성성 이미지를 더욱 강화하게 된다.

스콧은 잔뜩 부풀려진 남성 섹슈얼리티의 정의를 믿었다. 이 정의에 따르면 남성은 생물학적 본능을 따르고 단순하며 늘 섹스할 준비가 되어 있고 항상 새로움을 추구한다. 후기 정신분석가인 에설 퍼슨Ethel Person은 이 문제를 훌륭히 포착했다. "이런 마초적 관점은 쿨하고 자기 통제력이 강하며 경험 많고 유능하고 엄청난 성 지식으로 여성이 욕망에 미쳐 날뛰게 만드는 남성, 그리고 이 남성에게 달린 크고 강하고 지칠 줄 모르는 팔루스를 그려 낸다."[4]

최근 몇 년간 여성 섹슈얼리티의 다차원적 특성을 보여주는 훌륭한 연구들이 쏟아져 나왔다. 연구에 따르면 여성 섹슈얼리티는 주관적이고 관계와 맥락에 큰 영향을 받으며 여러 조건이 절묘하게 균형을 맞춰 주어야 한다. 그러나 이런 연구는 남성에 관한 환원주의적 관념을 더욱 단순화하고 강화하는 의도치 않은 부작용을 낳는다. 남성과 여성의 외도를 더욱 분명하게 이해하려면 먼저 남녀의 섹슈얼리티를 더 섬세하게 이해해야 한다.

욕망에 관해서라면 사실 남성과 여성은 다른 점보다 비슷한 점이 더 많다. 스콧의 이야기에는 그의 섹슈얼리티가 여성 섹슈얼리티보다 더 단순하고 덜 감정적이라고 생각할 만한 요소가 전혀 없다. 또한 스콧의 섹슈얼리티는 여성 섹슈얼리티만큼 관계 중심적이다. 애인을 기쁘게 해 줘야 한다는 압박을 느끼고 애인이 느낀 오르가즘 횟수로 스스로를 평가하며 애인이 자신과의 섹스보다 전 연인과의 섹스를 더 좋아할까 봐 두렵다는 스콧의 이야기에서 나는 수치심과 수행 불안, 거절에 대한 두려움을 느꼈다. 나는 스콧에게 이렇게 물었다. "관계 중심적이라는 말이 아니면 이 감정들을 어떻게 표현할 수 있을까요?"

나는 스콧이 이 인정받지 못한 감정들과 침실에서의 문제를 연결하여 이해할 수 있도록 도왔다. 어머니가 돌아가셨을 때 느낀 슬픔과 우울도 틀림없이 한 역할을 했을 것이다. 우리는 스콧이 느끼는 불안, 특히 자신이 겉으로만 자신 있는 척하는 사기꾼일지 모른다는 느낌에 대해서도 이야기를 나눴다. 스콧은 크리스틴이나 다른 사업가 친구들에게 사업이 휘청거린다는 이야기를 한 번도 한 적 없다고 시인했다. "다른 사람들한테 루저처럼 보이고 싶지 않아요."

남성의 섹슈얼리티는 결코 생물학적인 충동만으로 움직이지 않으며 내면의 상태에 좌우된다. 남성의 섹스와 젠더, 정체성은 서로 밀접하다. 만약 자존감이 낮고 우울감과 불안, 수치심, 죄책감, 외로움을 느낀다면 성적으로 자신을 어떻게 느끼는지도 크게 달라진다. 직장에서 무시받는다고 느끼거나 스스로가 너무 작거나 뚱뚱하거나 가난하다고 느낀다면 성적으로 흥분할 수 있는 능력도 직접적인 타격을 입을 수 있다.

나는 스콧이 이 점에 관해 잠시 곰곰이 생각하도록 했다. 스콧은 왜 자신이 크리스틴에게 흥미를 잃었는지, 왜 어머니가 돌아가신 직후와 사업이 힘들었던 몇 달 동안 특히 더 그랬는지 이해하게 되었다고 말했다. "그런데 왜 여자 친구가 아닌 다른 사람하고는 여전히 섹스가 하고 싶을까요?"

바로 이 지점에서 남성과 여성이 갈라진다. 남성은 자위나 성매매처럼 감정이 결부되지 않는 형태의 섹스로 내면의 불만족을 달래는 경향이 더 크다. 실제로 나는 남성이 불편한 감정을 많이 느낄수록 성 문제에서 더 큰 분열을 일으킬 거라고 생각한다. 남성의 섹슈얼리티는 매우 관계 중심적이며, 바로 그 사실 때문에 오히려 많은 남성이 특징이 정확히 반대인 성적 공간을 찾는다. 그러한 공간에서는 튼실한 종마도 절뚝거리게 만드는 두려움과 불안 같은 일련의 감정들과 직면할 필요가 없기 때문이다. 이들이 익명의 만남에서 얼마나 큰 자유와 통제력을 얻고 싶어 하느냐는 이들이 관계에서 얼마나 혼란스러워하고 있느냐와 비례할 때가 많다.

자신이 어떤 사람이며 어떤 사람이어야 하는가에 대해 그토록 혼란스러운 메시지를 주입받는 세상에서, 수많은 남성이 파트너와의 관계보다 포르노와 성매매, 익명의 불장난을 더 선호하는 건 그리 놀랍지 않다. 나는 파트너와 감정적으로 친밀한 관계를 맺는 남성이 늘어나는 동시에 감정을 차단하고 바람피우는 남성이 늘어나고 있는 것이 우연이 아니라고 생각한다. 남자들은 스트립 클럽에 가고 성매매 여성을 부르고 데이팅 앱을 훑고 포르노를 보면서 현대 남성성이라는 줄타기에서 벗어나 잠시 휴식을 취한다.

성매매의 매력 중 하나는 최소한 성매매 여성이 와 있는 60분 동안은 그녀가 이 모든 복잡한 문제를 잊게 해 준다는 것이다. 화면 속의 여성은 유혹해야 할 필요도 없고 남자를 거절할 리도 없기 때문에 더욱 매력적이다. 그 여성은 남자가 무능하다고 느끼게 만들지도 않고, 신음소리로 지금 최고의 시간을 보내고 있다고 남자를 안심시킨다. 포르노는 섹스에서의 취약함에서 잠시나마 보호해 주겠다는 약속으로 남자들을 끌어들인다.

물론 성매매와 스트립 클럽, 부적절한 마사지, 포르노는 서로 다른 점이 많지만 앞에서 말한 관점에서 보면 모두 감정적 보상을 제공한다. 남성은 능력을 증명해야 한다는 압박감 없이 온전히 받기만 하면 되는 위치에서 여성의 관심을 한몸에 받을 수 있다.

여러 남성의 이야기를 듣고 난 후 나는 다음과 같은 사실을 이해하게 되었다. 아내와 섹스할 때 여러 복잡한 감정이 오간다는 사실을 고려하면 얼마간의 돈으로 익명의 섹스를 구매하는 단순한 계산이 더 나은 거래로 보일 수 있다. 온라인에서 돈을 내고 유사 성행위를 하거나 혼자 포르노를 보는 쪽을 선택하는 이 남성은 복잡해 보이지 않는 정체성과 단순함을 구매하는 것이다. 남성은 이기적일 수 있는 권리를 구매한다.

집으로 가는 통근 열차에 올라타기 전 잠시나마 심리적 자유를 누리고 싶어 한다. 여러 남자가 내게 이렇게 말한다. 성매매 여성을 집에 오게 하는 데 돈을 쓰는 게 아니라, 섹스 후 그 여성을 보내는 데 돈을 쓰는 거라고.

그런데도 이 섹스를 "그저 섹스"라고 할 수 있을까? 남성이 감정적 위험을 피하고 해소되지 않은 여러 감정적 욕구를 충족하느라 거대 산업이 만들어졌는데도? 남성이 외롭거나 사랑받지 못한다고 느낄 때, 우울하거나 스트레스받거나 무력감을 느낄 때, 친밀한 관계에 답답함을 느끼거나 누군가와 마음을 나누지 못할 때, 이들이 구매하는 것은 섹스인가, 아니면 섹스를 통해 얻을 수 있는 친절함과 온기, 우정, 탈출구, 통제력, 자기 긍정인가?

섹슈얼리티는 남성에게 허용된 표현 방식이며, 이를 통해 남성은 여러 금지된 감정에 가닿는다. 다정함과 부드러움, 취약함, 배려는 전통적으로 남자들에게 용인되지 않았다. 신체는 남자들이 성적 표현이라는 가면을 쓰고 용인되지 않은 욕구들을 만족시켜 온 공간이다. 사람들이 남성이 원하는 것은 오로지 섹스라고 하는 말을 그대로 받아들여서는 안 된다. 섹스는 감정의 대기실로 들어가는 입구다.

흥미롭게도 여성은 그 반대다. 우리 문화는 여성의 성욕은 허용하지 않지만 감정적 욕구는 충분히 인정한다. 어쩌면 사랑을 추구하는 여성의 행동 이면에는 감정이라는 포장지로 감싸야만 정당화할 수 있는 육체적 갈망이 자리하고 있을지 모른다. 이러한 가능성은 "남자는 섹스를 얻기 위해 사랑을 이용하고 여자는 사랑을 얻기 위해 섹스를 이용한다"라는 옛말을 완전히 뒤집는다.

남성과 여성 모두 거부된 욕망이 그들을 잘못된 침대로 이끌었을 때 상담실을 찾아온다. 하지만 이들의 행동을 액면 그대로 받아들이고 오래된 이름표를 붙여 버린다면(남자는 사기꾼이자 섹스 중독자고, 여성은 외로움을 타고 늘 사랑에 목마르다), 이들의 진짜 동기와 갈망은 더 깊은 곳으로 숨어 들어갈 수 있다.

섹스에 드리운 가부장의 그림자

조나는 이렇게 되뇌었다. "그저 손으로 받은 것뿐이었어요. 그러니까 엄밀히 말하면 바람은 아니죠." 이런 식으로 조나는 풀 바디 센슈얼 마사지full body sensual massage, 이하 FBSM, 즉 다른 말로 해피엔딩이 있는 마사지를 즐긴 자신의 행동을 정당화했다. 스콧처럼 30대 초반인 조나는 사랑하는 여성과 함께 살면서도 한 번의 클릭이나 신용카드로 오르가즘을 얻었다. 하지만 스콧과 비슷한 점은 여기서 끝난다. 스콧은 남자다움을 과시해야 한다고 믿은 반면, 조나는 전형적인 '신남성'이다. 홀어머니 밑에서 자란 조나는 공감 능력과 정서 지능이 출중했고 합의와 평등의 가치를 잘 알았다. 이처럼 전혀 다른 두 남성이 결국 비슷한 문제에 처했다는 사실이 상당히 흥미롭다.

처음 마사지사를 찾아간 후 몇 달이 지나자 조나는 더 이상 침대에 가만히 누워 있을 수 없었다. 조나는 자신이 가장 좋아하는 마사지사 르네에게 오럴섹스를 해달라고 부탁했고, 르네는 기꺼이 화답했다. 조나는 계속해서 자기 행동을 합리화했다. "돈을 냈으니까 그건 바람이 아니에요. 사랑에 빠질 위험은 전혀 없었어요. 마사지를 받으면서 다른 곳에서 얻을 수 없었던 해방감을 느꼈고, 그 덕분에 결혼 생활을 유지할 수 있었어요."

아내는 전문직에 종사하고 남편은 가정을 돌보는 사례가 증가하고 있는데, 조나와 대니엘의 관계도 그중 하나였다. 30대인 대니엘과 조나는 대학교 3학년 때 처음 만나 결혼했다. 지금은 어린 아이 두 명을 키우며 세계적인 기업들의 연구소가 밀집한 노스캐롤라이나의 리서치 트라이앵글Research Triangle 지역에 살고 있다. 얼마 전 대니엘은 그동안 남편이 어떤 일탈을 즐겨 왔는지를 우연히 알게 되었다.

조나의 성적 모험은 이미 우리에게 익숙한 자신감 부족 문제에서 비롯되었다. "저는 샌님이고, 스스로 전혀 섹시하다고 생각하지 않아요. 잠자리를 오래 지속하지도 못하고요. 대니엘 말고는 여자 친구도 몇 번 사귀어 본 적 없어요." 조나는 대니엘처럼 사교적이고 똑똑하고 아름다운 여자에게 선택받은 자신이 정말 운이 좋다고 생각했다. 하지만 대니엘의 몸 좋은 전 남자 친구들을 떠올리면 겁이 났다. 조나는 이렇게 말했다. "절 만나기 전에 대니엘은 운동 잘하는 남자들을 만났어요. 저하고는 완전 반대인 남자들이죠."

대니엘은 내게 조나의 섬세한 면이 좋았다고 말한다. 때로는 좀 더 적극적인 남자를 만나고 싶을 때도 있었지만, 그 점만 빼면 자신이 여러모로 완벽한 남자를 골랐다고 생각했다. 조나는 다정하고 자신에게 충실했으며 감성적이었다. 그리고 솔직히 말하면 걸핏하면 바람을 피운 아버지와는 달리 조나는 자신감이 부족해서 다른 여자를 만날 위인이 못 됐다. 아니, 못 될 거라고 생각했다.

나는 둘의 관계 이면에 어떤 감정이 숨어 있는지를 살폈다. 대니엘은 다른 모든 사람들 앞에서는 자신감 넘치는 야심가였지만 늘 '전원이 켜진' 상태로 살고 싶진 않았다. 조나와 함께 있을 때는 틈을 보이고 감정기복을 드러내도 괜찮을 것 같았고, 그가 곁에서 다시 일으켜 세워 줄 거라고 믿었기에 가끔은 무너져 내리기도 했다. 이처럼 대니엘은 조나에게 감정적으로 의지하면서 취약성을 마음껏 드러내는 사치를 누렸다. 이 정도면 잠자리를 희생할 만한 가치가 있었다.

한편 조나는 대니엘처럼 능력 있고 섹시한 여성과 함께 있으면 남자다운 남자가 된 것 같았고, 그녀가 자신의 샌님 이미지를 없애 주길 바랐다. 하지만 조나는 서서히 깨달았다. 대니엘은 자신이 샌님으로 남아 있길 바란다는 것을 말이다. 조나는 자신이 이미 훌륭하게 수행하는 역할, 즉 여성의 필요를 채워 주는 역할, 부모님의 이혼 후 어머니를 돌보며 맡았던 바로 그 역할을 위해 대니엘에게 선택된 것이었다. 분명히 하자면 대니엘도 조나의 어머니도 조나에게 그런 희생을 요구한 적 없었지만, 다정한 소년은 원래 그렇게 행동하는 법이다.

지난 몇 년간 대니엘과 조나는 좀 더 열정적인 섹스를 원했지만 결국 둘 다 미적지근한 상태를 만드는 데 일조하고 말았다. 대니엘은 조나가 계속 가족을 보살피게 하고 그에게 바람 피울 능력이 없다고 생각해야 할 이해관계가 있었다. 그래서 조나를 탈성애화함으로써 안전한 사람으로 만들었다. 조나의 문제는 아내를 성애화하지 못한다는 게 아니었다. 문제는 조나가 스스로를 성애화하지 못한다는 것이었다.

둘의 성생활이 어떤 식으로 잠잠해졌느냐고 묻자, 조나는 "별로 하고 싶지가 않았어요"라고 말했다. 대니엘은 출장을 자주 다녔고, 조나는 점차 성장 중인 인터넷 포르노의 세계에 점점 많이 방문하기 시작했다. 집을 나설 필요조차 없었지만 어쨌든 그것도 일종의 여행이었다. 조나가 말했다. "30초짜리 동영상을 보려고 20분 동안 인터넷을 뒤졌어요." 바로 이 모험심이 결국 조나를 모니터 앞에서 끌어내 마사지숍으로 이끌었다.

왜 조나 같은 남자가 한때는 잠시도 떨어지지 못했던 사랑하는 아내와 있기보다는 포르노를 보면서 자위하거나 마사지숍에서 성욕을 풀고 싶어 할까? 가스나 스콧에게 했던 것처럼 나는 조나의 성적 모험 뒤에 숨겨진 감정 상태를 분석해 그의 외도를 더 깊이 이해하고자 했다.

조나는 마사지를 받으면서 착하고 섬세하고 가정적인 남자의 역할에서 도망칠 수 있었다. "저 자신이 성적으로 미성숙하다고 생각했어요. 하지만 마사지를 받으면서 처음으로 부끄러워하지 않고 있는 그대로의 제 모습을 마음껏 드러낼 수 있었어요. 제가 섹시하고 능력 있고 남자다운 사람처럼 느껴졌어요. 그곳에서 전 그저 착한 남자가 아니었어요. 여자들을 몰고 다니는 바람둥이도 될 수 있었고 거짓말도 할 수 있었죠.

그 점이 가장 스릴 넘쳤어요. 나쁜 사람이 된 것 같았어요. 좋은 의미에서 말이죠."

그렇다면 대니엘은 어떻게 되었을까? 그녀도 결혼 생활에서 성적으로 만족하지 못했다. 아이러니한 점은, 남편이 마사지 숍이라는 사회적으로 금지된 환경에서 성에 눈뜨는 동안 그녀는 집에 드러누워 사회가 허락한 『그레이의 50가지 그림자』를 읽고 있었다는 것이다. 둘의 행동은 도덕적으로 같은 선상에 있지는 않지만, 판타지라는 세계 속에서는 둘의 행동에 유사점이 있다. 대니엘은 책 속에서 다른 곳으로 떠나고 싶어 하는 남자를 만나고 있었다. 그 남자는 그녀가 집에서 같이 살고 싶어 하는 부류는 아니었다.

지금은 커플들에겐 혼란스러운 시기다. 에로티시즘은 언제나 정치적으로 올바른 것은 아니다. 현대 서구 문화는 민주주의와 합의 도출 과정, 평등주의, 공정성, 상호 관용 등 과거로부터 받은 크나큰 선물들을 누리고 있다. 하지만 이 가치들을 침실에 너무 엄격하게 적용하면 섹스가 따분해질 위험이 있다. 젠더 역할의 재조정은 현대사회가 이룬 가장 큰 진보 중 하나이며 그 결과 성적 권리가 엄청나게 개선되었지만, 대프니 머킨Daphne Merkin이 《뉴욕타임스 매거진》에 쓴 것처럼 "에로틱한 상상이라는 통제 불가능한 무법지대 앞에서는 성적 권리에 대한 그 어떤 법안도 힘을 쓰지 못한다."[5] 성적 욕망은 늘 훌륭한 시민의 원칙에 따라 움직이는 것이 아니다. 젠더 역할이 엄격하게 분리되고 가부장이 특권을 누리며 여성이 남성에게 종속되었던 어두운 과거로 돌아가자는 것이 아니다. 하지만

(사회적으로 허용된 것이든 금지된 것이든 간에) 우리의 성적인 선택을 현재의 문화적 틀 안에서 분석하는 것은 매우 중요하다.

다른 종류의 해피엔딩

평범해 보였던 남편에게 자극적인 일면이 있음을 발견한 아내들은 어떻게 해야 할까? 어떤 경우에는 파트너에게 자신이 한 번도 만나지 못한 성적 자아가 있다는 사실을 도저히 받아들이지 못한다. 하지만 어떤 경우 이러한 사실은 새로운 탐험의 시작이 된다. 어떤 사람은 파트너가 보인 행태에 역겨움을 금치 못한다. 이들의 손가락은 정확히 문밖을 향한다. 하지만 나는 그동안 몰랐던 성적 존재의 발견이 호기심을 불러일으키는 사례도 여러 번 목격했다. 다행히도 조나와 대니엘은 두 번째 경우에 해당했다. 조나의 외도는 대니엘에게 상처를 주었지만 한편으로는 조나 안의 남자다움을 보여주었다. 조나를 "비교적 리비도가 약한 남자"로 여기던 대니엘의 생각은 완전히 뒤바뀌었다. 성생활에 다시 불이 붙었다. 섹스가 늘어난 동시에 더욱 중요한 것이 따라왔다. 성적으로 서로에게 더욱 솔직해진 것이다.

성적 솔직함은 어떻게 바람을 피웠는지를 하나하나 늘어놓는 것이 아니다. 그보다는 성숙한 방식으로 터놓고 파트너와 의사소통하는 것, 섹슈얼리티를 통해 자신의 진짜 모습을 드러내는 것에 가깝다. 그러다 보면 평생 숨겨 왔던 비밀을 꺼내 놓게 되기도 한다. 나는 감정을 투명하게 드러내는 것이 현대적 사랑의 핵심이라고들 하면서 성적인 측면에 대해서는 파트너와 충분히 소통하지 않는 현실이 놀랍다. 외도를 겪은 커플이 찾아왔을 때 내가 하는 일 중 하나는 언제, 어디서, 어떻게, 왜 섹스에 관해 이야기해야 하는지 알려주는 것이다.

조나는 내 조언을 깊이 새겨들었다. 대니엘이 마음의 준비를 마치자 조나는 성적 모험을 통해 남자로서 스스로에 대해 무엇을 알게 되었는지를 들려주었다. 두 사람은 마음속의 홍등가로 서로를 초대했다. 조나는 이렇게 말한다. "전에는 관계에 악영향을 미칠 거라고 생각했던 것, 예를 들면 우리가 아는 사람과 함께 스리섬을 하는 판타지가 있다고 털어놓은 것이 오히려 새로운 차원의 문을 열어 줬어요. 제가 있는 그대로 받아들여진다고 느낄수록 대니엘이 더 매력적으로 느껴지더라고요."

대니엘은 조나의 내면을 깊숙이 들여다봄으로써 그의 외도를 다른 시각으로 바라볼 수 있었다. 여전히 가슴은 조금 아팠지만, 전에는 무시당한 듯했던 그의 행동이 이제는 오래도록 감춰 온 소망을 꺼내 주는 문이 되었다.

성생활이 활발해지자 조나와 대니엘은 다른 실험을 해 보기로 했다. 둘은 함께 '윤리적 포르노(윤리적인 방식으로 제작된 비폭력적 내용의 포르노—옮긴이)'를 시청했다. 함께 스트립 클럽에 갔고, 그곳에서 대니엘도 다른 여성에게 랩댄스를 받았다. 대니엘은 조나에게 늘 다른 여성과 섹스하는 판타지가 있었음을 털어놓았다. 조나는 이렇게 말한다. "그러다가 함께 FBSM을 받으면 좋겠다는 생각에까지 이르렀어요. 제가 즐겁게 경험한 것을 대니엘도 경험할 수 있으면 좋겠다고 생각했거든 요. 다른 사람의 관심을 한몸에 받는 기쁨, 나는 그저 가만히 누워 즐기기만 하면 되는 상황을 대니엘도 경험했으면 했어 요."

대니엘이 마사지사를 골랐고, 조나가 자리를 마련해 주었 다. 그런 식으로 조나는 "FBSM을 준비하고 기대하는 스릴을 경험할 수 있었고, 그러면서도 결혼 생활이나 가족을 위험에 빠뜨릴 필요가 없었"다. 조나뿐만 아니라 대니엘도 이 경험을 즐겁게 받아들였다. 한때는 금지되고 상대에게 상처를 안겨주 었던 행동이 이제는 "둘이 함께하는 모험"이 되었다.

조나는 분열된 느낌이 없었고, 성욕을 다른 곳에서 해소할 이유도 사라졌다. 이 커플의 경우 "이전의 오래된 관계를 날려 버리고 더 건강하고 지각 있고 성숙한 관계를 맺기 위해서 외 도 같은 핵폭탄급 사건이 필요했다는 사실을 결국 깨닫게 될 것이다"라는 재니스 에이브럼스 스프링의 도발적인 주장은 사 실이었다.6

분명히 해 두자면 나는 부부 간 문제의 해결책으로 외도를 제시하는 게 아니며, 상처받은 마음에 연고를 바르듯 스리섬 을 하라고 제안하는 것도 아니다. 나 또한 조나와 대니엘이 관 계를 재정립하면서 이렇게 혁신적인 방법을 택할 거라고는 예 상하지 못했다. 모든 사람에게 적용할 순 없겠지만, 이 방법은 커플의 회복탄력성과 창의력을 잘 보여준다.

대니엘이 또다시 바람을 피울 거냐고 묻자 조나는 마사지사 르네의 관심을 한몸에 받는 기분이 그립긴 하다고 털어놓았다. 그리고 이제 막 알게 된 내면의 나쁜 소년을 다시 만나고 싶을 때도 있다고 말했다. "비밀과 위험, 스릴이 끌어낸 또 다른 내 모습이 그리워. 하지만 지금 당신과 함께하는 삶을 걸 정도는 아니야. 지금 이 삶이 너무 소중하거든." 대니엘은 이 솔직한 대답을 듣고 겁이 나는 대신 마음이 편안해졌다. 이제 대니엘은 조나를 더 잘 이해하게 되었고, 둘은 수치심 없이 생각과 욕망을 자유롭고 솔직하게 공유하면서 서로를 더욱 신뢰하게 되었다. 점점 더 상대에게 온전히 받아들여지고 있다는 바로 이 느낌이 미래의 외도를 막아 줄 가장 강력한 예방책이다.

섹스 중독 진단이 늘어나는 이유

앞에서 소개한 일화들은 개인적·문화적·육체적 요인이 복잡하게 얽혀 있다. 이런 사례를 두고 토론을 할 때 내 동료들은 다른 설명을 내놓곤 한다. 바로 섹스 중독이다. 가스와 스콧, 조나는 오늘날 섹스 중독을 판단하는 진단 기준(주로 '과잉'과 통제력 부족 개념을 중심으로 구성되어 있다)을 대부분 충족한다.

섹스 중독은 현재 상담계의 뜨거운 화제인데, 여기서 논쟁에 참여하고 싶은 마음은 없다. 하지만 강박적으로 섹스를 하는 남자들을 다루면서 섹스 중독을 전혀 언급하지 않고 이 장을 마무리할 수는 없다.

섹스 중독은 공식으로 인정된 질병이 아니지만 많은 연구자와 임상가가 약물 의존에 관한 임상 진단 기준을 빌려 와 섹스 중독의 정의를 급히 마련했다. 이후 값비싼 재활 시설과 치료 센터가 등장하는 등 섹스 중독에 관한 하나의 산업이 형성되었다. 일부 임상가들은 한때 '남자는 다 그렇다'라고 치부되었던 문제가 이제는 더 이상 정상이거나 당연한 것으로 받아들여지지 않는다는 증거라면서 섹스 중독 진단을 환영한다. 반면 일부에서는 과학적 증거가 부족하다는 점을 지적하며 건강한 섹스와 그렇지 않은 섹스를 나누는 심리치료사의 판단이 의학의 가면을 쓴 것이 곧 섹스 중독 진단이라고 본다.

어떤 이름으로 부르든 간에 강박적인 성행위는 실제로 많은 사람이 겪는 문제이며, 본인과 연인 모두 엄청난 고통을 겪는다. 이로 인해 많은 이의 삶과 가족, 평판이 망가진다. 어떤 이들에게는 행동에 질병의 이름을 붙이는 것이 긍정적 영향을 미치는데, 수치심을 내려놓고 필사적으로 도움을 구할 수 있기 때문이다. 하지만 이 행동을 질병으로 규정한다 해도 낙인이 전부 사라지지는 않는다. 나는 아이들에게 "너희 아빠가 섹스 중독이기 때문에 이혼하는 거란다"라고 말하지 못하는 엄마들을 많이 만났다. 만약 남편이 섹스 중독이 아니라 알코올의존증이었다면 엄마들은 이만큼 굴욕감을 느끼지 않았을 것이다. 한편 (강박적이라는 표현보다) 중독이라는 의학 용어를 선호한다고 말하는 사람도 있는데, 이는 곧 남편이 진짜 질병을 앓고 있다는 뜻이기 때문이다. 하지만 오히려 남편 본인은 쓰레기라고 불리기를 선호한다. 그러면 적어도 자신의 행동을 통제하지 못한 게 아니라 주체성을 가지고 행동한 것이 되기 때문이다.

확실한 점은 섹스 중독 진단이 오래전부터 이어진 문화 전쟁에서 나온 가장 최근의 견해라는 것이다. 너무 적은 섹스와 너무 많은 섹스의 기준이 무엇인가(무엇이 정상이고 무엇이 비정상인가, 무엇이 자연스럽고 무엇이 부자연스러운가)의 문제는 늘 인류의 관심사였으며 의견의 양극화를 불러왔다. 모든 종교와 문화 체계에는 통제된 자유와 금욕, 승인과 금지 개념이 있다. 성 규범과 성적 질환은 한 번도 당시의 도덕규범과 따로 떨어져 존재한 적 없으며, 경제 상황과 이상적 젠더상, 권력 구조와도 불가분하게 엮여 있다. 예를 들어 여성의 순결을 중시하던 때에 여성은 색정증 진단을 받곤 했지만 여성의 성적 자기주장을 중시하는 오늘날에는 '성욕 감퇴 장애'라는 새로운 골칫거리를 해결하는 데 수백만 달러를 쏟아붓고 있다. 마찬가지로 섹스 중독 진단이 많아지는 현상은 사회가 질병을 어떻게 만들어 내느냐를 보여주는 흥미로운 사례다. 이 현상은 지나친 섹스가 (특히 남성의) 삶을 파멸과 일탈로 이끌 수 있다는 오래된 두려움을 반영한다. (흥미롭게도 여성은 섹스 중독으로 진단받는 일이 드물다. 우리는 여성이 섹스가 아니라 사랑에 중독되었다고 여기고 싶어 한다. 내가 보기에 이건 파멸의 길이 아니라 찬사에 가깝다.)

가스와 스콧, 조나 등의 행동을 의학적으로 진단할 때에는 내 동료 더글러스 브론 하비Douglas Braun-Harvey가 말한 "성급한 평가"를 내린 것은 아닌지 유념해야 한다. 남성이 자신의 섹슈얼리티를 더욱 잘 이해하고 분열을 해소하려면, 또한 이들의 파트너(와 심리치료사)가 외도에 더욱 건설적으로 대처하

려면 먼저 이들의 행동에 내포한 개인적·가족적·사회적 동기
를 폭넓게 고려해야 한다.

12장

외도는 최고의 복수일까
—불행한 결혼 생활

결혼의 굴레는 너무나도 무겁기 때문에 이 무게를 감당하려면 둘, 때로는 셋이 필요하다.

—아버지 알렉상드르 뒤마

"적어도 저는 다른 사람이랑 자고 다니지는 않았다고요." 덱스 터가 분에 차서 말했다. 실제로 덱스터는 바람을 피우지 않았 다. 하지만 몇 년 동안 계속해서 아내 모나를 괴롭히고 하대 했으며 모나의 비행 공포증을 조롱했다. 심지어 일부러 아이 들과 비행기를 몇 번이나 타야 하는 여행을 떠나곤 했고, 그 때마다 모나는 함께 가지 못하고 집에 머물렀다. 그동안 덱스 터는 좋은 아버지이자 견실한 부양자였지만 돈이 얼마나 있는 지는 모나에게 비밀로 했다. 덱스터는 모나의 계좌에 돈이 늘 충분했다고 주장했지만 그의 말투는 모나를 철저히 무시하고 있었다. 당연히 모나는 외로움과 열등감을 느꼈다. 이렇게 돈만은 따박따박 갖다주는 독재자 밑에서 22년을 살던 모나는 어느 날 열 살 연하인 로버트를 만났다. 지난 6개월간 모나는 다정함을 배웠고 자신에게도 흥미로운 이야깃거리가 있다는 사실을 알게 되었다.

모나의 자신감이 조금씩 차오르다 결국 넘쳐흐르기 시작했다. 자신감 없는 아내의 모습에 익숙하던 덱스터는 평소와 달리 아내가 모욕에도 흔들리지 않는다는 걸 눈치챘다. 불안과 의심이라는 낯선 감정에 휩싸인 그는 아내의 자동차에 GPS를 달았고, 뻔한 결과가 이어졌다. 단단히 화가 난 덱스터는 외도를 이유 삼아 자기 행동을 정당화하며 "지저분한 년!", "창녀!" 라는 말로 더욱 심하게 모나를 모욕하기 시작했다.

현재 미국의 시대정신은 다음과 같다. '외도는 결혼 생활에서 발생할 수 있는 최악의 상황이다.' 외도로 상대방의 신뢰를 저버리는 행위는 가정폭력이나 도박으로 인한 패가망신, 심지어 근친상간보다 더 나쁜 행동으로 여겨진다. 2013년 갤럽 조사에 따르면 미국 성인 인구의 91퍼센트가 "외도는 도덕적으로 나쁜 행동이다"라고 답했다.[1] 사람들은 도덕성을 의심받는 그 어떤 행동보다도 불륜을 비난한다. 예를 들면 같은 조사에서 일부다처제가 도덕적으로 옳지 않다고 답한 사람은 83퍼센트, 인간복제는 83퍼센트, 자살은 77퍼센트, 그리고 흥미롭게도 이혼은 24퍼센트였다. 《애틀랜틱》의 엘리너 바크혼Eleanor Barkhorn은 이 결과를 다음과 같이 분석했다. "비교적 흔하고 엄밀하게 합법인 행동 중 사람들이 불륜만큼 못마땅해하는 것은 없다." 하지만 모나와 비슷한 상황을 여러 번 접하면서 나는 정말 외도가 가장 최악의 배신인지 의문을 품게 되었다.

그동안 커플 상담의 최전선에서 일한 나는 바람을 피우지 않았다는 이유로 덱스터 같은 남자에게 도덕적 우월성을 안겨 주지 않도록 주의한다. 덱스터가 지킨 신의는 양심과 상호 의존에 가까우며, 오랫동안 아내를 홀대한 그의 행동이야말로 배신 중의 배신이다. 실제로 수준 이하의 행동을 하는 많은 사람이 문화적 편견이 자신에게 유리하게 작용할 거라 확신하며, 바람피운 상대를 강력히 비난하고 자신이 피해자라고 주장한다. 물론 외도는 실제로 상처를 준다. 하지만 부부 간의 여러 옳지 못한 행동 중에서 외도가 가장 나쁘다고 결론 내리면 외도 이전에 발생한, 심지어 외도를 초래한 다른 잘못된 행동을 오히려 감싸게 될 위험이 있다.

배신의 형태는 여러 가지이며, 성적인 배신은 그중 한 가지일 뿐이다. 나는 다양한 방식으로 결혼 서약을 어기면서도 성적 충절만은 쉽게 지키는 사람들을 자주 본다. 외도의 희생자가 늘 결혼 생활의 희생자인 것은 아니다.

왜 모나는 덱스터를 떠나지 않았을까? 물론 모나도 이혼을 고려했고, 그 생각을 입 밖으로 꺼낸 적도 여러 번이었다. 하지만 덱스터는 모나의 말을 경멸의 기회로 삼았다. "집 나가서 어디 가려고? 너처럼 쓸모없고 볼 장 다 본 50대 여편네를 누가 데려가겠냐?" 모나는 로버트와 유대감을 쌓으면서 마음의 힘이 생긴 후에야 이 새장 밖에도 갈 곳이 있다는 사실을 알게 되었다. 현재 모니카는 이혼 소송 중이며, 덱스터는 더 이상 협박 전략으로 그녀의 일거수일투족을 통제하지 못한다. 모나의 친구가 능력 좋은 변호사를 소개해 주었고, 앞으로 그 변호사가 덱스터의 거짓 아량 뒤에 숨은 재산을 찾아 줄 것이다.

병든 관계를 무너뜨리기 위해 제삼자를 끌어들이는 것은 비겁한 행동일 수 있지만 용기를 북돋아 주는 원천이 될 수도 있다. 때로는 다른 사람과 함께하는 경험을 실제로 해 봐야 더욱 달콤한 인생을 맛볼 수 있고 그러한 인생을 추구할 용기를 낼 수 있다.[2] 무시와 무관심, 위협, 경멸, 거부, 멸시 등 부부 사이에서 흔히 일어나는 학대 때문에 감정적으로 고통받는 사람에게 외도는 자기 보호이자 자기 결정의 표현일 수 있다. 파괴적인 관계에서 신의는 때때로 미덕이 아니라 나약함에 가깝다. 꼼짝없이 갇혀 있는 것과 신의를 지키는 것을 혼동해서는 안 된다. 신체적 폭력을 당하며 사는 사람들이 자신을 때리는 손을 애무하는 손과 맞바꾸는 행동은 담대한 저항의 표현이다. 정치적 차원에서뿐만 아니라 개인적 차원에서도 관계의 단절은 새로운 사회 질서로 나아가기 위해 반드시 필요한 입구일 수 있다.

지금 나는 비난의 방향을 돌리려 하는 것이 아니라 관계에 스며 있는 권력과 무력의 복잡한 역학을 강조하고 있다. 마땅히 물어야 하지만 많은 이가 묻기를 두려워하는 질문은 "정말 먼저 배신한 사람은 누구인가?"다.

로드리고는 사과할 마음이 없었다. 개인적인 업무를 하느라 출장 기간을 늘렸을 때 자신이 알렉산드라에게 상처를 줬다는 것은 잘 알고 있었다. 하지만 매번 "미안해"라는 말을 할 때마다 지난 수년간 아내가 자신에게 아무 관심이 없었다는 사실이 떠올랐고, 마음속에 억울함이 차오르곤 했다. 로드리고는 따져 물었다. "여기서 진짜 사과해야 할 사람이 누굽니까?"

줄리는 편지에 남편이 "지난 20년간 감정적으로 불성실했다"라고 적었다. 남편의 애인에 대해 말하는 게 아니었다. "남편은 수많은 공연과 저녁 식사, 여행에서 저를 바람맞혔습니다. 늘 자기 일이 먼저였지요. 제 동생이 그래도 형부는 바람은 안 피우지 않았느냐고 하더군요. 하지만 남편의 일은 그 어떤 애인보다도 집요했습니다. 지금 저는 제게 많은 시간을 쏟는 남자를 만나고 있습니다. 그럼 신의를 어긴 사람은 '저인가요?'"

숨겨둔 애인이나 일이 아닌 다른 곳에 마음을 쏟는 경우도 있다. "러스의 애인은 필로폰이에요. 몇 년 동안이나 약을 끊고 도움을 청하라고 빌었지만 약에 취해 있는 게 저와 함께 있는 것보다 더 즐거웠나 봐요. 그런데 지금 그 사람은 제가 정말 저를 좋아해 주는 남자를 만났다고 화를 내고 있어요."

상대가 아닌 다른 곳에 관심을 쏟은 여러 행동 중에서 왜 유독 외도만 명백한 신뢰 위반이라고 비난받을까? 곁에서 보면 이 사람들은 섹스를 원한 듯하지만, 사실 찾고 있던 것은 깊이와 인정, 그윽한 눈길이며, 이것들은 성교를 수반하지 않는 일종의 삽입이다. 이를 성행위라고 칭할지 인간적 연결이라고 칭할지는 중요하지 않다. 바로 이러한 것들이 우리 자신을 중요한 사람으로 느끼게 해 준다.

사람들이 보통 가장 먼저 꺼내는 질문은 "왜 진즉 이혼하지 않았대요?"이며, 그다음 질문은 "그 문제에 대해 말해 봤대요?"다. 커플이 평등한 위치에서 의사소통하는 시대에 사람들은 대화로 문제를 해결할 수 있다고 믿는다. 실제로 서로를 이해하는 데 진솔한 대화만큼 좋은 것은 없다. 하지만 하소연이 묵살될 때 느끼는 외로움은 혼자 있을 때 느끼는 외로움보다 더 크다. 나를 밀어낸 사람과 함께 밥을 먹으니 차라리 혼자 밥을 먹는 쪽이 덜 고통스럽다.

낙담한 사람들은 이미 온갖 방법으로 대화를 시도한 경우가 대부분이다. 처음에는 상대방을 배려하며 조심스럽게 대화를 청하지만 결국 분노와 패배감을 느낀다. 이들이 애원하기를 멈추고 상처 입은 마음을 다른 곳으로 돌리자 무관심했던 파트너들은 그제야 관심을 보이기 시작했다. 이들이 다른 방법을 택할 수도 있었을까? 물론 그렇다. 하지만 외도 경보 시스템만큼 딱딱하게 굳어 버린 커플을 뒤흔들 수 있는 건 없다.

거부당한 사람들의 반란

상대에게 배신당하면 자신이 하찮게 느껴지지만, 몇 년 동안이나 자신이 하찮게 느껴졌기 때문에 바람을 피우는 경우도 있다. 끊임없이 어린아이들 뒤치다꺼리를 해야 하고 남편은 툭하면 친구들하고 스포츠 경기를 보러 술집에 갈 때 가족이 아닌 누군가가 나의 가치를 알아봐 준다면 강장제를 마신 것처럼 기운이 날 수 있다. 결혼 생활이 집안 관리 업체의 업무처럼 바뀌어 버리고 그 업무 외에 다른 이야기는 하지 않게 되었을 때 일상생활이라는 지루한 산문 속에서 외도라는 한 편의 시는 우리의 영혼을 고양해 줄 수 있다. 파트너가 매일 오후 6시만 되면 6개들이 캔맥주 팩을 들고 자기 방에 처박히면 우리에게는 식스팩을 가진 남자를 온라인으로 찾아볼 충분한 시간이 생긴다. 매일 일어나는 짜증 나는 일들에 맞서 싸우기조차 지겨워졌을 때 나의 유머 감각을 칭찬하는 동료의 한마디에 내가 그저 나쁜 년인 것은 아니라는 생각이 들 수 있다. 이처럼 분노와 은근한 차별, 무시가 집 밖에서 한숨 돌리고 싶은 우리의 욕구를 부채질하는 사례는 셀 수 없이 다양하다. 결혼 생활에서 느끼는 우울감은 도망칠 곳을 찾아 헤매게 만든다. 파트너와 성적인 교류가 전혀 없을 때는 더더욱 그렇다.

배우자 몰래 자신의 욕망을 부부 침대가 아닌 다른 곳에 풀어놓는 행동은 서로에게 헌신하겠다는 약속을 명백하게 어긴 것처럼 보인다. 하지만 바로 그 부부 침대에 '출입 금지' 사인이 걸려 있는 것이나 마찬가지라면, 우리는 이 상황을 어떻게 이해해야 할까? 섹스 빈도가 일주일에 한 번, 어쩌면 한 달에 한 번 정도로 서서히 줄어드는 경우를 말하는 것이 아니다. 관계가 지속되면서 욕망이 서서히 줄어드는 것은 자연스러운 현상이며, 리비도의 차이 역시 마땅히 고려해야 한다. 지금 나는 다정하고 친밀한 관계를 맺고 있을 때도 수년간, 또는 수십 년간 상대방의 성적 접근에 묵묵부답으로 일관하는 사람들에 관해 말하고 있다. 물론 부부 강간이나 의무감에 하는 섹스를 원하는 사람은 아무도 없다. 하지만 이제 섹스를 하지 않을 거라고(또는 거의 하지 않을 거라고) 한 명이 일방적으로 결정하는 것은 독점적 관계가 아니라 금욕의 강요라는 점 또한 인정해야 한다.

성생활이 사라지면 어떻게 해야 할까? 성 문제에 집중하는 게 환원주의적으로 보일 수도 있겠지만 나는 섹스의 결핍이 상당히 큰 영향을 미칠 수 있다는 사실을 인정한다. 우리 문화는 커플의 행복에 섹스가 미치는 영향을 상당히 축소하는 경향이 있다. 섹스는 선택 사항으로 여겨진다. 커플이 친구처럼 지내는 데에는 여러 장점이 있으며, 실제로 섹스 문제로 고민하지 않고 애정 넘치는 관계를 키워 가는 사람들이 많다. 하지만 상호 합의도 없이 섹스가 심각하게 부족해질 경우 섹스만 아니면 만족스러웠을 관계에 참을 수 없는 균열이 생길 수도 있다. 그리고 몇 년 동안이나 타인의 손길을 느끼지 못한 사람은 낯선 이의 친절에 더욱 취약해진다.

마를린은 차라리 남편이 바람을 피우는 게 섹스를 거절당하는 것보다 나았을 거라고 말했다. "남편이 다른 사람에게 욕망을 느꼈다는 사실로 거짓 위안을 받을 수도 없었어요. 비난할 제삼자조차 없었거든요."

전 세계의 수많은 굶주린 사람들이 내게 편지를 보낸다. 이들은 타인의 시선과 손길을 전혀 느끼지 못하고 절망과 분노, 슬픔, 패배감, 자기 회의, 외로움에 휩싸인다. 사회의 고정관념과는 달리 이들 중에는 여자도 있다. 가짜 두통을 연기하며 섹스를 회피하는 사람은 여자뿐만이 아니다.

이저벨은 결혼하고 10년 동안 남편 폴과 섹스한 횟수를 한 손으로 셀 수 있었고, 심지어 손가락 다섯 개가 다 필요하지도 않았다. 이저벨은 이렇게 말한다. "남편은 결혼식을 올리고 몇 주 지나지 않아 완전히 흥미를 잃었어요. 가능한 이유를 전부 떠올려 봤죠. 바람을 피우나? 게이인가? 어렸을 때 목사에게 성폭력을 당했을까?" 이 문제에 관해 폴과 대화를 나누고 상담도 받아 보고 온갖 색다른 방법으로 다가갔지만 소용이 없었다. 폴의 침묵은 이해하기가 힘들었다. 테스토스테론 검사도 받고(결과는 정상이었다) 비아그라도 시도해 봤다(신체적으로는 효과가 있었지만 폴은 그 효과를 역겨워했다). 이저벨은 폴이 좋은 남자이며 자신은 결혼 서약을 중요하게 여기기 때문에 그동안 모든 것을 참고 견뎠다고 말한다. 하지만 최근 그녀는 교회에서 한 남자를 만났다. 그리고 이렇게 말한다. "아직은 아무 일도 없어요. 하지만 벼랑 끝에 서 있는 기분이에요."

브래드는 팸의 "그럴 기분 아니야"라는 말에 속수무책이었다. "매일 밤 우리 사이에는 팸의 아이패드가 놓여 있어요. 마치 섹스를 방지하는 보호 장치처럼요. 팸에게 속옷을 선물한 다음 저를 위해 입어 달라고 부탁한 적이 있는데 4주가 지나도록 포장도 안 뜯고 그냥 의자 위에 올려놨더라고요. 팸은 제가 뒤에서 가만히 안아 주기만을 원해요. '자기가 나 재워 줘. 그러다 잠이 오면 자자'라는 뜻이죠. 저는 이렇게 성적으로 불만족스러운 상태인데, 팸은 자기는 아무것도 해 줄 수가 없다고만 해요! 내가 원하는 건 당신뿐이라고 아무리 매일 말해도 팸은 자기가 저한테 부족하다고 생각해요."

"콘돔 피임에 실패하고 나서 루이즈는 넷째를 임신했어요. 저는 임신 중단을 원했지만 루이즈가 싫다고 했고요." 크리스토프가 말을 이었다. "저는 책임감이 강한 남자예요. 늘 곁에서 아내와 아이들을 돌봐야 한다는 걸 알았죠. 그런데 루이즈는 엄마가 되고 싶다는 마음뿐이지, 자기가 저의 아내이기도 하다는 건 완전히 까먹은 것 같아요. 루이즈는 7년 내내 아이를 낳고 키웠어요. 더 필요하지 않을 만큼 옥시토신이 많이 분비됐겠죠! 전 완전히 안중에도 없었어요. 애정 표현도, 키스도, 섹스도 없었어요. 제가 처음 바람을 피운 건 둘째딸이 18개월이었을 때였어요. 제가 바람을 피우든 안 피우든 상관없이 우리의 성생활은 늘 메말라 있었어요. 루이즈는 제 외도 때문에 결혼이 파탄 났다고 주장하는데, 정말 터무니없더라고요."

서맨사가 원한 건 오로지 함께 늙어 갈 파트너였다. "제가 죄책감을 느끼며 남편과 흔들의자에 앉아 있게 될 줄은 상상도 못 했어요." 서맨사는 10년간 남편에게 충실한 아내로 살았지만 결혼 생활은 점점 악화되었다. "제가 변했어요. 언젠가부터 남편은 다른 침대에서 자기 시작했는데, 자기가 코를 골아서, 잠을 잘 수가 없어서, 등이 아파서라고 하더군요. 다시 같은 방에서 자자고 얘기해 봤지만 남편은 결혼하고도 다른 방에서 자는 커플이 많다고 했어요. 섹스는 늘 허겁지겁 5분 만에 끝났고 전혀 만족스럽지 않았어요. 돈 문제며 집 문제며 아이들 문제며 전부 저 혼자 감당했고요. 매일 밤 남편이 집에 들어오긴 했어요. 하지만 없는 거나 다름없었죠."

서맨사는 크레이그리스트 사이트에서 켄을 만났다. 켄 역시 결혼 생활에 만족하지 못하는 유부남이었다. 그러다 애슐리매디슨 사이트에서 리처드를 만났고, 이야기는 똑같이 흘러

갔다. "그렇게 여기까지 온 거예요. 같은 동네에 결혼한 섹스 파트너가 있고, 먼 곳에도 결혼한 남자 친구가 있는 유부녀가 됐어요." 서맨사는 가끔씩 자신의 현실에 깜짝 놀라고 죄책감을 느낀다. 하지만 멈출 생각은 없다. "죽은 것과 다름없었던 과거로 돌아갈 순 없어요."

섹스 없는 결혼 생활을 분석한 연구자들은 섹스 횟수가 1년에 10회 미만인 경우 아예 안 하는 것과 다름없다고 본다. 그 숫자를 어떻게 셌는지 누가 알겠는가? 조사 결과에 따르면 커플의 15~20퍼센트가 이 범주에 해당한다. 그러므로 당신이 만약 1년에 섹스를 11번 한다면 축복이라고 여겨야 한다. 당신이 가까스로 피한 운명이 어떤 모습인지 알고 싶다면 인터넷 커뮤니티 레딧Reddit의 인기 게시판인 '죽은 침실deadbed rooms'에 들어가 보라(구독자가 수만 명이 넘는다). 빅데이터 분석가인 세스 스티븐스 다비도위츠Seth Stephens-Davidowitz는 《뉴욕 타임스》에서 '섹스 없는 결혼 생활'의 구글 검색 횟수가 다른 결혼 문제의 검색 횟수보다 훨씬 많다고 밝혔다.3

확실히 수많은 사람이 에로스의 죽음을 애도하고 있다. 그리고 섹스 횟수는 그럭저럭 괜찮지만 아무 만족도 느끼지 못하는 사람은 이보다 훨씬 많다. 이들이 내지르는 탄성이 매일 내 메일함에 도착한다.

"제 파트너는 섹스에만 관심 있고 제 몸에는 거의 관심이 없어요. 그이는 낡아빠진 자동차에 시동을 걸듯 애무를 해요. 침대에 올라간 지 얼마 되지도 않았는데 제 다리 사이에 자기 무릎을 넣고 제가 축축해졌는지 확인하죠. 제가 뭘 좋아하고 어디에 흥분하는지를 온갖 칭찬을 곁들여 여러 번 말해 봤지만 저 말고는 아무도 자기한테 불만이 없었다는 말만 돌아오더군요. 이렇게 지낸 지가 벌써 몇 년인데, 이제는 홀로 남겨질까 봐 두려운 마음이 제 자존심보다 커지는 것 같아 걱정스러워요."

월라는 브라이언과 쭉 섹스를 하고 있지만 섹스의 즐거움은 그다지 느끼지 못했다. "제게 섹스는 그냥 해야 하는 거였어요. 심지어 다른 집안일이 더 재미있을 정도였죠. 그러던 어느 날 갑자기 내가 섹스를 싫어하는 게 아니라 남편과의 섹스를 싫어하는 것일 수도 있다는 생각이 들었어요. 가설을 검증해 봤는데, 역시나 제 생각이 옳았어요."

진은 이렇게 말한다. "저는 장난치듯 천천히 섹스하는 게 좋아요. 그런데 아내는 제 그곳을 잡고 그냥 자기 안에 넣어 버려요. 섹스를 빨리 끝내려고 얼른 제가 사정하게 만들죠." 이렇게 고통받는 사람들은 어떻게 해야 할까?

나는 불꽃을 잃은 커플의 욕망을 되살리는 데 많은 시간을 쓴다. 처음에는 부모의 학대와 어린 시절의 성폭력 경험, 인종차별, 빈곤, 질병, 상실, 실업 등 성적 위축감을 유발할 수 있는 여러 원인을 검토한다. 이런 다양한 원인이 자신감을 떨어뜨리고 신뢰와 기쁨을 너무 위험한 것으로 느끼게 만든다. 그다음에는 무엇을 성적이라고 생각하는지, 그동안 살면서 경험한 감정이 섹스라는 신체적 행위에서 어떻게 드러나는지를 살펴본다. "당신이 어떻게 사랑을 나누는지 알 수 있도록 그동안 어떻게 사랑받았는지를 알려주세요"는 내가 주로 건네는 질문 중 하나다. 이 문제들을 파헤치면 성적으로 억눌린 부분을 해소하는 데 도움이 된다.

나는 커플 사이에 개입해 그동안 쌓인 불만을 해결할 수 있도록 돕는다. 비난을 요청으로, 불만을 피드백으로 바꾸는 방법과 서로 더욱 마음을 터놓고 자신의 취약한 부분을 드러내는 법을 가르친다. 이런 문제들을 해결해 가면서 커플들은 상상력을 이용해 기쁨을 얻는 법을 배울 수 있다. 나는 섹스를 너무 진지하게 여기지 말고 장난기를 발휘해 침실 안팎에서 기대감과 미스터리를 자아내라고 권한다. 이 밖에도 나에게는 다시 감각적이고 관능적이고 신성한 섹스를 경험할 수 있게 돕는 개입 전략이 있다. 이 전략에는 대화 외에도 많은 것이 들어 있다. 성교육 전문가와 트라우마 전문 심리치료사, 탄트라 수행자, 성과학 바디워크 전문가(여러 신체 기법과 교육을 통해 성 문제의 해결을 돕는 전문가—옮긴이), 무용 강사, 패션 컨설턴트, 침술사, 영양사 등 도움을 줄 수 있는 사람이라면 그 누구와도 기꺼이 협업한다. 섹슈얼리티는 이 모든 양상과 연결되어 있다.

어떤 커플은 상황을 역전시키는 데 성공한다. 하지만 최선을 다했는데도 성적 충동을 되살리지 못하는 커플도 있다. 이런 커플들은 그저 모든 것을 다 가질 수는 없다는 사실을, 때로는 가정을 지키는 대가로 섹스를 잃을 수밖에 없다는 사실을 받아들여야 할까? 아니면 섹스는 삶에서 너무나도 중요한 부분이라 문제없이 행복했던 결혼 생활도 섹스가 사라지면 곧 무너지게 될까?

성적 친밀함이 사라진 관계가 얼마나 좋을 수 있을까? 섹스라는 행위 자체뿐 아니라 애무와 삽입, 오르가즘, 섹스 후 잠에 들기까지의 전 과정을 말하는 것이다. 연인 관계를 형제자매나 가장 친한 친구와의 관계와 구분하는 관능적이고 성적인 에너지를 말하는 것이다. 그렇다면 섹스 없는 결혼 생활은 어쩔 수 없이 외도의 원인이 되는 걸까?

두 파트너가 이 상황에 만족한다면 섹스 없이도 사랑 넘치고 안정적인 관계를 유지할 수 있다. 하지만 생애 주기가 바뀔 정도로 오랫동안 충족되지 못한 욕망이 마음속에 들어차 있다면, 그 욕망은 불이 붙기만을 기다리는 마른 가지와 다름없다. 성적 충절과 금욕이 동시에 요구된다면 성욕이 결국 밖으로 터져 나오는 것도 당연하다.

맷은 언제부터 섹스를 하지 않았는지는 기억하지 못했지만 아주 오래된 것은 분명했다. 10년차 부부인 맷과 메르세데스는 30대 초반에 만나 곧 결혼했다. 처음에는 기분이 좋아서 섹스를 했다. 그다음에는 아기를 갖기 위해 섹스를 했고, 현재 일곱 살인 사샤와 네 살인 핀을 낳았다. 그다음에는 아이들 '때문에' 섹스를 못 했다. 그 이후에는 형식적으로 섹스를 했는데, 아예 안 하는 것보단 조금이라도 하는 게 나았기 때문이다. 그리고 마침내 둘은 섹스를 아예 안 하게 되었다. 나를 찾아왔을 무렵 메르세데스는 매일 밤 핀과 함께 킹사이즈 침대에서 잤고, 맷은 자기 방에 있는 소파에서 웅크린 채 잠이 들었다. 메르세데스는 섹스가 하고 싶어지길 바랐지만 그리 그립진 않았다. 사실 애초에 즐긴 적이 없었다. 게다가 이제 메르세데스에게는 섹스보다 중요한 다른 일들이 있었다.

맷은 늘 원하고 메르세데스는 늘 거부하는 상황이 분명했다. 처음에는 맷이 열렬히 다가가면 메르세데스가 화답했고, 메르세데스도 맷의 접근을 기꺼이 환영했다. 하지만 시간이 지날수록 그녀가 점차 거부하기 시작했고, 이내 그는 섹스를 갈구하기 시작했다. 그럴수록 그녀의 마음은 차갑게 식었고 더욱 단호하게 등을 돌렸다. 그가 간청할수록 그녀는 더 흥미를 잃었다. 그녀가 마음의 문을 닫을수록 그는 더 매달렸다. 도망가는 사람과 뒤쫓는 사람의 관계가 늘 그렇듯, 둘은 자신이 혐오하는 행동을 하도록 상대를 몰아갔다.

월요일에 맷은 자기가 원하는 바를 분명하게 말했다. 수요일에는 메르세데스가 부담을 느끼거나 스스로 부족하다고 생각하지 않게끔 그저 내색만 했다. 금요일에는 그냥 가볍게 메르세데스를 터치했는데, 반응이 없으면 애초에 섹스를 원하지 않은 척하기 위해서였다.

가끔씩 메르세데스는 자신을 돌아보았다. "나한테 무슨 문제가 있나? 당신은 스위치 누르듯 쉬운데 왜 나는 애써야 간신히 좋을까 말까 하는 거냐고." 때때로 맷은 메르세데스를 응원했다. 그는 이렇게 말하곤 했다. "생각해 봐! 지난번엔 정말 좋았잖아. 당신도 곧 좋아하게 될 거야." 좋은 의도로 한 말이었지만 안타깝게도 그의 시도는 역효과를 낳았다. "날 아랫사람 취급하지 마. 전혀 안 섹시하다고!" 그다음에 맷은 공감을 표현해 보려 했다. "그런 기분이 드는군. 당신에게 이게 쉬운 일이면 좋았을 텐데." 그럴 때면 메르세데스는 자신을 이해해 줘서 고맙다고 말하고 맷에게 부드럽게 키스한 다음 등을 돌려 전등을 껐다. 그러면 기운이 빠진 그는 다른 방으로 가서 컴퓨터 앞에 앉아 혼자 자위를 했다.

결국 맷의 마음속에 분노가 쌓여 갔다. 왜 뭐든 메르세데스 마음대로일까? 자기 때문에 내가 괴로워하고 있다는 걸 알까? 맷은 혼자 고민하고 괴로워하며 분노를 억누르려 노력했지만 그렇게 또 한 해가 지나자 결국 폭발하고 말았다. "당신 헛소리 이제 지긋지긋해! 당신 행동은 부당하고 이기적이야!" 맷은 이렇게 해도 결국 섹스는 못 한다는 걸 알았지만 어차피 할 수 없다면 무슨 상관이겠는가? 최소한 이제는 마음이라도 후련했다. 그러나 그때까지만 해도 자기 때문에 맷이 금욕 생활을 한다는 데 죄책감을 느끼던 메르세데스는 오히려 당당해졌다. "어떻게 그런 말을 할 수가 있어!" 메르세데스는 반격했다. "그런다고 내가 섹스할 마음이 들 것 같아?"

복잡한 춤을 추듯 교묘하게 섹스를 거절하던 메르세데스는 1년에 두 번, 결혼기념일과 맷의 생일에만큼은 섹스에 응했다. 하지만 맷은 이렇게 말한다. "그냥 누워서 제 부탁을 들어주는 거예요." "동정심에 하는 섹스"는 맷이 원한 게 아니었다.

메르세데스도 마음이 편하지는 않았다. 멕시코 출신인 여자 친지들이 뭐라고 말할지도 잘 알았다. "넌 맷의 아내잖니. 맷의 욕구를 충족시키는 게 너의 역할이야." 하지만 메르세데스는 미국인 여자 친구들에게 이 문제를 털어놓았고, 친구들은 더 마음에 드는 조언을 내놓았다. "하고 싶지 않으면 섹스하면 안 되지." "네가 어쩔 수 없는 일에 죄책감 느끼게 만들다니 맷은 정말 이기적이다." "그렇다고 다른 데서 섹스하면 안 되지!"

맷이 진짜로 다른 데서 섹스할까 봐 겁이 난 메르세데스는 수차례 상담을 제안했다. 사실 이 커플은 열심히 노력했다. 이미 상담을 통해 트라우마나 만성 통증, 신뢰의 문제가 없음을 밝혀 냈다. 하지만 메르세데스는 생식 목적의 섹스만 중요하게 여겼다. 임신을 위해서가 아니라면 왜 섹스를 해야 하는지 이해하지 못했다. 메르세데스는 여러 활동(특히 춤)을 즐기는 관능적인 여성이었지만 섹스에서 즐거움을 얻지 못했고 그래야 한다고 생각하지도 않았다. "맷은 채식주의자예요. 전 그이가 고기를 안 먹는다는 사실을 그냥 받아들여요. 그게 이것과 뭐가 다르죠?"

수년간 맷은 "그냥 참고 살았다." 기대감을 낮추고, 혼자 욕구를 채우고, 철인 3종 경기에 참여하고, 일에 몰두하려고 노력했다. 하지만 이 모든 방법으로도 깊은 외로움을 채우기엔 역부족이었고, 몇 년 동안 성적으로 철저하게 무시당하면서 생긴 거세된 듯한 느낌도 그대로였다. 그때 맷은 매기를 만났다. 매기는 맷과 함께 철인 3종 경기를 뛰는 동료로, 어른스럽고 쾌활했으며 결혼한 지 거의 10년이 되었다. 매기의 남편은 TV 리모컨을 만지작거리는 것 외에는 애무라는 것을 할 줄 모르는 남자였다. 자신처럼 욕구 불만을 느끼던 매기를 만나면서 맷에게도 다시 희망과 활력이 생겼다.

맷은 아내를 배신할 생각이 없었지만 더 이상 무력감을 참고 견딜 수 없었다. 현재 맷은 다시 찾아온 열정과 오랜 전희, 시간이 멈춘 것 같은 기분을 마음껏 즐기고 있다. 맷은 매기와의 관계 때문에 메르세데스에게 소홀해지는 일은 절대 없다고 장담한다. 그는 바람을 피우고 있지만 그 어느 때보다도 아내에게 충실하다. 지난 14개월 동안 섹스를 즐긴 두 연인은 가정을 파괴하지 않고 금욕의 감옥에서 빠져나올 방법을 찾은 데 기뻐하고 있다. 이런 사례는 결코 드물지 않다.

외도가 결혼을 지켜 줄 때

괴상해 보일 수도 있지만 맷과 매기의 생각에는 일리가 있다. 많은 사람이 결혼에서 벗어나기 위해서가 아니라 그 안에 머물기 위해 바람을 피운다. 나를 찾아온 지나는 이렇게 말한다. "이제 3년만 있으면 아이들이 독립할 거예요. 그 생각을 하면 집에서 웃으면서 지낼 수 있어요. 원만한 이혼은 아닐 거예요. 남편은 거만하고 소유욕이 강하거든요. 이혼 소송은 아이들이 집을 나간 후에 하고 싶어요." 최근 캘리포니아에서 열린 회의에서 한 여성은 내게 현실적인 문제 때문에 남편과 지내고 있다고 말했다. 둘에게는 장애가 있는 아이가 있고, 아이를 위해서는 둘이 함께 벌어 아이를 보살펴야 한다. 둘은 좋은 친구다. 하지만 이게 다가 아니다. 그녀는 일주일에 두 번 "춤을 추러" 간다. 그녀는 이렇게 말했다. "그이는 절대 저한테 자세히 물어보지 않아요. 그리고 전 그 시간 덕분에 제정신을 유지할 수 있죠."

대프니는 마틴이 포르노를 보며 자위하는 모습을 보고 창피를 주며 경멸을 쏟아 냈다. 하지만 마틴은 자위를 그만두지 않았다. 그저 더 잘 감추게 되었을 뿐이다. 대프니와 마틴은 2년 전부터 각방을 썼기 때문에 감추기가 그리 어렵진 않았다. 하지만 여자들을 만나러 코리아타운에 가려면 대프니가 시내로 외출할 때를 기다려야 했다. 마틴은 그 여자들을 "시청각 자료"라고 불렀다. 대프니가 이 짓을 용납하지 않으리라는 것은 알았지만, 마틴은 이런 논리를 펼쳤다. "대프니 입장에서 뭐가 더 나을까요? 제가 집에서 책상 위로 몸을 구부리는 제 스물두 살 비서를 상상하는 걸 더 좋아할까요? 댄서들은 그냥 자기 일을 하는 거예요. 제 비서는 진짜로 절 유혹할 수 있어요. 대프니에게는 다 마찬가지겠지만, 제 생각에 비서를 만나는 대신 댄서들과 즐기면 결혼 생활을 지킬 수 있어요. 아무것도 하지 말라는 건 너무하죠."

마틴의 관점은 냉정하고 실용적이지만 레이철의 관점은 시적이다. 결혼한 지 23년이 된 레이철은 남편에게 성적으로 끌리진 않지만 둘은 가치관과 취미가 비슷하고 함께 만나는 친구들도 있다. 레이철은 내게 자신이 여러 번 바람피운 이유에 관한 시를 한 편 보냈다.

답답했던 시간들
그의 불빛은 꺼졌지만
나의 불빛은 온종일 타올라요.

당신은 바로 알아보았죠.

나와 춤춰요. 난 내가 무얼 하는지 잘 알아요.

당신이 날 당연하게 여긴다고, 이용한다고 생각하지 않아요.

나를 꼭 안아 줘요, 내 안의 공허를 채워 줘요.

키스 없는 건조한 섹스처럼.

당신에겐 당신의 이유가 있겠죠.

계속 연락해요. 내게 전화해요.

저 멀리 도망갈지도 모르지만, 놓지는 않아요.

마음은 예스라 말하고 머리는 노라고 말해요.

부드러운 포옹 한 번이 날 끌어당기고

난 또다시 춤을 춰요. 이게 그렇게 큰 잘못인가요?

맷도 자신이 그렇게 큰 잘못을 저지르진 않았다고 생각한
다. 모든 걸 알게 되었을 때 메르세데스가 상처받을 걸 생각
하면 마음이 아팠지만 그렇다고 외도를 끝내거나 이혼할 마
음은 없다. 그동안 그리워한 것을 되찾은 맷은 더 이상 둘 중
하나를 선택해야 한다고 느끼지 않는다. 맷에게 외도는 부부
관계를 파괴하기보다는 오히려 압박을 덜어 주는 안전장치다.
제삼자는 부부가 균형을 유지할 수 있도록 돕는 버팀목 역할
을 한다. 덕분에 맷은 가족과 자기 자신 중 하나를 선택해야
하는 파우스트식 거래를 피할 수 있다. 심리분석가 어윈 허시
Irwin Hirsch는 다음과 같이 지적한다. "때로는 외도가 만들어
내는 감정적 거리가 불완전한 사랑과 섹스, 가족 관계를 오래
지속시킨다."4

심리학자 재닛 레브스타인Janet Reibstein과 마틴 리처즈Martin Richards는 이 "분열된 관점"이 "현실적인 경험에서 나온 타당한 반응"이라고 말한다.5 두 사람은 오늘날 부부 관계에 기대하는 바가 지나치게 커진 결과 "기혼자 대부분이 어떤 식으로든 결혼 생활에 실망할" 수밖에 없다고 주장한다. 결혼 생활에서 일부는 괜찮지만 일부는 괜찮지 않을 때 사람들은 잘 기능하지 않는 부분을 도려낸다. 그 부분은 섹스일 때가 많다. 이렇게 하면 한 명이 다른 한 명의 욕구를 전부 채워 줘야 하는 부담을 조금 덜어 낼 수 있다.

이런 방식은 한 명이 다른 한 명의 성적 취향이나 페티시를 이해하지 못하거나 심지어 역겨워하는 관계, 또는 두 자릿수 이상 나이 차이가 나는 관계에서 특히 흔하다. 한쪽에게 장애나 만성 질환이 있을 때에도 마찬가지다. 헤어지고 싶지는 않지만 그렇다고 참고 견디고 싶지도 않을 때, 만족하지 못하는 사람들은 조용히 다른 곳에서 욕구를 해소한다.

소니는 이 전략에 매우 정통하다. "솔직히 말하면 전 아내를 사랑합니다. 정말 아름다운 여자예요. 하지만 난폭하게 아내를 덮치고 싶은 욕망은 한 번도 느껴 본 적이 없어요. 아내는 평범한 섹스는 즐기지만 다른 시도는 해 보려고 하질 않아요. 지배 복종 관계에서 섹스를 한다는 생각엔 아예 코웃음을 치죠. 받아들이려고도 해 봤지만 제게 BDSM은 그냥 취향이 아니라 저의 일부라는 걸 깨달았어요." 그래서 소니는 내면의 난폭한 남자를 '슈거 대디sugar daddy(어린 여자를 지원하는 돈 많은 남자-옮긴이)'들이 모이는 웹사이트로 데려갔고, 그곳에는 그의 난폭하고 원초적인 판타지를 환영하는 어린 '슈거 베이비'들이 있었다. 처음부터 소니가 가족에게 헌신하는 아버지와 어린 여자를 옆에 낀 BDSM 던전 마스터로 정체성을 분리하려 하지는 않았다. 그저 이것이 최선의 방법이라고 생각했을 뿐이다.

사람들은, 특히 이성애 커플은 보통 이런 결정을 입 밖에 내지 않는다. 대개는 배우자에게 터놓고 이야기하기보다는 혼자서 비밀을 간직한다. 이런 사람들은 섹스는 멈춰도 대화는 멈추지 않는 동성애 커플이나 다자연애자들에게 많은 것을 배울 수 있다. 나와 상담한 동성애 커플들은 비독점적 관계를 선택할 것인가 다자연애를 선택할 것인가에 대해 파트너와 터놓고 협상하는 경우가 많았고, 사실상 섹스가 사라졌을 때는 특히 더 그러했다. 합의된 비독점적 관계란 두 파트너가 동등한 발언권을 갖고 충족되지 못한 욕망을 다른 곳에서 해소하는 데 합의한 것을 뜻한다. 이와 달리 외도는 둘에게 가장 좋은 방식이 무엇인지를 '한 사람'이 일방적으로 결정한 것이다. 어떤 이들은 외도가 모두에게 가장 좋은 방법(결혼을 지키고 섹스의 정체 상태에서 벗어날 수 있는 방법)이라고 생각하겠지만 사실은 아무것도 모르는 배우자에게 멋대로 권력을 휘두르는 것이다. 물론 누군가는 이렇게 되물을 수 있다. "아내가 매일 밤 싫다고 말할 때 저에게는 발언권이 있었습니까? 일방적 결정을 내린 사람이 도대체 누군데요?"

일리 있는 말이다. 그래서 섹스를 원치 않았던 사람이 배우자의 외도 때문에 얼마나 괴로운지를 토로할 때마다 나는 그들의 배우자가 무슨 일을 '했는지'에서 그들 자신이 무엇을 '하지 않았는지'로 조심스럽게 대화의 초점을 옮긴다. 충족되지 못한 욕망을 다른 곳에서 푼 사람이 상대를 배신했다고 보는 건 쉽다. 섹스에 무관심한 쪽이 자기도 모르게 외도에 원인을 제공했을 수 있다고 보는 건 그보다 어렵다. 진실한 대화는 반드시 양쪽의 이야기를 전부 포함해야 한다.

이혼하거나 체념하거나?

맷과 매기의 관계는 비밀이 유지되는 동안은 목적을 충실히 수행했다. 하지만 메르세데스가 이 사실을 알게 되었고, 규칙은 완전히 뒤바뀌었다. 상담 초기에 우리는 불륜이 발각된 이후 둘의 관계가 어떤 상태인지부터 살펴보았다. 둘 다 이혼을 원하지 않았기에 우리는 헌신과 신뢰에 관해 이야기하며 섹스의 독점이라는 좁은 틀에서 벗어나 신의와 충실의 정의를 확장시켰다.

맷과 메르세데스는 전형적인 딜레마를 잘 보여준다. 긴 역사를 지닌 둘은 함께 울고 웃었다. 두 사람은 방 하나짜리 아파트로 처음 이사한 날, 다용도실을 아이 놀이방으로 개조한 날을 애틋하게 기억한다. 또한 둘은 그 뒤로 열심히 돈을 모아 임대한 마당 딸린 작은 타운하우스를 자랑스러워한다. 둘은 승진을 위해 수면과 집안일, 양육 문제를 함께 해결하며 서로의 경력을 뒷받침했다. 양쪽 부모님 중 세 분의 죽음과 두 아이의 탄생, 한 번의 유산, 암의 가능성을 겪으면서도 둘은 안정된 관계를 유지했다. 둘은 함께 희망을 품고 꿈을 꾸었다. 숲속 오두막에서 보내는 휴가, 아프리카 여행, 아이들이 함께 놀 수 있는 강아지 한 마리. 심지어 요즘도 뒷마당에서 함께 뜨거운 자바 커피를 마시는 것이 둘의 낙이다. 둘은 이 모든 면에서 서로를 사랑한다. 그저 더 이상 섹스하지 않을 뿐이다.

이런 커플은 결혼이라는 생활 체제를 해체하거나 앞으로 다시는 섹스를 안 하는 것 중 하나를 선택해야만 할까? 결혼이 모든 욕구를 충족시켜야 한다고 여기는 우리 문화에서는 이혼과 체념만이 선택 가능한 답안이라고 보는 경향이 있다. 점점 더 많은 사람이 조용히 외도라는 제3의 선택지를 고르는 것도 당연하다. 패멀라 해그가 말한 대로 "결혼의 규칙이 더 이상 잘 굴러가지 않는다면 사람들은 그 규칙을 수정하는 대신 먼저 어길 것이다."[6]

결혼에는 새로운 선택지가 필요하다. 우리는 관계가 깨진 원인으로 쉽게 외도를 지목하지만, 어쩌면 절대 다른 사람과 섹스하면 안 된다는 고집이 관계에 더 악영향을 미쳤을 수 있다. 커플이 성욕의 차이와 섹스의 의미에 관해 기꺼이 대화했다면 여전히 함께였을지 모른다. 그리고 이러한 대화를 나누려면 낭만적 사랑의 이상, 즉 독점적 관계에 의문을 품어야 한다.

오해하지 마시라. 비독점적 관계가 모든 상처를 아물게 하고 모든 배신을 예방하는 것은 아니다. 하지만 어쩔 수 없이 괴로운 결정을 내리며 마음 아파하는 사람들을 볼 때면 다른 선택지를 제안하고 싶어진다. 나는 재봉사의 딸로 자라났고,

오래전부터 나의 일이 재단사의 가봉 작업과 비슷하다고 생각했다. 나는 모든 커플에게 같은 양복을 입히고 싶지 않다.

성적으로 열린 관계를 언급하면 많은 사람의 마음속에 빨간불이 켜진다. 헌신을 약속한 사랑의 영역 안에서 이만큼 강렬한 반응을 이끌어 내는 주제는 별로 없다. 그녀가 돌아오지 않으면 어쩌죠? 그이가 그냥 우리가 가진 좋은 점에 만족하고 모든 걸 가질 순 없음을 받아들일 순 없을까요? 아내가 사랑에 빠지면 어떡하죠? 결혼은 원래 타협이라고요! 한 사람을 사랑하면서 다른 사람과 섹스할 수 있다는 생각은 사람들을 몸서리치게 만든다. 우리는 선을 하나 넘으면 결국 다른 선도 전부 넘을 수 있다고 두려워한다. 그럴 수도 있다. 하지만 많은 사람이 깨닫고 있듯 선을 엄격하게 긋는다고 해서 불행을 막을 수 있는 건 아니다.

게다가 나는 잘못된 전제에 동조할 마음이 없다. 많은 사람이 욕망의 불씨를 되살리려 노력하고 있다고 말한다. 하지만 그렇게 생각하기를 좋아할 뿐이지 실제로 그렇게 되기를 바라지는 않는다. 이들은 가족과 동지애, 이제껏 함께 꾸려 온 생활을 유지하길 바라지, 불편한 문제에 진짜 덤벼들고 싶어 하진 않는다. 불길한 조짐이 느껴질 때 정말 이혼하는 것보다 비독점적 관계를 택하면 더 좋은 결과를 낳을 수 있을까? 이 가능성을 고려조차 하지 않은 결과 서로를 아끼는 동반자 관계와 행복하고 안정적인 가족이 너무 많이 해체된다.

맷과 메르세데스 같은 커플이 지금 당장이나 나중에 결별을 선택할 수도, 아닐 수도 있다. 어떤 결정을 하든, 나는 각자에게 어떤 욕구가 있으며 서로가 서로의 진실한 모습을 아우를 수 있을지 없을지를 충분히 숙고한 다음에 결정하기를 바란다. 외도를 반복하는 것보다 이렇게 하는 게 당사자 모두에게 더 좋다. 또다시 외도가 발생하면 사람들은 마치 그 사실이 인격적 결함을 증명한다는 듯, "한번 바람피운 사람은 영원한 바람둥이"라고 쉽게 말한다. 하지만 정말 중요한 문제를 해결하지 않았기 때문이라는 것이 더 정확한 설명일 수도 있다.

너무 쉽게 외도만을 비난하면 그 뒤에 숨은 진짜 문제를 보지 못한다. 뿐만 아니라 관계 내에서 벌어지는 여러 잘못된 행동에 고정된 위계질서가 생겨난다. 오늘날까지도 감정적, 성적으로 상대를 밀어내는 행동은 다른 사람과의 섹스만큼 무거운 죄가 아니다. 외도를 최악의 배신으로 여기는 것은 곧 커플뿐만 아니라 문화 전체가 반드시 생각해 봐야 할 결혼의 복잡성을 단체로 외면하는 것과 같다.

13장

제삼의 주인공
—그 또는 그녀의 딜레마

그는 그 여자를 선택한다, 가끔씩.
당신도 그 이야기를 안다! 봐라,
모든 것이 끝났을 때 그는 그녀를
마치 전화기처럼 제자리에 내려놓는다.

—앤 섹스턴, 「모두가 그 여자의 이야기를 안다」

베라는 거울로 머리 모양을 확인하고 창문 밖을 힐끗 내다본
다. 식탁이 우아하게 차려져 있고 샴페인이 얼음 통에 담겨 있
으며 정원에서 갓 따온 토마토로 만든 샐러드가 탐스럽다. 그
가 일러둔 도착 시간에서 이미 한 시간이 지났지만 베라는 전
화하지 않을 것이다. 베라는 작지만 아름답게 꾸민 침실을 서
성거리다 다시 창문 앞으로 가서 그의 차를 기다린다. 30년이
지난 지금도 여전히 베라는 차에서 내리는 그의 모습을 처음
봤을 때처럼 마음이 두근거린다. 살짝 긴장한 채 흥분으로 상

기된 베라는 사랑에 빠진 다른 여자들과 똑같아 보인다.

하지만 베라는 다른 여자들과 다르다. 베라는 '바로 그' 여자다. 그 여자의 다른 이름으로는 가정 파괴범, 남자 도둑, 정부, 비서, 창녀가 있다. 이 이름들은 릴리트Lilith(유대 신화에 등장하는 인류 최초의 여성으로 아담의 첫 번째 부인이다. 남자의 욕정을 도발하는 음탕한 마녀로 알려져 있다–옮긴이)부터 시작해 그동안 베라 같은 여성에게 붙여진 문화적 꼬리표다. 베라는 이 이름표들이 싫다. 그래서 베라와 그녀의 인생의 연인 이반은 지난 30여 년간 관계를 숨기려고 최선을 다했다. 결국 베라는 비밀을 무덤까지 가져갈 것이다. 유일하게 이 사실을 아는 사람은 베라의 딸 베스다. 이제 쉰다섯 살이 된 베스는 사랑 이야기의 두 주인공을 땅속에 묻고 증거를 잘 숨겨 놓았다. 베스는 내게 연락해 어머니의 이야기를 들려주었다.

"엄마와 오래 함께한 연인 이반은 돈 많고 힘 있는 유부남이었어요. 두 분은 노동자들이 사는 동네에 아파트를 하나 마련하고 그곳에서 일주일에 세 번 만났어요. 두 분 다 아파트에 딸린 작은 정원에서 정원 일 하는 걸 좋아하셨죠. 엄마가 일흔일곱 살에 갑자기 돌아가셨을 때 저는 두 분의 밀회 장소를 정리하고 당시 여든다섯이었던 이반을 위로해야 했어요. 저 말고는 이반의 눈물을 닦아 줄 사람이 없었어요. 두 분의 관계를 아무도 몰랐으니까요. 몇 년 후 이반의 추도식에 갔어요. 이반의 가족은 제가 누군지 전혀 몰랐지만요."

베스는 어머니가 활발하고 모험심이 강한, 엄청난 미인이었다고 말한다. 임신한 상태로 첫 번째 남편에게 버림받은 베라는 다시 결혼했지만 남편이 점점 폭력적으로 변하자 남편을 떠났다. "엄마는 강하고 독립적이었어요. 여자가 대출을 받을 수 없었던 때에 집을 샀으니까요. 불행한 가정에서 본인과 저를 구해 내셨어요."

베스는 어머니와 이반의 관계를 "크고 아름다운 사랑"이라고 묘사한다. "남자 운이 좋지 않던 엄마가 결국 이반을 만나서 다행이라고 생각해요. 두 분이 만났을 때 이반은 이미 몇십 년 전에 결혼한 유부남이었고 아내를 떠날 생각이 없었어요. 큰딸을 잃은 지 얼마 안 된 상황이었고, 아내에게 또 한 번의 상실을 안겨줄 수는 없다고 했어요." 베라 생각에 이반의 아내는 둘의 관계를 알았지만 알은척한 적은 없었다. 책임감 있고 관대했던 이반은 베라의 경제적 안정을 보장했다.

"여러 면에서 두 분의 방식은 엄마한테 잘 맞았어요. 자유를 마음껏 누렸으니까요. 엄마는 밀회 장소로 가서 섹시함을 뽐내고 이반의 감탄을 자아내고 와인 한 병과 함께 맛있는 점심을 먹고 다시 혼자 집에 돌아왔어요." 하지만 베라의 외동딸이자 절친한 친구였던 베스는 때때로 둘의 관계를 잘 몰랐더라면 좋았을 거라고 생각한다. "이런 종류의 불륜이 어떻게 진행되고 유지되는지를 지나치게 자세히 알게 됐어요. 이반은 아내에게 거짓말을 했고, 엄마와 함께할 시간을 만들려고 이런저런 변명을 내놓았고, 아내에게는 성 기능 장애가 있다고 둘러댔고, 성적 모험은 엄마와 즐겼죠. 엄마는 이반에게 흔적이 남을까 봐 향수도 뿌릴 수 없었고, 두 분은 밀회 장소인 아파트를 계약할 때 가짜 이름을 쓰고 임대료도 현금으로만 내셨죠."

"전 너무 많은 걸 알았어요. 예를 들면 이반은 매년 아내와 함께 건강검진을 받았는데, 한번은 의사가 성생활에 대해 물어봤어요. 이반이 더 이상 섹스를 안 한다고 대답했더니 의사가 비아그라를 처방해 줬고, 그의 아내가 이반을 바라보며 이렇게 말했어요. '여보, 그걸 처음부터 다시 시작하고 싶은 건 아니지?' 진료가 끝나자 이반은 조용히 의사 옆으로 가서 사실 자신은 섹스를 엄청 많이 하고 있고 비아그라 처방을 원한다고 말했어요. 제가 이런 걸 다 알 필요는 없었는데, 어쨌거나 이제는 제 머릿속에 있네요."

베스는 베라가 늙어 가면서 "이반의 삶 바깥에서 안을 들여다보는 게" 더 어려워졌다고 말했다. 베라는 도덕적으로 갈등했다. 이반과의 관계 자체보다는 이반이 아내를 속이는 데 공모하고 있다는 사실 때문이었다. 가끔은 이반 때문에 한창인 시기를 날려 버렸다고 느끼기도 했다. 베라는 크리스마스 가족 모임에 홀로 참석했고 휴가도 혼자 떠났으며 싱글 여성의 모습으로 세상과 만났다.

나는 몇 가지 질문을 던졌다. "그래서 당신은 어떻게 되었나요? 사랑의 힘을 믿게 되었나요? 기만의 무서움을 알게 되었나요? 거짓말이 얼마나 영악할 수 있는지 알게 되었나요?"

베스는 쓴웃음을 지었다. "전부 맞아요. 한편으로는 엄마가 얼마나 괴로워하는지 알았지만 엄마가 이반의 아내를 부러워하지 않는다는 것도 알았죠. 이반의 아내는 많은 돈으로 여유 있는 생활을 했지만 같이 사는 남편은 늘 감정적으로 멀리 떨어져 있었고 그녀를 만지려고도 하지 않았어요. 이반은 자신의 가장 좋은 모습을 전부 우리 엄마에게만 보여줬고, 엄마도 똑같이 화답했죠. 그러니까 맞아요, 전 사랑의 힘을 믿게 되었어요. 하지만 두 분의 역사가 26년 된 저의 결혼 생활에까지 스며들었다는 것을 최근에야 알게 됐어요." 나는 불륜이 사랑의 삼각관계 바깥에도 그림자를 드리운다는 사실을 다시 한 번 상기했다.

"남편과의 관계에서 스트레스가 생기면 정도 이상으로 남편을 의심하고 불신해 버려요. 이반이 아내에게 하던 거짓말, 갑자기 계획이 바뀌었다고 중얼거리던 엄마의 말, 둘이 함께 있기 위해 지어낸 이야기들이 귀에 생생하게 들리는 것 같아요. 저에게도 엄마처럼 관능적인 면이 있고, 엄마가 했던 것 같은 사랑을 하고 싶지만 결국 이반의 아내 같은 처지가 될까 봐 무서워요."

내가 물었다. "이반에 대해 어떻게 생각해요?"

"이반의 장례식 때 500명 사이에 앉아 그가 얼마나 가정적인 남자였는지 칭송하는 소리를 듣고 있자니 정말 힘들었어요. 최악의 순간은 누군가가 일어나서 자기가 기억하는 이반에 대해 말할 때였어요. 이반이 늘 아내를 가리키며 '저 사람 정말 아름답지 않아? 정말 멋진 사람이야'라고 말하곤 했다는 거예요. 이반은 정확히 똑같은 소리를 우리 엄마한테도 했어요. 엄마는 30년 동안 이반에게 사랑을 줬고 큰 대가를 치렀어요. 이반은 우리 엄마한테 준 돈을 제외하면 아무 대가도 치를 필요가 없었고요. 전 엄마의 이야기가 더 알려졌으면 좋겠어요. 엄마에겐 그럴 자격이 있어요!"

"제가 그 유명한 내연녀입니다"

많은 여성이 내게 자기 이야기를 털어놓는다. 내가 불륜에 관한 책을 쓰고 있다는 이야기가 퍼지면서 나는 다음과 같이 시작하는 메시지를 받기 시작했다. "저는 유부남과 만나고 있습니다." "제가 그 유명한 내연녀입니다." "저는 삼각관계의 세 번째 사람입니다." 이들은 내게 자신의 이야기와 희망, 두려움, 고통스러운 죄책감을 들려주었다. 그리고 자신이 겪는 딜레마로 나를 초대했다.

"제가 얼마나 기다려야 할까요?"
"둘 중 한 명을 선택하라고 몰아붙여야 할까요?"
"질투를 어떻게 처리할 수 있을까요? 외로움은요? 좌절감은요?"
"앞으로도 그이의 결혼 생활이 우리의 스케줄을 좌지우지할까요?"
"그이의 아이를 낳을 수 있을까요?"
"그이가 원하는 건 섹스뿐일까요? 결국엔 저를 선택할까요?"
"제가 자매애를 해치는 것 같아요. 다른 여자를 속이고 있잖아요."
"그이는 아내에게 거짓말을 하고 있어요. 저한테는 거짓말을 안 할 거라고 어떻게 장담할 수 있죠?"

"전 원칙이 있는 도덕적인 사람인데 지금은 모든 규칙을 깨뜨리고 있는 것 같아요. 절 도와주실 수 있나요?"

"어떻게 하면 계속 가족 앞에서 싱글인 척할 수 있을까요?"

"어떻게 하면 제 존엄을 지킬 수 있을까요?"

"어떻게 하면 헤어질 수 있을까요? 어떻게 하면 안 헤어질 수 있을까요?"

이 모든 질문이 다음과 같이 말하고 있다. '이야기에서 우리를 빼놓지 말아 주세요.' 메시지 하나하나가 내 연구에 자신도 포함되어야 한다고 주장하고 있었다. 어쨌거나 불륜은 이들 없이는 존재할 수 없는 주제다.

불륜은 사실상 삼자 간의 문제인데도 대부분의 임상 문헌은 그중 두 사람만 다룬다. 숨겨진 애인은 문헌에 거의 언급되지 않으며, 상담에서도 이들은 무시되거나 폄훼당한다. 심리치료사 대부분의 목표는 커플이 가능한 한 빨리 관계를 회복하는 것이며, 이때 내연녀는 사람이 아니라 거의 세균 취급을 당한다. 내연녀의 기분은 커플의 관계 회복과 아무런 관련이 없다. 심리치료사들이 바람피운 사람을 일대일로 만나는 일은 드물기 때문에 어떻게 상대를 배려하며 외도를 끝낼 수 있는지, 또는 버려진 애인이 얼마나 슬퍼하는지를 이야기할 수 있는 곳도 없다. 심리치료사들이 주로 하는 말은 "그 여자를 끊어 내세요"나 "즉시 모든 연락을 끊으세요"다.

일반 대중 역시 바람피운 남편보다 '그 여자'를 더 혹독하게 비난하는 경향이 있다. 가수 비욘세가 불륜을 테마로 한 앨범 《레모네이드》를 발표했을 때에도 온라인에서는 비욘세의 남편 제이 지에게 분노하는 사람보다 "헤어스타일 좋은 베키"를 비난하고 그 여자가 누구인지 알아내려 하는 사람이 훨씬 많았다(〈소리Sorry〉라는 노래의 가사에 남편 제이 지의 불륜을 암시하는 내용이 있다. 이 곡이 발표되자 온라인에서 베키가 누구인지를 두고 논란이 벌어졌고 각종 루머가 유포되었다—옮긴이).

내가 이들을 여성으로 지칭하는 이유는 이 입장에서 내게 연락하는 사람들이 대부분 여성이기 때문이다. 이들은 짧은 만남이나 원 나이트 스탠드, 가볍게 섹스만 즐기는 친구 사이를 원하는 사람들이 아니다. 이들은 유부남을 만나면서 오랜 시간을, 때로는 수십 년을 홀로 지내 온 사람들이다. 전형적인 팜므파탈이나 남자의 딸뻘인 어린 요부를 떠올릴 사람들을 위해 이들에 대해 자세히 설명해 보겠다. 이들은 이혼했거나 남편을 잃은 50대나 60대 또는 70대 여성이며 똑똑하고 능력 좋고 현실적이다. 기회만 있으면 사랑에 빠지는 순진하고 외롭고 절박한 여성이 아니다. 사실 이들에게는 비밀을 지녀야 할 뿐만 아니라 자신이 직접 비밀이 '되어야' 하는 삶을 선택한 실용적인 이유가 있다. 이런 고통은 주로 여성의 몫이며, 이들을 지칭하는 욕설에 남성형이 없는 것도 결코 우연이 아니다. 사람들은 '여자 도둑'이나 '그 남자'라는 말을 잘 쓰지 않는다. 게다가 최근까지만 해도 자기 집뿐만 아니라 사랑의 둥지, 즉 밀회 장소의 집세까지 낼 수 있을 정도로 돈이 많은 여성은 거의 없었다!

물론 기혼 여성(또는 기혼 남성)과 사귀는 남성도 여러 명 만났다. 하지만 언젠가는 이혼하고 자신과 가족을 꾸리기를 바라며 30년 동안 다른 남자의 아내에게 사랑을 바친 싱글 남성은 아직 만난 적이 없다. 싱글 남성이 삼각관계에 얽힌다면 누군가에게 헌신하고 싶지 않아서일 가능성이 높다. 예를 들면 그레그라는 남자는 지난 2년 동안 유부녀인 애인을 일주일에 한 번 만나는 데 만족했다. 그러던 어느 날 그녀가 짐을 싸들고 그의 현관 앞에 나타나자 소스라치게 놀랐다. "전 그녀가 이혼하길 바란 적이 한 번도 없어요. 물론 그런 얘기를 한 적은 있지만 그냥 자기 전에 나누는 별 의미 없는 말이라고 생각했어요." 그레그에게는 파트타임으로 만나는 관계가 딱 알맞았다.

　　나는 유부남과 오래 관계를 맺는 여성들의 이야기에 관심이 간다. 왜 그런 선택을 했는지, 그 관계에서 얻는 것이 무엇이고 어떤 대가를 치르고 있는지, 자신의 상황을 어떻게 합리화하는지 궁금하다. 사람들이 이들의 행동을 윤리적으로 어떻게 판단하든지 간에, 이 여성들은 외도의 드라마에서 중심 역할을 맡고 있으며 공감받을 자격이 있다.

　　외도의 서사는 관심을 기울일 가치가 있다. 왜냐하면 둘 중 어떤 관계가 (미래가 있다면 말이지만) 미래를 맞이할지 알 수 없기 때문이다. 그저 불륜으로 끝날 운명일까? 아니면 환한 대낮의 햇살 아래 모습을 드러내기만을 기다리는 사랑 이야기일까? 인물들은 서로 어떻게 복잡하게 얽혀 있는가? 자녀 문제도 있는가? 어떤 약속이 있었고 시간을 얼마만큼 투자했으며 희망을 얼마나 유예했는가? 상담할 때 어떤 질문은 부부 앞에서 직접 하는데, 예를 들면 "그 사람을 어떻게 부르나요? 이름? 욕설? 아니면 그냥 '그 여자'나 '그 남자'라고 하나요?" 같은 것들이다. 하지만 어떤 질문은 바람피운 사람과 일대일로 만날 때를 위해 따로 남겨 둔다.

사람들은 종종 내게 이렇게 묻는다. "제삼자인 애인을 만나기도 하나요?" 커플이 다시 잘해 보려고 최선을 다하는 중이라면 만나지 않는다. 하지만 많은 애인이 고민을 들고 나를 찾아온다. 어떤 이들은 거짓 약속에 넘어가 연인이 섹스도 감정도 없는 결혼 생활을 하고 있으며 곧 이혼할 거라고 믿는다. 어떤 이들은 결혼하지 않았다는 남자의 거짓말 때문에 본의 아니게 내연녀가 되었다. 어떤 이들은 연인이 자신만 만나는 게 아니라는 사실을 발견한다. 때로는 바람을 피운 두 사람이 나를 찾아오기도 한다. 이들은 이런 질문을 한다. "우리가 함께할 운명이라면 어떻게 되는 거죠? 각자의 결혼이 실수라면요? 평생의 사랑과 함께할 수 있는 기회를 저버려도 되나요? 우리가 함께하면 많은 사람이 상처 입는다는 걸 알면서 행복하게 살 수 있을까요?" 내겐 명쾌한 답이 없다. 내가 할 수 있는 일은 이 가슴 아픈 딜레마를 위해 공간을 마련해 주고, 배우자와의 관계뿐만 아니라 바람을 피운 관계도 이해받으며 상담받을 수 있다는 사실을 알려주는 것뿐이다.

대차대조 혹은 합리화

"이만큼 마음을 다해 절 사랑해 준 사람이 없어요. 감정적으로나 성적으로나 이만큼 진실한 관계를 가져 본 적 없죠. 지금까지 이렇게 저한테 잘해 준 사람은 없었어요."

밴쿠버 출신의 이혼한 59세 건축가 앤드리아는 부동산 개발업자 마이클과 나눈 7년간의 로맨스를 이렇게 묘사했다. 앤드리아는 마이클이 30년 전에 결혼한 유부남이라고 덧붙였다. 그리고 이렇게 말했다. "제게 길잡이가 되어 줄 조언을 찾고 있지만 관련 정보들은 진부하고 지나치게 단순해요. 저는 이용당하고 있고 남자는 신뢰할 수 없으므로 당장 마이클과 헤어져야 한다는군요. 몇몇 친구들도 똑같이 얘기해요. 제가 자기주장도 못 하는 순진해 빠진 여자인 것처럼요. 그건 제 지성과 자아 인식에 대한 모욕이에요."

이렇게 이메일을 통한 길고 흥미로운 대화가 시작되었다. 앤드리아는 마이클과도 주로 온라인으로 의사소통을 했는데, 하룻밤에 마이클과 메시지를 50통 정도 주고받는다고 했다. 그녀는 글을 통해 자신을 돌아볼 기회를 무척 반겼다.

앤드리아는 실용적인 관점에서 마이클의 결혼 생활을 이해했다. 아마도 본인 역시 성적, 감정적으로 자신에게 거리를 둔 남편과 25년간 불행한 결혼 생활을 했기 때문일 것이다. "마이클이 유부남이 아니라면 좋았을 거라고 생각해 본 적 있냐고요? 당연하죠. 마이클도 똑같이 생각해요. 하지만 그이는 자기 아내를 사랑하고 존중해요. 둘 사이가 아무리 바닥을 쳤어도 그 여자에게 고통을 주길 원치 않죠. 30년의 세월은 따분한 관계조차 편안한 집처럼 만들어요. 충분히 이해해요. 낡은 신발이 주는 편안함, 커다란 삶의 변화에 대한 두려움. 저도 그렇게 합리화했으니까요."

내가 되물었다. "그래도 이 상황을 참기 어려우실 것 같은데요. 어떤 기분인가요?"

앤드리아는 자기 상황이 불안정하다는 것을 잘 알았다. 마이클의 아내보다 아래에 있는 하찮은 존재가 된 듯한 느낌, 다른 사람들의 비난, 존재 자체가 비밀이 되는 고립 상태. 하지만 그녀는 이 모든 문제를 마이클과 논의할 수 있고 그가 매일 사랑을 표현해 주는 데서 위안을 얻는다고 했다. "그이가 자기 아이들의 엄마를 존중하고 사랑한다는 이유로 이렇게 특별한 사랑을 놓쳐야 할까요?"

앤드리아와 비슷한 상황에 처한 많은 여성은 연인의 결혼 생활에 대해 언급하는 것만도 압박을 주는 행동이 되어 삼각관계의 섬세한 균형을 깨뜨릴 수 있다. 그러다 그 주제를 조심하고 쉬쉬하는 데 진절머리가 나는 지경에 다다르고, 결국 최후통첩과 함께 기한을 전달하며 상대를 위협한다. "당신이 결정 못 하면 내가 할 거야."

앤드리아는 강요나 조종, 분노로는 상황이 나아지지 않으리라는 걸 안다. "전 그이가 의무감이나 압박을 느끼지 않으면 좋겠어요. 우리 관계가 오직 그이의 선택이길 바라죠. 그래서 이혼을 요구하지도 않아요. 그리고 그이는 이혼하지 않을 거예요. 처음부터 그렇게 말했으니까요. 아내와 섹스를 하는지

안 하는지도 안 물어봐요. 아주 가끔이라도 하긴 할 거라고 생각할 뿐이에요. 마이클 곁에 머물 수도, 떠날 수도 있지만 어쨌거나 지금 이 상황을 있는 그대로 받아들여야 해요. 자기 의지대로 선택하면 힘이 생기는 법이죠." 앤드리아는 이런 식으로 생각하면 무력감을 덜 느낄 수 있었다.

나는 늘 그렇게 냉철하게 생각할 수 있는지 궁금했다. 사실 마음속 깊은 곳에서는 마이클이 정말 자신을 사랑한다면 자신과 함께하기 위해 그 어떤 장애물도 극복할 거라고 생각하진 않을까? 한 시간 뒤 그녀의 답장이 도착했다.

"물론 마이클이 이혼하고 저에게 오는 상상도 해요. 가끔은 내가 스스로 나의 욕구를 무시하는 건 아닐까 하는 생각이 들고, 실제로도 그래요. 거의 매일 마음속으로 내가 얻고 있는 건 뭔지, 내가 얻지 못하고 있는 건 무엇인지를 묻곤 해요." 이 마음속 질문에 대한 대답은 불안한 정도에 따라 그때그때 달라지지만, 결국은 이 관계에 그만한 가치가 있다는 결론을 내리게 됐다.

앤드리아는 이런 생각도 한다. 정말 나는 하루 종일 마이클과 함께 있고 싶은가? 결혼할 필요를 못 느꼈던 그녀는 이렇게 털어놓기도 했다. "우리가 함께하게 되면 마이클이 계속 저를 매력적으로 느낄지, 내가 지겨워하진 않을지, 마이클이 바람을 피우진 않을지 걱정스럽기도 해요. 제 생각엔 결혼하면 다른 부부들이 겪는 슬픈 운명을 맞이하게 될까 봐 우리 둘다 걱정하는 것 같아요. 이런 관점에서 보면 결국엔 제가 제 욕구를 내팽개치고 있는 게 아닐지도 모르겠어요."

나는 무엇이 힘이 되는지 물었다. 앤드리아는 일하거나 친구들과 만나면서 끊임없이 바쁘게 지내고, 특히 남자 친구들과 (그들이 앤드리아에게 관심을 표현할 때는 특히 더) 시간을 보내는 것을 좋아한다. 마이클이 친한 친구 몇 명에게 그녀의 이야기를 했다는 사실도 당당해지는 데 도움이 되었다.

앤드리아의 삼각관계는 불륜의 다양한 형태 중 하나다. 그녀는 싱글 여성이고, 연인은 기혼 남성이다. 두 사람 각자 '공식적인' 연인이나 배우자가 있는 경우와는 다르다. 나는 다른 남자를 만나 볼 생각도 했는지 물었다. 그녀는 만약 자기가 결혼했거나 남자 친구가 있으면 이 상황을 견디기가 훨씬 쉬웠으리라고 생각할 때가 많다고 시인했다. "그러면 공평해질 거잖아요. 이 상황을 견디고 자존감을 끌어올리는 방법 중 하나가 바로 다른 가능성을 열어 놓는 거예요. 실제로 온라인 데이트 사이트에 프로필을 올려 두었어요." 하지만 결국 앤드리아의 마음은 마이클에게로 향했다. "동등한 기분을 느끼고 싶어서 이렇게 멋진 관계를 망칠 필요는 없다고 생각해요."

내 다음 질문은 "당신의 존재가 인정받고 더 이상 비밀이 아니게 된다면 뭔가가 달라질 것 같은가요?"였다. 앤드리아는 그게 가능하다고 생각하지 않기 때문에 한 번도 그 문제를 고민해 본 적 없다고 답했다. "처음 우리 사랑을 인정하고 얼마 지나지 않았을 때 마이클이 아내에게 얘기할 생각 중이라고 했어요. 그때 제가 이렇게 말했어요. '그러지 마! 그러면 당신 아내가 둘 중 한 명을 선택하라고 할 거야.' 전 마이클이 아내에게 충성한다는 걸 알아요. 중요한 욕구가 충족되지 않을 때라도 말이죠. 아내가 자신을 다른 사람과 공유하지 않으리라는 걸 마이클도 잘 알고요. 마이클이 연애 감정과 성욕을 저에게만 느낀다는 확신이 드는 한, 조금 힘들더라도 그이의 시간과 관심을 그 여자와 공유할 수 있겠다 싶었어요."

이런 상황에 처한 여성은 결국 연인의 아내 및 가족이 얻는 것과 자신이 얻는 것을 저울질하며 머릿속에서 남자가 가진 것을 분배하게 된다. 심지어 결혼한 연인에게 배우자와는 섹스하지 말라고 요구하는 사람도 많다. "그이는 그 여자랑 같이 살고, 아침도 같이 먹고, 은행 계좌도 같이 쓰고, 같이 외출도 하잖아요. 그이가 주로 저랑 하는 건 섹스니까, 최소한 '이것'만은 우리만의 일이 되어야죠." 어떤 사람은 연인이 자기만의 것이 되는 구체적인 시간이나 장소를 정하기도 한다. "매년 여름이면 그이의 아내가 가족을 만나러 한 달 동안 캐나다에 가요. 그때가 우리만의 시간이에요."

앤드리아의 대차대조표는 다음과 같다. "그 여자에게는 마이클의 충성과 가족, 재정적 지원, 매일 함께한다는 동반자 의식, 휴일, 공통의 친구들이 있어요. 저에게는 지난 결혼 생활에서는 갖지 못했던 모든 것, 그러니까 깊은 감정적·성적·지적 유대감, 로맨스, 상호 존중, 신뢰, 기쁨이 있죠. 제겐 마이클이 아내에게 주는 그 어떤 것보다도 이것들이 더 소중하기 때문에 그의 가장 좋은 것들은 제가 가졌다고 생각해요. 아마 그 여자는 가장 좋은 것들을 자기가 가졌다고 생각할 거예요." 물론 그의 아내는 이 조건들을 재 볼 기회가 없었다. 앤드리아가 즉시 응수했다. "하지만 저라고 그 자원들을 배분

할 수 있는 건 아니에요."

모든 애인들은 나름의 계산을 통해 정당화를 한다. 그이의 결혼 생활은 불행해. 그들은 섹스를 안 해. 어쨌든 이제 이혼할 거야. 애들이 독립할 때까지 1년만 참으면 돼.

물론 아내 입장의 이야기도 있다. 아내는 자신의 상황에서 협상을 마쳤고, 그 협상에 남편의 애인은 들어 있지 않다. 어쩌면 아내의 성욕이 자취를 감춘 이유는 남편이 감정적으로 부재했기 때문일 수 있다. 남편이 자신에게 충성하기 때문에 섹스 없는 결혼 생활을 기꺼이 참고 있었다면, 그 충성심조차 온전히 자기 몫이 아니었음을 깨닫는 순간 엄청난 충격과 분노를 느끼게 된다. 남편에게 애인이 있다는 사실만으로도 이미 고통스럽지만, 그 관계가 아주 오래전에 시작되었고 그 안에 둘만의 약속과 의식과 일상이 있으면 고통은 더욱 커진다.

앤드리아는 가끔 마이클의 아내를 떠올린다. "그 여자에게 반감을 느낀 적은 전혀 없어요. 전 그 여자의 상황에 연민을 느껴요. 한번은 슈퍼마켓에서 그 여자와 거의 부딪칠 뻔하고서 양심의 가책을 심하게 느꼈어요. 하지만 평소에는 죄책감을 별로 안 느껴요." 그렇다면 그 여자는 이 상황을 알까? "그 여자가 마이클에게 뭐라고 말한 적은 한 번도 없어요. 하지만 어떻게 지금까지 아무것도 모를 수가 있죠? 전 그 여자가 일부러 모르려 한다고 생각해요. 그 여자가 우리 관계를 알고 고통스러워한다는 걸 알게 되면 저도 괴로울 거고, 그러면 아마 마이클과 헤어지게 되겠죠." 앤드리아는 가장 흔한 (그리고 가장 편리한) 합리화 중 하나를 댔다.

친구들과 자신을 비교해 보면 마이클 아내의 상황보다 자신의 상황이 더 낫다는 생각이 확실해졌다. 앤드리아의 친구들은 대부분 "만족이라는 가면"을 쓰고 산다. 바깥에서는 결혼생활에 만족하는 것처럼 보이지만 집에 돌아가면 각방을 쓴다. 앤드리아는 말한다. "전 그 친구들이 저보다 형편이 더 낫다고 생각 안 해요. 우리 모두 그저 휘청거리며 행복을 찾고 있는 거죠. 모두가 타협을 하고, 관계를 지키기 위해 어느 정도는 합리화를 해요."

숨겨진 여자의 타협

확실히 앤드리아는 버려진 아내가 되는 것보다 사랑받는 애인이 되는 쪽을 선호한다. 잃는 것도 있지만, 분명 얻는 것도 있다. 이런 면에서 앤드리아는 다른 내담자였던 로즈를 떠올리게 한다. 섹스 없는 결혼 생활로 평생 고통받은 로즈의 어머니는 딸에게 너를 욕망하지 않는 남자와는 절대로 결혼하지 말라고 신신당부했다. 결혼한 애인은 그 조건에 딱 들어맞았다. 로즈와 태드는 지난 3년간 일주일에 한두 번씩 만났고, 태드의 욕망은 시드는 법이 없었다. 유부남의 애인 역할은 로즈에게 잘 맞았다. 소설가 수전 치버Susan Cheever의 말처럼 로즈는 "자유를 누리면서 누군가의 판타지가 될 수 있었다."[1] 안정감이 없고 사람들 앞에서 사랑을 약속할 수도 없었지만 로즈는 그 정도 대가는 치를 만하다고 생각했다. 지금까지는.

로즈는 여러 번 태드와 헤어지려 했지만 언제나 그가 로즈를 다시 끌어당겼다. 로즈는 내가 그와 이별할 수 있도록 도와주길 원했다. 하지만 그 전에 먼저 로즈가 이 관계에서 무엇을 얻고 있는지를 스스로 이해할 필요가 있었다. 로즈는 거절당한 아내가 되지 않으려고 갖고 싶은 애인이 되었다. 나는 이렇게 말했다. "어머니의 슬픈 운명을 피할 방법은 이것 말고도 많아요."

여러 이익이 있긴 하지만 나는 이런 은밀한 만남이 비밀에 싸인 사람에게 얼마나 막심한 피해를 입히는지도 여러 번 보았다. 물론 애인은 빨래를 하지 않고 욕망을 얻을 수 있다. 하지만 평생 존재를 인정받지 못한 채 살아야 하며, 그러다 보면 자존감과 자신감을 잃기 마련이다. 이들은 남자가 자신을 만나기 위해 온갖 수고를 다하기 때문에 특별해진 기분을 느끼지만, 세상의 눈에 보이지 않기 때문에 가치 없는 사람이 된 기분을 느낀다. 이들은 사랑받는 느낌과 무시당하는 느낌 사이에서 갈팡질팡한다. 낮은 자존감이나 어린 시절 버려진 경험, 불안정 애착 같은 심리적 문제 때문에 이런 관계에 얽히기도 한다. 이런 사람들은 자신이 '충분하지 않다'고 생각하기 때문에 부당한 대우를 필요 이상으로 참고 받아들인다.

스웨덴에서 만난 잉그리드는 이처럼 양분된 상황을 잘 보여준다. 잉그리드는 오랫동안 만남과 이별을 반복한 불륜 관계를 끝내지 못해 몇 년 동안이나 괴로워했다. 지난해에는 그 남자를 떠나는 데 성공했다고 생각했지만 결국 그 남자는 잉그리드를 되찾았다. 지난 6개월간 둘은 남자가 출근하기 전과 퇴근한 후 매일 만났다. 잉그리드는 자신들의 사랑을 "거의 종교적인 수준의 교감"이라고 표현했지만 한편으로는 함께 채소를 손질하며 저녁 식사를 준비하는 평범한 관계를 원했다. 얼마 전부터 남자는 결혼해서 함께 살자는 달콤한 말을 속삭이기 시작했고, 로즈의 마음속에서 희망과 함께 불안이 고개를 들었다. "우리가 그저 연인 관계라는 게 확실했을 때에는 제게 아직 저만의 삶이 있었어요. 헛된 기대도 품지 않았고 다른 사람과도 데이트할 수 있었죠. 하지만 지금은 저까지 그이의 꿈에 중독돼서 그 꿈이 아예 저의 꿈이 돼 버렸어요."

잉그리드는 이런 상황에 휘말린 자신이 부끄럽고 화도 났지만 이 관계를 끝내면 다시는 이런 사랑과 성적 행복을 경험할 수 없을 것 같아 무서웠다. "왜 이혼을 안 하는지 정말 모르겠어요!" 잉그리드는 남자가 자기 결혼 생활에 대해 말한 갖가지 안 좋은 점들을 늘어놓으며 말했다. "스웨덴 사람들은 '우호적인 이혼'의 전문가들이에요. 돈이나 양육권 다툼은 잘 벌이지 않는다고요. 그런데 왜 이혼을 안 하는 걸까요? 그 사람은 이혼 안 해요. 아마 75살이 되어도 이혼은 안 하고 자기는 아내가 아니라 절 사랑한다고 말할 거예요."

내가 물었다. "당신은 무엇을 원하나요?"

"제가 겪은 고통, 제 고통 때문에 저를 믿는 사람들이 겪은 고통에 대한 복수요." 잉그리드의 대답은 솔직했다. "솔직히, 저 사람이 자기 가족을 10년 동안 속여 왔다고 세상에 소리치고 싶어요. 하지만 한편으로는 그이의 사랑과 의도, 진심을 의심한 사람들 앞에서 제 존엄성을 회복하고 싶기도 해요. 그 사람에게 선택받고 싶고, 세상이 그걸 알면 좋겠어요."

잉그리드는 자신들의 관계가 세상으로부터 인정받지 못한다는 사실을 참을 수 없었다. "그 사람 장례식에 갔는데 슬퍼하지도 못하고 다른 사람들에게 위로받지도 못하는 제 모습이 그려져요. 그이가 죽고 우리의 이 열렬한 사랑을 증언해 줄 사람이 아무도 없으면 어떻게 될까요? 우리 이야기는 그이가 죽는 순간 이 세상에서 사라지고 저는 혼자 남게 될 거예요."

쓰라리면서도 상당히 현실적인 상상이다. 나는 어머니가 30년 동안 비밀리에 만난 사람의 장례식에 홀로 조용히 참석한 베스가 떠올랐다. 마이클의 친구 몇 명이 자기 이름을 안다는 사실에 고마워하던 앤드리아가 떠올랐다. 심근경색을 겪은 애인을 만나러 응급실에 가기 위해 간호사인 척해야 했던 록사나가 떠올랐다. 오랫동안 만난 유부남 애인이 죽었다는 사실을 지역 신문을 보고 알았다고 메일을 보낸 캐시도 떠올랐다. 이 여성들은 모두 권리를 박탈당한 고통과 함께 산다. 우리가 이들의 행동을 옳지 않다고 여기더라도, 이들의 고통은 인정해 줄 수 있다.

다시 잉그리드의 사례로 돌아가서, 나는 그녀가 힘든 상황에서 빠져나오도록 돕고 싶었다. 그리고 이 관계의 줄거리가 어린 시절의 인정받지 못한 경험과 직접적인 관련이 있음을 느꼈다. 잉그리드는 어린 시절에는 아버지와 매우 친했지만 커가면서 물리적으로나 감정적으로나 아버지와 멀어졌고, 이 사실 때문에 수치심을 느꼈다고 말했다. "어른이 된 후 아버지와 포옹했던 유일한 순간은 임종 직전 아버지가 혼수상태일 때였어요. 아버지가 사랑을 표현해 주길 간절히 바랐지만 아버지의 표현 방식은 돈뿐이었어요." 잉그리드는 자신에게 사랑받을 자격이 없다고 믿게 되었다.

"그때 이후로 달라진 게 아무것도 없나요?" 내가 물었다.

"아버지는 돌아가시기 직전에 자서전을 완성하셨어요. 그 책을 보니 제가 자신에게 얼마나 중요한 존재였는지를 온 세상에 대고 분명히 말씀하셨더라고요." 잉그리드가 말을 멈췄다. 눈에 눈물이 가득했다. 이제는 잉그리드도 두 사건의 관련성을 깨달았다. 잉그리드는 자기 연인도 아버지처럼 세상에 대고 자신을 사랑한다고 말해 주길, 그리고 살아 있을 때 그렇게 해 주길 바랐다.

"많은 면에서 그 사람은 제가 늘 갈구했던 사랑을 줬고, 그렇게 제 과거의 상처를 치유해 줬어요. 하지만 인정받고 싶은 제 욕구를 다시 자극하기도 했죠. 우리 관계는 저에게 치료인 동시에 과거의 반복인 것 같아요." 잉그리드는 동요한 상태였지만 내게 고마워했다. 아마도 이제는 이 파괴적 패턴을 깨뜨릴 수 있을 것이다.

이 이별에도 예의가 필요하다

잉그리드는 많은 것을 양보해야 했던 관계를 끝낼 수 있을 만큼 성숙했다. 하지만 수십 년간 같은 패턴에 얽매여 희망(그리고 때로는 가임 능력)이 사라져 가는 것을 지켜만 보는 사람도 많다. 테리 리얼이 만든 "안정적인 모호함"이라는 말은 이 관계의 특징을 잘 보여준다. 상황은 불확실하지만 패턴은 안정적으로 정해져 있으며, 빠져 나오기도 어렵고 그렇다고 상대를 믿기도 어렵다. 사람들은 불확실한 상태에 머무름으로써 외로움과 책임을 동시에 회피한다. 일관성이 주는 위안과 불확실성이 뒤섞인 이 기묘한 상태는 데이팅 앱의 시대에 접어들면서 점점 더 흔해지고 있지만 오래전부터 불륜 관계의 주요 특징 중 하나였다.

두 아이를 둔 싱글맘으로 두 번의 이혼 경력이 있는 리아는 최근 테네시 주에서 뉴욕으로 이사했다. 그리고 둘째 아들에게 작업치료(다양한 활동을 통해 신체적, 정신적으로 발달이 지연된 사람이 일상생활을 할 수 있도록 돕는 치료법—옮긴이)를 해 주는 젊은 유부남과 사랑에 빠졌다. 리아는 스스로를 그리 자책하지 않는다. "저는 외로웠고 친구도 없었어요. 그 사람은 적극적인 구애로 절 무너뜨렸고요." 하지만 리아는 자신이 이 관계를 끝내지 못한다는 게 괴로웠다. 지난 1년 동안 리아는 출구 없는 굴레에 갇혀 있었다. "그이는 제게 너무 다정하고 애들도 그 사람을 좋아해요. 이 사람과 헤어지면 결국 혼자가 될까 봐 무서워요. 하지만 전 더 나은 대접을 받아야 해요. 토막 난 관계가 아니라 온전한 관계를 누릴 자격이 있어요. 하지만 다른 사람을 만나지 못하면 어쩌죠? 아마 못 만날 거예요. 어쩌면 그이가 제 운명일 수도 있잖아요. 그렇다고 가만히 앉아서 그 사람이 이혼하기만 기다리진 않을 거예요." 리아는 데이트 사이트 매치닷컴을 건성건성 훑어보는 와중에도 이런 생각을 떨치지 못했다.

리아의 난제를 한 방에 해결해 줄 방법은 없다. 하지만 현재가 아무리 불확실해도 한 가지 확실한 것이 있다. 바로 그녀의 애인은 그녀가 간절히 원하는 것을 절대 주지 않으리라는 점이다. 이 관계를 끝내면 리아는 더욱 불확실한 상황에 처하겠지만 한편으로는 다른 선택의 가능성이 열릴 것이다. 그녀는 무력감에서 벗어나 자신의 힘과 주체성을 되찾아야 한다. 고통이 따르겠지만 자부심과 더 나은 미래의 가능성 또한 따라올 것이다.

가끔은 바람을 피운 유부남과 상담을 한다. 상담을 진행하는 내내 나는 이러지도 저러지도 못 하는 상대 여성을 생각하며 눈앞에 있는 남자를 통해 그 여성을 자유롭게 해 줄 수 있기를 바란다. 세 자녀가 있는 쉰세 살의 유부남 짐은 스물여덟 살인 로런과 거의 7년 동안 바람을 피웠다. 둘이 처음 만났을 때 로런은 짐의 회사에서 대학생 인턴으로 일하고 있었고, 지금은 젊은 아티스트가 되어 명성을 쌓으려 고군분투 중이었다. 로런은 미래에 짐과 가정을 꾸릴 수 있길 간절히 바랐다. 하지만 짐을 만나 보니 내 눈에는 짐에게 그렇게 큰 변화를 선택할 이유가 없다는 것이 분명했다. 짐은 모든 걸 가졌다. 잘 굴러가는 결혼 생활과 편안한 삶, 거기에 숨겨둔 애인과의 뜨거운 성생활까지. 더 중요한 건 짐은 이미 아버지가 되는 경험을 했고, 그 경험을 반복하고 싶은 마음이 별로 없다는 것이었다. 짐의 삶은 정확히 그가 원하는 균형 상태를 이루고 있었고, 그는 이 상태를 유지하는 법을 터득했다.

로런이 불행하다는 얘기를 꺼낼 때마다 짐은 평소보다 더 로맨틱한 행동으로 로런을 유혹했다. 시간은 흘러갔다. 이용당하고 있다고 느끼기 시작한 로런은 이혼하라고 그를 압박했다. 짐은 로런을 달래려고 이런저런 약속을 했지만 그 약속들이 무의미하다는 걸 안 로런은 다른 남자들을 만나기 시작했다. 로런을 잃을까 봐 겁이 난 짐은 다시 한 번 낚싯바늘을 던졌다. 짐은 로런을 낚아 올리는 방법을 정확히 알았다. 로런에게 새 스튜디오를 마련해 주고 다음 전시회에 필요한 비용을 대 준 것이다. 이기적이게도 짐은 시간을 벌고 있다. 로런의 생체 시계는 절대 그 시간을 되찾을 수 없을 것이다.

나는 짐에게 말했다. "로런을 놔줘야 해요." 짐은 자신이 로런을 붙잡고 있는 것이 아니고 이혼하겠다는 공표도 한 적이 없다고 주장했다. 엄밀히 말하면 그의 말은 사실이다. 짐은 로런에게 이혼할 생각이 없다고 말했다. 하지만 사랑한다고도 말하지 않았나?

짐이 말했다. "물론 그 말은 했죠. 실제로 로런을 사랑하니까요!" 나는 짐의 말을 믿는다. 하지만 바로 그 이유 때문에 관계를 끝내야 한다. 짐이 섹스 후 상기된 채 로런에게 속삭인 그 달콤한 말들은 그녀의 마음속에서 희망으로 번역된다. 애인의 꿈과 열망은 절대 진공 상태에서 생겨나지 않는다. 사랑한다는 맹세와 불행한 결혼 생활에 대한 불평불만이 희망의 연료가 된다. 로런이 물러날 수 있도록 삼각관계를 느슨하게 만드는 일은 짐에게 달려 있다. 나는 짐이 그녀를 배려하며 관계를 끝내고 이별을 애도하도록 도울 것이다. 짐 같은 남자를 이기적이고 거만한 사람으로 치부하기 쉽지만 이들 또한 애인을 깊이 사랑하는 경우가 많다. 그러므로 이들도 함께 슬퍼해 줄 사람이 필요하다.

직접 만나든 글로 써서 보내든, 헤어지자는 말은 책임감 있고 어른스럽게, 상대를 배려하며 분명하게 해야 한다. 나는 어떤 말을 해야 하는지를 반복해서 상세히 지도했다. 짐은 연인이 느낀 감정을 자신도 느꼈음을 표현하고, 둘이 함께한 깊이 있는 경험에 감사하며, 거짓 약속을 한 것을 사과하고, 선을 분명하게 그으며 관계가 끝났음을 명확히 해야 한다. 이것들은 작별 인사에 필수적인 요소다. 그녀를 사랑하지 않아서가 아니라 사랑하기 때문에 그녀를 떠나는 것이다. 그리고 한번 이별하면 그것으로 끝이어야 한다. 실낱같은 희망도 주어서는 안 된다. 이별은 고통스럽지만 가슴 아픈 사람이 자신만은 아님을 로런이 아는 것이 큰 차이를 만든다.

이 방법은 심리치료사들이 주로 권하는 방법과는 다르다. 많은 심리치료사가 최대한 빨리 관계를 마무리하라고 충고한다. 모든 대화를 중단하고 애인의 연락처를 지우고 페이스북 친구 관계를 끊고 이름도 언급하지 말라는 것이 일반적인 조언이다. 하지만 이런 방식이 어떤 여파를 낳는지를 보면서 나는 좀 더 인간적인 개입 방식을 찾게 되었다. 요즘 말로 "유령 취급"을 당한 많은 여성이 나를 찾아와 위로받는다. 이들을 유령 취급한 남자들은 심리치료사(또는 아내)로부터 작별 인사도 하지 말고 오래된 애인의 곁을 떠나야 한다는 충고를 들었을 것이다.

질은 과거를 이렇게 회상한다. "그 사람은, 너를 많이 사랑했고 너는 정말 멋진 사람이라는 말만 남긴 채 돌연 사라졌어요. 그이나 그이 가족한테 무슨 사고라도 났는지 온라인을 샅샅이 뒤졌어요. 갑자기 나타나서 이제 끝났다고 말했어도 이만큼 힘들진 않았을 거예요."

케이시와 리드의 관계는 더 천천히 끝을 맞이했다. 이른바 '뜨뜻미지근한' 이별이었다. "죄책감을 느끼기 시작하더니 점점 멀어졌어요. 문자가 뜸해졌고 약속에 늦었어요. 칭찬하는 듯한 말투로 아내 이야기를 했고요." 케이시는 리드의 아내가 임신했다는 이야기를 듣고 결국 먼저 이별을 고했다. "그 사람 결국엔 그냥 그렇게 사라질 줄 알았어요."

캣은 조엘이 서서히 멀어지다 아무렇지 않게 원래의 삶으로 돌아갈 수 있을 거라고 생각하는 데 격분했다. "정말 비겁해요! 직접 헤어지자고 말하는 예의 정도는 있어야 하는 거 아닌가요?" 캣은 조엘의 일상을 꿰고 있었기에 그가 가장 좋아하는 레스토랑에서 아내와 함께 저녁식사를 할 때 일부러 그 앞에 나타났다. 그의 아이가 참여하는 야구 시합에도, 그가 출근하기 전에 들르는 카페에도 나타났다. 캣이 씩씩대며 말했다. "제가 조용히 사라져 줄 거라고 생각한다면 그건 오산이에요!"

다비는 10년 동안 사귄 유부남 애인에게 문자 한 통은 받았지만 그리 위안이 되진 않았다. "나 잠시 사라져야 할 것 같아." 그 사람은 이렇게 말한 뒤 실제로 사라졌다. 2년이 지난 지금도 다비의 마음은 여전히 새까맣게 타들어 간다. 다비는 이렇게 말한다. "우울증이 생겼어요. 자살 충동도 있었고요. 친구들은 이제 잊으라고 했지만 그 사람이 끝내자는 말을 안

해서인지 잊기가 힘들어요. 엄마는 이렇게 말하더라고요. '아내 몰래 바람피운 남자한테 뭘 기대하는 거니?' 엄마 말이 맞을지도 몰라요. 하지만 전 적어도 인간 대접은 받을 수 있을 거라 생각했어요."

고통스러운 외도의 발각이 (두 관계 모두에게) 더 나은 미래로 이어지려면 바람피운 남성의 애인도 사람다운 대우를 받아야 한다. 이 여성에게도 자신의 경험에 존엄성을 부여할 목소리와 공간이 필요하다. 결혼 생활을 지키기 위해 외도를 끝낸다면 상대방을 존중하고 배려하며 끝내야 한다. 애인이 자존감과 온전함을 회복하기 위해 불륜을 끝내려 한다면 비난하지 않고 지지해 줘야 한다. 결혼 생활이 끝나고 숨어 있던 사랑이 그늘 밖으로 나오게 된다면 인정받는 관계가 되기까지 낯선 변화를 잘 겪어 낼 수 있도록 도와야 한다. 제삼자의 관점 없이는 사랑이 어떻게 굽이치며 우리 삶의 지형을 통과하는지를 절대 온전히 이해할 수 없다.

Part 4

불완전성과 함께
살아가는 법

—

새로운 사랑의 경계

14장

한 사람만 사랑할 수 있습니까
—관계의 진화

사람들은 말하겠지 네가 나쁘다고

아니면 미쳤다고

아니면 최소한 거짓말이라도 하라고

마음의 맨살을 드러내야 해

한 사람 이상을 사랑할 수 있다는

용감한 생각을 하려면 말이야.

—데이비드 로빅스, 〈다자연애자의 노래〉

"외도가 만연한다는 사실 자체가 인간 본성에 독점적 관계가 걸맞지 않는다는 증거 아닙니까?"

반복해서 거듭 등장하는 질문이다. 오늘 이 질문은 워크숍 도중 마이크 앞으로 걸어 나온 한 젊은 여성의 입에서 나왔다. 그녀는 이렇게 묻는다. "독점적 관계라는 부자연스러운 압제만 없애면 엄청난 괴로움과 고통, 외도의 거짓말을 피할 수 있지 않을까요? 합의된 비독점적 관계를 토대로 결혼 생활을 구축해서 외도 문제를 해결하면 왜 안 되죠?" 여럿이 동의하며 고개를 끄덕인다.

40대로 보이는 한 남성이 일어나 말한다. "이봐요, 여기저기 자고 다니고 싶은 사람은 그렇게 하면 돼요. 하지만 그걸 결혼 생활이라고 주장하지는 말자고요! 그냥 결혼하지 않고 싱글로 지내면 되잖아요? 진정한 결혼은 전적인 헌신을 의미해요."

"왜 그 헌신을 꼭 한 사람에게만 해야 하죠?" 다른 남자가 대꾸한다. "사람들은 여러 명의 친구와 자녀에게 헌신할 수 있습니다. 여러 명의 연인에겐 왜 헌신할 수 없죠?"

"그건 다른 문제예요." 독점적 관계를 옹호하는 사람이 말한다. "성서에서는 사랑과 섹스가 신성한 것이라고 말해요. 그걸 여기저기 뿌리고 다니면 안 된다고요."

"바로 그게 요즘 너도나도 하고 있는 거라고요!" 열띤 논쟁을 시작한 여자가 외친다. "사랑과 섹스가 신성하다는 말은 그냥 거짓말이에요. 차이점은, 우리는 독점적 관계가 우리 본성과 맞지 않는다는 사실을 받아들인다는 거예요. 스스로와 파트너에게 정직한 거죠."

나는 이 여성의 논리를 이해한다. '만약 독점적 관계가 자연스럽지 않다면, 사람들에게 독점적 관계를 강요하는 것은 곧 바람을 피우라는 말과 같다. 거짓말을 원치 않는다면 사람들을 자유롭게 풀어 주어야 한다. 그러면 아무도 상처받지 않을 것이다.'

본성이냐 학습이냐의 논쟁에 관해서라면 나는 활동가이자

교수인 메그 존 바커Meg-John Barker의 견해에 동의한다. 바커의 주장에 따르면 인간이 관계를 맺는 방식은 "본성이냐 양육된 것이냐, 타고난 것이냐 사회적으로 구성된 것이냐의 문제가 아니다. 복잡하게 얽힌 생물학적·심리적·사회적 요인들이 우리의 관계 형성 방식에 영향을 미치며, 그 요소들을 하나하나 구분하는 것은 불가능하다."[1] 본성이든 아니든 간에 중요한 사실은 현재 많은 남녀가 (성적·감정적 독점을 의미하는) 독점적 관계를 유지하기 힘들어하고 있다는 것이다. 그렇다면 지금 새로운 관점에서 이 주제를 돌아봐야 한다.

하지만 독점적 관계에 대한 이야기와 외도에 대한 이야기를 뒤섞지 않도록 조심해야 한다. 둘은 같지 않다. 몇 가지 중요한 차이를 짚고 넘어가자. 외도는 여러 비독점적 관계 중 하나이며 합의되지 않은 관계다. 이 밖에 합의된 형태의 비독점적 관계도 많으며, 이 경우 커플은 협상을 통해 관계의 성적·감정적 경계를 명확히 설정한다. 하지만 합의된 비독점적 관계라고 해서 배신과 질투, 가슴 찢어지는 고통을 피할 수 있는 건 아니다. 열린 관계에서는 외도가 일어나지 않을 거라고 생각할 수 있지만 사실은 그렇지 않다.

규칙이 있으면, 어기는 사람이 있다

불법 거래가 합법화되면 암시장이 침체되듯 외도도 마찬가지다. 하지만 내게 늘 흥미로운 사실은, 다른 섹스 파트너에게 눈 돌릴 자유가 있을 때도 여전히 사람들은 금지된 것의 매력에 넘어가는 듯하다는 것이다. 독점적 관계는 인간 본성에 걸맞은 형식일 수도, 아닐 수도 있지만 규칙을 어기고 싶은 충동은 분명 인간 본성에 내재한다.

가장 엄격한 관계에서 가장 느슨한 관계에 이르기까지 모든 관계에는 경계가 있으며, 경계는 선을 넘고 싶은 사람을 끌어들인다. 그 규칙이 '일생에 한 사람만을'이든 '섹스는 괜찮지만 사랑에 빠지면 안 돼'이든 '항상 콘돔 착용해야 해'이든 '다른 남자가 당신에게 삽입하면 안 돼'이든 '다른 사람하고 자는 건 괜찮은데 내 눈앞에서만 해'이든 간에, 이것을 어기는 것은 스릴 넘치고 에로틱한 행동이다. 그렇기에 열린 관계에서도 외도가 숱하게 발생하며 혼란을 일으킨다. 선을 넘고 싶은 욕망이 추진력으로 작용한다면 문을 열어도 모험가들이 울타리를 넘지 못하게 막을 수 없다.

소피는 이렇게 말한다. "우리는 항상 다른 관계에 문을 열어 놨어요. 다만 제 친구나 학생과는 만나면 안 된다고 했죠. 그랬더니 남편이 어떻게 했는지 아세요? 제 여자 친구 중 한 명을 골라서 사랑에 푹 빠지더라고요."

도미닉은 이렇게 말한다. "우리는 사랑해서 하는 섹스와 유희를 위한 섹스를 구분했어요. 닉은 자유롭게 섹스 파트너를 찾아다닐 수 있었죠. 전 '바람'이라는 단어를 이해하지도 못했어요. 닉이 뉴질랜드에서 온 어떤 남자랑 감정적으로 깊은 관계를 맺었다는 걸 알기 전까지는 말이에요. 그런 건 원래 우리 둘이서만 하기로 했다고요."

윤리적인 비독점적 관계는 신뢰와 투명한 공개의 원칙에 입각한다. 하지만 인간의 짓궂은 본성은 여기서도 길을 찾아낸다. 마흔한 살의 운동부 코치인 마셀의 사례를 보자. 같은 학교에서 과학을 가르치는 마셀의 아내 그레이스는 10여 년의 결혼 생활 동안 더 유연한 관계를 시도해 보자고 여러 번 제안했다. 그동안 마셀은 꿋꿋이 반대했지만, 암벽타기를 하다가 만난 한 여성에게 매력을 느낀 후로 마음이 바뀌었다. 이전까지는 역겹다고 생각했던 아이디어가 매력적으로 느껴진 마셀은 그레이스에게 한번 해 보자고 했고 그레이스도 동의했다. "아내에게 엄청난 신세를 진 것 같았어요." 마셀이 말했다. "아내가 여태까지 저에게 이야기하려고 한 게 무엇이었는지를 마침내 이해하게 됐죠."

그날부터 마셀과 그레이스는 정직한 의사소통을 원칙으로 하는 열린 관계를 맺기로 합의했다. 그레이스가 다른 사람과 자도 괜찮으냐고 물어봤을 때 마셀은 힘들었지만 알았다고 했다. 그리고 그녀가 데이트를 위해 단장하는 모습을 지켜보며 "의외의 흥분"마저 느꼈다. 그는 이렇게 회상했다. "전 우리가 만든 관계가, 우리가 이만큼 해냈다는 게 정말 자랑스러웠어요."

하지만 마셀의 자부심은 그레이스가 몰래 바람을 피우고 있다는 한 친구의 말에 산산이 부서지고 말았다. 그는 곧장 그레이스에게 따져 물었고, 그녀가 합의 전후로 수차례 밀회를 즐겼다는 사실을 털어놓으면서 놀라움은 충격으로 바뀌었다. "저는 우리 관계가 많이 '발전'했다고 생각했어요! 얼마나 순진한 생각이었는지! 제가 열린 관계를 맺는 데 동의했는데도 거짓말한 이유가 도대체 뭘까요?"

답은 명확하다. 캐서린 프랭크Katherine Frank와 존 델라마터 John Delamater가 지적하듯이 "'항상 콘돔을 사용하라'는 간곡한 권유는 콘돔 없는 섹스를 더욱 스릴 넘치게 만든다. 당신하고만 섹스하겠다는 맹세는 모험의 일부가 되어 마치 이불처럼 손쉽게 내팽개쳐진다. '책임감 있는 비독점적 관계'라는 목표는 결국 저항과 성적 자극을 부추길 수 있다."[2] 성의 영역에서 합의된 자유는 결코 은밀한 기쁨만큼 유혹적이지 않다.

어쩌면 '거봐, 열린 결혼은 말이 안 된다고'라고 생각하는 사람이 있을 수 있다. 하지만 마셀과 그레이스는 여전히 결혼 생활을 유지하며 열린 관계를 맺고 있다. 다만 마셀이 이상을 낮추고 더 이상 유연한 관계가 배신을 막아 주리라 생각하지 않게 되었을 뿐이다.

독점적 관계에서
열린 관계로

외도와 거짓말 문제를 빼면, 나는 윤리적 비독점적 관계에 관한 대화가 실존적 모순에 용기 있게 맞서는 행동이라고 생각한다. 모든 커플이 안도감과 모험, 함께 있음과 자율성, 안정감과 새로움 사이의 모순과 씨름한다. 독점적 관계에 대한 토론은 주로 섹스에 관한 것처럼 보일 때가 많지만 내가 보기에 이 토론은 다음과 같은 보다 근본적인 의문을 제기한다.

새로운 형태의 약속이 프랑스 철학자 파스칼 브뤼크네르Pascal Bruckner가 말한 '소속감과 독립성의 있을 법하지 않은 조합'을 달성하는 데 도움이 될 수 있을까?3

부모님의 비참한 결혼 생활을 보며 자란 30대 여성 아이리스는 한 관계에 묶일 생각이 전혀 없다. 아이리스는 "의도적 관계"를 원한다. "우리가 함께 집에 돌아온다면 그게 의무가 아니라 자유로운 선택에서 나온 것이길 바라요." 아이리스는 엘라와의 합의가 서로 간의 신뢰를 더욱 굳건히 해 준다고 믿는다. "우리는 서로에게 헌신하지만 상대방을 소유하진 않아요. 상대방의 독립성과 개성을 존중하죠."

50대 남성 바니는 두 번의 이혼 경력이 있으며 상담을 셀 수 없이 많이 받았다. "사람들은 제가 친밀함과 헌신을 견디지 못한다고 말하지만 사실이 아니에요. 전 상당히 충성스러운 사람입니다만 이제는 정직해질 때인 것 같네요. 저는 독점적 관계에 어울리는 사람이 아닙니다. 이제는 모두를 만족시키기 위해 노력하고 싶지 않아요. 그보다는 진정성 있는 자세로 유지 가능한 관계를 맺고 싶어요. 처음부터 모든 것을 솔직하게 드러내는 관계 말이에요."

"예전부터 늘 많은 사람과 의미 있는 관계를 맺고 싶었어요. 그리고 전 양성애자예요." 30대인 다이애나는 거칠 것 없는 변호사다. "남자 친구 생일에 가끔 스리섬을 하는 걸로는 충분하지가 않아요. 저는 서로에게 헌신하면서도 제 모든 사랑을 아우를 수 있는 관계를 원해요. 독점적 관계는 상대방에게 제 섹슈얼리티의 소유권을 넘기는 것과 같아요. 페미니스트로서 제가 추구하는 가치와 전혀 맞지 않죠."

다이애나와 13년째 만나고 있는 과학자 에드는 양성애자로, 다이애나와 생각이 비슷하다. "다이애나도 저도, 새로움과 다양성의 가치를 추구한다고 해서 관계가 흔들릴 거라고 생각하지 않아요. 우리 둘 다 상대방이 성적인 존재라는 사실이 기쁘고, 상대방의 욕망을 억누르려 하지 않아요." 서로에게 헌신하는 이 커플은 방식이 서로 다르다. 다이애나에게는 "이제는 가족처럼 느껴지는" 오래된 연인이 몇 명 있다. 반면 에드는 적극적으로 새로운 관계를 찾아 나서는 편이다. 하지만 새로운 파트너를 만나는 데에는 위험이 따른다. 그렇기에 에드가 새로운 사람과 데이트를 하는 날 가장 중요하게 고려하는 것은 건강 문제다. 안전한 선택을 위해 다이애나는 사전 조사를 하고 직접 에드에게 사람을 소개해 주기도 한다. 이 혁신적인 관계가 잘 굴러가게 하는 것은 바로 이러한 규칙들이다.

이 사랑의 개혁가들이 보기에 관습은 구속과 거짓을 만들어 낸다. 이들은 정직함과 선택권, 진정성을 원한다. 파트너와 관계를 맺으면서도 그 관계가 자기 자신과의 관계, 또는 다른 사람과의 관계를 끊어 내지 않길 바란다. 자신이 가진 실을 잃어 버리지 않고 그 실로 파트너와 함께 하나의 태피스트리를 짤 수 있길 바란다.

오늘날 비독점적 관계를 추구하는 사람들(적어도 내 상담실에 앉아 있는 사람들)은 1960~70년대에 자유연애를 주장한 선구자들과 상당히 다르다. 일부는 부모의 이혼을 지켜보며 결혼에 대한 환상이 깨진 사람들이다. 이들은 서로에게 헌신하겠다는 약속 자체를 거부하는 게 아니다. 이들은 사랑의 맹세를 더 오래 유지할 수 있도록 보다 현실적인 방법을 찾고 있으며, 그 탐색의 과정에 다른 연인들을 포함시키자고 결정한 것이다. 이런 관계는 그 형태가 매우 다양할 수 있다. 가끔씩 서로에게 '불륜 허가증'을 발급하는 부부도 있고, 다른 커플과 파트너를 교환하며 함께 섹스를 즐기는 커플도 있고, 세 명이나 네 명이 장기간 관계를 유지하는 경우도 있고, 다자연애 네트워크를 통해 새로운 형태의 사랑과 가정생활을 시도하는 경우도 있다.

신뢰와 충실함, 애착은 형태가 다양하다. 페미니스트 이론가 샬란다 필립스Shalanda Phillips의 말처럼 "이 같은 비독점적 관계의 경험들은 독점적 관계를 온전히 내버려둔 채 거부하는 게 아니라, 안쪽에서 바깥쪽으로 뒤집어 뜯어 봄으로써 독점적 관계가 정말로 안정적인 구조인가, 라는 의문을 제기한다."⁴ 제도에 순응하지 않는 이 개혁가들은 독점적 관계를 그냥 무시하기보다는 더욱 전체론적이고 유연하게, 더 이상 섹스의 독점에만 기반하지 않도록 새롭게 정의 내리고자 한다. 그렇기에 심리학자 태미 넬슨Tammy Nelson 같은 일부 관찰자들은 이러한 움직임을 '비'독점적 관계가 아니라 "새로운 독점적 관계"라고 칭한다. 서로에 대한 헌신이라는 건축물을 새로운 방식으로 설계하고 건설하는 셈이다.

물론 결혼의 규칙에 대한 문제 제기가 최근에 나타난 것은 아니다. 지난 200여 년간 다양한 공동체에서 새로운 모델을 시험했다. 특히 동성애 공동체가 이러한 노력에 앞장서고 있다. 최근까지만 해도 동성애 공동체는 사회에서 용인하는 이성애 중심적 모델을 적용할 수 없었기 때문에 창의력을 발휘해 비독점적인 관계 형태를 실천했고 큰 성공을 거두었다. 그리고 평등과 포용의 시대인 지금, 이 같은 자유를 찾아 나서는 이성애자의 수도 점점 늘고 있다. 《성과 결혼 상담 저널 Journal of Sex and Marital Therapy》에 실린 최근 연구에 따르면 현재 싱글 다섯 명 중 한 명이 이런저런 형태의 열린 관계를 실험해 본 경험이 있다고 한다.5

나는 이처럼 사랑의 윤곽을 다시 그리고 있는 사람들을 많이 만난다. 커플들은 다자 관계라는 새로운 지형을 잘 헤쳐나가도록 도와 달라고 내게 요청한다. 참고할 만한 대본은 아직 많지 않다. 내가 심리치료사 훈련을 받을 때만 해도 관계는 당연히 둘이서 만드는 것이었다. '트라이어드triad(세 명이 만나는 관계)'나 '쿼드quad(네 명이 만나는 관계)', 또는 '다자연애자 그룹' 같은 말은 들어 본 적이 없는데, 당시에는 대안적 관계 형태가 정당성을 인정받지 못했기 때문이다. 하지만 오늘날 내 상담 내용에는 이 모든 것이 들어 있다.

어떤 사람은 처음 관계를 시작할 때부터 여러 파트너를 받아들이고 싶어 한다. 어떤 사람은 수십 년간 독점적 관계를 맺은 이후 어떻게 하면 오래된 부부 생활에 새로운 변화를 줄 수 있을지 궁금해한다. 그리고 어떤 사람은 외도를 겪은 후 동반자로 살아온 수십 년의 세월에 종지부를 찍는 대신 관계의 문을 열어젖히는 것이 위기에 대처하는 더 성숙한 방법이 아닐지 고민한다.

이들 모두는 다음과 같은 난제를 해결하려고 노력한다. '여러 명을 동시에 사랑할 수 있을까?' 소유욕은 사랑에 내재한 것일까, 아니면 그저 가부장제의 잔재일 뿐일까? 질투심을 초월할 수 있을까? 상대에 대한 헌신과 자유가 공존할 수 있을까?

'절대 안 될걸!' 이렇게 생각하는 사람도 있을 것이다. '결혼만으로도 이미 복잡하다고. 가족이 망가질 거야! 아이들에게도 안 좋아!' 하지만 사람들은 1980년대에 종교와 인종, 문화를 뛰어넘어 결혼하거나 재혼으로 가족을 합치는 커플에게도 똑같은 소리를 했다. 지난 반세기를 규정했고 지금도 진행 중인 성 혁명의 중요한 단계마다 매번 그랬다. 어쩌면 우리는 이 결혼 개혁가들에게 답을 찾아낼 시간을 줘야 할 것이다. 어쨌거나 오래된 독점적 관계가 그리 잘 굴러가고 있는 것도 아니지 않은가.

이 독창적 관계 형태가 너무 골치 아프게 느껴진다면, 내 장담한다. 널리고 널린 불륜 이야기를 듣고 나면 너무 골치가 아파서 오히려 이 상황이 평화롭게 느껴질 거라고. 외도는 부부 관계에 막심한 피해를 입히고 가족을 송두리째 뒤흔들기 때문에 현재 우리가 살고 있는 세상에 더 잘 맞는 새로운 전략을 찾는 것이 마땅하다. 독점적 관계를 해체하는 것이 모두를 위한 답이라는 말이 아니다. 하지만 현재의 관계 모델이 누구에게나 맞지는 않는다는 것은 분명하다. 그렇기에 나는 독점적 관계에 반대하는 사람들과 새로운 관계 맺기 방식을 만들려는 이들의 노력을 존중한다.

충실함의 의미

독점적 관계를 건설적으로 비판하려면 먼저 섹스 파트너가 몇 명이어야 하느냐는 따분한 질문에서 벗어나 충실함이란 무엇인가를 더욱 깊이 고찰해야 한다. 섹스 칼럼니스트 댄 새비지 Dan Savage의 주장처럼 섹스의 독점을 헌신의 유일한 척도로 삼는 것은 환원주의적 생각이다. 새비지가 이 문제를 설명할 때 즐겨 드는 일화가 있다. 다섯 번 결혼한 한 여성이 상대에게 헌신하지 않는다며 새비지를 비난했는데, 새비지와 20년간 함께한 그의 애인이 비독점적 관계를 맺고 있다는 이유에서였다. "우리 둘 중 상대에게 더 헌신적인 사람은 누구인가요?"

외도 이후 아내 어밀리아와 함께 상담실에 찾아온 도슨도 비슷한 불만을 표했다. "지난 25년간 당신에게 충실했어. 24년은 행복한 마음으로 당신만 만났어. 내 삶에 다른 여자가 들어왔을 뿐 나머지 1년도 행복했어. 그러니까 내 말은, 나는 변함없이 당신에게 충실하다는 거야. 나는 늘 당신 곁에 있었어. 당신 동생이 알코올의존증에서 회복하는 동안 우리 집에서 살았을 때도, 당신이 유방암에 걸렸을 때도, 장인어른이 돌아가셨을 때도 항상 당신 곁에 있었다고. 미안해. 당신에게 상처를 주려던 건 아니야. 하지만 내가 고추를 어디에 집어넣느냐만 보고 내 충성심을 판단하면, 나머지는 전혀 중요하지 않은 것처럼 돼 버리잖아."

많은 사람이 섹스의 독점을 신뢰와 안정, 헌신, 충성심과 떨어뜨려 생각할 수 없다고 믿는다. 유연한 관계를 맺으면서도 이런 가치를 유지할 수 있다는 생각은 상상하기도 힘들어 보인다. 하지만 정신의학과 전문의 스티븐 레빈이 주장하듯, 가치관의 변화는 삶을 살아가면서 반드시 경험하는 일 중 하나다. 사람들은 정치적으로나 종교적으로, 뿐만 아니라 직업적으로도 가치관을 바꾼다. 그렇다면 성적인 가치관은 왜 바꾸면 안 되는가? 레빈은 우리가 점차 성숙해지고 "윤리적·도덕적 문제를 흑백논리로 이해하는 시기를 지나 대부분의 문제에는 애매한 회색지대가 있음을 깨달으면서" 가치관이 변한다는 사실을 알아야 한다고 말한다.6

변함없이 상대를 존중하고 서로에게 충성하며 감정적 친밀함을 유지하는 것을 충실함으로 여기면 어떨까? 섹스의 독점은 어떻게 합의하느냐에 따라 충실함의 정의에 포함될 수도, 아닐 수도 있다. 이 새로운 정의를 고려할 때 이미 이 프로젝트를 실천하는 사람들이 있음을 잊지 말자.

오늘날 다자연애자들은 독점적 관계를 추구하는 다른 커플보다 충실함과 섹슈얼리티, 사랑, 헌신에 관해 훨씬 많이 고민하며, 그 결과 더 친밀한 관계를 맺는 경우가 많다. 내가 이들의 대안적인 관계 맺기 방식을 지켜보며 놀란 점은 이들이 전혀 경솔하지 않다는 것이다. 쉽게 따분해하고 미성숙하며 헌신적인 관계를 두려워해 음란한 성관계에 몰두할 거라는 고정관념과는 달리, 이들의 실험은 신중한 의사소통과 충분한 검토에 바탕한다. 나는 이들을 통해, 독점적 관계와 충실함의 의미에 관해 터놓고 대화하면 결국 열린 관계를 맺든 맺지 않든 간에 엄청난 장점이 있다는 점을 배웠다.

독점적 관계의 스펙트럼

독점적 관계에 엄청난 중요성을 부여하고 이 관계를 끝내는 것을 끔찍한 결과로 여기는 문화에서 누군가는 이 주제를 반드시 숙고해야 한다고 생각할 것이다. 하지만 많은 경우 문제를 제기하는 데만도 큰 위험이 따른다. 이 주제에 관해 이야기할 필요가 있다는 것은 사랑이 결국 날뛰는 욕망을 길들이지 못했다고 시인하는 것과 같다. "이 남자랑 만난 지 몇 달밖에 안 됐는데 어제 아무렇지도 않게 정말로 독점적 관계를 맺길 원하느냐고 물어보더군. 메시지는 분명하죠. 저한테 별로 관심이 없는 거예요."

게다가 독점적 관계는 불륜보다 더 의견이 양극화되는 주제로, '찬성이냐 반대냐'가 극명하게 갈리는 사안 중 하나다. 사람들은 이분법적인 관점에 사로잡혀 즉시 '닫힌 관계'와 '열린 관계'라는 개념에 기댄다. 배우자와만 자느냐, 다른 사람과도 자느냐 둘 중 하나다. 그 사이에 단계적 차이는 존재하지 않으므로 평소에는 주로 비독점적 관계를 추구한다거나 95퍼센트 정도 신의를 지킨다는 말은 있을 수 없다. 댄 새비지는 "대체로 독점적"이라는 용어를 사용해 엄격하게 나뉜 경계를 누그러뜨리려 했는데, 대체로 독점적이라는 말은 감정적으로는 서로에게 충실하지만 판타지나 현실 속에서 제삼자를 위한 공간을 마련해 짧은 유희나 만남, 스리섬, 섹스 파티, 데이팅 앱 사용의 가능성을 열어 두는 것을 의미한다. 내 내담자인 타이론은 이 용어를 크게 반기는데, "15년간 파트너 관계를 맺는 동안 우리가 근본적으로는 서로에게 충실했음을 말해 주는 동시에 약간의 가벼움과 유연함도 들어 있기 때문"이다.

독점적 관계에는 결코 하나의 색깔만 있는 것이 아니며, 요즘 같은 디지털 시대에는 특히 더 그렇다. 오늘날 우리는 구체적인 관계의 특성을 협상한다. 파트너와 섹스할 때 다른 사람을 떠올려도 되는지, 다른 사람과의 섹스에서 오르가즘을 느껴도 되는지, 혈기 왕성했던 자신의 젊은 시절을 떠올리며 즐거워해도 되는지, 포르노를 봐도 되는지, 섹스팅을 하거나 데이팅 앱을 봐도 되는지 등을 결정한다. 즉, 독점적 관계는 하나의 스펙트럼이다. 사람들에게 독점적 관계를 추구하느냐고 물을 때는 먼저 독점적 관계의 뜻을 어떻게 정의하느냐고 물어보는 것이 좋다.

태미 넬슨은 독점적 관계를 맺기로 한 커플 대부분에게 서로 다른 2개의 계약서가 있다고 본다. 그중 겉으로 드러나는 합의는 혼인 서약처럼 공식 선언한 것으로, 이 합의에는 파트너 관계에서 지켜야 할 규칙이 명시적으로 규정되어 있다. 반면 겉으로 드러나지 않는 합의는 말로 나타낸 적이 없으며 "서로에게 헌신하기로 약속하는 언약식을 하기 전에는 (심지어 한 후에도) 터놓고 논의되지 않을 수 있다."[7] 이 무언의 계약은 문화적·종교적·개인적 가치를 반영한다. 넬슨은 겉으로는 생각이 같아 보여도 사실 커플은 독점적 관계에 대한 견해가 서로 다르며 "각자가 가진 무언의 계약이 급작스럽게 충돌하면서 위기로 치닫는 경우가 많다"라고 단언한다. 상담에서 그 충돌은 보통 외도라는 이름으로 불린다. 그러므로 커플은 사회가 허용하는 것은 무엇이고 각자가 듣고 싶은 내용은 무엇인지를 소리 내어 이야기함으로써 서로의 생각을 공유하는 편이 좋다. 우리가 솔직하지 못해서가 아니다. 우리가 살고 있는 문화가 이러한 종류의 솔직함을 거의 허용하지 않기 때문이다.

독점적 관계는 지금까지도 관계의 기본 값이며, 상대방을 진정으로 사랑한다면 다른 사람에게 매력을 느껴서는 안 된다는 (비현실적인) 전제를 깔고 있다. 그렇기 때문에 커플은 어느 한쪽이 일탈하거나 상대방을 배신한 후에야 대화를 시작하는 경우가 많다. 이 비현실적인 가정에 금이 가고 더 이상 지키기 위해 노력할 필요가 없어지면 함께 더 진실한 이야기를 써 나갈 수 있다. 하지만 이왕이면 위기를 겪기 전에 대화하는 것이 더 좋을 것이다. 새비지는 게이 남성들의 경험에 기대어 독점적 관계는 '사전 동의'를 거치는 것이 좋다고 제안한다. 만약 선택의 기회가 있었다면 독점적 관계에 동의하지 않는 사람이 있었을 것이고, 그렇다면 불륜 때문에 곤란해질 일도 없으리라는 것이다. 독점적 관계의 테스트를 통과하지 못한 사람들을 벌하는 대신, 이 테스트를 통과하기가 결코 쉽지 않다는 사실을 인정해야 한다. 새비지는 더없는 실용주의자이지만, 가벼워 보이는 태도와는 달리 매우 철학적이다. 새비지는 명백하면서도 심오한 지점을 강조한다. 다른 사람에게 감정과 욕망을 느끼는 것은 자연스러운 일이다. '그리고' 우리는 행동에 나설지 말지를 선택할 수 있다.

제삼자를 초대하는 섹스

사랑과 섹스는 정해진 만큼만 나눌 수 있는 한정된 자원일까? 아니면 다른 사람과의 섹스는 뜻밖의 큰 이익을 가져다주는 고수익 고위험 투자일까? 과거에는 내 아이가 아닌 아이를 키우게 될지도 모른다는 남성의 두려움이 독점적 관계를 불러왔다. 하지만 피임과 친자 확인으로 이 문제를 해결할 수 있는 지금, 사람들은 무엇을 두려워할까? 많은 경우 사람들이 두려워하는 것은 다음과 같다. 오늘날 친밀한 관계는 사랑에 기반을 둔다. 금욕의 의무가 사라지고, 그 자리를 요동치는 감정이 차지했다. 다른 사람에게 너무 가까이 다가가면 우리 중 한 명이 그 사람과 사랑에 빠져 이 관계를 떠날지 모른다. 오늘날 독점적 관계를 지탱하는 것은 관계를 조금만 느슨하게 풀어도 서로에게서 멀어질 수 있다는 두려움이다.

개혁가들이 내게(그리고 스스로에게) 말하고자 하는 바는, 현실은 정반대라는 것이다. 이들은 독점적 관계에 구속될 때 오히려 상대로부터 더 달아나고 싶어진다고 생각한다. 그리고 자유가 커질수록 더 안정적인 관계를 맺을 수 있다고 믿는다.

카일과 루시에게 이 말은 사실인 것 같다. 둘의 이야기는 상상 속 모험에서 시작되었다. 카일은 미니애폴리스에 거주하는 40대 후반의 엔지니어다. 그에게는 다른 사람을 아내와의 관계에 초대하는 판타지, 특히 아내가 그 남자와 섹스하는 모습을 지켜보고 싶다는 판타지가 있었다. 어느 날 아내와 섹스하던 카일은 용기 내어 이 시나리오를 아내의 귀에 속삭였다.

그 말에 흥분하는 아내를 지켜보면서 카일은 "결혼의 아슬아슬한 경계"에 있는 기분이 들었다. 둘의 이러한 놀이는 8년 동안 이어졌다. 그러다 카일은 사라지지 않는 실질적인 무언가를 원하기 시작했다. 그리고 다른 사람을 끌어들인다는 생각에 흥분하는 데서 더 나아가, 실제로 그렇게 하면 불륜을 예방할 수 있을 거라고 생각했다. "평생 한 사람만 좋아하며 그 사람에게만 충성하는 건 쉬운 일이 아니야. 전형적인 '배신'을 피할 수 있는 더 나은 방법이 분명 있을 거야."

둘만의 놀이를 시작한 지 9년째인 어느 날, 명랑한 인테리어 디자이너이자 두 아이의 엄마인 루시는 지하철에서 매력적인 남자를 만나 대화를 나누게 되었다. 그 남자는 함께 오페라를 보러 가자고 제안했다. 루시는 "가는 게 좋을까?"라고 카일에게 문자를 보냈고 카일은 이렇게 답장했다. "가. 하지만 내 표도 구해 줘." 카일은 그날 밤을 이렇게 회상한다. "정체를 숨기고 두 사람 바로 뒤에 앉았어요. 두근두근하며 그 남자가 루시를 만지는지 아닌지 지켜봤죠."

몇 달 후 루시는 한 젊은 남자에게 조건 없는 섹스를 하자는 제안을 받았다. 카일이 말했다. "제가 가라고 권했어요. 그리고 아이들이 태어난 이후 점점 사그라지던 우리의 성생활이 그날 이후 되살아났어요." 루시가 카일이 정말 괜찮은지 확인하고 싶어 했기에 둘은 루시가 집을 떠나기 전에 섹스를 하곤 했다. 루시가 집에 돌아오면 카일은 무슨 일이 있었는지 상세히 알려달라고 했고, 루시는 둘이 다시 섹스를 할 경우에만 편안한 마음으로 이야기를 들려주었다. 지난달 카일과 루시는 한 단계 더 나아갔다. 루시가 다른 남자와 호텔에 가기 전 카일이 둘의 소리를 들을 수 있도록 바로 옆방을 예약했다. "그 남자가 가고 나서 루시가 제 방으로 왔어요."

카일과 루시는 위반이 주는 흥분을 즐긴다. 둘은 서로를 배신하는 것이 아니라 함께 문화적 규범을 배신한다. 95퍼센트의 시간에 둘은 서로를 독점한다. 그리고 가끔씩 관계의 문을 열어젖힌다. 이 방식은 좀 특이하긴 하지만 두 사람이 서로 신의를 지키는 전형적인 관계의 형태를 벗어나지 않는다. 이 외도는 안정감을 주고 바람을 방지할 수 있는 제한된 외도다. 다른 사람과의 유희는 서로를 향한 열정을 더욱 불태운다.

욕망을 연구하는 나는 전 세계 어디에서든 빼놓지 않고 이 질문을 한다. 바로 "언제 파트너에게 가장 끌리나요?"다. 가장 많이 나오는 대답 중 하나는 "다른 사람이 파트너에게 매력을 느낄 때"다. 제삼자의 시선은 상당히 에로틱하다. 그렇기에 카일과 루시의 경험과 비슷한 사례가 생각보다 훨씬 흔한 것이다. 관계의 문을 열어젖힌다고 해서 꼭 사이가 멀어지는 것은 아니며, 때로는 사이가 더 친밀해질 수도 있다. 제삼자를 초대하는 판타지에는 여러 형태가 있다. 상상만 할 수도 있고, 연기를 할 수도 있으며, 두 사람이 섹스하는 모습을 한 사람이 지켜볼 수도 있고, 셋이서 할 수도 있고, 한 명이 집에서 기다릴 수도 있고, 문 뒤에서 소리만 들을 수도 있고, 이후에 자세한 이야기를 전해 들을 수도 있다.

심리치료사 디 맥도널드Dee Mcdonald는 "독점적 관계와 비독점적 관계는 서로를 더 강화하며 불가분하게 연결되어 있다"

라고 말한다.8 이 말은 파트너를 교환하며 섹스를 즐기는 기혼 커플에 관한 언급이지만, 나는 비독점적 관계를 맺는 커플에 게도 이 말을 적용하고 싶다. 다른 사람과의 섹스는 그저 다른 사람과 함께 있는 것이 아니다. "어쩌면 원래 파트너를 애태우고 자극하는 난해한 (어쩌면 위험한) 방법 중 하나로 이해하는 것이 더 정확할 수도 있다." 맥도널드는 다음과 같은 타당한 의문을 제기한다. 커플이 신체적으로는 각자 다른 사람과 교류하고 있지만 심리적, 감정적으로는 서로와 연결되어 있다면, "여기서 누가 누구와 섹스하고 있는 것인가?"9

성적 충동을 되살리기 위해 다른 사람을 이용하는 커플은 이제 흔하지만 그 효과가 늘 지속되지는 않는다. 10년의 결혼생활 동안 여러 형태로 유희적 섹스를 즐긴 그자비에와 필은 성생활이 온통 다른 사람들하고만 이루어지고 둘 사이에는 공허감만 남았다는 쓸쓸한 사실을 받아들이려 노력하는 중이다.

이 두 젊은 남성은 여러 면에서 좋은 것들을 함께 누린다. 서로의 가족에 소속되었고 집을 함께 지었으며 많은 친구를 공유한다. 둘은 서로의 경력에도 관심이 많은데, 수염을 기른 전형적인 힙스터인 그자비에는 비건 초콜릿 회사를 운영하고 있고, 필은 젊은 사업가를 위한 코워킹coworking 시설의 창립자다.

젊은 게이 남성 집단의 일원으로서 그자비에와 필은 종종 서로가 보는 앞에서 다른 사람과 섹스를 하지만 둘이 섹스하는 일은 거의 없다. 그자비에는 이렇게 말한다. "기념일에 스리섬을 하려고 다른 사람을 초대했을 때에도 우리는 서로를 그다지 만지지 않았어요." 내가 물었다. "기분이 어땠나요?"

그자비에는 필을 바라보며 이렇게 말했다. "내가 소외감을 느끼지 않도록 네가 상당히 애쓴다는 느낌이 들었지만 그렇다고 소속감이 느껴지진 않았어." 여러 명이 모였을 때 생겨나는 성적인 에너지가 어느 정도는 둘 사이의 부족한 에너지를 가려주었지만 이제는 더 이상 회피할 수 없었다. 필은 그렇게 나쁜 상황이 아니라고 항의한다. 원래 관계는 좋을 때도 나쁠 때도 있는 법이고, 이런 시기도 언젠가는 지나가리라는 것이다. 필은 이렇게 강조한다. "널 대체할 사람을 찾는 게 아니야." 하지만 그자비에는 불안해한다. "우리는 서로하고 섹스를 하면서 다른 사람하고도 하는 게 아니야. 우리는 서로를 선택하는 대신 다른 사람을 선택하고 있는 거라고." 슬프게도 이 커플의 섹스 아웃소싱은 집에서의 불황으로 이어지고 말았다.

문을 굳게 닫는 것은 그자비에와 필이 원하는 선택지가 아니었다. 하지만 나는 당분간만이라도 다른 사람과의 섹스를 중단하면 성생활에 활기를 되찾는 데 도움이 될 수 있다고 말했다. 합의된 비독점적 관계에는 성적 다양성'과' 친밀함, 건널목과 울타리 모두가 필요하다. 둘은 친밀함보다 다양성을 선호했고, 그 결과 관계가 약화되었다.

성적 관심을 서로의 몫으로만 남겨 두는 것이 유대를 강화하는 유일한 방법은 아니다. 하지만 더 이상 섹스로써 우리를 타인과 구분하지 않기로 결정한다면 섹스 대신 무엇을 특별함의 표지로 삼을 수 있을지 생각해야 한다. 철학자 아론 벤지에브는 서로 다른 2가지 관계 모델을 구분했는데, 하나는 독점성으로 규정되는 관계고, 다른 하나는 독특성으로 규정되는 관계다.[10] 첫 번째 관계는 다른 사람과 하면 안 되는 것에 초점을 맞춘 반면, 두 번째 관계는 사랑하는 사람의 특별한 점에 초점을 맞춘다. 하나는 부정적 결과를 강조하고, 다른 하나는 긍정적 가능성을 강조한다. 나는 그자비에와 필에게 다음과 같이 고려해 보라고 청했다. "섹스를 타인과 공유한다면, 둘에게만 있는 특별한 점은 무엇인가요?" 함께 이 질문의 답을 찾다 보면 자유를 포기하지 않고도 둘의 공통 기반을 되찾을 수 있을 것이다.

더 많은 대화, 더 복잡한 규칙

연인 간의 헌신에 섹스의 독점이 아닌 새로운 의미를 부여하려면 먼저 경계에 관해 대화해야 한다. 비독점적 관계를 추구하는 사람들은 마음껏 섹스만 즐기는 게 아니다. 이들은 법률 문서만큼 정밀하고 신중하게 관계의 규칙을 논의하고 설정한다. 규칙에는 일반적으로 정직과 투명성에 관한 조항이 들어 있다. 이 밖에도 다른 연인과 어디서 얼마나 자주 만날 것인지, 만나면 안 되는 사람은 누구고 구체적으로 어떤 성행위를 해서는 안 되거나 되는지, 감정이 어디까지 깊어져도 되는지에 대한 조항과, 당연하게도 피임 규정이 포함된다.

앨리와 태라, 리치는 함께 거주하며 동침하는 트라이어드이고, 각각 다른 사람과 자유롭게 연애할 수 있다. 앨리는 "우리 외의 다른 사람과 섹스할 때는 콘돔을 사용하는 것이 우리의 규칙 중 하나"라고 설명한다. "우리 셋은 콘돔 없이 섹스하기 때문에fluid—bonded, 한 사람이 위험한 행동을 하면 셋 모두가 위험해지거든요."

여기서 '유동적fluid'이라는 말이 중요하다. 이 단어는 콘돔 없는 섹스만 뜻하는 것이 아니다. 전통적인 독점적 관계의 엄격한 제약에 비해 이런 계약에서 설정한 경계는 훨씬 유동적이며, 누구도 배제하지 않고 변화에 유연하게 적응할 수 있도록 고안되었다. 이 차이는 학자이자 활동가인 제이미 헤커트 Jamie Heckert의 말에서 잘 드러나는데, 그녀는 경계선과 장벽의 차이를 강조한다.

장벽은 의심의 여지 없이 올바른 것인 반면 경계선은 특정 상황과 관련된 특정 사람들에게 그때만 올바른 것이다. 장벽은 의심할 수 없는 엄격한 법적 권위를 주장하지만, 경계선에는 유동성과 변화에 대한 개방성이 있다. 경계선은 돌로 단단하게 쌓아 올린 수로라기보다는 강둑에 가깝다. 장벽은 존중을 요구하지만, 경계는 존중을 요청한다. 장벽은 욕망해도 되는 것과 욕망해선 안 되는 것을 구분하지만, 경계선은 다양한 욕망을 존중한다.11

경계선은 관계에 따라 저마다 다르며, 파트너에 따라서도 다를 수 있다. 파트너 A는 파트너 B가 다른 사람과 섹스하는 건 괜찮지만 키스하는 건 싫을 수 있다. 이와 달리 파트너 B는 파트너 A가 자기 마음대로 행동해도 아무렇지 않을 수 있다. 파트너 C는 자신이 놀라지 않게 문자만 하나 남겨 주면 그외의 정보는 원치 않는다. 파트너 D는 연인을 껴안고서 상세한 이야기를 전부 듣고 싶어 한다. 이러한 선호도의 차이는 인기 현대 작가 트리스탄 타오미노Tristan Taormino가 말한 "평등이라는 신화"를 잘 보여준다.12 전통적인 관계에서 두 파트너의 욕망과 필요가 똑같으리라고 흔히 가정하는 것이 바로 평등이라는 신화다. 타오미노는 평등이 대칭과 동의어가 되어 커플 사이에 당연히 존재하는 성욕과 감수성의 차이를 무시하게 되었다고 설명한다. 하지만 앞에서 말한 새로운 계약에 필요한 것은 대칭이 아니라 합의다.

어떤 커플은 한 걸음 더 나아가 여러 연인을 만날 수 있는 특권을 한 사람에게만 적용하고 다른 한 사람은 상대에게 충성하기로 결정한다. 셀린은 내게 이렇게 말한다. "저는 구획을 나눌 수 있지만 남편 제롬은 그렇지 않다는 걸 늘 알고 있었어요. 저는 감정적으로는 제롬에게만 충실해요. 다른 사람과 연애하면서도 우리 관계를 유지할 수 있어요. 하지만 제롬은 진정한 로맨티스트예요. '거대한 사랑'에 빠져 버리죠. 그걸 어떻게 아냐면, 제롬이 마지막으로 바람을 피운 사람이 바로 저거든요. 30년도 더 지난 일이지만 제롬은 전혀 변하지 않았어요. 제롬이 다른 여자를 사랑하게 된다면 아마 결혼이나 출산 같은 걸 전부 처음부터 다시 시작하고 싶어 할 거예요. 위험이 너무 커요." 제롬도 자기 자신을 잘 알았기에 이런 비대칭적 상황에 동의했다. 셀린은 이렇게 말한다. "처음에는 제롬도 받아들이기 힘들어했어요. 제가 온전히 자신한테만 관심을 기울여 주길 바랐거든요. 하지만 제롬도 제가 진심으로 원해서 자기를 찾았을 때 즐거워하는 것 같았어요. 다른 연인과 있었던 일을 전부 털어놓을 필요는 없었고요."

서른네 살의 음악 프로듀서 잭스는 20대 후반이 되어서야 커밍아웃을 했다. 잭스는 처음으로 진지하게 만난 애인 에밋과 함께 살기 시작했지만 아직 관계에 구속되고 싶진 않았다. "에밋은 저보다 나이가 많은 데다 지난 몇 년간 충분히 즐겼기 때문에 이제는 정착하고 싶어 해요. 에밋을 사랑하지만 전 아직 정착하고 싶지 않아요. 게다가 전 BDSM 중 복종 취향인데 에밋은 지배 역할을 맡고 싶어 하지 않아요. 그래서 다른 곳에서 제 욕구를 채우기로 합의를 봤죠." 잭스와 에밋은 셀린과 제롬처럼 마이클 라살라Michael Lasala가 말한 "마음의 독점적 관계"를 실천하고 있다.

이처럼 어떤 커플에게는 비대칭적 합의가 잘 맞지만, 이런 합의는 힘의 불균형이 아닌 선호의 차이에 근거해야 효과가 있다. 관계에서 성적 자유는 돈이나 나이, 경험, 자신감, 사회적 지위처럼 권력을 상징한다. 20대 후반의 성공한 농구선수 타일러는 6개월 전부터 만난 여자 친구 조니와 함께 나를 찾아왔다. 타일러와 함께 있기 위해 최근 뉴욕에서의 삶을 포기하고 대륙을 건너온 조니는 아직 스물한 살이었고, 아트스쿨을 졸업한 뒤 "어떤 사람이 되고 싶은지 알아내려고 노력하는 중"이었다. 관계를 통제하는 사람은 타일러였다. 중요한 건 타일러가 사는 도시, 타일러의 돈, 타일러의 경력이었다. 그랬기에 타일러가 전 여자 친구와 여전히 만나고 있다는 사실을 알았을 때 조니는 큰 충격을 받았다.

타일러는 자기 행동을 좋게 포장하려고 했다. "너 대신 그

애를 선택한 게 아니야." 그리고 이렇게 말했다. "우리 셋이서 함께 좋은 시간을 보내고 싶어." 조니는 타일러의 제안에 반대하지 않았지만 타일러가 자기 몰래 전 여자 친구를 만나고 아무렇지 않게 넘어가려 했다는 데 화가 났다.

내가 보기에 이 커플은 힘의 불균형이 심각했고, 이 불균형 때문에 타일러의 제안은 그가 인정하는 것보다 훨씬 불공평했다. 둘의 협상은 온전하지 못했는데, 조니가 너무 취약한 상태였기 때문이다. 비독점적 관계에는 동등한 입장과 신뢰가 필요하다. 열린 관계에 진입하려는 커플은 두 사람 다 행위 주체성이 있어야 하고, 본인이 대등한 위치에서 선택을 내린다고 느껴야 한다.

성공적인 비독점적 관계는 두 사람이 함께 헌신과 자유에 양다리를 걸치고 있음을 뜻한다. 하지만 내가 보기에 조니와 타일러의 관계는 쉽게 양극화할 조짐이 있었다. 즉, 조니는 관계를 지키기 위해 애쓰는 보호자가, 타일러는 자유의 투사가 되기 쉬웠다. 타일러는 자기 자신을 잃게 될 것을 더 두려워했고, 조니는 타일러를 잃을 것을 더 두려워했다. 두 사람의 합의는 이 인간적인 딜레마를 강화하는 게 아니라 완화해 줄 수 있을 때에만 제대로 작동할 것이다.

상담을 진행하면서 내 염려는 사실로 드러났다. 타일러는 조니가 가벼운 섹스를 별로 좋아하지 않기 때문에 열린 관계를 즐기는 건 자신뿐일 거라고 시인했다. 타일러는 이렇게 말했다. "조니는 감정을 훨씬 중요시하니 열린 관계가 잘 맞지 않을 거예요." 나는 상담실 소파에 앉아 이와 비슷한 이야기를 하는 남자들을 정말 많이 만났다. 종종 이들은 성적 다양성이 여자보다는 남자에게 더 '자연스럽다'는 미심쩍은 근거를 대며 자신의 결정을 정당화한다. 얼마나 편리한 생각인지! 자기들이 추구하는 '진보적' 합의가 본질적으로는 상당히 후진적인 일부다처제와 다름없다는 점을 지적하면 대개가 깜짝 놀란다. 아내에게 정부를 받아들이라고 강요하는 남자에게 진보적인 구석은 단 하나도 없다.

조니와 대화해 보니 그녀에게 힘이 더 생기기 전에는 자발적으로 열린 관계를 선택했다고 느끼지 못하리라는 사실이 더욱 확실해졌다. 함께 이야기를 나누면서 조니는 점차 긴장을 풀고 자신의 직감을 신뢰하기 시작했다. 타일러는 나의 문제 제기를 잘 받아들였다. 여성은 여태까지 자신이 무엇을 좋아하는지 마음껏 탐구할 기회가 없었기 때문에 우리는 아직 여성이 무엇을 '즐기는지' 제대로 알지 못한다는 나의 말도 잘 이해했다. 나는 둘에게 생각할 거리와 이야기할 거리를 잔뜩 안겨 주었다. 어떻게 하면 관계의 문을 열 수 있을지 논의하기 전에, 반드시 불평등과 젠더, 권력, 타당한 근거에 대해 생각해 봐야 한다.

신종 가족 베타 테스트

비非배타적 관계를 향한 문화의 변화는 성적 측면의 한계만 밀어붙이는 게 아니다. 이 변화의 배경에는 무엇이 가족을 구성하는가를 새롭게 상상하는 사회적 움직임이 있다. 한때는 혈연과 친족 관계에 따라 결정된 가족 계보가 지금은 이혼과 재혼, 또 한 번의 이혼, 동거, 입양, 정자 및 난자 제공자와 대리모, 혼합 가족을 통해 온 방향으로 확장되고 있다. 앨리스는 결혼식 날 친아버지와 새아버지의 손을 잡고 식장에 입장했다. 잉가와 자닌은 정자 기증자에게 아들의 대부가 되어 달라고 부탁했다. 쌍둥이를 낳아 공개 입양을 보낸 샌디는 아이들을 기르고 있는 조, 링컨과 계속 연락을 주고받는다. 마들렌은 한 난자 기증자 덕분에 쉰두 살에 처음으로 부모가 될 예정이다(최근까지 남자들에게만 가능했던 경험이다). 드루의 형제자매 다섯 명은 네 번의 결혼과 세 번의 외도, 세 가지 종교, 세 가지 인종적 배경에 걸쳐 있다. 이제는 아무도 이런 사례들을 보고 눈살을 찌푸리지 않는다. 드루가 옛날식 독점적 관계에 회의적인 사람으로 자라난 것이 그렇게 놀랄 일인가?

어쩌면 사람들이 다음과 같은 경우를 보고도 아무렇지 않을 날이 머지않았을지 모른다. 닐라의 여자 친구인 해나는 닐라가 출장 가 있는 동안 닐라의 남편과 함께 머물며 세 아이를 돌본다. 올리버의 남자 친구인 안드레스는 주말에 올리버의 집에서 지내는데, 안드레스가 오면 올리브의 아내는 손님방으로 옮겨간다. 대학생 아들이 보인 첫 번째 반응은 "아, 그러니까 아빠한테 남자 친구가 있구만? 엄마, 엄마도 여자 친구 사귀어 보지 그래요?"였다. 켈리와 벤틀리는 또 다른 커플의 집으로 이사해 쿼드가 된 후 그 커플의 아이들을 함께 키운다. 이 새로운 가족 형태를 보면 이전 세대에서 물려받은 사회 구조가 점차 독창적인 형식으로 바뀌고 있음을 알 수 있다.

이 같은 새로운 가족 구조에도 딜레마는 있다. 런던에서 상담을 할 때 만난 40대 커플 데버라와 윌리엄에게는 만난 지 2년 된 연인 애비게일이 있다. 30대 후반인 애비게일은 아이를 낳을 수 있는 시간이 얼마 남지 않은 상태다. 이 신선한 관계에는 아름다운 러브 스토리가 있지만 지금 셋은 난관에 봉착했다. 애비게일은 아이를 낳길 원한다. 세 아이의 엄마인 데버라는 아기가 태어난다는 생각에는 무척 들떠하지만 윌리엄이 그 아이의 생물학적 아버지가 되는 것은 원치 않는다. 한 아이의 생물학적 부모가 되는 경험은 자신과 윌리엄만이 공유해 왔기 때문이다. 문제는 애비게일이 다른 남자와 자는 것을 윌리엄이 원치 않는다는 것이다. 이 상황에서 애비게일은 어떻게 해야 할까? 애비게일은 난자를 얼려 두었고 정자 기증을 고려하고 있지만 그보다 더 심각한 실존적 의문에 빠져 있다. "제가 그냥 둘의 인생에 끼어 있는 건가요, 아니면 우리 셋이 함께 삶을 꾸려 가고 있는 건가요? 이 관계에서 저의 자리는 어디에 있죠?" 애비게일은 자기 존재의 정당성을 찾으려 애쓰고 있지만 그 정당성이라는 게 어떤 모습인지 모르고 있다.

질투를 느낀다는 것 자체가 다자연애가 불가능하다는 증거라는 소리를 듣지 않고 자기 질투를 들여다볼 안전한 공간을 찾는 사람이 많다. 지나친 솔직함이 관계의 앞날을 좌우하는 복잡한 상황에 대해 조언을 구하는 사람도 있다.

이 문제를 해결하려고 노력하는 사람 중 하나가 다이애나 애덤스Diana Adams다. 30대 중반의 변호사 다이애나는 대안적 관계와 대안 가족을 열렬히 옹호한다. 다이애나의 목표는 이들에게 법적 안정성을 가능한 한 많이 제공해 분명한 합의를 맺을 수 있도록 돕고 분란을 해결하는 것이다. 개인적으로는 파트너 에드(앞에서 만난 그 사람이다)와 함께 다자연애 공동체에서 활발히 활동하고 있다.

가벼운 만남이나 장난스러운 단기 연애를 즐기는 사람들과는 달리 다자연애자polyamorist(2006년 '옥스퍼드 영어사전'에 등재되었다)는 의미 있는 관계를 중요시한다. 이들이 파트너들과 공유하는 것은 '그저 섹스'뿐만이 아니다. 사랑도 공유하고, 당연히 가정생활도 공유한다. 이들은 자신의 생활 방식을 마음챙김과 성숙함, 많은 대화가 필요한 진지한 노력으로 본다. 그렇기 때문에 이들 사이에서는 이런 농담을 흔히 들을 수 있다. "스윙어swinger(파트너를 교환하며 섹스를 즐기는 사람들—옮긴이)는 섹스를 하고, 다자연애자는 대화를 하지."

다자연애는 미국을 포함한 전 세계에서 점점 확산되고 있다. 사람들은 더 큰 선택의 자유와 진정성, 유연함을 열망하는 기업가적 정신으로 이런 생활 방식을 선택한다. 실리콘밸리처럼 스타트업이 많은 곳에 다자연애자가 특히 많은 것도 당연하다.

나는 이런 생활 방식이 섹스와 자유의 문제만은 아님을 깨닫고 여러 번 놀랐다. 다자연애는 공동체를 만드는 새로운 방식이다. 다자연애자들은 여러 명이 부모 역할을 하는 등 애정을 기반으로 유연한 관계망을 형성해 핵가족 모델에 갇힌 커플들이 느끼는 고립감을 줄이려 시도한다. 이 가지각색의 연인들은 집단성과 소속감, 동질감처럼 전통적인 사회 및 종교

제도로부터 물려받은 삶의 특성에서 새로운 의미를 찾으려 노력하고 있다.

개인주의라는 현대 정신은 매력적인 측면이 있지만 한편으로는 많은 사람을 불확실성으로 밀어 넣었다. 다자연애는 공동체를 배경으로 개인주의적 가치를 추구하려 노력한다.

물론 어려움도 있다. 파스칼 브뤼크네르가 썼듯이 "자유는 우리를 책임에서 자유롭게 해 주지 않고 오히려 책임을 늘린다. 우리의 짐을 가볍게 해 주지 않고 오히려 더 무거운 짐으로 우리를 짓누른다. 모순을 키우면 키웠지 결코 문제를 해결해 주지 않는다. 때때로 이 세계가 잔인하게 느껴진다면, 그건 우리가 '해방'된 결과 각 개인의 자율성이 타인의 자율성과 충돌하고 손상되기 때문이다. 역사상 사람들이 이만큼 많은 제약을 견뎌야 했던 시기는 없다."[13] 자율성의 충돌은 현대 모든 커플에게 위험 요소로 작용하지만 다자연애에서는 다중 충돌 사고로까지 번질 수 있다.

규칙이 무너지면 그 여파는 관계망 전체로 퍼져 나간다. 공동체 전체가 규칙을 위반한 사람을 배척해야 할까? 예를 들어 나의 연인 중 한 명이 모든 것을 투명하게 드러내기로 합의해 놓고 비밀스러운 관계를 맺어서 '바람'을 피운다면, 나의 다른 연인들도 그 사람과 관계를 끊어야 할까? 그리고 수많은 관계의 상태와 그 변화를 어떻게 다 파악한단 말인가? 다자연애자인 한 친구가 내게 이런 이야기를 한 적이 있다. 그 친구는 새 남자 친구와 즐겁게 섹스팅을 나눴는데, 둘 다 자유롭게 다른 사람을 만나도 되는 줄 알았기 때문이다. 하지만 두 사람을 다 아는 친구를 통해 그 남자가 다른 여자 친구와는 독점적 관계를 맺기로 합의했다는 것을 알게 되었다. "엄청난 충격이었어. 그 사람은 나랑 섹스팅을 하면서 바람을 피우고 있었던 거야. 알지도 못하는 사이에 불륜의 공범이 됐다는 사실이 너무 화가 나."

다자연애자들은 솔직함과 개인의 자유를 지키기 위한 노력이 도덕적으로 엄청나게 중요한 일이라고 생각한다. 실제로 이러한 자세가 독점적 관계에서 거짓말로 상대를 속이는 것보다 훨씬 고결하다고 확신하는 사람이 많다. 비판자들은 이런 생활 방식에 모든 것을 다 가지려는 분위기가 있다며 다자연애에 내재된 특권적 속성만 강조한다.14 그리고 이만큼 독창적으로 경계를 무너뜨리기 위해서는 얼마나 자신을 잘 이해하고 있어야 하는지를 쉽게 간과한다. 자유에는 자신이 원하는 것을 파악해야 하는 무거운 짐이 따른다. 어쨌거나, 다자연애 실험은 개인의 자유와 자기표현을 강조하는 사회적 추세에 따라 자연스럽게 나타난 갈래 중 하나다.

집단 결혼이 허용되어 트라이어드나 쿼드가 "같이 그럴게요 We do."라는 말로 혼인 서약을 할 수 있는 날이 올까? 올지도 모른다. 하지만 우선 지금 다이애나 애덤스는 대안 가족이 사회의 보호를 더 많이 받도록 돕는 데 관심이 있다. 동성 결혼 합법화가 동성애 인권 운동의 중요한 승리이며 결혼과 사랑의 정의를 다시 생각해 보는 문화를 만든 건 사실이지만, 다이애나는 이러한 운동이 또한 "핵가족과 전통적인 독점적 관계의 섹슈얼리티를 퀴어의 입장에서 비판"했음을 잊으면 안 된다고 말한다. 독점적 관계에 반대하는 사람들도 같은 입장이다. 다이애나는 이렇게 말한다. "우리는 사람들을 결혼 제도로 밀어 넣는 대신 궁극적으로는 정부가 누구와 섹스하느냐를 기준으로 세금 감면과 건강보험 혜택, 출입국 자격 여부를 결정하지 못하게 하고 싶습니다."[15]

다이애나의 말을 들으니 심리학자이자 동성애 인권 운동가인 마이클 셰르노프Michael Shernoff가 떠올랐다. 셰르노프는 "미국 사회를 급진적으로 변화시키던 게이 남성"이 "보수적이고 이성애 규범적인 방식으로 미국 사회에 동화되는" 게이 남성으로 변화하는 현상을 비판했다. 또한 합의된 비독점적 관계는 게이 공동체의 "활기차고 건강한 특성이자 규범"이라고 칭찬하면서, 동성 결혼 합법화로 "세대를 걸쳐 이어진 이 유서 깊은 전통"이 불륜의 범주 아래 포함될 가능성을 우려했다. 그는 이렇게 말한다. "비독점적 성생활을 무사히 합의한 커플은 서로 사랑하는 관계는 '올바르고' '정당한' 단 하나의 (이성애 규범적) 방식을 따라야 한다는 가부장적 관념에 도전함으로써 본인이 인식하든 아니든 간에 가장 건설적인 방식 중 하나로 체제를 전복하고 있다."[16]

한때 독점적 관계는 상담실에서 논의조차 되지 않는 주제였지만 오늘날 나는 모든 커플에게 '당신들이 합의한 독점적 관계는 어떤 것입니까?'라고 늘 묻는다. 혼전 섹스는 상상조차 할 수 없었던 시절이 있었다. 부부가 아닌 관계에서의 섹스도 마찬가지였다. 이제 우리는 결혼 생활을 유지하면서 다른 사람과도 섹스를 할 수 있는 새로운 지평에 도달했다. 우리 문화는 유동적인 경계가 관계를 망치지 않고 오히려 단단하게 만든다는 이단적 개념을 받아들일 수 있을까? 독점적 관계는 이제 끝났을까? 아니면 독점적 관계에 새로운 의미를 부여해 온 길고 긴 역사 안에서 한 걸음 더 나아간 것뿐일까?

15장

폭풍이 지나간 자리
─불륜의 유산

어제가 내 안에 그대로 남아 있는데 어떻게 조금이라도 새로운 것
을 시작할 수 있겠는가?

─레너드 코언, 『아름다운 패자』

모든 고통은 비전을 갖게 한다.

─마르틴 부버

일단 태풍이 지나가고 위기가 끝나면 그다음에는 무엇이 있을
까? 외도를 돌아보며 무엇을 배울 수 있을까? 우리는 외도가
커플의 역사에서 매우 결정적인 순간이며, 함께하느냐 아니면
헤어지느냐 중 하나의 결과로 이어진다는 것을 안다. 하지만
함께 남거나 헤어진 커플이 어떤 모습으로 살아가는지에 대해
서는 아는 바가 별로 없다. 커플은 시련을 겪으며 조금씩 얻
은 통찰로 괴로움을 잘 이겨 냈을까? 외도 이전의 삶으로 돌

아가기에 앞서 짧은 두 번째 신혼여행을 다녀왔을까? 그 남자가 다시 바람을 피우진 않았을까? 그 여자는 외도를 끝냈을까? 심리치료사의 자애로운 시선에서 벗어나자마자 이혼 소송을 시작했을까?

외도를 총체적으로 이해하기 위해 반드시 필요한 일은 상담이 끝난 후 커플이 어떻게 살아가는지를 오랫동안 추적하는 것이다. 그때는 사실 관계뿐만 아니라 커플이 스스로에게 또 타인에게 어떤 이야기를 들려주는지도 살핀다. 시간이 흐름에 따라 그 이야기도 바뀌었을까? 우리는 생각을 수정할 수 있을까? 나는 외도를 겪고 1년, 3년, 5년, 10년이 지난 사람들에게 연락해 질문을 했다. 이 소수의 이야기로 통계상의 증거를 제공할 순 없지만 이들의 개인적 증언은 나의 생각과 임상 실무에 큰 도움이 된다.

이들이 들려준 이야기는 매우 다양했다. 어떤 이들에게 외도는 회복 불가능한 관계의 단절로 이어졌고 결혼 생활은 끝났다. 마지막이 끔찍했던 커플도, 원만하고 품위 있게 끝을 맺은 커플도 있었다. 어떤 이들은 싸우지 않으면 입을 굳게 다문 상태로 겨우겨우 결혼 생활을 유지했다. 외도의 위기가 친밀함과 헌신, 섹슈얼리티의 발판 역할을 해 관계가 더욱 견고해진 커플도 있었다. 그리고 때로는 또 한 번의 결혼을 통해 애인이 새 배우자가 되기도 했다. 실제로 외도는 관계를 파괴할수도 있고 지속시킬 수도 있으며 관계의 변화를 불러올 수도 있고 새로운 관계를 만들 수도 있다. 모든 외도가 관계를 재정의하고, 모든 관계가 외도가 남길 유산을 결정한다.

"지금 저는 새로운 삶을 살고 있어요"

불륜을 경험한 커플 상당수가 이혼을 결심한다. 불륜이 관계에 치명타를 입혔든 아니면 오래전부터 헤어지고 싶었던 커플에게 좋은 핑계가 되었든 간에, 외도의 이야기는 종종 이혼 법정에서 끝난다.

케이트와 리스가 떠오른다. 둘은 다시 잘해 보려고 무던히 애썼다. 하지만 5년이 지난 지금도 케이트의 고통은 어제 일처럼 생생하다. 리스를 떠난 케이트는 그가 외도를 반복했기 때문에 "그를 다시 믿는 것이 불가능했다"라고 말한다. 하지만 리스의 외도는 망령처럼 케이트가 가는 곳마다 그녀를 따라다녔고 관계 맺기를 어렵게 만들었다. 끝없는 질투 때문에 몇 명의 남자 친구를 떠나보낸 후 케이트는 자신과 똑같은 고통을 경험한 남자를 만나 결혼했다. 아내가 친구와 바람이 나서 홀로 남겨진 남자였다. 케이트는 이렇게 말한다. "우리는 서바이빙인피델리티닷컴surviving infidelity.com('외도에서 살아남기'라는 뜻-옮긴이)에서 만났어요. 서로의 상처를 너무나도 잘 이해했고 어떻게 해야 서로가 안전하다고 느낄 수 있을지도 잘 알았죠."

하이메와 플로 커플의 경우, 약속을 저버린 사람은 하이메였지만 하이메도 쓸쓸한 억울함을 느끼며 살고 있다. "제 사랑을 보여주고 플로를 되찾기 위해 할 수 있는 건 다 했어요. 하지만 플로는 제가 대가를 치러야 한다고 생각했고 끊임없이 절 밀어냈어요. 저와 다시 잘해 보려는 마음보다 저를 벌주고 싶은 마음이 더 컸던 것 같아요. 결국 제가 포기했어요. 그리고 지금 플로는 제가 아무 노력도 하지 않고 겁쟁이처럼 군다고 절 비난해요. 플로는 자기가 두 번 피해자가 됐대요. 제 외도 때문에 한 번, 플로의 말에 따르면 '제 헛소리' 때문에 한 번요. 하지만 잘못을 바로잡으려는 노력을 깡그리 무시한 사람은 플로예요. 신뢰를 깬 사람이 저인 건 맞아요. 하지만 그나마 남은 것을 망친 건 플로예요."

외도 문제를 상담할 때 나의 역할은 결혼을 변호하는 것도, 이혼을 지지하는 것도 아니다. 하지만 미래가 불 보듯 뻔해서 빙빙 돌리지 않고 단도직입적으로 말하는 것이 내담자에게 더 낫겠다는 생각이 들 때가 있다. 10년도 더 지난 이야기지만 루크와 아나이스 커플과의 첫 번째 상담은 지금도 생생하게 기억난다. 왜냐하면 상담을 시작하고 얼마 지나지 않아 내가 "당신들의 결혼 생활은 이미 끝났어요"라고 말했기 때문이다. 루크는 내 말에 큰 충격을 받았다. 아나이스가 침대에서 끊임없이 루크를 밀어내다 2년간 바람을 피웠어도, 루크는 다시 한 번 잘해 보기로 결심한 상태였기 때문이다.

지금도 루크의 표정이 선명히 떠오른다. 루크는 총을 든 살인 청부업자처럼 보였다. 나는 루크에게 지금 자신이 어떻게 보이는지를 설명하고, 이 상담이 끝날 때까지는 그 총을 서랍 안에 넣어 두는 게 어떻겠느냐고 제안했다. 나는 현재 루크가 당시의 내 주제넘은 발언을 어떻게 생각하는지 궁금했고, 얼마 전 루크에게 연락을 했다. 루크는 그 일을 상세히 기억하고 있었다. 루크는 내가 그렇게 빨리 이혼 얘기를 꺼냈을 때 내가 자기를 포기하고 아내 편을 드는 것 같았다고 한다. "아내가 절 속여서 일부러 재결합을 시도하지도 않을 심리치료사를 소개한 거라고 생각했어요. 사촌한테 이야기하니까 사촌도 너무 놀라서 다른 심리치료사를 찾아보라고 했죠. 그때는 앞에 놓인 탁자를 당신한테 던지고 아나이스를 창문 밖으로 던져 버리고 싶었어요. 하지만 제가 몇 달에 걸쳐서 깨달은 사실을 당신은 그때 바로 알아봤던 것 같아요. 우리 관계가 이미 죽어 있었고, 제가 더 나은 대접을 받아야 한다는 사실 말이에요."

만약 내가 한쪽 편을 들었다면 그 사람은 루크였다는 걸 결국 그도 깨달은 것 같아 기뻤다. 당시 나는 아나이스와 단 둘이 대화를 나눈 후 성생활이 되살아날 가능성이 전혀 없음을 알았다. 아나이스가 친 벽 때문에 루크가 외로움과 모욕감, 때로는 분노까지 느낀다는 걸 알았지만 그 어떤 출구도 보이지 않았다. 루크는 어린 시절 부모님의 외도로 지워지지 않는 상처를 입었고, 어린 딸이 있었기에 당시 그에게는 가족을 지키는 것이 가장 중요했다. 루크는 3중의 배신에 시달리고 있었다. 아나이스는 루크를 거부했고, 바람을 피웠으며, 무엇보다도 뉘우치는 기미가 전혀 없었다. 루크가 감히 홀로 들어가지 못할 문을 누군가는 열어 줘야 했다.

루크는 과거를 돌아보며 이렇게 말한다. "잔인했지만 당신 말이 맞았어요. 상처에 붙여 놓은 반창고를 떼어 버리는 게 최선이라는 걸 알고 계셨던 것 같아요. 전 아나이스가 제가 원하는 만큼 죄책감을 보이지 않는다는 데 지나치게 집착하고 있었어요."

이처럼 어떤 경우에는 바람피운 사람이 후회하는 모습을 보이지 않기도 한다. "이제 벽에 머리를 그만 찧으라고 하셨죠. 그게 열쇠였어요. 아나이스가 나서서 이 상황을 해결할 가능성이 없을 수도 있다는 걸 알려주신 게 도움이 됐죠. 비록 처음에는 머리끝까지 화가 났지만요." 이런 상황에서는 바람피운 사람이 '적절한' 만큼 죄책감과 후회를 느껴야만 배신당한 사람이 앞으로 나아갈 수 있는 게 아님을 짚어 주는 것이 중요하다. 루크는 그 사실을 이해했다. "몇 년이 지난 지금은 아나이스에게 원하는 말을 듣지 못하리라는 걸 알아요. 그렇게 될 수가 없어요. 그 무엇도 절대 제게 '충분할' 수 없거든요."

루크는 내가 또 다른 미래가 있을 거라고 장담했던 일도 기억했다. "제가 섹스도 넘칠 만큼 하고, 제가 원하는 만큼 저를 원하는 사람에게 사랑받으며 짜릿한 기분도 느끼게 될 거라고 하셨잖아요. 당신 말이 맞았어요. 아나이스와 그 남자 친구한테 아무 말 없이 진심으로 '고맙다'라고 할 수 있는 날이 오더라고요. 그리고 저한테 정말 아픈 등 통증이 있었거든요? 아나이스가 이사 나간 날 싹 사라졌어요."

이 경험 이후 혹시 세상을 바라보는 관점이 변했느냐고도 물어보았다. "처음에 사람들은 저와 아나이스의 이혼을 실패로 여겼어요. 하지만 그 사람들은 틀렸어요. 전 그 어떤 일이 있더라도 함께하는 게 잘못된 목표라는 걸 알게 됐어요. 중요한 건 행복해지는 거예요. 우리 사이는 끝났고, 지금 저는 새로운 삶을 살고 있어요."

아나이스는 루크에게 잘 맞는 연인이 아니었을 수 있다. 하지만 "함께 아이를 키우기에는 좋은 파트너"라고 루크는 말한다. 지금 둘은 친구로 지낸다. 함께 딸의 축구 경기를 보러 가고, 경기가 끝난 후에는 루크가 아나이스에게 점심을 사기도 한다.

"신뢰 문제는요?" 내가 물었다.

"아직도 마음 깊은 곳에는 상처가 남아 있어요. 하지만 새로운 삶을 살며 다시 누군가를 사랑할 수 있게 됐죠. 사람들은 제가 결국 회복하지 못하고 앞으로는 누구도 믿지 못할 거라고 생각했어요. 완전히 틀린 말은 아니에요. 하지만 신뢰를 못 하는 것보다는 다른 방식으로 신뢰하게 된 것에 더 가까워요. 전에 저는 사람을 너무 쉽게 믿었고 너무 순진했어요. 이제는 가장 훌륭한 사람도 늘 올바를 수만은 없고 잘못된 행동을 할 수 있다는 걸 알아요. 결국에는 우리 모두 인간이고, 누구나 다 아나이스처럼 행동할 수 있어요. 저조차도요."

"아나이스를 용서했나요?" 내가 묻자 루크가 대답했다. "네. 처음에는 절대 불가능할 것 같았지만요." 루크는 용서가 그 사람에게 무임승차권을 주는 게 아님을 이해할 날이 올 거라는 내 말을 떠올렸다. 용서는 스스로에게 주는 선물이다. 물론 시간이 흐르면서 루크도 그 사실을 깨달았다. 루이스 B. 스미디즈Lewis B. Smedes가 말했듯, "용서는 죄수를 풀어주고 난 뒤 그 죄수가 나였음을 깨닫는 것이다."[1]

이별 의식

루크의 말에서 분명히 드러나듯 우리 문화에서는 이혼을 실패로 여긴다. 그리고 그 이혼이 외도 때문일 경우에는 더욱 그렇다. 결혼 지속 기간은 부부가 쌓아 온 것을 평가하는 가장 중요한 지표로 여겨지지만 '죽음이 갈라놓을 때까지' 함께하는 커플 중 상당수는 비참하게 생활한다. 성공한 결혼이 꼭 장례식장에서만 끝을 맞이하는 건 아니며, 기대 수명이 점점 늘어나고 있는 이 시대에는 특히 더 그렇다. 관계는 저절로 제 수명을 다하기도 하며, 그럴 때 나는 품위 있고 진실하게 관계를 끝낼 수 있도록 돕는다. 커플에게 얼마나 성공적으로 이별했는지를 묻는 질문에는 아무런 모순도 없다. 이런 이유로 나는 클라이브와 제이드에게 연락을 했다.

둘을 처음 만난 건 22년 전이었다. 그때 나는 인종이 다른 커플을 대상으로 워크숍을 진행하고 있었고, 둘은 워크숍에 참여한 신혼 부부였다. 둘에게는 아무런 걱정도 없었고 미래에 대한 약속만이 가득했다. 그로부터 20년의 세월이 지났고, 세 아이가 생겼으며, 한 번의 외도가 있었고, 결혼 생활을 겨우 유지하던 둘은 나를 찾아와 도움을 구했다. 클라이브가 키라와 몰래 만나왔다는 사실을 막 실토한 참이었다. 클라이브는 지독한 죄책감에 시달렸지만 제이드를 떠나 새로운 사랑과 인생을 꾸려 나가기로 결심한 상태였다. 절박해진 제이드는 클라이브를 붙잡으려 안간힘을 썼다. 제이드가 클라이브의 말과 몸짓, 미소 하나하나에 매달리던 모습이 기억난다. 하지만 이 모든 게 전부 허사였다.

나는 우리 눈앞에 놓인 메시지를 해독할 책임이 나에게 있다고 느꼈다. "제이드, 클라이브는 돌아오지 않을 거예요. 당신이 슬퍼할수록 그는 죄책감을 느껴요. 그리고 그 죄책감은 즉시 당신을 향한 분노로 바뀌죠. 당신을 슬프게 만들고 있다는 것 때문에 기분이 안 좋아지니까요. 클라이브가 당신을 떠나지 않을 수도 있겠지만, 그렇다고 당신 곁에 있는 건 아닐 거예요."

클라이브에게는 이렇게 말했다. "당신은 죄책감 없이 제이드를 떠날 수 있는 때를 기다리고 있지만 그런 날은 오지 않아요. 이제는 제이드를 자유롭게 놓아주어야 해요." 클라이브는 무력한 상태와 빨리 도망치고 싶은 마음 사이에서 오락가락 했는데 만약 도망치지 않으면 다시 꼼짝 못하게 될까 봐 두려웠기 때문이다. 나는 둘에게 적절한 작별 인사를 할 시간이 필요하다고 생각했다. 그래서 이별 의식을 제안했다.

둘이 함께하는 첫 시작을 축하하기 위해 결혼식을 올리듯이 관계의 끝을 기념하는 의식도 필요하다. 결혼은 인생의 중심에 있다. 결혼에는 역사와 기억, 습관, 경험, 자녀, 친구, 가족, 축하, 상실, 집, 여행, 휴가, 소중한 보물, 농담, 사진이 있다. 왜 이 모든 걸 내던지는가? 작가 마르그리트 유르스나르 Marguerite Yourcenar의 시적인 표현처럼, 왜 부부 관계를 "더 이상 아끼지 않는 시신이 누워 있는, 아무도 찾아와 찬양하고 기념하지 않는 버려진 무덤" 취급을 하는가?[2]

의식은 변화를 불러온다. 또한 과거를 기념하기도 한다. 클라이브와 제이드는 한때 결혼 서약을 나누었고, 지금은 그 서약을 파기하고 있다. 하지만 클라이브가 다른 여성과 사랑에 빠졌다고 해서 둘이 함께한 세월이 전부 거짓이 되는 것은 아니다. 과거를 그렇게 결론 짓는 것은 잔인하고도 근시안적인 행동이다. 20여 년간 함께한 삶이 남긴 유산은 외도가 남긴 유산보다 더 크다.

2년간 삐거덕거리며(남자의 자백, 여자의 덧없는 희망, 떠나고 싶은 남자의 죄책감, 붙잡는 여자) 진이 빠진 채 결승선에 도착한 커플은 뒤에 남겨 둔 것들을 저평가하기 쉽다. 내가 제안한 이별 의식의 목표는 클라이브의 외도 때문에 결혼 생활의 다른 긍정적인 측면까지 퇴색하지 않도록 하는 것이었다.

상대를 떠나기로 결심한 사람은 관계에서 나빴던 것이 아니라 좋았던 것으로 초점을 옮기기를 주저하기도 하는데, 결심이 흔들릴까 봐 두렵기 때문이다. 마치 떠나는 자신의 행동을 정당화하기 위해 과거를 쓰레기 취급해야 한다고 느끼는 것 같다. 이들이 깨닫지 못하는 것은 과거를 그렇게 취급하면 자신의 과거, 그리고 그 과거를 함께 나눈 사람들까지 전부 비하하게 된다는 것이다. 그러면 자녀와 부모, 친구, 헤어지는 상대는 분노한 채로 남게 된다.

지나간 결혼 생활을 욕하지 않고도 끝낼 수 있다는 개념이 필요하다. 이러한 개념이 있으면 감정적 일관성과 서사의 연속성이 생겨날 수 있다. 결혼은 이혼 서류에 도장을 찍는다고 깔끔하게 끝나지 않는다. 게다가 이혼은 가족이 해체되는 것이 아니라 재편성되는 것이다. 이런 종류의 이별 의식은 최근 몇 년간 사람들의 상상력을 끌었으며, 작가 캐서린 우드워드 토머스Katherine Woodward Thomas는 이 의식에 "자각 있는 결별"이라는 이름을 붙였다.

나는 커플에게 서로 작별 편지를 쓰라고 권한다. 무엇을 그리워할 것 같은지, 무엇을 소중히 간직할 것인지, 어떤 책임을 질 것이며 서로에게 무엇을 바라는지를 담은 편지 말이다. 이렇게 편지를 쓰면 풍요로웠던 관계를 기념하고 상실의 슬픔을 애도할 수 있으며 관계의 유산을 남길 수 있다. 식어 버린 마음으로 썼을지라도 이러한 편지는 위로가 된다.

두 번째 상담 때 클라이브와 제이드는 아이폰에 편지를 써 왔다. 한 번의 터치 후 편지 읽기가 시작됐다.

제이드가 "내가 그리워할 것들"이라는 제목으로 쓴 편지는 10쪽에 달했고 여러 항목으로 나뉘어 있었으며 층층이 쌓인 둘의 과거를 애석한 듯 소환하고 있었다. 올라Hola와 아기 새, 볼 키스 부인, 베이비처럼 둘 사이에서만 나누던 말들. 연애편지와 서로 좋아하는 노래를 녹음해서 교환한 믹스테이프, 추고 또 추었던 살사, 반려견 공원, 주차요금 징수기, 오페라 공연처럼 연애 초기를 떠올리게 하는 것들. 함께 즐긴 음식들. 친구들. 마서즈비니어드 섬과 파리, 재즈 바 '코닐리어 스트리트 카페', 5C호 아파트처럼 의미가 남다른 장소들. 특히 좋아했던 상대의 신체 부위. 둘이 처음 함께했던 모든 것들….

이런 일상적인 것들이 둘에게 어떤 의미인지는 둘 외에 아무도 모를 것이다. 제이드는 편지에 자신이 그리워할 감정도 나열했다. "보호받는 느낌, 안전한 느낌, 아름다운 사람이 된 것 같은 느낌, 사랑받는 느낌." 마지막 항목은 오로지 "당신"
이었다. "당신의 냄새, 당신의 미소, 당신의 열정, 당신의 아이
디어, 당신의 포옹, 당신의 크고 강한 손, 당신의 벗겨진 머리,
당신의 꿈, 내 옆에 있는 당신."

제이드가 편지 읽기를 마쳤을 때 우리는 모두 울고 있었고,
불필요한 말로 이 감정을 억누를 필요는 없었다. 하지만 자신
이 쓴 편지를 자기 귀로 다시 듣는 것이 중요했기에, 나는 클
라이브에게 제이드가 쓴 편지를 다시 읽어 달라고 부탁했다.
그다음에 클라이브가 자기 편지를 읽기 시작했다.

제이드의 편지는 연애편지였다. 하지만 클라이브의 편지는
전략적인 작별 인사였다. 함께한 세월에 아낌없는 감사를 표
했고, 부족했던 자신의 행동을 후회했으며, 앞으로도 변함없
이 둘의 유대를 소중히 여기겠다고 약속했다. 다정하고 배려
심 있었지만 형식적인 말투였다. 편지의 첫 번째 문장과 마지
막 문장이 모든 걸 말해 주었다. "지난 22년간 멋진 사람으로
내 곁에 있어 주고 내 삶의 원동력이 되어 주어서 고마워." "이
런 상황이 되었지만 내가 우리 결혼의 좋은 면을 기억하고 언
제나 소중히 여기며 마음 깊이 간직할 거라는 걸 알아줬으면
좋겠어."

1년 후 다시 제이드에게 연락했을 때 그녀는 이별 의식이
눈앞의 상황을 인정하는 데 도움이 되었다는 점을 강조했다.
"처음에는 편지 쓰는 게 약간 뉴에이지스럽다고 생각했어요.
하지만 하고 보니 무척 뿌듯했고 친구들 몇 명에게 편지를 보
여주기까지 했어요. 온갖 안 좋은 일을 겪었지만, 편지를 씀으

로써 뭔가 올바른 행동을 할 수 있었죠. 이런 생각을 했었어요. 클라이브는 나를 어떻게 떠날까? 그냥 어느 날 아침에 일어나서 '안녕' 하고 집을 나갈까? 이별 의식이 이런 생각을 멈추게 해 줬어요. 당시에 저는 클라이브가 다른 여자를 사랑하고 우리 관계는 진짜로 끝났다는 사실을 받아들이게 해 줄 방법이 절실히 필요했어요."

한때의 짧은 이야기로 끝나는 외도도 있지만 새로운 삶의 시작으로 이어지는 외도도 있다. 클라이브의 외도는 후자였고, 제이드가 아무리 오래 기다려도 그 사실은 바뀌지 않았을 것이다. 클라이브의 편지가 이 사실을 똑똑히 인지시켰다. 제이드는 이렇게 말한다. "그 편지는 '내가 앞으로 그리워할 것들'에 대한 게 아니었어요. '우리는 끝났다'라고 말하고 있었죠. 좋은 말들을 써 놨지만 더 이상 저를 사랑하지 않는 게 너무 분명했어요. 나는 여전히 괴로워하고 있고 여전히 사랑에 푹 빠져 있지만 그이의 마음은 떠났다는 걸 그때 깨달았어요. 가슴이 찢어졌지만 덕분에 눈을 뜰 수 있었죠."

클라이브에게도 연락을 했다. 클라이브는 이별 의식이 "감동적이고 효과적"이었다고 기억했다. 죄책감이 감사로 바뀌었고, 기억이 부정을 대신했다. 클라이브는 제이드와 아이들에 대한 애착과 키라와 새 삶을 시작하고 싶은 욕망을 서서히 함께 품을 수 있게 되었다. "그때까지는 모든 상황이 진짜처럼 느껴지지가 않았어요. 그런데 그 의식이 관계가 끝났음을 승인해 주었어요."

이 커플에게는 감정을 해소하며 관계를 마무리하는 의식이 적절했다. 하지만 안타깝게도 편지에 아름다운 기억을 담는 게 아니라 저주를 퍼붓는 커플도 많다. 나는 가능하면 사람들이 자신을 피해자화하는 대신 힘과 자율권을 돋우는 서사를 만들 수 있도록 최선을 다해 돕는다. 항상 상대방을 용서해야 하는 건 아니며, 분노를 위한 공간도 필요하다. 하지만 남겨진 사람을 쓰라린 고통에 가두는 분노보다는 원동력이 되어 다음 단계로 나아가게 하는 분노가 좋다. 우리는 삶을 계속 살아가야 한다. 다시 희망을 품고 사랑하고 누군가를 신뢰하면서 말이다.

어떤 결혼은 외도로 시작된다

물론 결혼반지를 뺀다고 외도의 유산이 다 끝나는 것은 아니다. 그동안 숨어 있어야 했던 애인들에게는 새로운 시작이 될 수 있다. 불륜이었던 관계는 마침내 정당성을 얻고 가장 중요한 관계로 자리매김한다. 한때는 불가능해 보였던 결혼이 일상이 된다. 때로는 아이들이 독립할 때까지, 배우자가 새 일자리를 찾을 때까지, 장모님이 돌아가실 때까지, 주택 담보 대출을 다 갚을 때까지, 마침내 이혼이 마무리될 때까지 수년을 기다리기도 한다. 비밀로 시작된 관계는 좋건 나쁘건 늘 태생의 영향을 받을 수밖에 없다. 이처럼 함께 새로운 여정을 시작한 커플을 만날 때면 나는 둘의 과거가 미래에 얼마나, 또 어떤 식으로 영향을 미치는지 궁금해진다.

분명 사랑 이야기가 마침내 그늘 밖으로 모습을 드러내면 안도감이 느껴진다. 하지만 한편으로는 새로운 걱정거리가 따라오기도 한다. 관계가 비밀이었을 때 사이가 더 좋았던 경우도 있는데, 결혼을 하면 판타지가 사라지기 때문이다. 내 기억속에서 니콜과 론은 어떤 대가를 치르더라도 함께하기로 굳게 결심한 커플이었다. 하지만 3년이 지난 지금 니콜은 내게 이렇게 말한다. "론은 결혼식에서 '맹세합니다'라고 했지만, 그건 거짓말이었어요." 니콜은 5년을 기다린 후에야 자신에게로 온 론이 이제는 자신을 만지려고도 하지 않는다는 사실에 잔뜩화가 나 있었다. 설상가상으로 론은 또다시 바람을 피우고 있는 것 같았다. 니콜과의 결혼은 론의 세 번째 결혼이었다. 론은 아내를 엄마로 만드는 재주가 있었고, 그 과정에서 섹스는 불가피한 피해자가 되었다. 론은 자기 엄마들을 사랑한다. 그저 엄마들 앞에서 발기할 수 없을 뿐이다. 론의 욕망은 매번 애인의 몫이 되었다. 한때는 니콜이 그 애인이었지만 지금은 니콜 역시 섹스 없는 아내의 위치로 강등되었다.

결혼식을 올린 후에도 관계가 살아남았다면, 에릭의 말처럼 "치른 대가가 아깝지 않은 관계로 만들어야 한다"라는 압박이 있을 수 있다. 에릭과 비키는 함께하기 위해 안정적이고 견고했던 가정을 깨뜨려야 했다. 둘은 자녀 네 명과 손자손녀 세 명, 도시 두 곳, 해변에 있는 별장 두 채, 그랜드피아노, 오래된 떡갈나무들, 개 한 마리, 고양이 두 마리, 친구 수십 명을 남겨두고 서로에게 왔다. 둘이 함께하기 위해 그렇게 많은 것들을 잃어야 했다면 그만큼 기대가 커지는 것도 당연하다. 최근 연락이 닿았을 때 에릭은 판타지 속에 있을 때는 상상해 본 적도 없는 스트레스에 시달리고 있다고 말했다. 에릭이 개브리엘과 이혼한 지 3년이 된 지금, 첫째 아이는 마지못해 에릭을 보러 오고, 막내는 엄마 편을 든다. 에릭은 후회한 적이 있을까? 내가 물었다.

에릭이 대답했다. "아니요. 전 비키를 사랑합니다. 하지만 남겨 두고 온 삶이 그립긴 해요. 죄책감과 슬픔, 외로움이 커요. 특히 매일 아이들을 볼 수 있었던 때가 그리워요. 두고 온 삶에 대해 비키와 더 허심탄회하게 이야기하고 싶지만 쉽지 않아요. 이런 얘기를 꺼내면 비키는 제가 개브리엘에게 돌아가고 싶어 한다는 뜻으로 받아들이거든요."

"다시 돌아가는 상상을 해 봤나요?"

"가끔 하죠." 에릭이 시인했다.

아이러니하게도 한때 비밀이었던 관계가 결혼에 골인해 정당성을 얻으면 과거의 결혼 생활에 대한 향수가 새로운 비밀이 된다. 새 파트너들은 과거의 관계를 그리워한다고 해서 꼭 그 관계로 돌아가고 싶은 건 아니라는 사실을 받아들이기 어려워한다. 슬픔이 꼭 관계를 위협하는 것은 아니다. 마음속의 거짓말을 멈추려면 잃은 것과 후회되는 것, 죄책감 등 과거에 관해 대화할 수 있도록 두 사람 다 마음의 여유를 가져야 한다. 모든 관계에는 여러 역사가 깃들여 있기 마련이다.

외도였을 때 둘의 관계는 외딴 곳에 존재하며 삶의 현실적인 문제에서 동떨어져 있었지만 결혼하고 나면 온갖 복잡한 일이 둘을 집어삼킨다. 아이들을 어떻게 서로 인사시켜야 할까? 현 배우자의 전 배우자와 어떻게 지내야 하지? 새로 이식

된 것이 '자리 잡는' 데는 시간이 필요하다.

나는 브라질에서 파올로와 라파엘을 만났다. 두 사람은 대학 시절에 만나 사랑에 빠졌지만 둘이 속해 있던 카톨릭 공동체는 남성 간의 사랑을 용납하지 않았다. 둘은 헤어져 각자의 길을 갔다. 그리고 사회의 기대를 충족시키며 결혼하고 아이를 낳고 존경받을 만한 삶을 꾸려 나갔다. 그렇게 20여 년이 지난 어느 날 두 사람은 암스테르담 공항에서 우연히 재회했고, 각자의 수화물과 함께 사랑도 되찾았다. 그때부터 시작된 외도는 2년간 지속되다 발각되었고, 둘의 가족과 지인들은 큰 충격을 받았다. 이 상황에서 비난받아야 할 나쁜 사람은 없다. 그저 하나의 새로운 삶을 꾸리기 위해 두 삶을 해체하면서 쓰라린 고통이 생겨났을 뿐이다. 두 사람은 친구들을 잃었다. 가족 몇 명은 둘과 이야기도 하지 않으려 한다. 한 사람의 이혼은 다른 한쪽의 이혼보다 더 원만하게 끝났다. 이기적이라고 비난받으면서도 두 사람은 오랫동안 부정한 진실을 되찾기 위해 모든 것을 내던졌다. 둘의 선택을 지지해 준 건 바로 그 시간이었다.

헤어지지 않기로 한
커플들의 이야기

나를 찾아온 커플이 결별을 선택하는 경우도 있지만, 그보다 더 많은 커플이 헤어지지 않으려고 상담실을 찾으며 실제로도 그렇게 한다. 하지만 함께하는 데에도 여러 가지 모습이 있다.

나와 상담했던 누군가는 이렇게 말했다. "몇 년 전 교통사고를 당한 적이 있는데, 그때 친구와 가족이 정말 지지를 많이 해 주는구나 하고 생각했던 기억이 나요. 다리가 부러졌을 때에는 고통이 겉으로 드러났고 모두가 안타까워해 줬어요. 하지만 커플이 외도를 겪고 나서 계속 함께하기로 결정할 때 사람들은 아무 문제가 없을 거라고 생각해요. 그렇게 눈에 보이지 않는 고통을 안고 살아가게 되죠."

이와 전혀 다른 이야기를 하는 이들도 있다. "우리는 침몰 직전이었지만 결국 살아남았어요. 요즘은 전보다 사이가 훨씬 좋아요. 여기까지 오기 위해 너무 힘든 일들을 겪어야 했지만 돌아가고 싶은 마음은 없어요."

나는 외도 이후 함께 남기로 결정한 커플들이 대략 3가지 결과에 다다른다는 사실을 발견했다(유형을 분류하는 데 헬렌 피셔의 도움이 컸다). 바로 과거에 사로잡힌 유형(고통받는 사람)과 열심히 노력해서 과거를 떠나보낸 유형(관계를 재건하는 사람), 잿더미에서 일어나 더 건강한 관계를 만들어 낸 유형(탐험하는 사람)이다.

고통받는 사람

어떤 결혼에서 외도는 지나가는 위기가 아니라 블랙홀이 되어 두 사람을 끝없는 고통과 복수, 자기 연민의 굴레로 밀어 넣는다. 5년, 심지어 10년이 지난 후에도 외도는 관계를 흔드는 진원지가 된다. 이런 커플은 똑같은 문제로 끝없이 서로를 물어뜯고, 똑같은 불만 주위를 맴돌며, 똑같은 비난을 되풀이하고, 자신이 겪는 고통의 원인을 상대에게 돌린다. 사실 이들은 외도가 발생하지 않았더라도 결국 이렇게 갈등했을 것이다. 왜 이들이 헤어지지 않고 함께하는지는 왜 이들이 서로를 향한 적대감을 극복하지 못하는지만큼 이해하기 어렵다. 이들은 결혼이라는 감옥에서 감방을 나눠 쓰고 있다.

외도는 의견 충돌이 발생할 때마다 다시 수면 위로 올라온다. 이런 커플은 누가 도덕적으로 우월한지 점수를 매긴다. 바람피운 사람이 아무리 후회해도 충분하지 않다. 데비는 마크가 몇 번의 바람을 피운 후에도 가족을 지키겠다는 이유로 그의 곁에 남았다. 이후 데비는 둘이 함께 쌓아 온 것을 전부 잃을 수도 있다는 듯이 겁주며 마크가 쫓겨나지 않은 게 다행이라고 생각하게 만들고 있다. 마크는 몇 년 전에 잘못의 한도를 다 채웠으므로 이제는 그 어떤 탈선도 허용되지 않는다. 그가 지난 일은 잊고 털어 버리자고 간청하면 데비는 더욱 빈정거릴 뿐이다. 마크와 친밀했던 시절이 그립지 않느냐는 질문에 데비는 자신을 보호하려는 의도였으나 결국은 자기 파괴적인 대답을 내놓았다. "저도 마크와 사랑을 나누고 싶어요. 하지만 그렇게 하면 마치 모든 게 괜찮은 것처럼 되어 버리잖아요." 두 사람은 3년 전 마크가 바람을 피운 이후로 한 번도 섹스를 하지 않았다. 슬프게도 마크의 외도는 3년 전보다 오늘날 둘의 침대를 더 많이 차지하고 있다.

마크는 데비에게 왜 불행한 느낌이 들 때마다 과거 일을 다시 끄집어내느냐고 묻는다. 마크는 딸의 피아노 연주회나 친구들과의 저녁 식사처럼 완벽했을 수도 있을 순간을 데비가 망쳐 버린다고 말한다. 데비는 이렇게 비웃는다. "이제 완벽한 순간은 없어. 당신이 그렇게 만들었잖아." 이처럼 외도 사실에 과도하게 반응하는 커플 사이에서는 중립적인 태도를 취할 여지가 없다. 자신을 돌아보라는 이야기를 개인적인 공격으로 받아들이기 때문이다.

이런 커플은 영원한 고통 속에 산다. 바람피운 사람에게 배신당한 사람은 복수심과 분노 그 자체가 된다. 배신당한 사람에게 바람피운 사람은 죄 그 자체가 되고, 잘못을 상쇄할 만한 좋은 점은 눈에 보이지 않는다. 이런 결혼 생활은 계속 살아남을 수도 있지만 두 주인공은 감정적으로 이미 죽은 상태다. 어쨌거나 과거에 발생한 외도가 커플의 삶에서 가장 중요한 특징이 되면 부서진 게 무엇이든 간에 그것을 다시 붙이는 것은 불가능하다. 이런 관계는 평생 깁스를 하고 있는 것이나 마찬가지다.

관계를 재건하는 사람

두 번째 유형은 함께 꾸린 삶과 서로에 대한 헌신을 중요시해서 헤어지지 않기로 결정한 커플이다. 이들은 서로를 걱정하며 가족과 공동체를 지키고 싶어 한다. 이런 커플은 외도를 과거의 일로 떠나보낼 수 있지만 그렇다고 그 사건을 초월할 수는 없다. 이들의 결혼 생활은 외도가 발생하기 전의 잔잔했던 상태로 복귀한다. 별다른 변화 없이 원래대로 돌아가는 것이다.

외도는 관계 안에서 드러나는 것이지만 관계에 대해 많은 것을 드러내 주기도 한다. 외도는 관계의 구조에 환한 빛을 비춘다. 그 빛에 금간 곳과 균형이 맞지 않는 곳, 나무가 썩어 버린 곳, 움푹 파인 곳도 드러나지만, 견고한 기초와 두꺼운 벽, 아늑한 구석 공간이 보이기도 한다. 관계를 재건하는 사람들은 이 튼튼한 구조에 주목한다. 이들은 대대적인 수리를 원하지 않는다. 그저 자기가 아는 집과 기대 쉴 수 있는 베개로 돌아가고 싶어 한다. 그 과정에서 손볼 곳을 손보고, 결혼 서약을 다시 쓰고, 새는 곳을 잘 막았는지 꼼꼼히 확인한다. 희미한 열정의 빛이 마음을 들뜨게 하긴 하지만, 이들은 모든 걸 잃을 수 있다는 가능성에 몸서리친다. 결국 거짓말과 기만은 스릴 있기보다는 고통스러우며, 외도가 끝났다는 사실이 마음의 안정을 준다. 과거를 돌아볼 때 외도는 잊는 것이 상책인 이례적 에피소드일 뿐이다.

"한편으로는 남편을 떠나지 못한 자신이 실망스럽고, 인생의 사랑을 떠나보낸 건 아닌지 걱정스러웠어요." 조애너는 제론과의 뜨거운 사랑을 끝낸 후 이렇게 회상했다. "하지만 한편으로는 남편을 떠나지 않고 가족을 지켰다는 사실에 안도했죠."

조애너는 남편과 이혼하기 직전이었다고 했다. 그때는 남편이 자신을 용서하지 못할 거라고 생각했다. 그러나 조애너는 스스로를 용서하기 위해 남편에게 용서받아야만 했다. 작가 할레드 호세이니Khaled Hosseini의 표현을 빌리면, 마침내 용서가 둘을 찾아왔을 때 용서는 "깨달음의 팡파르와 함께 찾아온 것이 아니라 고통이 자기 물건을 주워 모아 짐을 싼 다음 한밤중에 아무 말도 없이 사라지면서 찾아왔다."[3]

라일은 후회가 더 컸다. 회사 동료와의 짧았던 열애를 떠올리며 라일은 이렇게 말한다. "바람을 피우고 싶었던 건 절대 아니에요. 전 우리 결혼 생활의 멋진 점들이 전부 감사했어요. 아내를 존경하고 또 사랑하고요. 아이들을 떠나고 싶지도 않았어요. 여전히 죄책감이 커요. 누구와 바람을 피우든 18개월이 지나면 똑같이 상담을 받게 되리란 걸 알아요. 하지만 한편으로는 슬프기도 해요. 아내와의 섹스는 늘 활기 없이 밋밋했거든요. 아내는 섹스를 전혀 즐기지 않는 데다 그게 저한테 얼마나 중요한지도 전혀 몰라요. 그 점은 정말 절망적이죠. 하지만 가족을 잃느니 포르노를 보면서 문제를 일으키지 않는 편을 택하겠어요."

관계를 재건하는 유형에게 성적 불만족이나 연애 감정의 '충족'처럼 (그들 자신이 생각하기에) 자기중심적인 욕망은 보다 중요한 장기적 보상과 가족 및 공동체의 의무에서 등을 돌릴 만큼 강력한 요인이 아니다. 결국 이들은 위험한 사랑과 성욕의 롤러코스터보다 익숙한 것이 더 좋다고 말한다. 윤리적 기반이 없는 자기 충족은 공허하다. 이들은 깊고 오래가는 사랑과 충성심을 더 중요하게 여긴다. 이들에게는 올바른 행동을 할 때 느끼는 온전함이 외도의 매력보다 훨씬 가치 있다. 관계를 재건하는 유형에게 헌신은 자기 자신보다 더 중요하다.

탐험하는 사람

나는 이 세 번째 유형에 특히 관심이 많다. 이 커플에게 외도는 변화의 기폭제다. 탐험하는 사람들은 외도를 미칠듯이 괴롭지만 긍정적인 씨앗을 품은 사건으로 이해하게 된다.

자신이 알던 세상이 무너질 때 이 유형은 수년간 경험하지 못한 열정으로 서로에게 몰두한다. 불안과 욕정이 뒤섞이며 만들어 낸 강렬한 욕망에 다시 불이 붙는 경험은 이 유형에게 흔히 발생한다. 상대를 잃을 수 있다는 두려움이 점화 플러그 역할을 한다. 이들은 서로에게 깊이 빠져든다. 이 과정은 아프지만 생기가 넘친다.

탐험하는 사람들은 회복탄력성이 높은 관계의 핵심이 무엇인지를 내게 가르쳐 주었다. 나는 늘 매디슨과 데니스가 이런 유형이라는 인상을 받았다. 데니스의 외도가 발각되었을 때 둘은 엄청난 혼란에 빠졌지만, 내 기억에 상담을 진행하는 동안 두 사람은 조급하게 이 문제를 '마무리'하려 하지 않고 다양한 감정을 표현하고 수용하는 비상한 능력을 발휘했다. 모호함과 불확실함을 받아들이는 두 사람의 능력은 탐험의 공간을 열어젖혔고, 바로 그 공간 속에서 둘은 더욱 깊게 연결될 수 있었다.

도덕적 절대성 안에서 자신의 시련을 이해하는 고통받는 유형과는 달리, 탐험하는 유형의 관점은 더 유동적이다. 이들은 상처를 준 행동과 잘못을 주저 없이 구분하며, 이로써 관대함으로 나아가는 순탄한 길이 깔린다.

상담을 마치고 몇 년 후 데니스와 매디슨에게 다시 연락했을 때 두 사람은 이혼 전문 변호사를 찾아가지 않고 그럭저럭 요동치는 관계를 잘 유지하고 있다고 말했다. 둘의 슬픔은 자기 자신과 서로의 새로운 면을 발견하게 해 주었다. 두 사람의 첫 번째 결혼은 끝이 났고 다시 되돌릴 수도 없지만, 둘은 두 번째 결혼 생활을 시작하기로 했다. 그리고 그 과정에서 외도의 경험을 더 폭넓은 감정적 여정으로 탈바꿈하는 데 성공했다.

두 사람은 외도를 결정적 사건이 아니라 함께할 기나긴 역사 속 하나의 사건으로 이해했다. 이들이 외도를 완벽하게 소화했음을 보여주는 증거 중 하나는 둘의 언어에 있었다. 매디슨은 '당신'과 '나'라는 단어 대신 '우리'라는 단어를 사용했고, "당신이 '나한테' 그렇게 했을 때"라는 식으로 말하지 않았다. 그 대신 두 사람은 "'우리가' 위기를 겪고 있을 때"라는 식으로 둘이 공유한 경험에 관해 이야기했다. 이제 두 사람은 공동 시나리오 작가이며 만들어 낸 결과물에 함께 이름을 올린다. 관계 바깥에서 시작된 것은 이제 관계 안에 자리를 잡았다. 매디슨과 데니스에게 외도는 하나의 랜드마크가 되었고, 이 랜드마크는 함께하는 삶이라는 더 넓은 지형 속에 통합되었다. 무엇보다도 두 사람은 이 상황에 명쾌한 답이 없음을 잘 알았고, 그렇기에 자신들의 인간적인 결함을 깊이 수용한 상태에서 외도 문제를 논의했다.

매디슨과 데니스의 관계는 전보다 더 풍성하고 흥미로워졌지만 한편으로는 전만큼 안정적이지 않다고 느껴질 수도 있다. 두 사람은 일관성에 새로움을 더했고, 익숙함에 미스터리를 더했으며, 예측 가능한 것에 위험을 더했다. 데니스는 이렇게 말한다. "이 관계가 우리를 어디로 데려갈지 모르겠어요. 하지만 따분해지지 않을 거라는 건 분명해요." 전에는 두 사람이 막다른 골목에 부딪힌 상태였다면, 지금은 어디로 향하는지를 모르는 상태다. 하지만 그 사실은 두렵기보다는 흥미진진하며, 두 사람은 그 여정을 함께하고 있다. 관계를 회복하는 일repair은 곧 다시 한 팀이 되는 일re-pair이다.

무엇을 배울 수 있을까

어떤 관계는 끝이 나고, 어떤 관계는 살아남아 다시 활기를 띤다. 사랑하며 사는 우리가 불륜에서 얻을 수 있는 교훈은 무엇일까? 지금까지 나눈 이야기가, 외도에는 여러 모습이 있지만 어떤 외도는 관계를 좋은 방향으로 탈바꿈시킨다는 사실을 잘 보여주었기를 바란다. 처음에 나는 불치병에 걸린 많은 사람이 인생을 변화시키는 긍정적인 경험을 하지만, 그렇다고 암에 걸리는 것을 추천할 수 없듯이 외도를 추천하지는 않는다는 비유로 이 책을 시작했다. 그렇다면 사람들이 알고 싶어 하는 내용은 외도를 꼭 경험하지 않고도 외도에서 배울 수 있는 점이 무엇인가일 것이다. 핵심은 다음 2가지다. 어떻게 하면 외도가 발생하지 않도록 건강한 관계를 만들 수 있을까? 그리고 어떻게 하면 금지된 사랑의 성적인 활기를 공인된 관계 안으로 끌어올 수 있을까?

그 대답은 우리의 직관을 빗나간다. 결혼 생활을 보호하고

자 하는 충동은 자연스러운 것이지만, 일반적인 '외도 방지' 정책을 실시하면 결국 숨 막힐 듯 좁디좁은 구속의 길로 들어설 위험이 있다. 이성 친구와의 우정을 금지하고, 검열을 통해 다른 사람을 신뢰하거나 정서적으로 가까워지지 못하게 막고, 회사에서 사담을 나누지 못하게 하고, 온라인 활동을 줄이고, 포르노 시청을 금지하고, 늘 무엇을 하는지 확인하고, 모든 것을 함께하고, 전 애인과의 관계를 끊게 하는 이 모든 안보 조치는 역효과를 불러올 수 있다. 캐서린 프랭크는 "안전한 결혼 생활의 서사"가 결국 죽음을 자초한다고 설득력 있게 주장한다.4 다양한 방식으로 서로를 감시하고 자신을 통제함으로써 관계를 보호하려 하는 커플은 정반대의 결과를 불러올 위험이 있다. 오히려 '위반이 주는 성적 자극이 더욱 강화'되는 것이다. 우리 안의 본능적 열망을 억압하면 할수록 저항하고 싶은 마음은 더 강렬해진다.

아일랜드의 시인이자 철학자 존 오도너휴John O'Donohue는 우리에게 다음 사실을 상기시킨다. "사랑이 얼마나 불시에 쳐들어올 수 있는지, 늘 놀라울 따름이다. 그 어떤 상황도 사랑을 예방할 수 없고, 그 어떤 관습이나 약속도 사랑을 막아 내지 못한다. 외부로부터 완벽하게 차단된 생활 방식 속에서 개성을 통제하고 매일매일을 질서 있게 정돈하고 정해진 순서대로 행동할 때조차 충격적이게도 예상치 못한 불꽃이 날아들고 만다. 그 불꽃은 서서히 타오르다 결국 진화할 수 없는 큰 불로 번진다. 에로스의 힘은 항상 동요를 일으킨다. 인간의 마음이라는 눈에 보이지 않는 영역에서 에로스는 잠귀 밝은 사람처럼 언제든 잠에서 깨어날 준비를 하고 있다."[5]

사람들이 생각하는 이상적 사랑은 완벽한 결혼 생활이 우르릉대는 에로스의 소리를 막아 주리라는 믿음과 얽혀 있다. 우리는 통제 불가능한 갈망을 극복해야 할 미성숙한 욕망으로 치부하고, 안락하고 안전한 생활에 더욱 몰두한다. 스티븐 미첼이 지적하듯이 이런 생각은 격정적인 판타지와 다르지 않은 환상이다. 우리는 일관성을 열망하고 영원함을 얻기 위해 노력할지 모르지만 이 2가지를 얻을 수 있으리라는 보장은 전혀 없다.

'내게는 절대 일어날 리 없어'라는 잘못된 생각으로 스스로를 외부에서 격리하는 대신, 불확실성과 유혹, 매력, 판타지와 함께 살아가는 법을 우리 자신과 파트너가 배워야 한다. 욕망이 서로를 향하지 않을 때에도 자신의 욕망에 대해 자유롭게 이야기해도 된다고 느끼는 커플은 아이러니하게도 더욱 친밀한 사이가 된다.

탐험하는 유형이 좋은 본보기다. 이들의 결혼 생활은 구조적으로 '열려' 있을 수도, 아닐 수도 있지만 이들은 항상 열린 의사소통을 한다. 이들은 외도가 발생하기 전에는 해 본 적 없던 대화를 나눈다. 제약이 없고 자신의 취약함을 드러내며 감정이 요동치는 이러한 대화는 익숙한 동시에 완전히 낯설어진 상대방에게 호기심을 갖게 한다. 관계 안에서 각자의 자유를 인정하면 다른 곳으로 눈 돌리고 싶은 마음이 줄어들 수 있다.

또한 제삼자의 존재를 인정하면 파트너의 성적 개별성을 긍정할 수 있다. 파트너의 섹슈얼리티는 우리의 바람처럼 우리 주변만을 맴돌지 않는다. 파트너가 자신의 섹슈얼리티를 우리하고만 공유하겠다고 결정할 수는 있겠지만 본래 그 섹슈얼리티는 훨씬 널리 퍼져 나갈 수 있다. 우리는 활짝 핀 욕망의 수취인이지, 단독 입찰자가 아니다. 상대방이 독립된 주체라는 인식은 외도에서 오는 충격이기도 하지만 동시에 이 인식을 통해 다시 에로틱한 불꽃을 일으킬 수도 있다. 이러한 인식은 겁나는 일일 수도 있지만 한편으로는 강렬한 성적 자극을 준다.

그렇다면 신뢰는 어떨까? 신뢰는 부부 생활의 중심에 있는 문제이며 외도는 바로 그 신뢰를 위반한 행위다. 많은 이들이 상대방을 신뢰하려면 그만큼 상대를 잘 알아야 한다고 생각한다. 우리는 신뢰와 안정을 같은 것으로 이해하는데, 미래에 상처받지 않기 위해 합리적으로 위험을 관리하는 것이다. 우리는 파트너가 우리를 늘 지지해 줄 것이며 우리의 감정보다 자신의 욕구를 우선시하는 이기적인 인간이 절대 아님을 보장받고 싶어 한다. 그리고 상대방 앞에서 기꺼이 취약해지는 대신 확실성, 아니면 적어도 확실성이라는 환상을 얻고 싶어 한다.

하지만 신뢰를 다르게 이해하는 방법도 있다. 우리가 불확실성과 취약성에 대처할 수 있게 도와주는 힘으로 신뢰를 이해하는 것이다. 레이첼 보츠먼Rachel Botsman의 말을 인용하자면, "신뢰는 미지의 세계를 믿고 관계를 맺는 것이다."[6] 우리가 그토록 원하는 확실성이 절대로 가질 수 없는 것임을 받아들인다면 신뢰의 개념을 재구성할 수 있다. 신뢰는 오랜 시간에 걸쳐 이런저런 행동을 통해 구축되고 강화되는 것이 맞지만 또한 무조건적인 믿음이기도 하다. 애덤 필립스는 신뢰를 "약속의 가면을 쓴 위험"이라고 말했다.7 외도는 커플을 새로운 현실로 내던진다. 이때 기꺼이 미지의 세계를 함께 탐험하기로 한 커플은 더 이상 모든 것이 예측 가능해야 서로를 신뢰할 수 있는 것이 아니라 예측 불가능한 것과 적극적으로 교류하는 것이 바로 신뢰임을 발견하게 된다.

외도를 통해 금지된 것은 대개 매력적이라는 사실 또한 배울 수 있다. 오랫동안 관계를 유지한 커플의 과제는 둘의 유대 관계를 위반하는 대신 위반 행위 안에서 협력할 방법을 찾는 것이다. 사회의 통념을 벗어나는 이런 행동은 꼭 극적이거나 무모하거나 외설적일 필요는 없지만 반드시 진정성이 있어야 한다. 여기서 여러 방법을 제안하고 사례를 제시할 수도 있지만 한 커플에게 잘 맞는 방법이 다른 커플에게는 소용이 없을 수도 있다. 당신이 언제 비로소 규칙을 깨고 안락한 구역에서 벗어날지는 당신만이 알 수 있다. 당신의 관계 안에서 무엇이 성적인 에너지, 생의 약동을 깨울지 역시 당신만이 느낄 수 있다.

비올라와 로스는 비밀 이메일 계정을 만들어 회사에서 회의하거나 아이들이 친구와 놀 때, 또는 학부모 상담 때 그 이메일로 사적이고 야한 대화를 나눈다. 앨런과 조이는 가끔씩 어머니에게 아이들을 맡기고 귀가 시간 걱정 없이 외출에 나선다. 어디에도 얽매이지 않고 밤새도록 춤을 추는 행동은 가정생활의 엄격한 규칙과 정확히 반대된다. 비앙카와 맥스는 외출할 여유는 없지만 자신들이 부모이기만 한 건 아님을 확인하고 싶어 한다. 그래서 일주일에 한 번 아이들을 재운 다음 양초에 불을 붙이고 옷을 차려입고 집에서 데이트를 즐긴다. 두 사람은 이 시간을 "바에서의 만남"이라고 부른다.

알리아는 다시 노래를 하기 시작했다. 10년 동안 알리아와 함께 산 남편 마흐무드는 알리아가 노래 부르는 모습을 보러 오지만 아는 척을 하지는 않는다. 그저 다른 관객처럼 클럽 뒤편에 앉아 낯선 사람의 눈으로 아내를 바라볼 뿐이다. 리타와 벤은 신중히 고른 섹스 파티에 가는데, 그곳에서는 프랑스어만 사용한다. 네이트와 보비는 가끔씩 쌍둥이를 유치원에 데려다 주고 몰래 다시 집으로 돌아와 어른들만의 아침 식사를 즐긴다. 앰버와 리엄은 집으로 초대해 즐거운 시간을 보낼 매력적인 사람을 온라인에서 함께 찾아보기를 좋아한다.

리키와 웨스는 서로에게 다른 사람과 시시덕거릴 자유를 주었다. 아슬아슬한 건 괜찮지만 절대 선을 넘어선 안 된다. 리키는 다른 남자들이 자신에게 추근댈 때 "자부심이 든다"라고 말한다. 하지만 이 방식은 반대 방향으로도 작용한다. 다른 여자들이 웨스를 원하는 모습을 본 후 그와 함께 집으로 돌아오면 자부심이 더욱 커지기 때문이다. 다른 사람을 거절하면 두 사람이 서로를 선택했다는 사실이 더욱 강조된다. 리키와 웨스는 날뛰는 욕망을 활용하지만, 그렇게 발생하는 에너지를 다시 둘의 결혼 생활에 쏟는다. 서로에 대한 헌신과 자유는 서로를 살찌운다. 헌신에서 안정감과 열린 마음이 자라나고, 함께 있을 때 자유와 살아 있음을 느낄 수 있으면 서로에게 더욱 헌신하게 된다.

이 오래된 커플들은 금지된 것의 매력을 무시하는 대신 관계 안으로 끌어들임으로써 그 힘을 전복시킨다. 확실히 이런 전략은 커플의 유대를 강화하며, 유대감이 커지면 바람피울 확률도 낮아진다. '바람을 피우면 재미야 있겠지만 별 가치는 없을 거야'가 마음속 경계의 목소리가 된다. 그렇다고 이들의 관계에서 '외도가 방지'된 것은 아니다. 이 커플들이 자신의 러브 스토리에 새로운 페이지를 써 나갈 수 있는 이유는 외도를 완벽히 차단할 수 없다는 사실을 잘 알고 있기 때문이다.

우리의 파트너는 소유물이 아니다. 파트너는 우리와 계약 관계에 있으며, 그 계약을 갱신하거나 하지 않을 뿐이다. 파트너를 잃을 수 있다는 사실을 인지한다고 해서 꼭 서로에게 덜 헌신하게 되는 것은 아니다. 오히려 오래된 커플이 잃기 십상인 적극적 교류를 하게 된다. 파트너가 영원히 내 것이 될 수 없다는 깨달음은 긍정적인 충격이 되어 안일한 태도에서 벗어날 수 있게 도와줄 것이다.

한번 살아 있음을 느끼면 그 힘에 저항하기가 쉽지 않다. 우리가 저항해야 할 것은 사라지는 호기심과 느슨해지는 관계, 우울한 체념과 건조해지는 일상이다. 생기가 사라진 가정생활은 상상력의 위기에서 비롯된 경우가 많다.

외도가 한창일 때 상상력은 부족해질 일이 없다. 욕망과 관심, 설레는 감정, 장난기도 절대 부족해지지 않는다. 함께 꾸는 꿈, 애정, 열정, 끝없는 호기심은 외도에서 으레 발견되는 요소다. 이것들은 건강한 관계의 요소이기도 하다. 성적 긴장

을 가장 잘 유지하는 커플들이 외도의 각본에서 부부 관계의
전략을 빌려 오는 것은 절대로 우연이 아니다.

감사의 말

저는 무엇 때문에 인간의 본성 중에서도 가장 논란이 뜨거운 주제에 관해 책을 쓰게 되었을까요? 외도만큼 인간의 드라마를 폭넓게 아우르는 사건은 많지 않습니다. 저는 첫 번째 책을 쓸 때부터 외도라는 주제에 한없이 매료되었습니다. 당시는 인터넷이 커뮤니케이션을 획기적으로 증가시키기 전이었고, 작가가 독자의 참여 없이 홀로 글을 쓰던 평온한 시절이었습니다. 첫 책을 내고 약 10년이 흐른 오늘날의 작가들은 독자들이 보는 앞에서 글을 씁니다. 저는 이 책을 쓰는 내내 독자들과 대화를 나누었습니다. 여러 도움 되는 의견을 주신 분들 모두에게 감사드립니다.

오프라인에서 직접 저를 도와준 분들도 있습니다. 간단히 말하면, 여러분 없이는 이 책을 쓸 수 없었을 것입니다. 저는 쓰면서 생각하고, 생각하면서 말하는 사람이기 때문입니다. 그렇기에 그동안 친애하는 친구들, 존경하는 동료들, 처음 만난 반가운 사람들의 도움을 많이 받았습니다. 이 별것 아닌 감사의 말로는 갚을 수 없을 만큼 큰 신세를 졌습니다.

편집자이자 이 책의 공동 창작자인 엘런 데일리, 제가 일하다가 엄청난 능력자를 만난 적이 있다면 당신이 바로 그 사람입니다. 제가 어디서 왔고 어디로 가야 하는지 분명하게 방향을 제시해 준 덕분에 글을 써 나갈 수 있었습니다. 당신은 저의 GPS입니다. 방향을 재설정해 주는 당신의 목소리를 앞으로도 귀 기울여 듣겠습니다. 공동 편집자이자 저의 뮤즈였던 로라 블룸, 당신은 걸어 다니는 유의어 사전입니다. 함께 단어를 고르고 생각을 다듬기에 당신만큼 좋은 사람은 없습니다. 두려움을 모르는 하퍼콜린스의 편집자 게일 윈스턴은 저를 믿어 주었습니다. 다시 한 번 감사합니다. 새라 맨지스, 당신의 대담한 제안 덕분에 이 모험을 시작할 수 있었고, 편집할 때도 이루 말할 수 없는 도움을 받았습니다. 제 대리인인 트레이시 브라운, 전적으로 당신을 신뢰합니다. 이 책에서도 이야기하겠지만 이런 전적인 신뢰는 아주 드뭅니다. 유리 마시높스키, 책 속에서나 스크린 위에서는 이야기를 전달하는 게 중요하다는 사실을 제게 늘 상기시켜 주었습니다.

훌륭한 생각은 한 사람의 머릿속에서 나오기보다는 창의적이고 호기심 넘치는 사상가들 사이에서 생겨납니다. 대화나 책을 통해 얻은 여러 사상가의 선구적 생각을 이 책에 많이 인용했고, 이들의 통찰 덕분에 생각을 발전시킬 수 있었습니다. 특히 미셸 솅크먼, 울리히 클레멘트, 재니스 에이브럼스 스프링, 재닛 레브스타인, 태미 넬슨, 엘린 베이더, 메그 존바커, 헬렌 피셔, 마르타 미아나, 에릭 클라이넨버그, 에릭 버코위츠, 페퍼 슈워츠에게 감사드립니다.

학제 간 연구 집단에 속해 서로 교류한 경험이 질문과 결론을 날카롭게 벼리는 데 특히 큰 도움이 되었습니다. 다이애나 포샤, 더글러스 브라운 하비, 조지 팔러, 나타샤 프렌, 메건 플레밍, 프로젝트 초기 단계에 제가 책임을 질 수 있게 해 주신 데 감사드립니다. 조슈아 울프 솅크, 덕분에 갇혀 있는 것을 덜 두려워할 수 있었습니다.

통찰력 넘치는 독자 팀이 없었다면 감히 이 책을 세상에 내놓을 생각도 못 했을 것입니다. 여러분의 논평이 결점을 인식하게 해주고 한편으로는 빛을 비춰 주었습니다. 캐서린 프랭크, 글을 쓰고자 하는 심리치료사들은 전부 당신처럼 창의적이고 통찰 넘치는 문화인류학자를 곁에 둔 것에 감사해야 합니다. 피터 프렝켈과 해리엇 러너, 두 분은 소중한 동료이자 독보적으로 날카롭고 정확한 비평가입니다. 스티브 안드레아스, 가이 윈치, 아비바 기틀린, 댄 매키넌, 이언 커너, 마지 니컬스, 캐럴 길리건, 버지니아 골드너, 덕분에 일류 임상가와 교사, 사상가들의 권위 있는 피드백을 얻을 수 있었습니다. 제시 콘블루스, 해나 로진, 데이비드 본스타인, 퍼트리샤 코언, 당신들은 펜의 마법사입니다. 모두가 이해할 수 있는 언어로 말하는 데 여러분의 논평이 도움이 되었습니다. 댄 새비지와 테리 리얼, 두 분은 제 영혼의 단짝입니다. 데이비드 루이스, 대니얼 망딜, 이리나 바라노프, 블레어 밀러, 대니얼 오쿨리치, 그 무엇도 여러분의 예리한 시선을 쉽게 통과할 수 없습니다. 다이애나 애덤스와 에드 베슬, 비독점적 관계에 관한 부분에서 많은 도움 주신 점에 특히 감사드립니다. 올리비아

네트와 제시 베이커, 소중한 피드백을 통해 젊은 관점을 더해 주셨습니다. 앨리사 퀴트, 당신과 함께 제목을 고민하는 것은 무척 즐거운 일이었습니다.

그리고 저의 팀. 리서치 인턴인 말리카 보믹, 꼼꼼하게 일을 마무리해 주신 데 경의를 표합니다. 저의 혼돈에 질서를 부여해 주셨습니다. 질서에 관해서라면 린지 라토프스키와 어맨다 디커를 빼놓을 수 없었습니다. 두 분 덕분에 제 시간과 주의력을 책에 쏟아부을 수 있었습니다. 집필 초기에 브리타니 메르칸테, 애너벨 무어, 니콜 아노트, 알렉산드라 카스틸로, 이 네 명의 학생에게도 도움을 받았습니다. 여러분의 경력이 꽃필 날을 고대합니다. 월례 트레이닝과 집단 슈퍼비전에 참석해 준 모든 동료들께도 감사드립니다. 생각을 명료하게 다듬는 데 가르치는 것보다 더 좋은 방법은 없습니다. 요나스 바케르트, 당신의 연구가 큰 도움이 되었습니다. 브루스 밀너, 우드스톡에 있는 전원주택에 머물게 해 주고 제게 고요함과 아름다움을 제공해 준 덕분에 이 책을 쓸 수 있었습니다.

그리고 제 가족. 목소리를 내라고 가르쳐 주신 부모님. 부모님이 경험하신 끔찍한 외도의 경험은 어디에나 치유의 희망이 있음을 제게 알려 주셨습니다. 그것이 불완전한 치유일지라도요. 남편 잭 사울은 그동안 사랑과 인생이라는 모험을 함께해 주었습니다. 당신은 저의 지적인 대화 상대입니다. 책 집필은 엄청난 공간을 차지하는 일입니다. 당신은 엄청난 너그러움으로 그 일에 답해 주었습니다. 애덤과 놈, 이 책이 너희가 관계를 맺는 데 도움이 되었으면 좋겠다. 밀레니얼 세대의 사랑이 겪는 여러 어려움에 관해 너희와 이야기 나눠 정말 즐거웠고, 덕분에 현재의 흐름에 뒤처지지 않을 수 있었어.

제 내담자들과 자신의 사생활을 들여다볼 수 있게 허락해 준 모든 분의 역할은 이루 말할 수 없을 만큼 큽니다. 여러분의 신뢰가 이 책의 가장 중요한 요소였습니다. 여러분의 이야기 덕분에 우리가 서로 연결되고 의미를 만들어 낼 수 있었습니다. 그동안 여행하면서, 일하면서, 또 개인적으로 정말 풍성한 대화를 나눌 수 있었습니다. 여기서 이름을 부를 수는 없지만, 함께 대화를 나눠 주신 분들 모두에게 감사드립니다. 이 고된 작업을 진행하는 내내 혼자라고 느끼지 않을 수 있어서 정말 좋았습니다. 이제 책이 마무리되었으니 어서 여러분과 더 많은 대화를 나누고 싶습니다.

참고문헌

2장

1. Susan H. Eaves and Misty Robertson-Smith, "The Relationship Between Self-Worth and Marital Infidelity: A Pilot Study," *The Family Journal* 15(4): 382-386.

2. National Opinion Research Center General Social Survey, cited in Frank Bass, "Cheating Wives Narrowed the Infidelity Gap over Two Decades," July 2, 2013, *Bloomberg News*, https://www.bloomberg.com/news/articles/2013-07-02/cheating-wives-narrowed-infidelity-gap-over-two-decades.

3. Rebecca J. Brand, Charlotte M. Markey, Ana Mills, and Sara D. Hodges, "Sex Differences in Self-Reported Infidelity and Its Correlates," *Sex Roles* 57(1): 101-109.

4. Aziz Ansari and Eric Klinenberg, *Modern Romance* (New York: Penguin Books, 2015), 31.

5. Al Cooper, *Sex and the Internet* (New York: Routledge, 2002), 140.

6. I am indebted to Shirley Glass, whose "three red flags" inspired the line of thinking that led to my own triad.

7. Julia Keller, "Your Cheatin' Art: The Literature of Infidelity," *Chicago Tribune*, August 17, 2008, http://articles.chicagotribune.com/2008-08-17/news/0808150473_1_scarlet-letter-anna-karenina-adultery.

8. Marcel Proust, *In Search of Lost Time*, Vol. VI (Modern Library, 2000).

9. Cheryl Strayed, *Tiny Beautiful Things* (New York: Vintage, 2012), 136. 셰릴 스트레이드, 『안녕, 누구나의 인생』, 홍선영 옮김, 부키, 2013.

10. Francesca Gentille, in private correspondence with the author.

11. Aaron Ben-Ze'ev, *Love Online: Emotions on the Internet* (Cambridge,

UK: Cambridge University Press, 2012), 2.

3장

1. Stephanie Coontz, personal correspondence with the author, March 2017.
2. Statistic Brain Research Institute, 2016, http://www.statisticbrain.com/arranged-marriage-statistics/.
3. Anthony Giddens, *The Transformation of Intimacy: Sexuality, Love, and Eroticism in Modern Societies* (Palo Alto, CA: Stanford University Press, 1993), 14. 앤서니 기든스, 『현대사회의 성 사랑 에로티시즘-친밀성의 구조 변동』, 배은경·황정민 옮김, 새물결, 1999.
4. Robert A. Johnson, *We: Understanding the Psychology of Romantic Love* (San Francisco: HarperOne, 2009), xi. 로버트 A. 존슨, 『We-로맨틱 러브에 대한 융 심리학적 이해』, 고혜경 옮김, 동연, 2008.
5. William Doherty, *Take Back Your Marriage: Sticking Together in a World That Pulls Us Apart, 2nd ed.* (New York: Guilford Press, 2013), 34.
6. Alain de Botton, "Marriage, Sex and Adultery," *The Independent*, May 23, 2012, http://www.independent.ie/style/sex-relationships/marriage-sex-and-adultery-26856694.html, accessed November 2016.
7. Pamela Druckerman, *Lust in Translation: Infidelity from Tokyo to Tennessee* (New York: Penguin Books, 2008), 273. 패멀러 드러커맨, 『지구촌 불륜 사유서-뉴욕에서 도쿄까지 세계인의 불륜 고백』, 공효영 옮김, 담담, 2008.
8. "Knot Yet: The Benefits and Costs of Delayed Marriage in America," In Brief, http://twentysomethingmarriage.org/in-brief/.
9. Hugo Schwyzer, "How Marital Infidelity Became America's Last Taboo," *The Atlantic*, May 2013, http://www.theatlantic.com/sexes/archive/2013/05/how-marital-infidelity-became-americas-lastsexual-taboo/276341/.
10. Janis Abrahms Spring, *After the Affair: Healing the Pain and Rebuilding Trust When a Partner Has Been Unfaithful, 2nd ed.* (New York: William Morrow, 2012), 14. 제니스 A. 스프링·마이클 스프링, 『운명이라 믿었던 사랑이 무너졌을 때』, 이상춘 옮김, 랜덤하우스코리아, 2004.

4장

1. Michele Scheinkman, "Beyond the Trauma of Betrayal: Reconsidering Affairs in Couples Therapy," *Family Process* 44(2): 227-244.

2. Peter Fraenkel, private correspondence with the author, January 2017.

3. Anna Fels, "Great Betrayals," *New York Times*, October 5, 2013, http://www.nytimes.com/2013/10/06/opinion/sunday/great-betrayals.html.

4. Jessa Crispin, "An Interview with Eva Illouz," *Bookslut*, July 2012, http://www.bookslut.com/features/2012_07_019157.php.

5. Julie Fitness, "Betrayal and Rejection, Revenge and Forgiveness: An Interpersonal Script Approach" in ed. M. Leary, *Interpersonal Rejection* (New York: Oxford University Press, 2006), 73-103.

6. Maria Popova, "Philosopher Martha Nussbaum on Anger, Forgiveness, the Emotional Machinery of Trust, and the Only Fruitful Response to Betrayal in Intimate Relationships," *Brain Pickings*, https://www.brainpickings.org/2016/05/03/martha-nussbaum-anger-and-forgiveness/.

7. Janis Abrahms Spring, *How Can I Forgive You?: The Courage to Forgive, the Freedom Not To* (New York: William Morrow, 2005), 123. 제니스 A. 스프링, 『어떻게 당신을 용서할 수 있을까』, 양은모 옮김, 문이당, 2004.

8. Steven Stosny, *Living and Loving After Betrayal: How to Heal from Emotional Abuse, Deceit, Infidelity, and Chronic Resentment* (Oakland, CA: New Harbinger Publications, 2013).

9. Victor Frankl, *Man's Search for Meaning* (New York: Touchstone, 1984), 74-75. 빅터 프랭클, 『죽음의 수용소에서』, 이시형 옮김, 청아출판사, 2005.

5장

1. Brene Brown speaking at the Emerging Women Live conference, San Francisco, October 2015.

6장

1. Helen Fisher, "Jealousy: The Monster," *O Magazine*, September 2009, http://www.oprah.com/relationships/Understanding-Jealousy-Helen-Fisher-PhD-on-Relationships#ixzz3lwnRswS9.

2. M. Scheinkman and D. Werneck (2010), "Disarming Jealousy in Couples Relationships: A Multidimensional Approach," *Family Process* 49(4): 486-502.

3. Ibid.

4. Giulia Sissa, *La Jalousie: Une passion inavouable [Jealousy: An Inadmissible Passion]* (Paris: Les Editions Odile Jacob, 2015). Translated from the French by the author.

5. Ayala Malach Pines, *Romantic Jealousy: Causes, Symptoms, Cures* (New

York: Routledge, 2013) 123.

6. Giulia Sissa, "Jaloux, deux souffrances pour le prix d'une," *Liberation*, http://www.liberation.fr/livres/2015/03/11/jaloux-deuxsouffrances-pour-le-prix-d-une_1218772, translated from the French by the author.

7. Adam Phillips, *Monogamy*, (New York, Vintage, 1999) 95.

8. Roland Barthes, *A Lover's Discourse: Fragments* (New York: Macmillan, 1978), 146.

9. William C. Carter, *Proust In Love* (Yale University Press, 2006), 56.

10. Pines, *Romantic Jealousy*, 200.

11. Sissa, *Liberation*.

12. Jack Morin, *The Erotic Mind: Unlocking the Inner Sources of Passion and Fulfillment* (New York: HarperPerennial, 1996), 60.

13. François de La Rochefoucauld, *Maxims* (New York: Penguin classics, 1982) 41.

14. Annie Ernaux, *L'occupation [Occupation]* (Paris: Editions Gallimard, 2003). 아니 에르노, 『집착』, 정혜용 옮김, 문학동네, 2005.

15. Helen Fisher, TED Talk, "The Brain in Love," http://www.ted.com/talks/helen_fisher_studies_the_brain_in_love/transcript?language=en.

16. David Buss, *Evolutionary Psychology: The New Science of the Mind, 5th ed.* (Psychology Press, 2015), 51. 데이비드 버스, 『마음의 기원-인류 기원의 이정표 진화심리학』, 이흥표·권선중·김교헌 옮김, 나노미디어, 2005.

7장

1. Ayala Malach Pines, *Romantic Jealousy: Causes, Symptoms, Cures* (Taylor and Francis, 2013, kindle edition), loc. 2622-2625.

2. Steven Stosny, *Living and Loving After Betrayal: How to Heal from Emotional Abuse, Deceit, Infidelity, and Chronic Resentment* (Oakland, CA: New Harbinger Publications, 2013), 10.

8장

1. Michele Scheinkman, "Beyond the Trauma of Betrayal: Reconsidering Affairs in Couples Therapy," *Family Process* 44(2): 227-244.

2. Evan Imber-Black, *The Secret Life of Families* (New York: Bantam Books, 1999), xv.

3. Stephen Levine, *Demystifying Love: Plain Talk for the Mental Health Professional* (New York: Routledge, 2006), 102.

4. Debra Ollivier, *What French Women Know: About Love, Sex, and Other*

Matters of the Heart and Mind (New York: Berkley, 2010), 50. 데브라 올리비에, 『프렌치 시크−무심한 듯 시크하게 나를 사랑하는 법』, 이은선, 웅진윙스, 2010.

5. Pamela Druckerman, *Lust in Translation: Infidelity from Tokyo to Tennessee* (New York: Penguin Books, 2008), 124.
6. Ibid., 125.
7. Harriet Lerner, personal correspondence with the author, March 2017.
8. Dan Ariely, *The (Honest) Truth About Dishonesty: How We Lie to Everyone–Especially Ourselves* (New York: Harper, 2012), 244. 댄 애리얼리, 『거짓말하는 착한 사람들−우리는 왜 부정행위에 끌리는가』, 이경식 옮김, 청림출판, 2012.
9. Marty Klein, "After the Affair . . . What?" *Sexual Intelligence*, Issue 164, October 2013, http://www.sexualintelligence.org/newsletters/issue164.html.

9장

1. Octavio Paz, *The Double Flame: Essays on Love and Eroticism* (New York: Houghton Mifflin Harcourt, 1996), 15.
2. Lise VanderVoort and Steve Duck, "Sex, Lies, and . . . Transformation," in ed. Jean Duncombe, Kaeren Harrison, Graham Allan, and Dennis Marsden, *The State of Affairs: Explorations in Infidelity and Commitment* (Mahwah, NJ: Lawrence Erlbaum, 2004), 1–14.
3. Anna Pulley, "The Only Way to Love a Married Woman," Salon.com, July 21, 2015, http://www.salon.com/2015/07/21/the_only_way_to_love_a_married_woman/.
4. Francesco Alberoni, *L'erotisme* (Pocket, 1994), 192. 프란시스코 알베로니, 『에로티시즘』, 김순민 옮김, 강천, 1992.
5. Jack Morin, *The Erotic Mind: Unlocking the Inner Sources of Passion and Fulfillment* (New York: Harper Perennial, 1996), 81–82.
6. Ibid., 56.
7. Ibid., 39.
8. Zygmunt Bauman, *Liquid Love: On the Frailty of Human Bonds* (Polity, 2003), 55. 지그문트 바우만, 『리퀴드 러브−사랑하지 않을 권리』, 권태우·조형준 옮김, 새물결, 2013.

10장

1. Francesco Alberoni, *L'erotisme* (Pocket, 1994), 192. 프란시스코 알베로니, 『에로티시즘』, 김순민 옮김, 강천, 1992.

2. Stephen Mitchell, *Can Love Last?* (New York: W. W. Norton, 2002).

3. Ibid., 51.

4. Pamela Haag, *Marriage Confidential: Love in the Post-Romantic Age* (New York: HarperCollins, 2011), 15.

5. Laura Kipnis, "Adultery," *Critical Inquiry* 24(2): 289-327.

6. Lise VanderVoort and Steve Duck, "Sex, Lies, and . . . Transformation," in ed. Jean Duncombe, Kaeren Harrison, Graham Allan, and Dennis Marsden, *The State of Affairs* (Mahwah, NJ: Lawrence Erlbaum, 2004), 6.

7. M. Meana, *"Putting the Fun Back in Female Sexual Function: Reclaiming Pleasure and Satisfaction."* Paper presented at the annual meeting of the Society for the Scientific Study of Sexuality, Las Vegas, Nevada (November 2006).

8. Dalma Heyn, *The Erotic Silence of the American Wife* (New York: Plume, 1997), xv.

9. Heyn, *The Erotic Silence of the American Wife*, 188.

10. K. Sims and M. Meana, "Why Did Passion Wane? A Qualitative Study of Married Women's Attributions for Declines in Desire," *Journal of Sex & Marital Therapy* 36(4): 360-380.

11. Ibid., 97.

11장

1. Jack Morin, *The Erotic Mind: Unlocking the Inner Sources of Passion and Fulfillment* (New York: Harper Perennial, 1996) 180.

2. Terry Real, in conversation with the author, February 2016.

3. Irma Kurtz, *Mantalk: A Book for Women Only* (Sag Harbor, NY: Beech Tree Books, 1987), 56.

4. Ethel Person, "Male Sexuality and Power," *Psychoanalytic Inquiry* 6(1): 3-25.

5. Daphne Merkin, "Behind Closed Doors: The Last Taboo," *New York Times Magazine*, December 3, 2000. http://www.nytimes.com/2000/12/03/magazine/behind-closed-doors-the-last-taboo.html.

6. Janis Abrahms Spring, *After the Affair: Healing the Pain and Rebuilding Trust When a Partner Has Been Unfaithful, 2nd ed.* (New York: William Morrow, 2012), 6. 제니스 A. 스프링·마이클 스프링, 『운명이라 믿었던 사랑이 무너졌을 때』, 이상춘 옮김, 랜덤하우스코리아, 2004.

12장

1. Eleanor Barkhorn, "Cheating on Your Spouse Is Bad; Divorcing Your Spouse Is Not," *The Atlantic*, May 23, 2013, http://www.theatlantic. com/sexes/archive/2013/05/cheating-on-your-spouse-is-bad-divorcingyour-spouse-is-not/276162/.

2. David Schnarch, "Normal Marital Sadism," *Psychology Today* blog, May 2015, https://www.psychologytoday.com/blog/intimacy-and-desire/201205/normal-marital-sadism.

3. Seth Stephens-Davidowitz, "Searching for Sex," *New York Times*, January 25, 2015, http://www.nytimes.com/2015/01/25/ opinion/sunday/seth-stephens-davidowitz-searching-for-sex. html?ref=topics&_r=0.

4. Irwin Hirsch, "Imperfect Love, Imperfect Lives: Making Love, Making Sex, Making Moral Judgments," *Studies in Gender and Sexuality* 8(4): 355-371.

5. Martin Richards and Janet Reibstein, S*exual Arrangements: Marriage and Affairs* (Portsmouth, NH: William Heinemann, 1992), 79.

6. Pamela Haag, *Marriage Confidential: Love in the Post-Romantic Age* (New York: HarperCollins, 2011), 23.

13장

1. Susan Cheever, interviewed on Dear Sugar episode 52, WBUR, April 24, 2016, http://www.wbur.org/dearsugar/2016/04/24/dear-sugar-episode-fifty-two.

14장

1. Meg-John Barker, "Rewriting the Rules," http://rewriting-the-rules. com/love-commitment/monogamy/.

2. Katherine Frank and John DeLamater, "Deconstructing Monogamy: Boundaries, Identities, and Fluidities Across Relationships," in ed. Meg Barker and Darren Langdridge, *Understanding Non-Monogamies* (New York: Routledge, 2009), 9.

3. Pascal Bruckner, *The Paradox of Love* (Princeton, NJ: Princeton University Press, 2012), 3.

4. Shalanda Phillips, "There Were Three in the Bed: Discursive Desire and the Sex Lives of Swingers," in ed. Barker and Langdridge, *Understanding Non-Monogamies*, 85.

5. M. L. Haupert et al., "Prevalence of Experiences with Consensual

Nonmonogamous Relationships: Findings from Two National Samples of Single Americans," *Journal of Sex & Marital Therapy*, April 20, 2016, 1–17.

6. Stephen Levine, *Demystifying Love: Plain Talk for the Mental Health Professional* (New York: Routledge, 2006), 116.

7. Tammy Nelson, "The New Monogamy," *Psychotherapy Networker*, July/ August 2012, https://www.psychotherapynetworker.org/magazine/ article/428/the-new-monogamy.

8. Dee McDonald, "Swinging: Pushing the Boundaries of Monogamy?" in ed. Barker and Langdridge, *Understanding Non-Monogamies*, 71–72.

9. Ibid., 71–78.

10. Aaron Ben-Ze'ev, "Can Uniqueness Replace Exclusivity in Romantic Love?" *Psychology Today*, July 19, 2008, https://www.psychologytoday. com/blog/in-the-name-love/200807/can-uniqueness-replace- exclusivity-in-romantic-love.

11. Jamie Heckert, "Love Without Borders? Intimacy, Identity and the State of Compulsory Monogamy," in ed. Barker and Langdridge, *Understanding Non-Monogamies*, 255.

12. Tristan Taormino, *Opening Up: A Guide to Creating and Sustaining Open Relationships* (New York: Simon & Schuster, 2008), 147.

13. Bruckner, *The Paradox of Love*, 5.

14. Monica Hesse, "Pairs with Spares: For Polyamorists with a Whole Lotta Love, Three, or More, Is Never a Crowd," *Washington Post*, February 13, 2008.

15. Diana Adams, in conversation with the author, September 2016.

16. Michael Shernoff, "Resisting Conservative Social and Sexual Trends: Sexual Nonexclusivity and Male Couples in the United States," unpublished paper shared by author.

15장

1. Lewis B. Smedes, *Forgive and Forget* (New York: HarperCollins), 133.

2. Marguerite Yourcenar, *Memoirs of Hadrian* (New York: Macmillan, 2005), 209.

3. Khaled Hosseini, *The Kite Runner* (New York: Riverhead Books, 2003), 313. 할레드 호세이니, 『연을 쫓는 아이』, 이미선 옮김, 열림원, 2005.

4. Katherine Frank and John DeLamater, "Deconstructing Monogamy: Boundaries, Identities, and Fluidities Across Relationships," in ed. Meg Barker and Darren Langdridge, *Understanding Non-Monogamies* (New

York: Routledge, 2009).

5. John O'Donohue, *Divine Beauty: The Invisible Embrace* (New York: Harper Perennial, 2005), 155.

6. Rachel Botsman, TED Talk: "We've stopped trusting institutions and started trusting strangers," June 2016, https://www.ted.com/talks/rachel_botsman_we_ve_stopped_trusting_institutions_and_started_trusting_strangers.

7. Adam Phillips, *Monogamy* (New York: Vintage, 1999), 58.

우리가 사랑할 때
이야기하지 않는 것들

초판 1쇄 발행 2019년 12월 16일
초판 6쇄 발행 2024년 12월 2일

지은이 에스터 페렐 **옮긴이** 김하현

발행인 이봉주 **단행본사업본부장** 신동해
편집장 김경림 **교정교열** 강진홍 **디자인** 이경란
마케팅 최혜진 이은미 **홍보** 반여진 허지호 송임선
국제업무 김은정 김지민 **제작** 정석훈

브랜드 웅진지식하우스
주소 경기도 파주시 회동길 20
문의전화 031-956-7358(편집) 02-3670-1123(마케팅)
홈페이지 http://www.wjbooks.co.kr
인스타그램 www.instagram.com/woongjin_readers
페이스북 www.facebook.com/woongjinreaders
블로그 blog.naver.com/wj_booking

발행처 ㈜웅진씽크빅
출판신고 1980년 3월 29일 제406-2007-000046호

한국어판 출판권 © 웅진씽크빅, 2019
ISBN 978-89-01-23876-0 03180